RUN TO THE HILLS

RUN TO THE HILLS

A BIOGRAFIA AUTORIZADA ◆ MICK WALL

Presidente
Henrique José Branco Brazão Farinha

Publisher
Eduardo Viegas Meirelles Villela

Editora
Cláudia Elissa Rondelli Ramos

Projeto Gráfico e Editoração
S4 Editorial

Preparação de Texto
Heraldo Vaz

Revisão
Bel Ribeiro

Impressão
Assahi Gráfica

Copyright © 2014 *by* Mick Wall

Todos os direitos desta edição são reservados à Editora Évora.

Rua Sergipe, 401 – Cj. 1.310 – Consolação
São Paulo – SP – CEP 01243-906
Telefone: (11) 3562-7814/3562-7815
Site: http://www.editoraevora.com.br
E-mail: contato@editoraevora.com.br

DADOS INTERNACIONAIS DE CATALOGAÇÃO NA PUBLICAÇÃO (CIP)

W179i

Wall, Mick

[Iron maiden. Português]

Iron Maiden: run to the hills: a biografia autorizada/Mick Wall. – São Paulo: Évora, 2014.
436 p. ; 23 cm.

Tradução de: *Iron Maiden : run to the hills*
ISBN 978-85-63993-66-3

1. Iron Maiden (Conjunto musical). 2. Grupos de rock – Inglaterra – Biografia. I. Título.

CDD- 927.8166

Agradecimentos

Este livro simplesmente não poderia ter sido escrito sem a ajuda, a paciência, o amor e a compreensão de três dos mais importantes fãs do Maiden na minha vida: Linda, Annie e Diana. E dos homens de ferro nos bastidores: Gerry e Colin.

Agradeço também a Dave Ling, que se esforçou muito para ver a banda em praticamente todas as partes do mundo durante um período de 18 meses.

Obrigado a todos.

Prefácio

Este livro foi escrito por Mick Wall, alguém que a banda respeita o suficiente para confiar-lhe a tarefa. Fã e amigo do Maiden há muitos anos, para escrever este livro Mick decidiu abordar não somente os atuais integrantes da banda, mas também os antigos, além de empresários, agentes, membros atuais e antigos da equipe. Trata-se de uma leitura interessante, mesmo para mim, porque todo mundo tem um ponto de vista diferente de como as coisas aconteceram ao longo dos anos.

Espero que você goste deste livro tanto quanto eu. Ele não foi, de forma alguma, editado – que é a forma correta de ser publicado.

Até mais.

Steve Harris,
Essex

Introdução

O livro que você tem em mãos é o resultado de uma tentativa imperfeita de contar a história completa e sem omissões do Iron Maiden. Digo "imperfeita" porque seriam necessários vários volumes para cobrir absolutamente todos os detalhes, fatos ou memórias com os quais acabei tendo de lidar ao longo das minhas extensivas viagens ao passado e ao presente deste extraordinário grupo de indivíduos que faz da história do Maiden o que ela é. E qualquer um que espere um resumo passo a passo de quem toca qual instrumento e em qual faixa, irá se desapontar amargamente.

Isso também vale para o infindável número de "histórias de baladas" que reuni ao longo do caminho. Não seria novidade descobrir que, nas primeiras turnês, o Maiden e sua equipe passavam boa parte do tempo fora dos palcos, cercados de bebida e de *groupies*. Em vez disso, eu queria escrever um livro sobre os eventos realmente grandes na história do Iron Maiden. Então, quando se trata de rock'n'roll, sim, todos os álbuns são reexaminados e discutidos, mas é o valor histórico desses lançamentos que me interessa mais, em vez de meros detalhes técnicos. Todos os fãs do Maiden têm suas canções e álbuns prediletos; não precisamos concordar sobre isso. O que este livro tenta fazer é colocar tudo em um quadro maior, que faça sentido, e, talvez, explicar por que e como esses discos vieram a ser da forma como são.

Quanto a sexo e drogas, em vez de elencar uma lista de anedotas do tipo "então, acabaram os extintores de incêndio" – o mesmo tipo que, admito, eu mesmo escrevi sobre a banda para a *Kerrang!*, nos anos 1980 –, este livro se concentra mais nos efeitos colaterais de bastidores dos chamados "bons tempos", ou seja, em como esses "bons tempos" custaram o emprego de pelo menos dois membros da banda e em como a incapacidade de se recompor do cantor Paul Di'Anno permitiu que, após o lançamento de dois discos, sua substituição pelo ambicioso Bruce Dickinson fez o Maiden se tornar ainda mais bem-sucedido, passando de promissora banda da Nova Onda de Heavy Metal Britânico (situação com Paul) a monstruosos astros do rock da cena norte-americana (situação com Bruce).

Mas esta é só uma parte da história que eu queria investigar. Também queria ir aos bastidores da diretoria e descobrir como e quais decisões tomadas pelos administradores e chefes da gravadora tiveram impacto irreversível na história da banda. Não importa quanto se é talentoso, você ainda precisa de um empurrão vindo de algum lugar. Pela primeira vez, este livro fala com quem dá o empurrão: um grande grupo de profissionais, como o chefe da A&R (Artistas & Repertório) da Capitol, no início dos anos 1980, e depois presidente da EMI, Rupert Perry, e, claro, a carismática equipe de empresários que trabalha para a banda há bastante tempo, liderada por Rod Smallwood, ex-aluno de Cambridge. Eles conseguiram levantar o nível de financiamento e entusiasmo necessários para manter o grupo unido até que seu terceiro álbum, *Number of the beast*, os tirasse do vermelho pela primeira vez em suas carreiras. Eu queria saber exatamente o que foi preciso para transformar uma banda que tocava em pubs do East End com talento e ambição em uma indústria multimilionária.

E, claro, eu queria conversar com a própria banda, com os integrantes da formação atual e com muitos dos anteriores, conforme conseguia encontrá-los. Da confissão amplamente esclarecedora, alegre e filosófica do ex-vocalista Paul Di'Anno – "Sei que é provável que você tenha ouvido falar um monte de coisas horríveis sobre mim, colega, mas a questão é que é tudo verdade!" – até os longos motivos que Dennis Stratton dá para, francamente, ter pisado na bola, ainda que insista até hoje que a culpa não foi sua. E, claro, o mais impressionante de tudo, as lembranças de Steve Harris e Bruce Dickinson, que personificam, talvez, a mais volátil, criativa e, derradeiramente, autodestrutiva relação que a banda já teve. Olhando para trás, desde os anos 1980, parece que o Maiden sempre teve tudo programado. Entretanto, como você descobrirá ao ler este livro, nada está mais longe de ser verdade do que isso.

INTRODUÇÃO

E, embora na Inglaterra, nos anos pós-Bruce, a banda tenha partilhado parte do seu prestígio com os críticos, é interessante notar que, com o antigo cantor do Wolfsbane, Blaze Bayley, à sua frente, o Maiden começou a compor parte do material mais desafiador e brutalmente honesto da sua história. Então, neste livro, você também encontrará a banda e todo mundo com quem falei em seu estado de maior honestidade. Na medida do possível, permiti que todos tivessem voz, a favor e contra, para que os mais variados lados de uma mesma história pudessem ser contados. A imagem que resulta disso é hilária em certas partes, mas profundamente inquietante em outras; os magníficos altos e baixos foram fielmente registrados para que todos pudessem gozar de uma distância segura.

Ao olhar para o passado deles, acima de tudo, espero ser capaz não só de explicar os motivos e justificativas do presente do Maiden, mas também tentar mapear a visão do que o futuro reserva para a banda e seus fãs. Para um conjunto que nunca tocou regularmente em rádios, que se recusou a participar do *Top of the pops* por 15 anos, e cujo *single* da música "Angel and the gambler" tem quase dez minutos de duração, eu diria que isso é uma conquista que já diz tudo.

Os punks originais do final dos anos 1970 sempre falaram sobre nunca trair a causa. É irônico, então, que tenha sido uma banda de heavy metal da mesma época que tenha colocado essa filosofia em prática com efeitos tão devastadores. Cerca de 50 milhões de álbuns vendidos depois, o Maiden ainda carece de escrever sua primeira canção romântica de verdade ou ter a palavra *baby* em alguma letra de qualquer um dos seus mais de 40 *singles* de sucesso. Só isso já bastaria para que eu quisesse escrever sobre eles. Mas o fato de terem sido amplamente ignorados pela mídia de rock *mainstream* joga lenha na fogueira. Aqui está uma banda que merece o respeito e a atenção de todos, e cuja história jamais foi contada de forma apropriada antes. Se consegui ou não, é algo que cabe a você decidir. Mas, a exemplo da própria banda, muito sangue, suor e amor foram destinados a este livro, e espero que ele abale seus alicerces. De um fã para outro, com todo o respeito que você merece.

Mick Wall,
Oxfordshire

Sumário

Agradecimentos	v
Prefácio	vii
Introdução	ix
1 Steve	1
2 Dave	22
3 Paul	42
4 Rod	61
5 NWOBHM	76
6 Dennis e Clive	99
7 Eddie	117
8 Adrian	140
9 Martin	167
10 Bruce	192
11 Nicko	215
12 Tio Sam	240
13 Janick	262
14 Blaze	288

15 Realidade virtual	317
16 Brave new world	339
17 Rock in Rio	356
18 Rock in Rio: o álbum e o DVD	361
19 Clive Burr	364
20 Coletâneas de 2002	368
21 Dance of death	372
22 Dançando com a morte na estrada	384

1 *Steve*

A história do Iron Maiden não pode ser contada adequadamente apenas por uma pessoa, motivo pelo qual, neste livro, você encontrará as diversas vozes da banda, do passado e do presente, todas dando e fazendo o melhor possível para narrar, de forma honesta e precisa, sua participação nesse complexo e fascinante conto.

Às vezes, os acontecimentos são contraditórios; resultado inevitável, mas nem por isso menos gratificante, das diferentes personalidades, opiniões e *backgrounds* que se envolveram na criação desta histórica banda.

E, sim, pode ser que algumas das verdades mais profundas da história do Maiden só se revelarão – tanto para a banda quanto para seus seguidores – após uma cuidadosa leitura das entrelinhas, equilibrando as variadas narrativas e decidindo por si mesmo *qual* é a verdade. Como diz o antigo provérbio chinês, quanto mais é revelado com menos clareza se vê. Ou, como disse o guitarrista Dave Murray – que, ao lado de Steve Harris, membro fundador da banda, é um dos únicos sobreviventes da formação original que assinou com a EMI Records, em 1979 –, ao ser entrevistado para este livro: "Mal posso esperar para ler e descobrir o que estivemos fazendo de verdade durante todos esses anos".

Dito isso, a verdadeira história do Iron Maiden começa e termina com os sonhos e ambições de um homem, Steve Harris. Foi ele quem criou o nome, as músicas, a ideia e a atitude, e é quem, desde então, tem garantido que o Maiden se atenha à sua proposta, haja o que houver. De fato, não haveria história alguma a ser contada se não fosse por 'Arry, como a banda carinhosamente o chama, e pela intensa visão que ele tinha de "uma banda de rock que fará grandes álbuns, soberbos shows ao vivo, mas nunca, nunca irá se vender", em suas próprias palavras.

Capitão da equipe, sargento, líder da gangue. Steve Harris é tudo isso no Iron Maiden. Firme, tatuado e inflexível, ele tem apenas 1,54 metro de altura, mas não é o tipo de cara com quem você gostaria de se meter. A não ser que esteja preparado para uma luta até a morte. E foi assim que ele abordou sua carreira no Iron Maiden, como uma luta até a morte; primeiro, contra a conformidade dos punks prevalecente no final dos anos 1970, e depois, nos anos 1980, contra o rock corporativo da grande mídia, capitaneado pela MTV.

Hoje em dia, a luta é contra o tempo, a necessidade de provar que o Maiden ainda é tão vital, interessante e excitante como sempre foi, apesar de todas as trocas de formação, as mudanças de tendências e aquele sentimento geral de que, talvez, dessa vez o heavy metal e o hard rock estejam mesmo mortos.

"Nem tanto", diz Steve Harris, prendendo a correia no seu baixo. Foda-se, diz o Iron Maiden. "Nós venceremos" é a mensagem da banda desde o começo, e agora o pêndulo começa a oscilar de volta na direção daquele rock, com R maiúsculo, feito para grandes arenas; assim, o século 21 precisará se habituar a ele também. Quer dizer, se Steve Harris tiver algo a ver com isso. E, como você descobrirá ao ler este livro, ele costuma ter...

Nascido em Leytonstone, na zona leste de Londres – "no quartinho dos fundos da minha avó" –, em 12 de março de 1956, Steve Harris era o mais velho de quatro filhos, mas o único garoto. "Tinha três irmãs, todas mais jovens do que eu", ele diz. "Meu pai era motorista de caminhão, e minha mãe era mãe em tempo integral. Ela fazia alguns bicos, mas passava a maior parte do tempo tomando conta de nós quatro. Meu pai também tinha quatro irmãs mais jovens, que sempre estavam em casa. Além disso, havia minha avó por parte de mãe; então, cresci em uma casa cercado de mulheres".

"Olhando para trás, acho que pode ter sido um dos motivos pelos quais entrei na música, já que sempre havia música em casa. Minhas irmãs e suas amigas estavam sempre dançando e escutando os discos – The Beatles, Simon e Garfunkel, esse tipo de coisa. Não sei se gostei disso de cara; era somente algo que sempre ocorria em segundo plano. Então, conforme crescia, decidi que *gostava* daquilo. Mesmo hoje, consigo me lembrar das letras inteiras de algumas daquelas canções; é óbvio que internalizei tudo."

Antes da música, contudo, havia os esportes. Um bom jogador de futebol, críquete e tênis, Steve, quando estudante, sonhava em ser jogador de futebol profissional, de preferência no seu adorado West Ham United, tradicional clube da região leste de Londres que, naquela época, contava com os vencedores da Copa do Mundo de 1966, Bobby Moore, Geoff Hurst e Martin Peters, na primeira divisão.

"Costumava jogar futebol na rua, com amigos ou sozinho, batendo bola com a parede. Se não tinha a pelota, uma latinha ou qualquer coisa servia para chutar viela abaixo. Estava sempre jogando com o pessoal, e a música não se encaixava, de fato, nessa vida. Na verdade, acho que o futebol foi provavelmente a primeira coisa que senti ser um ponto forte meu."

Steve foi a uma partida de futebol pela primeira vez aos 9 anos, quando um colega mais velho o levou para assistir ao West Ham jogar em seu campo, próximo ao Upton Park. "Você entrava em um ônibus e ia até lá", recorda-se ele. "Fomos por conta própria, sem adultos, e vimos o time derrotar o Newcastle por 4 a 3. E assim fui fisgado! Um fanático torcedor do Ham! Meu pai e meu avô, que torciam para o Leyton Orient (outra equipe londrina), ficaram irados quando descobriram. Mas, como meu pai sempre estava fora dirigindo e eles nunca me levaram a um jogo, foi culpa deles se virei fã do West Ham. Eu tinha uma camiseta do time e coisas assim."

Futebol se tornaria o foco da vida de Steve durante os sete anos seguintes, enquanto lutava para alcançar seu sonho de se tornar jogador do West Ham. Apaixonado por tudo o que faz, seu sonho consumia todos seus pensamentos quando era criança. "Joguei futebol pela equipe da escola, além de tênis. Gostava de música e de desenhar, mas futebol sempre esteve em primeiro lugar para mim na infância. Lembro-me de assistir à final da Copa do Mundo, em 1966, entre a Alemanha Ocidental e a Inglaterra. Estava na casa de um colega e me recordo vividamente do goleiro da Alemanha se contorcendo no chão, pensando: 'Oh, meu Deus, está tudo acabado! É o fim do mundo'. Ainda consigo enxergar: a tevê preto e branco no canto da sala, com um aquário em cima com um peixinho dourado. Aquilo era irritante, porque era colorido! Lembro-me disso como se fosse ontem!"

Na época em que começou sua educação complementar em Leyton High, Steve jogava na equipe de futebol da escola todos os sábados e também em um clube amador, o Beaumont Youth, aos domingos. "Acho que tinha 13 anos ou algo assim. Atuava em qualquer posição, exceto goleiro, e isso apenas porque era baixinho demais, mas, em geral, jogava de lateral, já que conseguia correr bastante rápido com a bola nos pés. Fazíamos boas jogadas; dos 11 titulares do time do Beaumont, sete ou oito acabaram jogando em diferentes clubes profissionais. Na verdade, chegamos a jogar uma vez contra o Orient Youth e lhe demos uma surra de 5 a 1. Meu pai e meu tio foram assistir, e o Orient marcou aos 30 segundos. Pensamos: 'Minha nossa, esses caras falam sério!'. Então, vencemos de 5 a 1! Marquei dois gols, e meu pai ficou orgulhoso. Àquela altura, começamos a dizer, antes das partidas, uns para os outros: 'Espere um pouco, estamos batendo clubes profissionais'. Então, comecei a pensar na possibilidade de talvez me profissionalizar."

Logo, o talentoso adolescente chamou a atenção de um olheiro, pouco conhecido, mas lendário no East End, chamado Wally St Pier. De acordo com Steve, não foi nenhuma façanha: "Ele era como uma figura mítica espreitando o local. Ninguém nunca sabia se estava lá ou não, mas, aparentemente, me viu jogar duas ou três vezes; então, recebi um pedido, por intermédio do Beaumont, para ir treinar no West Ham. Tinha 14 anos, e mal podia acreditar! O sujeito que costumava gerenciar o clube veio e me contou. Fiquei, como dizem, nas nuvens. Quando fui ao West Ham, contudo, estava me cagando de medo, para ser honesto. Por sorte, outro cara do meu clube estava lá, Keith Taylor, também chamado para um teste. Ainda o vejo de vez em quando. Até meu pai ficou nas nuvens. Ele fez uma piada sobre jogar no West Ham, mas ficou muito feliz. Foi algo excitante na época!".

Mas a realidade era dura. Treinar duas vezes por semana no Upton Park forçou Steve a abrir os olhos para o que realmente implicava ser um jogador de futebol. Ainda mais quando tomava gosto por novidades e coisas totalmente prejudiciais à forma física buscada por aspirantes a esportistas profissionais. "O problema de virar jogador de futebol profissional é que você precisa ser incrivelmente dedicado. É um pouquinho como virar monge, e isso não é fácil quando se tem 14 ou 15 anos. Você está naquela idade em que todos os colegas começam a sair e curtir, e você não pode. Eu queria sair e conhecer gatinhas, tomar um drinque e me divertir com a moçada, mas treinava direto, duas vezes por semana no West Ham, mais uma na equipe da escola e, em seguida, com o pessoal do domingo. O único período em que não treinava era no dia dos jogos, e eu participava de três partidas por semana. Era inacreditável, incrível. Estava tão em forma, mas não percebia isso na época."

"O que percebia era que aquilo não era de fato o que eu queria fazer, o que, de certo modo, foi meio chocante. Desde meus 8 ou 9 anos, desde o primeiro jogo que fui ver do West Ham, pensava: 'É isso que quero fazer!'. Meu filho, que hoje tem 7 anos, vive dizendo: 'Quero ser jogador de futebol quando crescer'. Comigo era igual. Mas, quando você está lá, descobre que precisa ser extremamente dedicado ou será perda de tempo. Havia muitos jogadores talentosos que não se ligavam nisso. Na época, eu nem achava que era melhor ou pior do que os outros jogadores. Apenas pensava: 'Não consigo fazer isso. Não consigo me dedicar tanto'. Por isso, passei a questionar: 'Se não consigo me dedicar a algo que adoro, então o que quero fazer de verdade?'."

"Meus pais não forçaram a barra. Alguns pais fazem pressão, mas os meus não. Até tentei me obrigar, mas sempre pensava: 'Não quero mais fazer isso'. Foi uma enorme surpresa, para mim mesmo, quando desisti do futebol completamente, mais ou menos um mês depois que cansei de tanto treinar, e essa decisão me assustou: 'Do tipo, o que vou fazer agora?'."

Um ano depois, Steve voltou ao futebol e realmente curtiu. "Só jogava para me divertir. Comecei a atuar de novo no Melbourne Sports, e continuei jogando para eles ocasionalmente naquela temporada."

Àquela altura, contudo, ele sabia o que queria fazer. Após desistir do sonho de ser o próximo Geoff Hurst, decidiu ser um astro do rock e deixou o cabelo crescer. "No futebol, as pessoas começaram a me chamar de *Georgie Best*, por causa dos cabelos compridos, mas não tinha nada a ver com George Best. Tinha mais a ver com o Chris Squire, do Yes. Meu cabelo nunca foi problema, até que tentei entrar para um clube de tênis quando tinha 16 anos, mas, na hora, um sujeito me disse: 'Veja bem, seu cabelo é um pouco longo, não?'. Eu reagi: 'Ouça bem antes que diga algo mais, meu pai não me manda cortar o cabelo, então você não vai mandar'. Ele respondeu: 'Não precisa falar assim'. Antes de ir embora, retruquei: 'Não venha me falar do meu cabelo!'. Então, levantei e saí, e foi isso. Fiquei um tempão sem jogar tênis depois disso. Não sei se aquilo teria ocorrido com o futebol, com os códigos de vestimenta que eles lhe impõem quando você vira profissional, mas, na época, eu tinha essa coisa de não cortar o cabelo. Era um tipo de princípio."

Música, a única ocupação que permitiria que Steve se expressasse *e* mantivesse o cabelo comprido, era a resposta óbvia. "Não comecei a tocar até ter 17 anos, mas vinha comprando discos desde os 14. Ganhei meu primeiro álbum quando tinha só 5 anos, e pedi que meus pais comprassem o tema de *Exodus*. Eu adorava aquela música. Acho que ainda devo ter o disco em algum lugar. É um verdadeiro épico, o tipo de coisa que eu achava genial. Assim, desde aquela época, costumava ouvir discos. Mas foi com 14 anos que comprei meu primeiro álbum, um que compilava sucessos de reggae, como 'Monkey spanner', de Dave e Ansel Collins, e 'Big five', de Judge Dread, esse tipo de coisa."

Era a década de 1970, época em que o reggae, de forma bizarra, havia se tornado a música preferida da primeira geração de skinheads ingleses. Reggae e camisetas Ben Sherman, botas Doctor Marten e jaquetas pretas, com forro xadrez da Harrington, estavam na ordem do dia para Steve. "Acho que a maioria de nós era o que você chamaria de skinheads", ele admite. "Eu não era um grande fã daquilo tudo. Só comprei o álbum para aprender alguns passos – sabe? –, para saber dançar nas festas. Se não conhecesse os movimentos, não pegava as meninas. Nenhum de nós realmente curtia muito aquilo. Mas era o que estava acontecendo. Claro que não cheguei a cortar o cabelo, nunca passei a máquina zero, mas costumava ter todas as bugigangas, como as Doc Marten, calças de dois tons e os suspensórios. Depois, aposentei as camisas de colarinho com alargadores e tudo o mais, e passei para as camisetas largas, calças boca de sino e crucifixos de madeira, escutando Free e Black Sabbath."

Steve ficou amigo de um camarada chamado Pete Dayle, e os dois costumavam passar horas na casa de Pete, jogando xadrez ou *subbuteo*[1] e

---

1 Jogo de futebol de mesa com jogadores de plástico em um campo de tecido. Fonte: http://pt.wikipedia.org/wiki/Subbuteo. Acesso em: 2/4/2013. (N. E.)

escutando "álbuns esquisitos". "Ele tinha coisas que nunca tinha ouvido antes. E eu ficava pensando: 'O que é isso?'."

Explicando: "isso" era a coleção dos álbuns de rock progressivo, de bandas como Jethro Tull, King Crimson e Genesis.

"Ele tocava os discos como fundo musical. Todo mundo costumava gastar seu dinheiro com artigos de futebol, mas ele torrava tudo em álbuns e coisas de alta tecnologia realmente boas. De início, pensei: 'Esse cara é estranho'. Mas, depois que comecei a ouvir alguns desses álbuns com mais e mais frequência, passei a me interessar. Eu fazia perguntas sobre as bandas, e ele dizia: 'Bem, isso aqui é Jethro Tull, e aquilo é Yes'. Eram os primórdios do Genesis, Black Sabbath, Deep Purple, Led Zeppelin. Achava algumas coisas bem interessantes, mas outras eram estranhas."

A virada veio quando Pete emprestou alguns álbuns para Steve ouvir em casa da forma apropriada. "Peguei emprestado um disco do Jethro Tull, *Stand up*, e acho que um do início do Genesis e outro do Deep Purple. Aquilo me deixou maluco. Era como se eu tivesse visto a luz. Especialmente as coisas do Tull e o Genesis. Nem acreditava em como eram bons. Pete havia me dito: 'Você precisa escutar duas ou três vezes. Na primeira vez, não dá para assimilar tudo'. Então, escutei várias vezes e achei incrivelmente sensacional. Coisas como "Musical box" (do álbum de 1971 do Genesis, *Nursery cryme*), que, mesmo hoje, ainda fico arrepiado ao escutá-la."

Até hoje, ao pressionar Steve Harris para que diga quais seus álbuns favoritos de todos os tempos – além das coisas do Iron Maiden –, ele dirá: *Foxtrot*, do Genesis, provavelmente *Recycled*, do Nektar, e "não sei, mas acho que algum álbum do Jethro Tull". Ele admite que, quando diz isso aos fãs do Iron Maiden – "sempre perguntam qual é o meu disco predileto" –, eles costumam olhá-lo com cara de interrogação. "Uma vez, recebi uma carta de um casal que conheci em Winterthur, na Suíça. Eles diziam ter comprado todos esses álbuns e se dado uma chance de ouvi-los, mas acharam que tudo soava datado demais agora. Então, escrevi de volta dizendo: 'Quem sabe, você tivesse de ter estado lá, sabe?'. Porque aquilo mudou a minha vida por completo. De verdade. Eu achava que aquilo era maravilhoso. E meu passo seguinte foi tentar tocar aquele negócio eu mesmo."

Originalmente, ele tentou fazer um curso rápido de bateria, mas desistiu. "Bom, não posso tocar bateria porque não tenho espaço e é muito barulhento." No final, optou por um violão velho e barato. "Pensei que a melhor coisa depois da bateria era comprar um baixo para começar a tocar com um batera, mas alguém disse que eu deveria aprender a tocar violão primeiro. Como não entendia nada daquilo, comprei um violão e aprendi alguns acordes por conta própria, mas logo percebi que aquilo não tinha nada a ver com baixo. Então, o troquei e consegui uma cópia de um Fender – por 40 libras –, e foi isso."

Outro colega de escola, Dave Smith, mostrou-lhe os quatro acordes básicos que precisaria para tocar rock – mi, lá, ré e sol –, e Steve começou a praticar, tocando o baixo diariamente. "Uma vez que coloquei as mãos no baixo, senti alguma coisa, e soube que conseguiria fazer aquilo. Foi algo como: 'Que merda é essa de aprender acordes... Bata nas cordas e pronto'. E foi sensacional, eu simplesmente saí fazendo aqueles sons esquisitos. Acho mais fácil aprender baixo do que guitarra, que, na verdade, é bem difícil de tocar corretamente. Você pode tocar uma linha de baixo, como em 'Smoke on the water', bem mais rápido do que aprender os acordes, e aquelas são as trocas de acordes mais simples de todas. Adorava aquilo, e pensei: 'Isso é para mim'. Li alguns livros de música, mas, claro, na época não tinham nada a ver com baixo. Era tudo para violão, e mesmo os que tinham linhas de baixo costumavam estar errados."

Sensível o bastante para se orientar a partir das maratonas musicais excessivamente técnicas nas quais o Yes e o Genesis haviam se especializado, ele começou tentando tocar sucessos de rock da época, como a já mencionada "Smoke on the water", do Purple, e "All right now", do Free. "Linhas de baixo simples", ele admite. "Bem, digo isso, mas algumas das frases do Andy Fraser para o Free não tinham nada de simples; mas, para começar, restringia-me às mais básicas, as coisas baseadas em blues. Recordo-me de pôr o disco *Paranoid*, do Black Sabbath, e tentar tocar junto. Simplesmente não conseguia pegar aquilo. Joguei o instrumento na minha cama e saí xingando, mas, no dia seguinte, voltei, apanhei o baixo e toquei a música do início ao fim, nota por nota. Quando peguei o jeito, comecei a fazer linhas de baixo com algumas sutilezas a mais e, tentando ser mais esperto, aprender coisas de gente como Chris Squire, o que durante um tempo não consegui desenvolver muito bem."

Depois de usar sua cópia do Fender por apenas dez meses, Steve convenceu Dave Smith a formar uma banda. "A gente se chamava Influence", conta ele. "Dave, um ano mais velho do que eu, tocava guitarra. O vocalista era Bob Verschoyle, com quem jogava futebol, e ele achava que tinha jeito para cantar. Um cara chamado Tim, não me recordo do sobrenome, tocava guitarra base, e o batera Paul Sears mandava muito bem. Além de ótimo baterista, era melhor que todos nós juntos. Ele já havia tocado em alguns clubes, feito isso e aquilo, e era alguns anos mais velho do que nós, e realmente bom. Tocava as coisas como Simon Kirke, do Free e Bad Company. Ele arrebentava na bateria, e eu adorava."

Havia, claro, o desejo de subir no palco, mas, na maior parte do tempo, os ensaios na casa da avó de Steve serviam para tirar sucessos da época, acreditando que seriam capazes de fazer imitações convincentes.

Steve conta: "Fazíamos algumas músicas do Who e 'I'm a mover', do Free. Depois, toquei 'Mr. Big', do Free, porque aí poderia fazer um solo de baixo. Fizemos algumas canções originais com títulos estúpidos, como 'Heat-crazed vole', que Paul, o cantor, escreveu, e uma chamada 'Endless Pit', na qual eu criei o *riff* que acabou se tornando a base para 'Innocent exile', gravada no segundo álbum do Maiden. Acho que Bob escreveu a letra para outra música, mas não consigo lembrar o que era".

"Costumávamos ensaiar no quarto dos fundos da minha avó, e era bem divertido, porque perturbávamos nossa vizinha com o barulho, mas minha avó era durona, do tipo: 'Foda-se o que ela pensa; se vier reclamar, manda se foder'. Dura que nem bota velha, essa minha avó. Então, um dia, quando voltou de um pub, disse que tinha visto a vizinha e lhe perguntado se o barulho a perturbava ou não; e a mulher respondeu: 'Oh, não, eu não escuto nada. Sou meio surda, querida'."

O único show que eles fizeram como Influence foi em um concurso de talentos, realizado perto de Poplar, em um pequeno e velho saguão de igreja. "Tivemos que tocar por 15 minutos, o que foi ótimo, pois só sabíamos quatro *covers* e fizemos as três músicas próprias que tínhamos. Acabamos ficando em segundo lugar. A banda que venceu tocava um estilo meio Osmonds, sabe? Terrível. Na verdade, não éramos muito melhores. De tão nervoso, caguei na longa introdução que bolamos para

RUN TO THE HILLS

a abertura, e Bob, o cantor, pensando que eu estava afinando, não entrou quando deveria, o que me obrigou a começar de novo. Daí, todos entraram no tempo certo, e a plateia achou que aquilo fizesse parte da música. Mas, na verdade, foi horrível. Não fomos pagos, nem nada assim. Éramos tão baratinho naquela época! Acho que eram só cinco ou seis inscritos, e também não havia muita gente assistindo."

O Influence pode não ter ficado em primeiro, mas fez um importante amigo naquela noite, o promotor do concurso, David Beazley, que logo seria conhecido pelos fãs do Maiden pela alcunha amigável de Dave Lights. "Eu morava em um centro comunitário chamado Bridgehouse, e vinha montando eventos para jovens em clubes noturnos desde os 15 anos", diz Dave. "Naquela noite em particular – devia ser por volta de 1973, decidi que iria fazer um concurso de talentos, e Steve se inscreveu com sua banda. Eles ficaram em segundo. Os vencedores eram uma banda cujos pais haviam investido bastante dinheiro – duas garotas e um garoto, um tipo de Abba direcionado à família. Mas, claro, sendo eu mesmo metaleiro, achava que o grupo de Steve era a melhor coisa da noite, e continuamos conversando."

Por sorte, a namorada de Steve na época, Lorraine, havia estudado com Kim, a garota de Dave, e logo os dois casais estavam saindo juntos, frequentando um pub na Barking Road, embaixo do viaduto Canning Town – também, ironicamente, chamado de Bridgehouse –, que quase sempre trazia uma banda ao vivo. De fato, o primeiro encontro de Lorraine com Steve, que ela conhecia desde os tempos de escola, envolveu uma noitada no Bridgehouse para ver alguns amigos da banda dele tocar.

Algumas semanas depois, quando ofereceram à banda seu segundo show em um pub chamado Cart and Horses, em Maryland Point, Stratford, Steve havia mudado de ideia quanto ao nome do grupo, desprezando Influence: "Queria algo mais divertido, mais pra cima, pois estávamos tentando conseguir shows, e Influence soava meio carrancudo. Não parecia algo que fosse divertir, sabe?". Então, para o show seguinte, eles mudaram o nome para Gypsy's Kiss, que, na gíria rimada dos moradores de East End, queria dizer "piss" (mijo). Qualquer que fosse o nome, esta primeira banda estava destinada a durar pouco. "Foram três apresentações no pub Cart and Horses e duas no Bridgehouse, em Canning Town", relembra Steve. "Então, nos separamos! Diferenças musicais."

Ele se diverte com isso agora, mas, na época, não achou nada engraçada a separação do Gypsy's Kiss. "A verdade é que não consigo me lembrar do motivo pelo qual não ficamos juntos, mas, basicamente, nos desdobramos. A coisa meio que se esgotou. Acho que os outros perderam o interesse ou algo assim. Havia muitas coisas a serem feitas naquela idade. Você faz cinco shows aos 18 e, para algumas pessoas, é como se tivesse feito muito! Elas ficam satisfeitas. Era só o que queriam, um gostinho. Mas isso não bastava para mim. Eu realmente gostava de me apresentar, e queria que durasse para sempre."

A ideia de encontrar outros quatro músicos era uma perspectiva assustadora para o baixista novato. "Basicamente, só conhecia eles, e todos meio que desapareceram", admite Steve. Sempre engenhoso, decidiu que a melhor maneira de seguir em frente era tentar fazer parte de uma banda que já existia. Nada muito sofisticado (ainda), apenas alguém que levasse a ideia de tocar regularmente tão a sério quanto ele. Achou o que procurava quando se juntou a um grupo de caras mais velhos em uma banda chamada Smiler.

Liderada por dois gêmeos chamados Tony e Mick Clee, ambos guitarristas, Steve fez um teste no pub White Hart, em Enfield, em fevereiro de 1974. "A ideia era entrar para uma banda com integrantes que estivessem na minha frente, porque eu queria começar a aprender coisas novas. Queria mandar ver, e o Smiler, já estabelecido na cena de pubs, fazia muitos shows, mas eu estava com medo de fazer o teste. Foi a primeira audição de que participei, e é claro que menti, dizendo: 'Bem, já trabalhei bastante com várias bandas', tentando ser convincente enquanto falava. Eu tinha apenas 18 anos, e todos eles mais de 26, o que, na época, eu achava ser uma turma de velhos."

"Perguntei que tipo de coisa eles estavam fazendo, e um respondeu: 'Tocamos um pouco de Wishbone Ash, fazemos uma música do Free e algo do Savoy Brown'. Era um estilo mais boogie do que eu estava habituado, mas me dei muito bem. Estavam tocando muita coisa com guitarras de dois braços, um tipo de balada no estilo Wishbone Ash."

"Então, pensei, 'beleza, por mim tudo bem'. Consegui a vaga e fui aprender um *set* inteiro de uma hora e quinze. Todas as músicas eram *covers*, não havia nenhuma original. Era um estilo boogie, retrô, de doze compassos. Foi uma ótima experiência para eu cair de cabeça e, realmente, aprender um *set* completo. Em poucas semanas, estávamos fazendo shows. Enfrentava uma saia justa, mas gostava. Sem brincadeira, nos saímos bem. Aquele tipo de som caía muito bem em pubs, era fácil de acompanhar com o pé."

Entretanto, ocorreu um problema algumas semanas depois da estreia de Steve: "O baterista quis sair porque a banda recebia cada vez mais propostas, e ele não conseguia dar conta". Então, quando o Smiler começou a procurar um substituto, Steve conheceu um jovem batera chamado Doug Sampson, que depois estaria entre os primeiros recrutas do Iron Maiden.

Nascido em Hackney, em 30 de junho de 1957, Doug Sampson fez o teste para o Smiler em 1975, aos 18 anos. A audição aconteceu em uma sala na parte de trás de um pub perto de Chingford, norte de Londres. "Tínhamos outros bateristas e, para ser honesto, eram tecnicamente melhores do que Doug", afirma Steve. "Mas Doug era meio simplório, um pouco velhaco e engraçado. Era um bom baterista, não me entenda mal, mas sua atitude e personalidade eram melhores ainda. Afinal, a banda se chamava Smiler, e aquele era Doug: sempre sorrindo."

"A banda tocava coisas que vinham do blues", recorda-se Doug. "Em especial, *covers* do Savoy Brown, Wishbone Ash e ZZ Top. Os gêmeos mandavam, mas Steve obviamente tinha suas próprias ideias também. Foi minha primeira banda de verdade. Antes do Smiler, só havia participado de conjuntos pequenos com colegas de escola. Nada marcante, apenas fazendo rock: Cream, Hendrix, coisas assim."

Com Doug a bordo, o Smiler atacou mais uma vez o circuito de pubs do leste de Londres. Pela primeira vez, eles passaram a incluir no *set* material original feito pelos gêmeos e Steve, que começou a fazer experiências: "Talvez, escrever algo da minha autoria". Até então, o conjunto havia confiado somente em um irmão ou no outro para fazer os vocais, mas ficou decidido que seria necessário ter um cantor "de verdade" para fazer justiça às novas músicas do show.

Após colocar um anúncio na *Melody Maker*, eles recrutaram Dennis Wilcock, outro futuro membro do Maiden, embora por pouco tempo. Steve se recorda que foi um tempo de mudanças. "Começamos a incluir algumas pessoas, e eu passei a escrever canções aqui e ali, tentando inserir um pouco de hard rock. Convenci o pessoal a tocar 'Rock candy', do Montrose, e coisas parecidas; ainda fizemos uma versão preliminar de 'Innocent exile', além de 'Burning ambition', outra versão que acabou sendo o primeiro *single* lado B do Maiden, 'Running free'."

"Então, comecei a escrever algumas coisas que eram mais parecidas com o que viria a fazer no Maiden, mas eles reclamaram: 'Ah, não. Há muitas mudanças de andamento nisso'. Não disseram que não iam fazer aquilo, apenas não mostraram qualquer entusiasmo pelo trabalho, e eu pensei: 'Vou ter de sair. Vou formar minha própria banda. Acho que essas músicas são muito boas'."

Quando Steve pediu o boné, Doug foi convidado a integrar sua nova banda, mas o baterista hesitou. "Doug Sampson saiu comigo do Smiler, mas demorou um pouco antes que a gente tocasse juntos", conta Steve. "Fazíamos uma boa cozinha e nos dávamos bem; então, pensei que devia chamá-lo e deixar que soubesse o que se passava na minha cabeça. Não pedi que ele saísse comigo; apenas falei: 'Olha, isso é o que eu vou fazer. Estou contando porque você é meu amigo, mas faça como quiser, pois tem coisas boas rolando com a banda, ela está fazendo shows e só precisará me substituir e seguir em frente'. Não sei o motivo, mas ele disse: 'Que se foda. Para mim já deu, vou sair também'."

Basicamente, foi isso. "Saí para formar minha própria banda. Mas, na época, não tinha nenhum outro músico em mente. Pensei que iria só escrever algumas músicas e tentar reunir um pessoal para oferecer um trabalho ao Doug, sabe? Era algo do tipo, 'se alguma coisa acontecer no futuro, eu ligo para você'. Mas acho que ele entrou em outra banda e, quando montei a coisa toda do Maiden, Doug não estava disponível; então, acabei chamando Ron Matthews."

Doug Sampson se lembra de Steve chamá-lo para sua nova banda, mas diz que recusou. "Não era só o saco cheio do Smiler. Estava cansado de toda aquela coisa rock'n'roll e totalmente quebrado. Como precisava ganhar algum dinheiro, decidi conseguir um emprego." Ele começou a fabricar máquinas de venda automática, mas durou pouco tempo. "Fui novamente fisgado, como sempre acontece cedo ou tarde", diz, lembrando-se de que se juntou a uma banda chamada Janski. "Que se especializou em tocar *covers* do The Eagles e rock latino."

Ao partir de novo do zero, mas utilizando os contatos no East End que havia feito com o Smiler, Steve passou as últimas semanas de 1975 juntando o que seria a primeira formação do Iron Maiden. Criada no dia de Natal de 1975, a banda original era composta por Steve (baixo), Dave Sullivan (guitarra), Ron "Rebel" Matthews (bateria), Paul Day (vocal) e Terry Rance (guitarra).

Steve conta: "Bem, Ron e Dave... Não me lembro se foi um anúncio no jornal, indicação de um amigo ou o quê. Sei que Terry tocava em um tipo de banda pop, e ouviu falar de nós pelo boca a boca ou por um anúncio – na época, tudo girava em torno da *Melody Maker*, que era onde você encontrava todos os números de telefone para os shows e os anúncios na contracapa –, e Paul Day foi, basicamente, outro sujeito do bairro que achava ter jeito para cantar. Na verdade, ele era muito bom, e acabou em uma banda chamada More que, curiosamente, abriu para o Maiden tempos depois em uma turnê europeia".

Dave Sullivan e Terry Rance eram dois caras de Walthamstow, nascidos e criados no East End, que já se conheciam há anos. Por um tempo, antes de unirem forças com Steve Harris, participaram da The Tinted Aspects, que hoje Dave classifica como "uma daquelas bandas em que o maior show ocorre dentro do seu quarto". "Terry era um pouco mais velho do que eu e já havia tocado em algumas bandas diferentes", diz Dave. "Começamos a compor juntos; aquele tipo de som que acaba nunca sendo tocado ao vivo. A Tinted Aspects não durou muito. Então, Terry respondeu a um anúncio da *Melody Maker,* e fui junto. Acho que eu tinha 21 anos. Para dizer a verdade, comecei a tocar guitarra tarde, só aos 17, e tudo aconteceu bem rápido."

"Eu curtia rock pesado, mas talvez não tão extremo quanto o direcionamento que o Maiden começava a tomar. No começo, fazíamos muitos *covers* – Wishbone Ash, Thin Lizzy, qualquer coisa que desse para trabalhar duetos de guitarras –, e tudo se desenvolveu razoavelmente bem. Ainda era bem cru, mas as inclinações já estavam presentes."

Sullivan se recorda de que a audição deles envolveu uma passada em "Smoke on the water". "Fizemos um *take,* e eles disseram: 'Beleza. Você tá dentro'. No começo, havia Steve e Ron. Depois, cheguei com Terry, e, quase na mesma época, Steve disse que tinha um cantor em mente. Não lembro se Paul (Day) estava lá quando fizemos o teste, mas Steve já estava pensando nele... Acho que éramos bons. O fato de alguns dos números ainda fazerem parte do show diz bastante. Precisava ser lapidado, mas isso viria depois."

Steve criou o nome da banda, Iron Maiden (donzela de ferro), com base em um instrumento de tortura medieval que pode ser descrito como um caixão forrado com longas pontas afiadas, apenas porque "combinava com a música". Ele conta: "Estava na casa da minha mãe, discutindo nomes para a banda. Quando esse foi cogitado, falei: 'Esse é ótimo. Gostei'. Não me recordo se fui eu ou minha mãe que pensou nele ou alguma outra pessoa da minha família. Não lembro. Mas me lembro de mencioná-lo para minha mãe e ela responder: 'Que legal'. Havia uma listinha com quatro ou cinco nomes, e ela falou que esse era o melhor".

"Assisti ao filme *O homem da máscara de ferro* lançado na época. Acho que a ideia provavelmente veio daí, embora não exista uma 'donzela de ferro' no filme. Só achei que era um bom nome para a banda. O Iron Butterfly já era conhecido antes disso, e, curiosamente, quando fizemos nossos primeiros shows no Cart and Horses, certa noite, recebemos um telefonema no bar e, até hoje, não sei se era uma brincadeira ou não, mas alguém telefonou e disse: 'Nós nos chamamos Iron Maiden, e você não pode usar nosso nome'. Respondi no ato: 'Isso é uma merda, pois nós nos chamamos Iron Maiden, então, que se foda!'. Fui todo macho, mas, quando desliguei, pensei, 'que merda', porque, se eles *tivessem* registrado o nome – sabe, mesmo a gente tocando apenas em pubs –, não poderíamos usá-lo e, na época, já estava bem convencido da escolha. Nunca mais ouvi falar nada daquilo; então, deve ter sido algum dos meus colegas me perturbando, fazendo um sotaque do norte. Não sei."

Quando Steve reclamou que não tinha um lugar decente para ensaiar com a banda, Dave Lights disse que poderia ser em sua casa, na Folly Street, bem atrás de um pub chamado Sir John Franklin, próximo do Blackwall Tunnel. "Eles ensaiaram lá por quase um ano", recorda-se Dave. "Em geral, três ou quatro vezes por semana. Eu era vocalista da minha própria banda na época. Mas não tínhamos nome nem conseguíamos passar os primeiros compassos de 'Smoke on the water' sem pisar na bola. Mas Steve era coisa boa, era pra valer, sabe? Além disso, gostava de vê-los em casa ensaiando três vezes por semana, quatro horas por dia. Quando eles fizeram seu primeiro show, eu conhecia muito bem as músicas."

"Ele morava em uma casa antiga que pertencia a uma instituição de freiras ou algo assim", acrescenta Steve. "Só que elas não estavam mais lá, e Davey Lights sim. Havia espaço em um cantinho debaixo das escadas, que era como a Tardis[2] do Doctor Who, onde podíamos usar para ensaiar. Então, ele falou que entendia 'bastante sobre o uso de iluminação' e esse tipo de coisa. Nós meio que seguimos a partir daí."

"A gente ensaiava na casa do Dave", confirma Dave Sullivan. "Acho que era um antigo convento. Sei que algumas freiras viviam por lá. Uma vez, tocamos ao vivo no quintal do Dave, e ainda me lembro de três freiras que apareceram. Foi engraçado, porque virou um tipo de mini Beatles no topo do Abbey Road. No final, a polícia chegou, e a gente teve de parar."

O Maiden ganhou cadeira cativa no Cart and Horses. Dave dirigia a van, enquanto Steve usava seus contatos do Smiler para conseguir mais shows. Na época, mais uma cara nova havia oferecido seus serviços, o antigo *stagehand* do Smiler, Vic Vella. "Ele era bem mais velho que nós", diz Steve, "e tinha uma qualidade serena que é bom ter à sua volta quando se está fazendo um show". Atualmente, Vic ainda trabalha para Steve, ajudando a construir quadras de tênis, campos de futebol e outras coisas – "até meu próprio pub" – que adornam a casa de campo do baixista em Essex. "Ele foi nosso motorista e um tipo de mentor. Vic era um sujeito legal para ter ao nosso lado, e nos lugares onde tocávamos isso também era necessário. Se alguém queria falar com nosso empresário, costumávamos apontar para Vic."

Desde o início, Steve deixou claro que a nova banda deveria tocar músicas próprias. "Sabia que tínhamos de fazer *covers* para conseguir os shows, mas eu já havia escrito algumas canções e queria, de verdade, que os outros aprendessem as músicas, e que todo o resto da apresentação se encaixasse nelas."

Steve formou o Iron Maiden para tocar as músicas que estava começando a escrever. Mas seus novos colegas de banda não eram desencorajados a trazer suas próprias ideias. "Em geral, se tínhamos uma ideia, Steven a escutava e, se gostasse, ela estava dentro", conta Dave Sullivan. "Pelo que me recordo, Terry e eu apresentávamos alguns temas acústicos

---

2 Acrônimo de *Time and Relative Dimension in Space* (Tempo e Dimensão Relativos no Espaço). Fonte: http://en.wikipedia.org/wiki/TARDIS. Acesso em: 2/4/2013 (N. E.)

para Steve, e ele plugava seu baixo em um antigo gravador cassete para que ficasse amplificado, mas não alto demais. Na época, ele ainda vivia na casa da sua avó. No começo, eram basicamente ideias que tinham sobrado da banda anterior, coisas como o *riff* de 'Innocent exile" que vieram da época de Steve com o Smiler. Terry e eu sugeríamos algumas coisas também. Lembro-me especificamente de que o *riff* de entrada de 'Iron maiden' era meu. Nós o jogamos no meio do bolo, e ele foi jogado de volta para nós. Então, Steve moldava levemente e criava algo diferente, que virava a música."

"Toquei algumas das composições e disse a eles o tipo de música que queria fazer", explica Steve. "Eles estavam na onda de Wishbone Ash e coisas assim. Dave Sullivan, em particular, mergulhou fundo nessa. Não vou dizer que sabia cem por cento o que queria fazer, mas tinha uma direção para seguir. Eu queria tocar hard rock, músicas pesadas e agressivas, mas também queria coisas com muita melodia e duelos de guitarras. Podia ter sido músicas de qualquer um, mas calhou de eu ter escrito algumas coisas e tentar torná-las algo coeso. Pensei: 'Bem, não dá para trazer as pessoas a bordo se não tiver nada para elas tocarem; então, vou ter de escrever mais músicas do que já tenho'."

Livre da responsabilidade de ter de tocar criações de outras pessoas, Steve permitiu que sua imaginação corresse solta. Foi durante esse período de intensa criatividade e de busca de identidade que músicas matadoras, como "Iron maiden", "Wrathchild", "Prowler" e "Transylvania" – faixas posteriormente gravadas nos dois primeiros álbuns do Maiden – começaram a surgir. "Eram ainda encarnações bem primitivas. 'Purgatory' também é da mesma época, só que se chamava 'Floating' e, na verdade, era uma versão bem diferente. Eles ficavam impressionados com o material, mas o resto do *set* era de *covers*. Mas, sempre que tínhamos de fazer um cover, a ideia era que fosse algo que as pessoas não conhecessem. No Smiler, tocávamos algumas coisas bem imprevisíveis, diferentes do que as pessoas em um pub conheciam, e não raro elas pensavam que era composição própria. Então, decidi seguir por esse caminho, deixando de lado as canções mais conhecidas. Assim, em vez de 'All right now', do Free, fazíamos algo como 'I'm a mover'."

"Tocamos algumas músicas que viriam a se tornar sucessos, mas eram desconhecidas na época. 'Jailbreak', do Thin Lizzy, foi uma delas. E tinha uma canção chamada 'Striker' – nada a ver com futebol – da Tucky Buzzard, uma banda do selo do Deep Purple que conheci por intermédio dos gêmeos do Smiler, que gostavam dela. Não tentamos enganar ninguém nem mentimos sobre as coisas. Só pensamos: 'Isso tem bem mais apelo do que tocar *covers*, só porque todas as bandas faziam The Doobie Brothers e 'All right now'. Pensei: 'Foda-se! Quero fazer nosso próprio set'. Então, assim que uma música própria entrava, um *cover* saía."

Desde aquela época, a inclinação mais evidente de Harris era comandar uma inesperada mudança de andamento, o que se tornaria a marca dos trabalhos mais respeitados do Iron Maiden. "No palco, as coisas mais técnicas que fazíamos era algo como 'Transylvania' ou, provavelmente, 'Iron maiden', que até era um pouquinho extravagante para algumas pessoas", ele admite. "Na época, os outros achavam meio esquisito, mas, como eu era altamente influenciado por rock progressivo, essas mudanças de andamento não pareciam nada estranhas. Achava que se encaixavam perfeitamente. Para mim, as verdadeiras bandas progressivas eram Genesis, Jethro Tull, ELP, Yes, King Crimson – eu adorava *In The Court Of The Crimson King* –; então, gostava de mudanças súbitas que apareciam do nada, do tipo, 'de onde diabos veio isso?', entende?"

Entretanto, Steve admite certa frustração. "Nem sempre era fácil. Embora Dave e Terry fossem excelentes músicos rítmicos e mandassem muito bem nos duelos de guitarra, nenhum dos dois conseguia tocar o solo como eu imaginava. Queria uma banda que tocasse coisas rápidas, mais complicadas, mas que também surpreendesse com os solos e temas principais. Dave e Terry, porém, não conseguiam fazer isso. Daí, comecei a pensar que precisaria de outro guitarrista."

A primeira baixa da formação original do Maiden, em vez de acontecer nas guitarras, foi a do cantor Paul Day. Dave se recorda da ocasião: "Fui para a Flórida de férias e, quando voltei, Paul já havia saído e Denny estava dentro. Fiquei feliz, mas não tinha certeza da habilidade vocal dele. Denny, além do visual que Steve queria, já participara de outras bandas, era um pouco mais velho que nós e gostava de derrubar algumas regras. No Cart and Horses, me lembro de ele rodar o microfone e quase me nocautear. Pensei: 'É isso aí, agora é outra história'".

"Sentíamos que Paul era um bom cantor, mas lhe faltavam carisma e energia suficientes no palco", diz Steve. "Fizemos nossas primeiras 25 apresentações com Paul, e todos esperavam que ele melhorasse, pois tinha uma bela voz, mas, no show, não passava confiança. Pelo menos na época. Ele ficava nervoso e, como não estava funcionando, decidimos trocá-lo. Foi quando Dennis Wilcock entrou em cena."

A aventura pós-Smiler do cantor quase naufragou antes de começar, mas Wilcock, um "grande fã do Kiss", ficou mais que feliz de poder saciar sua paixão por algo que via como performance teatral. Hoje, Steve descreve, divertindo-se, como "um monte de maquiagem afeminada". Foi ideia de Wilcock introduzir elementos de representação nas apresentações, e ele entrava no palco com uma estrela vermelha enorme pintada sobre seu olho direito. Durante 'Prowler', ele usava uma máscara pisca-pisca – ideia tirada de um antigo show do Genesis – e, quando um dos guitarristas começava a solar, Dennis fingia ser um vampiro e aparecia atrás dele, encenando uma mordida em seu pescoço. O destaque do novo show veio, claro, durante 'Iron maiden', quando o novo cantor enfiava uma espada (falsa) na goela e cuspia golfadas de sangue fajuto. Steve e o resto da banda acharam hilário ao ver o desmaio de duas garotas durante um show em Margate.

Steve diz: "Den não era um bom cantor, tecnicamente falando, como Paul, mas tinha carisma e um lado divertido. Confesso que achava meio brega ele pintar aquele grande coração vermelho no seu rosto – igual o Paul Stanley do Kiss, sabe? Dave também usava delineador nos olhos, às vezes, e sua namorada o maquiava. Eu costumava encher o saco dele por causa disso".

"Com Dennis, a maquiagem era algo diferente. Ele criava um personagem no palco, o que foi uma melhoria em relação a Paul. E, pense o que quiser sobre sua aparência, pelo menos ele mergulhava de cabeça, e isso era o mais importante. Mesmo naqueles pubs, eu queria tocar como se estivéssemos no palco do Hammersmith Odeon, e Den era realmente bom naquilo."

Wilcock promoveu outras novidades no palco, dizendo conhecer um guitarrista que deixaria todo mundo pasmo. Seu nome era Dave Murray. Steve comentou, lembrando-se daquela época: "Eu disse, 'bem, se ele é tão bom assim, vamos conhecê-lo. Traga-o aqui'. E ele veio. Foi quando tudo começou a mudar...".

No começo, Steve tinha em mente adicionar um terceiro guitarrista à formação já existente, composta por Sullivan/Rance/Matthews/Wilcock.

"Não sabia de muitas bandas que já haviam tentado isso, mas as que fizeram, como Lynyrd Skynyrd, obtiveram um resultado muito bom", ele explica hoje. "De início, achei que seria bom tentar algo parecido. Dave e Terry eram bons guitarristas, fazendo a base, e pensei, 'se esse sujeito que Den está trazendo for tão bom quanto diz, quem sabe ele faça tudo funcionar'. Mas acho que simplesmente não era para ser."

Dave Sullivan diz: "Para o som que Den e Steve procuravam na época, faltava qualidade nas linhas principais. Claro que houve algumas discussões, sim, porque Steve queria mais uma guitarra. Não me incomodei, mas Terry não gostou, achando desnecessário um terceiro guitarrista. Às vezes, as pessoas levam as coisas para o lado pessoal, como uma desfeita à sua capacidade, e foi assim que Terry encarou. Mas eu fui a favor da ideia. Dave Murray ficou ali, na reserva. Eu não estava lá quando ele fez o teste; acho que sua audição foi apenas com Steve e Den".

Steve queria ter Dave Murray na banda. "Sempre achei que ele era um grande guitarrista e poderia tocar solos melhores do que todos que conhecia; por isso, pensei: 'Foda-se. O Lynyrd Skynyrd tem três guitarristas, então, por que não podemos?'. Não via problema em ter três guitarras, mas os outros não aprovaram minha proposta. Eles não queriam mais um integrante. Não sei se tinham uma parceria e acharam que havia algo rolando – mas *havia* algo rolando; eles simplesmente não eram bons solistas. Então, foi isso aí. Eu disse: 'Bom, se vocês não vão deixar alguém entrar na banda, precisam sair'. Na ocasião, já havia decidido que aquilo era o que eu queria."

Sullivan se recorda muito bem. "Foi antes do Natal de 1976. Já havíamos tocado na Walthamstow Assembly Hall, e pela primeira vez tivemos nosso pôster em um show, desenhado pelo próprio Steve. De fato, ainda tenho um. Mas Terry e eu saímos logo depois disso. Tivemos uma reunião em um pub, e Steve disse mais ou menos assim: 'Vamos dividir a banda e dar um tempo'. Não sei ao certo se a entrada de Dave Murray foi mencionada. As pessoas não estavam felizes com algumas coisas, e as discussões ficaram feias na época. Havia conversas sobre guardar dinheiro para comprar um PA[3] melhor e dar um passo além.

---

3 Sigla de *Power Amplifier* (amplificadores de som). Fonte: http://www.djkit.com/category. php?id=40. Acesso em: 2/4/2013. (N. E.)

Não gostamos nada daquilo, mas eles estavam muito determinados e disseram: 'Por ora, vamos dividir a banda e talvez trabalhar em algumas coisas depois'. Mas acho que Dave já estava rolando nas sombras."

"Havia certas dificuldades com os dois", diz Steve, referindo-se a Rance e Sullivan. "Não era só a musicalidade. Às vezes, eles pareciam incertos quanto ao seu comprometimento em fazer shows, porque os dois tinham ótimos empregos fora da cena musical. Acho que ambos se preocupavam com seu trabalho diário. Mas isso não me interessava. Eu era do tipo: 'Foda-se o emprego! A banda precisa vir primeiro!'. Eu disse exatamente isso a eles: qualquer membro da banda precisa tomar a atitude certa. Era algo do tipo: 'Não me interessa se seu irmão ou sua irmã vão se casar. Se temos um show naquela noite, vamos fazê-lo'. Essa sempre foi a minha atitude. O Maiden vinha em primeiro lugar!"

Somente seis meses depois, Sullivan e Terry Rance descobriram que o Maiden estava de volta à ativa, com Dave Murray como guitarrista. "Acho que falei com Ron (Rebel), e ele me disse que as coisas estavam rolando, mas não fiquei incomodado na época", afirma Sullivan. "Lembro-me de que tentava comprar um flat, porque ia me casar, e tinha coisas mais importantes com que me preocupar."

Sullivan admite que a decisão foi motivo de muito arrependimento conforme os anos se passaram e o nome do Iron Maiden se tornou mais e mais famoso em todo o mundo. Agora, ele filosofa alegremente: "É óbvio que sempre me arrependo de não ter feito parte daquilo, já que estávamos tão bem no começo. Mas não sei se ainda estaria lá, porque acho que não era para ter sido assim. Boa sorte a eles, é o que digo. Sou *designer* independente hoje, contratado por empresas de petróleo, mas mantenho contato com Terry. Ainda compomos juntos e fazemos algumas músicas, mas só por diversão, sabe? Bem diferente do Maiden. Steve sempre foi muito severo com relação a isso, desde o início".

Foram essas as palavras que Steve disse sobre a separação: "Quando os outros deixaram claro que era ou eles ou Dave Murray, não havia opção. De jeito nenhum abriria mão do Dave. Além de ser um cara legal, era o melhor guitarrista com quem já havia trabalhado. Ele ainda é!".

2 *Dave*

Ao ver Dave Murray no palco, fazendo poses exuberantes e incríveis solos de guitarra sem o menor esforço, você jamais diria que é o astro do rock mais tímido que jamais encontrará. Aos 57 anos, ele ainda conserva a aparênciaangelical que o tornou o principal alvo de afeição do sexo oposto dentre todos os membros da banda em seus primeiros dias. Seu comportamento pés no chão e gentis encantos ainda estão intactos, apesar dos anos na estrada e da quantidade de discos de ouro e platina acumulados ao longo do caminho.

Caloroso e generoso com seu tempo, mas sem ser chegado ao modo exibicionista com que astros de rock, sejam guitarristas ou vocalistas, costumam conversar com jornalistas, Dave Murray jamais foi agressivo com coisa alguma, muito menos com suas canções (escreveu, na média, uma por álbum) ou com seu lugar na hierarquia da banda, na qual perde apenas para Steve Harris.

Capaz de manter a calma em situações de crise tanto quanto Steve, mas de uma forma mais positiva, completamente diferente, Dave resume o espírito sempre heavy, sempre humilde, do Iron Maiden. Atualmente, ele vive na ilha exótica de Maui com sua esposa, a californiana Tamar, e sua bela filha, Tasha. Porém, na época em que conheceu Steve Harris e se juntou ao Maiden, em 1976, Dave Murray era só mais um rapaz do East End, com boas ideias.

David Michael Murray nasceu em Londres, no Hospital Royal Middlesex, em Edmonton, em 23 de dezembro de 1956. Ele tem duas irmãs: Pauline, seis anos mais velha, e Janet, três anos mais nova. O sobrenome Murray vem da mistura de Scots e sangue irlandês do lado de seu pai. Como 'Arry, o futebol foi seu primeiro grande amor. Ele era um habilidoso meio-campista, antes de a música tomar controle de tudo, em sua adolescência.

"Cresci na área de Tottenham ,em Londres, e sempre fui fã do Tottenham Hotspur, embora deva admitir que jamais fui a um jogo. Só costumava ver na tevê. Isso foi algo que eu herdei – meu pai e minha mãe eram fãs do Spur –, mas essa coisa do futebol foi gradualmente diminuindo para mim. Quando tinha 15 anos, comecei conhecer as bandas e comprar seus álbuns."

Hoje em dia, a irmã Pauline tem filhos adolescentes, que vão aos shows do Maiden sempre que a banda toca em Londres. "Minha irmã mais jovem, Janet, tem uma filha chamada Zoe, seu professor tem um pôster do Iron Maiden na sala de aula. É algo bacana, sabe? É legal, mas ao mesmo tempo estranho, porque é difícil acreditar que chegamos tão longe. Mesmo que já tenha esquecido um monte de coisas, do que me recordo parece que foi ontem."

A mãe de Dave tinha alguns empregos de meio período, enquanto seu pai sacava pagamentos por invalidez após ser aposentado precocemente por doença. "Foi aquele tipo de coisa lenta e debilitante, até que ele se tornou incapaz de desempenhar funções físicas", conta Dave. Como resultado, a família mudou-se constantemente, por orientação do conselho local. Dave avalia: "Aos 14 anos, eu já devia ter passado por umas dez escolas diferentes. Vivemos em toda a área do East End – em alguns lugares bem duvidosos –, porque éramos bem pobres. Éramos acomodados em algum lugar por um tempo e, meses depois, transferidos para outro conjunto habitacional".

A frustração e a pobreza faziam que os pais de Dave brigassem demais. Quando isso acontecia, sua mãe levava ele e suas irmãs até o escritório local do Exército da Salvação, onde, com frequência, chegaram a passar semanas seguidas, fugindo do mau humor do pai. "Mas, cedo ou tarde, sempre voltávamos." Essas primeiras experiências formaram a personalidade do futuro guitarrista do Maiden, eventos que o forçaram a se virar e o ensinaram a ficar de boca fechada em épocas conturbadas. "Apenas continuava fazendo as coisas. Desenvolvi esse tipo de barreira protetora ao meu redor", ele explica. "Você precisava saber como manter a cabeça baixa para conseguir sobreviver." Esses hábitos iriam mantê-lo

RUN TO THE HILLS

sempre bem durante os problemas e tribulações que, no futuro, viriam a importunar outros integrantes da banda.

"Foi uma criação muito difícil. Era raríssimo ganhar qualquer coisa nova. Foi duro e, de certo modo, ainda hoje isso me afeta, mas na época, observando outras famílias que conhecíamos, não era muito diferente. Todos eram pobres. A primeira coisa que fiz quando ganhei dinheiro com a banda foi comprar uma casa para os meus pais, um lugar bonito, geminado, em Woodford. Sempre quis fazer isso por causa de toda a pobreza com a qual eles haviam se habituado. Foi algo que sempre sonhei fazer se tivesse sucesso com minha música, e, após essa parte ter se tornado realidade, dei algo sólido para eles nunca mais terem de se mudar. Quer dizer, se todo o resto entrasse em parafuso, ao menos já tinha feito aquilo, e me senti muito bem. Depois, meu pai faleceu, mas minha mãe ainda vive naquela casa."

Mudar-se constantemente durante a infância fazia de Dave o eterno recém-chegado, o que significava ser provocado o tempo todo. Ele teve de endurecer rápido para poder sobreviver. Seu pai – que, no passado, fez parte do círculo de "amigos" que se reuniam em torno de notórios vilões do East End dos anos 1960, como os gêmeos Kray, Ronnie e Reggie – o encorajava a cuidar de si mesmo. "Meu pai costumava beber com os Kray em um pub chamado Blind Beggar, em Whitechapel. Não sei se ele se meteu em algum esquema, mas é engraçado saber que o pai de Nicko também costumava andar com os gêmeos. Quando meu pai e o dele se encontraram, anos depois, em um show do Maiden, sentaram-se e ficaram horas conversando sobre os velhos tempos. Foi muito estranho. Acho que esse tipo de *background* significa que fui criado para ser bem mais malandro do que me dava conta. É somente agora, olhando para trás, que isso parece engraçado."

"Eu era sempre o garoto novo da sala de aula e, de vez em quando, precisava abrir caminho na marra para ser aceito. Então, quando fazia amigos, mudava de casa novamente, e tudo recomeçava. Assim, me meti em muitas brigas. Na verdade, meu pai me ensinou a boxear desde moleque. Ele comprou um par de luvas, aquelas pequenininhas – acho que ainda as tenho em algum lugar –, e me desafiou a tomar conta de mim."

Uma das breves moradias da família Murray foi um *flat* sobre um clube em Clapton, que costumava agendar apresentações de gente que fez sucesso nos anos 1960. "Eram grupos como The Hollies, The Searchers e The Dave Clark Five. Acordava no meio da noite e escutava tudo o que acontecia lá embaixo, então descia e via todas aquelas pessoas dançando, mas minha irmã Pauline me pegava e levava de volta para cima. Também tinha o hábito de descer à tarde, enquanto as bandas ensaiavam, e achava tudo legal demais. As guitarras e todo o resto pareciam bem brilhantes, sabe? Era a fase dos Beatles, e minha irmã, que fazia parte do fã-clube, vivia escutando alguma coisa deles. Sempre estive cercado de música enquanto crescia, e isso foi algo muito bom. Com todos os traumas de se mudar constantemente, a música era algo consistente. No clube, também havia um piano onde eu costumava tirar uma casquinha. Devia ter 5 ou 6 anos nessa época."

De forma profética, considerando a quantidade de fãs usando guitarras de papel que apareciam nos primeiros shows do Maiden, a primeira guitarra de Dave, como ele confessa, "foi uma de papelão". Murray conta: "Fui eu mesmo que fiz. Costumava recortar os formatos, enchia de papel e passava fita em tudo. Era ótimo. Tocava com minha irmã os discos dos Beatles e fingia que era John Lennon. Então, claro, anos depois, quando a molecada aparecia nos shows da banda com suas guitarras de papelão e fingiam tocar, eu achava sensacional. Realmente me identificava com aquilo!".

Além de boxe e futebol, outra coisa importante da infância de Murray foi o críquete. Música, embora fosse ótimo passatempo – e "algo que minhas irmãs costumavam fazer" –, só começou a ser levada a sério por Dave no meio da adolescência. "Eu estava sempre na equipe de críquete da escola, por ser um ótimo jogador. Minha grande reivindicação para o *hall* da fama foi a vez que driblei seis caras em uma jogada e fui carregado para fora do campo. Também costumava jogar no time de futebol da escola. Era sempre Bobby Charlton, sabe? O gênio do meio-campo que também marcava gols. E para qualquer escola que fosse, se pudesse, sempre praticava boxe. Comecei a fazer isso e entrar no ringue de verdade quando tinha 11 anos. Acho que por ser do leste de Londres, onde havia muitas gangues e coisas assim, precisava saber me defender nas ruas. Ficávamos em gangues rivais, então, mesmo que só estivesse parado ali, cuidando da própria vida, sempre havia chance de outra turma aparecer e, de repente, teria que encarar um quebra-pau para escapar."

RUN TO THE HILLS

Em 1970, a família Murray finalmente se acomodou em uma casa, em Clapton. Como Steve Harris e vários outros adolescentes do East End, Dave foi um *skinhead* por um tempo. Contudo, diferente de Steve, também adotou o corte de cabelo raspado. "É isso aí, máquina um, botas Doc Marten e suspensórios", ele sorri timidamente. "O pacote inteiro." Ele até entrou para uma gangue de skinheads e acabou se "metendo regularmente em encrencas", enfrentado brigas de rua e coisas similares. "Você precisava ter pés velozes." Não é uma parte do seu passado de que ele se orgulhe. "Foi apenas algo que todas as crianças com quem convivia faziam. Muitas vezes, as gangues vinham nos provocar, mas você não podia se dar ao luxo de fugir, ou então sua vida viraria um inferno. Elas nunca mais o deixariam em paz, sabe?"

"Tinha um casaco Crombie e calças Levi Sta-Prest quando entrei para uma gangue de skinheads. Tive alguns anos bem violentos nas ruas, mas, depois, fui completamente para o outro extremo, e virei hippie. Decidi que preferia uma atitude de vida mais pacífica depois que fui a uma partida de futebol. Era um jogo do Arsenal, e aconteceram umas brigas pesadas. Daí, pensei: 'Cansei disso tudo'. Era horrível. Olhando para trás, vejo que tudo fez parte do meu amadurecimento, foi um tipo de crise de identidade, tentar descobrir quem eu era, esse tipo de coisa. Então, deixei o cabelo crescer, comprei uma jaqueta Afghan e decidi virar hippie, cara!"

Tal qual Steve Harris, até que conseguisse encontrar sua prateleira de rock favorita na loja mais próxima, Dave também curtiu sucessos de reggae que eram altamente associados com o fato de ele ser um *skinhead*. "Eu comprava todos aqueles álbuns *Tighten Up* que saíam", ele explica. "Eram coletâneas de reggae que traziam as coisas que eu curtia na época, como Dave e Ansel Collins, Jimmy Cliff, Prince Buster, todos esses caras. Era a música que tocava nos clubes e festas, um ritmo ótimo e dançante. Eu era como qualquer adolescente, testando novos caminhos até encontrar algum que me fizesse sentir confortável. A música sempre esteve comigo, mas, por causa do *background* do leste de Londres, também havia violência misturada com ela. Era só uma questão de descobrir mais sobre a música e se livrar da violência."

O momento que mudou os gostos de Dave para sempre e iria, mais tarde, levá-lo a uma vida que jamais sonhara ser possível nos seus dias de botas e suspensórios, ocorreu quando tinha 15 anos. Ele havia acabado de ouvir a guitarra de Jimi Hendrix, na música "Voodoo Chile", na rádio. "Tudo mudou em um instante. Entrar no rock não foi um processo gradual para mim. Escutei 'Voodoo Chile' do Jimi Hendrix pela primeira vez e pensei: 'Puta merda! O que é *isso*? Como se faz isso?'. E virei um detetive, tentando descobrir e rastrear quem era ele e o que estava acontecendo ali. Foi quando comecei realmente a frequentar lojas musicais e comprar álbuns. Tinha 15 ou 16 anos, e comprei os discos do Hendrix para começar, depois alguma coisa de blues e, então, comecei a pensar em tocar algo, imaginando como seria."

O amor pelo rock levou a "uma rápida monopolização de tudo o que era relacionado a ele – as roupas e todo o tipo de cultura rock". Dave deixou o cabelo crescer, provocando o escárnio dos seus colegas skinheads, começou a usar uma jaqueta Afghan e a ler a *Melody Maker* toda semana. Também passou a frequentar shows e a sair com amigos diferentes, "os que estavam a fim de tocar"; o principal era um cara chamado Adrian Smith. "Vivíamos a poucas ruas de distância um do outro", recorda-se Dave, "e nós dois estávamos na onda de tocar guitarra, então começamos a andar juntos e a ensaiar."

"Encontrar Dave e conhecê-lo melhor foi ótimo para mim, porque, em termos de tocar guitarra, ele estava um pouco na minha frente", conta Smith. "Eu ainda me esforçava para tocar um velho violão que Dave me havia vendido por alguns trocados, enquanto ele já estava na sua primeira cópia de uma Gibson ou algo assim. Acho que tinha um pouco de inveja, mas costumávamos frequentar a casa um do outro e tocar juntos, o que era muito legal. Ambos aprendemos bastante."

Quando saiu da escola aos 15 anos, Dave já tinha descartado a ideia de encontrar um "emprego decente", preferindo ter uma carreira como guitarrista, e sonhava alto. Adrian Smith diz que, nessa época, Dave Murray já era um tipo de astro local do rock. "Ele já vinha tocando há mais de oito meses, conhecia alguns acordes e deixava todo mundo impressionado. Além de cabelos bem compridos e roupas descoladas, ele tinha uma guitarra elétrica de verdade. Nunca tínhamos visto uma ao vivo. Só na televisão."

"Minha ideia não era tanto ser um astro, mas ter um emprego que me permitisse tocar guitarra", diz Dave. "Eu não era muito seletivo quanto ao tipo de música que tocava. Pelo menos, não no começo. Simplesmente, como adorava música, comecei a desenvolver aquele estilo de vida. Mas era a guitarra que realmente me atraía. Isso estava em mim, bem lá dentro, desde quando tinha 6 ou 7 anos e fiz minha própria guitarra de papelão. Era como se estivesse lá, em algum lugar, mas deixei quieto por um tempo, e a coisa voltou depois, 8 ou 9 anos mais tarde. Mas, desde que comecei, levei tudo com muita seriedade. De repente, mergulhei nesse universo, primeiro com os álbuns que comprei e depois tocando eu mesmo a guitarra."

Seu primeiro grupo foi um improvável trio chamado Stone Free, que ele e Adrian, tocando guitarras, formaram com outro colega de escola, que assumiu os bongôs. "Tínhamos uns 16 anos", ele conta. "Fizemos apenas um show no salão da igreja local, num sábado à tarde. Havia meia dúzia de pessoas assistindo, e acho que tocamos quatro ou cinco músicas, principalmente *covers* do T Rex e do Jimi Hendrix. Mais tarde, uma daquelas velhas mulheres, que organizaram tudo, deu a cada um de nós uma Coca-Cola e uma barra de chocolate como pagamento."

Até o final da adolescência, Dave e Adrian continuariam a tocar juntos, participando de pequenos shows improvisados, compondo algumas coisas e conversando com frequência sobre o que fariam (e com quem fariam) se chegassem aonde queriam. "Mas sempre ficou claro que Dave pularia fora assim que uma banda de verdade aparecesse e o chamasse para tocar", afirma Adrian. "Ele sempre buscava escalar o próximo degrau. Não digo isso de forma negativa. Excelente guitarrista, Dave precisava encontrar a melhor banda possível para sua progressão natural, o que aconteceu quando entrou no Iron Maiden. Antes disso, ele era o cara que folheava os anúncios na *Melody Maker* e telefonava para participar de audições, enquanto eu quase nunca fiz algo assim. Já estava compondo minhas próprias músicas, mas não tinha intenção de me juntar a nenhuma outra banda. Dave era exatamente o oposto. Ele mal conseguia esperar."

Dave comenta: "Queria vivenciar a experiência de me levantar e tocar guitarra em um lugar cheio de gente que não conhecia, completamente estranhos. Achava, de fato, que aquilo seria um bom treino para subir no palco depois. Eu pensava que gostaria de tocar com pessoas diferentes, quanto mais diversidade melhor, para obter o máximo de experiência. Então, comprava a *Melody Maker* todas as semanas e olhava os anúncios, de forma que isso virou uma rotina. Sempre ia a audições no sábado ou domingo de manhã."

O resultado de uma dessas audições foi o convite para se juntar a "uma banda de rock leve, meio do tipo americano", chamada Electric Gas. "Isso foi em 1973", ele se lembra. "Não era bem o que eu curtia, mas, como era diferente, gostei. Eu tocava com qualquer um naqueles dias, só por experiência. Afinal, fiquei com eles quase um ano, mas nunca fomos além dos ensaios e de tocar ocasionalmente em um pub ou clube." Então, houve uma "banda maluca e meio punk", chamada The Secret.

"The Secret era mais organizada", ele explica. "Tinha empresário e contrato com um selo, e parecia fazer muitos shows, então fiquei na banda. Não precisei cortar o cabelo nem nada assim. A proposta era uma mistura de estilos, ainda nos primórdios do punk, quando eu também era um pouco glam. Foi ótimo, porque acabei gravando um *single* com a banda, chamado 'Café de dance', lançado por algum selo indie tão obscuro que nem me lembro do nome, mas saiu em 1975. Então, sempre me lembrarei do The Secret como a primeira vez que tive a chance de entrar em um estúdio de gravação, e eu realmente adorei."

Apesar disso, Dave saiu do The Secret pouco depois de o *single* ser lançado. "Na época, já conhecia Steve Harris e Dennis Wilcock, além de outros caras, e estava pensando em tocar algo mais heavy metal. Quero dizer, assim que comecei a andar com Steve, havia, enfim, encontrado uma banda que tocava música que eu realmente gostava, então não havia volta."

"A primeira vez que encontrei Dave Murray foi quando veio fazer o teste", recorda-se Steve. "Ele havia tocado com Dennis Wilcock em uma banda chamada Warlock; não era o Warlock que depois veio da Alemanha, mas outra bandinha local do East End. Como ficou muito impressionado com Dave, Dennis o chamou para fazer o teste e foi incrível. Davey nos deixou malucos!"

Linda, irmã de Steve, estava saindo com um cara chamado Nick Lideye, baixista de uma banda que costumava ensaiar em um grande baú de caminhão abandonado na fazenda que seus pais tinham em Essex. "Nick tinha um baú na parte de trás dos campos e me disse que, se quisesse, poderia usá-la para fazer as audições", conta Steve.

"Dave veio para fazer seu teste, e nós o arrastamos o caminho inteiro por aquele enorme campo lamacento até chegar ao maldito baú. Mas, quando ele parou de tocar, falamos sem rodeios: 'Você conseguiu um trabalho'. Lembro de pedir que tocasse 'Prowler', e ele nos surpreendeu completamente, então dissemos: 'Chega! Você está dentro'."

"Passei por um pasto até chegar a um tipo de vagão onde a aparelhagem estava toda montada", diz Dave. "Foi tudo muito estranho, para dizer a verdade. Não estava habituado ao campo, mas carreguei minha guitarra no *case* por aquele terreno enlameado e me lembro de acabar com o pé coberto de merda. Mas todos pareciam bem amigáveis, então pluguei minha guitarra e fomos em frente."

Em 1977, com a nova banda, a formação era Dennis Wilcock nos vocais, Steve Harris no baixo, Dave Murray na guitarra e Ron Rebel na bateria. "Davey apareceu na hora certa, e ele era tão bom que podia fazer tudo sozinho", afirma Steve. "Era um desses caras que realmente conseguia tocar guitarra com os dentes, sabe? E isso acabou virando parte do seu ato – tocar com os dentes, jogar a guitarra nas costas, tocá-la de ponta-cabeça. Ele podia fazer qualquer coisa! Achei que acabaríamos chamando outro guitarrista por causa das harmonias e coisas assim, mas conseguimos ser um trio mais um vocalista durante um bom tempo. Muitas harmonias eu fazia no baixo, mas, conforme as novas canções começavam a aparecer, ficou cada mais óbvio que, embora pudéssemos dar conta sozinhos, a sonoridade dessas composições próprias pedia um duelo de guitarra; então, passamos a procurar outro guitarrista."

Bob Sawyer era outra figurinha carimbada, conhecido em lugares como o Bridgehouse e o Cart and Horses. Apesar de não ser um guitarrista solo tão bom quanto Dave Murray, ele pegava as coisas rápido. Era só mostrar o que teria de fazer. Por isso, a banda começou a convidá-lo para os shows. Ele assumiu o nome artístico de Bob Angelo, e era "um sujeito bem legal", recorda-se Dave Murray, para quem o único problema foi que "ele provavelmente tentou ser mais do que era e extrapolou".

"Bob funcionou muito bem durante um tempo", conta Steve. "Era alguns anos mais velho do que nós e um bom guitarrista. Mas, em vez de tentar completar o que Dave fazia, ele começou a lutar contra, o que foi um grande erro, pois nunca iria vencer aquela guerra. Eu gostava do Bob. Ele era uma figurinha, sem a menor dúvida, e não estou zombando dele. Recordo-me de um show que fizemos em Barking, onde tocávamos às sextas e aos sábados à noite, e Davey fez sua performance na guitarra, com os dentes. Então, Bob, quando fez seu solo, tentou mostrar que conseguia tocar com os dentes também, só que estava roubando. Ele dava as costas para o público e usava as mãos. Eu podia ver, pois estava bem ao seu lado, e as pessoas na frente da plateia também. Depois do show, tivemos uma baita discussão. Eu disse: 'Que merda você estava fazendo? Você enganou as pessoas!'. Ele nem sequer estava se dando bem com aquilo. Então, tivemos uma grande briga, e ele acabou indo embora. Não naquela noite, mas pouco tempo depois."

Ainda em 1977, um dos shows mais estranhos foi agendado no Roxy, em Covent Garden. Na época, um clube punk bem conhecido destinado a um público new wave. O convite veio por meio de uma tentativa bem-intencionada, mas, em última análise, equivocada, de "moldar a imagem da banda", feita por um selo independente. Quem conta essa história é outra figura conhecida do East End, Garry Bushell, um dos primeiros fãs do Maiden e do punk rock que, na época, escrevia para a revista semanal *Sounds*. Ele explica a miscelânea e repercussões inesperadas que aquilo teria: "A bagunça começou com o envolvimento de uma tal Suzanne Black, do selo de reggae Klick Records, que tinha um acordo de distribuição com a RCA. Ela estava interessada na banda, e os músicos ficaram lisonjeados pela atenção dispensada, mas parece que ambos os lados tinham coisas diferentes em mente. A banda queria um contrato com o selo, mas ficou reticente de fechar contrato com um selo de reggae. A senhora Black assegurou que o selo queria entrar no rock, embora mais tarde tenha ficado claro que seu interesse era atuar como empresária. De qualquer modo, eles fizeram uma audição que a deixou bem impressionada. Alguns dias depois, porém, ela já fazia planos bastante incomuns para o desenvolvimento da banda".

Em primeiro lugar, Black sugeriu que eles incorporassem alguns *covers* mais comerciais ao *set*. Sua orientação mais bizarra foi incluir uma música de Todd Rundgren, "I saw the light". A seguir, disse que eles deveriam deixar de lado todas suas performances de "piromania" e os adereços. E, por fim, a sugestão mais ridícula: eles deveriam cortar os cabelos para deixá-los espetados, adotando um visual com estilo mais punk. "Com alfinetes e tudo", reclama Steve Harris, ainda usando jaqueta de couro décadas depois. Mas, quando a banda disse educadamente para onde ela deveria ir, Black avisou que já era tarde demais, que já havia agendado o Maiden para tocar no clube Roxy em uma apresentação especial para a qual foi convidado o pessoal de "artistas e repertório" de várias gravadoras.

De cara, Steve descartou a impensável proposta de virar punk, mas sentiu-se obrigado a, pelo menos, ir conhecer a casa de shows, antes de decidir se faria ou não a apresentação: "Afinal, não era todo dia que tínhamos gente de A&R[4] de grandes gravadoras vindo para nos assistir. Não no leste de Londres!". Na noite em que ele e Den Wilcock apareceram no Roxy, Gene October tocava com sua banda Chelsea, fazendo seus passos punk. O lugar estava cheio do que Steve, divertindo-se depois, descreveu como "todos aqueles esquisitões, ensopando o cantor de catarradas", enquanto pulavam e cuspiam em todo lugar. "Eu disse: 'Foda-se isso tudo; se tocarmos aqui, vai haver um tumulto!'. Imagine se nossos fãs fossem até lá, e os punks começassem a cuspir neles. Teria sido uma guerra. Portanto, não tinha como a gente tocar lá, e de forma alguma seguiríamos as demais propostas. Ela ficou puta com a nossa decisão, mas era o fim da linha para ela!"

Não seria a última vez que diriam ao Iron Maiden que, se a banda cortasse os cabelos e mudasse sua imagem demasiada heavy, teria maior chance de conseguir um contrato. Durante o verão de 1977, pico do movimento punk, Johnny Rotten tinha dito que morreu de sono ao ver o filme – assumidamente indulgente em excesso – do Led Zeppelin, *The song remains the same*, e chamou a banda de "peidorreiros chatos". Além disso, todo o gênero de música pesada ficou tão fora de moda, que ninguém na imprensa britânica estava preparado para levar a sério a ideia do surgimento de uma nova banda de metal. Pelo menos, não naquele momento. Mas a banda já tinha traçado suas metas. Embora ainda fosse demorar mais dois anos para conseguir as primeiras resenhas e críticas de seus shows ao vivo nas publicações musicais, manteve-se implacável no tocante à sua imagem, música e ao significado do seu trabalho. Apesar de, na verdade, os músicos do Maiden terem mais em

---

4 Sigla de Artistas & Repertório, profissional que faz a interface entre a gravadora e, no caso, a banda. Fonte: http://pt.wikipedia.org/wiki/A%26R. Acesso em: 2/4/2013. (N. E.)

comum com a mitologia punk – como garotos da classe trabalhadora tocando música pesada e provocadora – do que com noventa por cento da imprensa musical, formada pela classe média predominantemente *poser*,[5] a banda rejeitava o punk. Não é que não acreditassem no Sex Pistols – por exemplo, o vocalista Paul Di'Anno, que depois substituiu Dennis Wilcock, era um grande fã do Pistols e também do Clash –, mas não acreditavam em seguir tendências, o que aparentemente era o que todas as demais bandas inglesas estavam fazendo em 1977. "Assim que alguém falava: 'vocês são bons, mas deviam ficar mais comerciais' ou 'vocês são bons, mas deviam cortar o cabelo', apenas respondíamos: 'tá legal, então', e íamos embora", relembra Steve Harris.

Enquanto isso, sua atitude não impedia que a banda se apresentasse regularmente próximo de sua casa em locais como o Harrow, em Barking, e o Plough, em Leytonstone. Os problemas imediatos estavam, mais uma vez, centrados na sua inconstante formação.

Na verdade, nos dois anos seguintes, o incipiente Maiden viria a sofrer meia dúzia de mudanças. O mais incrível, porém, foi ver que a primeira pessoa despedida do *line-up* – constituído por Harris/Wilcock/Murray/Matthews/Sawyer – seria Dave Murray, logo depois de um show no Bridgehouse, em 1976, que acabou mal após Bob Sawyer promover uma briga entre Dave e Dennis. "Eu só estava na banda há alguns meses", lembra-se Dave Murray. "Bob pegou algumas coisas que eu falei, completamente fora de contexto, e levou para Dennis, dizendo: 'Olha só o que Dave falou sobre você'. Ele deturpou tudo, agindo de forma incorreta! Não havia animosidade alguma entre Dennis e eu, mas o Bob foi lá e distorceu um monte de coisas, deixando-o furioso! Por isso, Dennis veio tomar satisfações comigo. Não consigo nem me lembrar do que se tratava – era algo patético, qualquer coisa imbecil que você diz após tomar algumas cervejas, sabe? Mas Bob fez uma tempestade em um copo d'água."

---

5 Gíria da língua inglesa, usada principalmente no contexto musical, que se refere a pessoa com personalidade influenciável, que se deixa impressionar pelo artista, banda ou estilo musical de sucesso no momento. Literalmente, significa "alguém que faz pose", e designa pejorativamente quem afirma ser membro de determinada subcultura, como a do punk, do heavy metal ou do hip hop, por exemplo. Fonte http://pt.wikipedia.org/wiki/Poser. Acesso em: 2/4/2013. (N. E.)

RUN TO THE HILLS

"Então, recebi um telefonema alguns dias depois para ir a uma reunião na casa do Steve. Eu costumava dirigir um velho Mini naquela época, uma lata-velha caindo aos pedaços, que era um verdadeiro risco de vida. Um perigo mesmo! Os limpadores de para-brisa não funcionavam, e, se chovesse, tinha de limpar com a própria mão. No caminho para a casa de Steve, o carro pegou fogo. Eram altas chamas! Por sorte, havia um pequeno extintor dentro do carro, porque eu sabia que, cedo ou tarde, algo de grave poderia acontecer. Então, depois que espirrei toda aquela coisa em cima do motor, fiquei coberto de fumaça e óleo. Apareci no Steve totalmente coberto dessa merda. E a primeira coisa que ele falou foi: 'Bem, sinto ter de dizer isso, mas você está despedido'. Eu fiquei pasmo, mas a decisão sobre minha exclusão não partiu do Steve. No fundo era coisa do Dennis."

"Voltei para o Mini incendiado e dirigi a esmo. Foi um momento horrível. Obviamente estava aborrecido por ter sido mandado embora da banda, e até podia ter morrido naquele carro, então, pensei: 'Que outra bosta pode dar errado agora?'. Acho que fui para casa e fiquei completamente bêbado. Ser despedido de qualquer coisa é terrível, mas, como eu acreditava na banda e a adorava demais, foi ainda mais doloroso. Não sabia o que fazer."

O que ele fez foi entrar no Urchin, outro grupo de rock do East End que começava a criar uma pequena reputação local. Comandado por seu velho colega, Adrian Smith, o Urchin "não era tão pesado quanto o Maiden", revela Dave, "mas definitivamente mandava bem e, na época, devia ser a segunda melhor coisa da cena musical, depois do Maiden". A música do Urchin tinha "uma pegada um pouco mais *mainstream* do que a do Maiden", explica Smith. "Nosso rock era do tipo mais pegajoso e, por ter de cantar também, me preocupava mais em fazer a guitarra base. Mas, com Dave tocando as linhas principais, ganhamos um belo reforço e ficamos bem satisfeitos por tê-lo na banda."

"Adrian cantava e tocava guitarra, e a banda procurava outro guitarrista", confirma Dave. "Então, aconteceu de eu estar lá na hora certa. Fazia menos de uma semana que tinha sido despedido do Maiden, e fui direto para o mesmo tipo de pub onde tocava com eles, e foi quando fizemos aquele *single*." O Urchin havia assinado um contrato com a DJM que previa o lançamento de dois *singles*, com a opção de gravar um álbum. O primeiro, "Black leather fantasy", já gravado, ainda não tinha data para ser lançado. Sem se deixar abalar, a banda voltou ao estúdio – dessa vez, com Dave Murray – para gravar a ostensiva sequência que foi batizada de *She's a roller* e viria à luz tardiamente em 1980. "Digamos que não é o maior disco que você já escutou", afirmou Adrian Smith. "Mas tenho muito orgulho dele. Dá para escutar claramente Dave e eu mandando ver."

"Na época, o Urchin estava em uma posição parecida com o Maiden", prossegue Dave. "A banda tinha algumas canções originais, mas fazia mais *covers*, coisas como Free e Thin Lizzy. Mas tornou-se o primeiro conjunto a conseguir gravar, o que, na ocasião, foi algo grande. Pessoalmente, tentava não fazer comparações entre as duas bandas. Pensava, 'o Maiden era bom, mas ficou para trás, então preciso continuar'. Fora isso, Adrian não é só um bom guitarrista, como também um ótimo compositor. Assim, foi bem excitante fazer o disco e participar de tudo o que aconteceu. Pelo menos, eu tinha a sensação de que seguia em frente."

"Mas, para ser honesto, não me recordo muito disso tudo. Fiquei bastante satisfeito porque íamos gravar – e eu nunca tinha feito nada parecido antes; não da forma como deve ser. Mas agora não me lembro nem do nome da música. Sei, é claro, que a sessão foi produzida por Vic Maile, que acabara de lançar um sucesso do Tom Robinson, com '2-4-6-8 Motorway', o que todos acharam sensacional."

Com Dave Murray e Bob Sawyer fora de cena, Steve Harris – temporariamente desiludido com o conceito de duas guitarras – decidiu fazer uma aposta e, pela primeira (e única) vez na carreira da banda, publicou um anúncio para encontrar um tecladista. O anúncio que apareceu na *Melody Maker* dizia: "O Iron Maiden quer um TECLADISTA de rock. Nada de profissionais ou *posers*". O resultado foi o recrutamento de Tony Moore. Infelizmente, Moore estava destinado a fazer apenas um show com o Maiden, antes de Steve mudar de ideia, achando que aquilo não daria certo, e abortar o plano de ter um tecladista, uma postura que ele manteria solidamente durante dez anos.

Acontece que o único show que eles fizeram com Moore – no Bridgehouse, em novembro de 1977 – acabou sendo um desastre sem tamanho, e Steve despediu a banda inteira. Naquela noite, eles haviam convidado para a guitarra outro velho conhecido de Den, um cara chamado Terry Wrapram, que até então vinha trabalhando com a banda Hooker. Na bateria, surgindo como substituto de última hora de Ron Matthews – que poucos dias antes do show havia decidido não ser mais um rebelde –, estava Barry Purkis, que depois encontraria fama temporariamente como Thunderstick, o baterista mascarado do Samson, power trio dos anos 1980. "Não consigo me lembrar do que aconteceu com Ron", confessa Steve Harris. "Num minuto ele estava lá, mas no seguinte já tinha ido embora. Acho que tinha a ver com comprometimento. A banda tomava cada vez mais tempo e, como estávamos compondo mais músicas, acho que ele não conseguiu acompanhar, sabe?"

"Então, tentamos Thunderstick em um show. Ele disse que tinha brigado com sua mulher. Ou essa foi sua desculpa. Tomou algumas drogas ou algo assim, e seu desempenho foi terrível. Fez um péssimo solo de bateria. Havia pessoas conversando por todo o bar, que ficava bem de frente para o palco, ele parou no meio do solo, e gritou: 'Parem de falar, seus veados, e escutem o maestro!'. Ficamos envergonhados. Foi um pesadelo! Eu costumava dizer que, naquela noite, Thunderstick fez dois shows em um com a gente: o primeiro e o último!"

Por acaso, naquela noite, no meio do público estava Doug Sampson. Na ocasião, ocupava o banquinho de baterista do que hoje ele descreve como "um tipo de banda pop latina" chamada Janski. Doug já ouvira falar da nova banda de Steve, que, após ficar "fora da estrada um tempinho", apresentaria a nova formação, por isso, resolveu "dar uma olhada". "Eles estavam se tornando bem conhecidos no pedaço, e decidi dar uma checada. Já tinha visto o Maiden tocando antes, com o antigo batera, Ron Rebel, no Cart and Horses, e era definitivamente bem mais minha praia do que aquilo que fazia com o Jansky. Fui até o show no Bridgehouse, e o lugar estava lotado. Desde o começo, eles sempre atraíam um bom público. Uma das minhas lembranças daquela noite, na verdade, é o dono do Bridgehouse dizendo que a banda quebrou seu recorde de público. Foi incrível pensar a respeito disso. Eles ainda não haviam lançado discos e eram completamente desconhecidos fora do East End, contudo, sempre reuniam algumas centenas de pessoas em seus shows. Era algo bastante impressionante em comparação com o que normalmente se via em lugares assim."

"Eu me lembro de que Thunderstick usava uma maquiagem bem pesada, meio estilo Kiss. O guitarrista tinha uma faixa escura de maquiagem, pintada em volta dos olhos, como se fosse uma máscara, e eles tinham teclados. O cantor era Denny, que eu não conhecia nem achava que se encaixasse na banda, mas, apesar de tudo, ainda soava como Iron Maiden", diz Doug Sampson. "Com ou sem teclados, dava para escutar o que era marcante neles."

Ao ver Doug no público, Steve foi bater papo com ele depois da apresentação e lhe perguntou o que estava fazendo. Quando ele contou que havia voltado a tocar, o convite para "aparecer e fazer uma *jam*" foi imediato. Doug admite que ficou "lisonjeado". "Conversei com Steve após o show, e ele disse que estava infeliz com o som da banda, reclamando que os teclados não estavam funcionando, e insatisfeito com o desempenho do baterista. Acho que o problema não era em relação ao visual, mas sim quanto à execução. Ele só queria que tocassem sua música da melhor forma possível, e acho que nenhum de nós julgava que Thunderstick pudesse fazer isso. Então, quando me perguntou sem rodeios se topava fazer um teste para a banda, respondi que sim imediatamente. Eu realmente gostei da proposta."

Mas, antes que Steve pudesse falar com Dennis sobre a novidade, o agitado vocalista tinha suas próprias notícias para contar ao baixista, o que jogou a situação, mais uma vez, em completo desarranjo: Dennis decidira sair da banda. Dizia estar contente com a nova formação, mesmo sem grandes instrumentistas, mas achava positivo eles serem fortemente influenciados por Kiss e Alice Cooper. Também estava determinado a manter o que considerava ser uma "dimensão teatral" nas performances do grupo. Fora isso, Dennis cansara-se da posição dominante de Steve.

Doug Sampson conta: "Denny decidiu que, para ele, já era o bastante, e saiu para formar sua própria banda, o que, mais tarde, ele fez. Chamava-se V1. Acho que as coisas não andavam bem entre o Maiden e Denny. Não me recordo exatamente da razão, mas acho que fizeram mais um show, e ele não compareceu".

"Den nos desapontou no final", afirma Steve. "Teve uma noite em que ele simplesmente não apareceu. Então, corremos para sua casa, pensando que poderia ter acontecido alguma coisa, mas ele estava bem, só ficou repetindo que não iria para o show e que estava fora da banda.

Ainda perguntei: 'Você não pode fazer o show desta noite e depois sair da banda?'. Mas ele falou: 'Não. Já me decidi'. Então, quando Dennis nos deixou na merda, eu disse: 'Que se foda. Vamos fazer o show sem ele'. E fizemos!"

Agora, sem cantor e forçado mais uma vez a recomeçar do zero, Steve Harris temporariamente desistiu da ideia de encontrar o "*frontman* perfeito" e decidiu se concentrar em "fazer o básico" para tudo dar certo, admitindo ter ficado "bastante feliz" de ver Doug Sampson de volta à bateria: "Ele sempre foi minha primeira escolha". Agora, o que Steve precisaria fazer era recrutar sua primeira escolha para guitarrista e, no que dependia dele, só havia um homem que poderia ocupar tal posto no Iron Maiden.

"Seis meses depois de ter sido despedido da banda, eu estava com Adrian no Urchin", conta Dave. "Fomos tocar sábado à noite em um pub no norte de Londres, chamado Brechnoch, e quem apareceu por lá foi Steve! Fiquei realmente feliz de encontrá-lo. Na verdade, nós dois nunca tivemos qualquer problema. A questão era que Dennis Wilcock se opunha a mim. Quando começamos a conversar depois do show, Steve disse que todo mundo havia saído e, como queria remontar a banda comigo e alguns caras novos, perguntou se eu queria voltar ao Maiden. Concordei imediatamente."

"O negócio é que, entre Adrian e eu, havia uma profunda amizade que remontava à adolescência, e também éramos leais por causa da banda, mas, mesmo assim, concordei na hora. Nem precisei pensar a respeito. Apenas falei: 'Claro!'. Foi minha reação imediata. Ao mesmo tempo, sabia que desapontaria Adrian e tudo o mais, mas eu tinha uma forte afeição por Steve e o Maiden. Apenas sentia que, de todas as bandas nas quais toquei, aquela era, sem dúvida, a que iria dar certo por causa das canções, da atitude e direção de Steve, do foco e de todo o resto. Embora obviamente me sentisse leal a Adrian, achei que a coisa mais importante era entrar para a banda na qual acreditava de verdade."

Contar as novidades para Adrian foi – ele admite com um sorriso – "bem esquisito". Primeiro, Dave contou para outro integrante da banda: "Porque não tinha coragem de ir direto falar com Adrian. Não queria ferir nossa amizade, então sutilmente dei uma dica ao nosso baixista, Alan Levitt, dizendo que pretendia sair, e ele ficou bastante contrariado com isso".

"Havia outro guitarrista que Adrian conhecia, chamado Andy Barnett, que estava meio na reserva, pois já vinha tocando com o Urchin de vez em quando. Foi Andy quem me substituiu imediatamente; então, não foi de todo ruim para eles. Não aconteceu nada que impedisse a banda de seguir em frente ou algo do gênero", diz Dave. "Nós continuamos amigos, e não houve desentendimentos."

"Acho que o coração de Dave sempre esteve com o Maiden, mesmo depois de ter sido despedido, mas não aceitamos a decisão muito bem", Adrian se recorda com pesar. "Fomos todos até sua casa, a banda inteira mais a equipe de retaguarda, e ficamos tentando convencê-lo a reconsiderar, insistindo bastante para que ele se sentisse culpado, mas não funcionou – ou, pelo menos, não foi o suficiente para mudar de ideia. Acho que ele se sentiu péssimo com a pressão, mas era o Dave, sabe? Não estava fazendo aquilo por algum motivo mercenário; ele preferia, de verdade, o tipo de som que o Maiden fazia. Então, é preciso dar o braço a torcer. Foi jogo limpo. Ele seguiu seu coração."

Com Dave Murray de volta à banda, o novo trio começou a ensaiar com afinco, trabalhando exclusivamente as canções que Steve vinha acumulando há algum tempo. "Muitas músicas que acabaram gravadas nos dois primeiros álbuns do Maiden já estavam sendo elaboradas desde essa época", diz Steve.

Como exemplos podem ser citadas: "Prowler", "Iron Maiden", "Wrathchild", "Another life", "Innocent exile", "Sanctuary", "Transylvania", "Purgatory" e "Drifter". "Nem todas soavam da forma como foram concluídas, mas as letras e a maior parte dos *riffs* já estavam lá. E, como as canções continuavam surgindo, senti que se conseguíssemos encontrar o cantor certo, teríamos chance de fazer algo definitivo, entende? E havia uma diferença importante: antes, tinha pressa de encontrar alguém que cantasse minhas músicas, mas agora estava preparado para esperar a pessoa certa, assim como aconteceu com Dougie e Dave."

"No começo, éramos só nós três: Steve, Davey e eu", explica Doug. "Começamos a ensaiar, mas tivemos dificuldade de encontrar o cantor adequado durante um tempo. Achar um vocalista, quase sempre, é a parte mais difícil para montar qualquer banda. Além de boa voz, precisa soar bem, ter a aparência certa, presença de cena e ser bom no palco. Há muitas coisas para levar em consideração na hora de escolher vocalistas. Muita gente afirma que sabe cantar, mas a verdade é que poucas pessoas podem estar à frente de uma banda de rock cantando de forma convincente. Há sempre um cara que realmente sabe cantar, mas é inútil no palco, ou algum outro que pula sem parar por todos os lados e é brilhante em cena, mas não canta nada. Foi essa questão que nos deteve por um bom tempo, pois estávamos determinados a encontrar a pessoa certa. Não queríamos apenas colocar qualquer um. Já tínhamos feito isso, então, dessa vez, era nossa tentativa de acertar a mão e fazer as coisas da forma correta."

O Iron Maiden continuou a ensaiar como um trio durante todo o verão e outono de 1978, aparecendo três vezes por semana no Star Studios, em Bow. "Uma ou duas pessoas nos foram indicadas", diz Steve, "mas ninguém que achássemos especial".

"Então, fomos a um pub chamado Red Lion, em Leytonstone, para ver a Radio Caroline Roadshow, que tocava muita música pesada naqueles dias, com todos os DJs arrepiando", diz Doug. "Foi estranho, porque parecia que todo mundo no pub sabia que procurávamos um vocalista, já que a banda era bem conhecida em lugares como aquele. De qualquer modo, por pura sorte, Steve começou a bater papo com um cara chamado Trevor, que disse ter um amigo que era cantor."

"Encontrei um colega meu, Trevor Searle, que me disse: 'Ei, vocês estão precisando de um vocalista, não é?'. E eu respondi que sim", confirma Steve. "Então, ele falou que tinha um colega que era 'meio que um cantor'. Eu desconversei: 'Ah, é? Nós todos somos meio cantores, cara'. Mas Trevor insistiu: 'Não, esse cara é realmente bom'. Perguntei como a figura se parecia, achando que provavelmente tinha uma aparência de merda, mas ele respondeu, 'Não, o cara é ótimo'. Então dei de ombros: 'Foda-se. Traz ele aqui'."

"Àquela altura, estávamos desanimados. Tentamos com algumas pessoas, mas ninguém chegava a dar um clique. Enfim, marcamos uma data e, algumas semanas depois, Paul entrou e pensamos, 'bem, ele tem a aparência certa'. Era um cara de atitude e parecia legal. Paul perguntou se eu tocava 'Dealer', do Deep Purple. Como sempre acontece, eu não conhecia aquela, mas Davey sabia e me mostrou os acordes. E assim foi.

Caramba, ele mandava muito bem! Há um tipo de qualidade na voz de Paul, uma brutalidade, ou como quer que você queira chamar isso, que lhe dá uma grande vantagem. E, obviamente, ele era uma figura."

"O passo seguinte foi: 'Ok, sua voz é ótima, mas como vai soar em nossas músicas?'. Começamos a tentar 'Iron Maiden' e 'Prowler', e, nas duas, ele pareceu brilhante também. Então, acho que o mandamos embora, dizendo que tínhamos outras pessoas para ver, o que era mentira. Na verdade, só queria escutar o que os outros achavam antes de dizer alguma coisa. Mas eles também consideraram Paul brilhante, então, pensei: 'Maravilha. Esse é o cara!'."

3 Paul

Um cara sagaz. Um *bad boy*. Um malandro, como dizem para os lados do Leyton. Assim é Paul Di'Anno. Ou, pelo menos, é a lenda de Paul Di'Anno. Com seu estilo rude de cantar, cabelo curto meio punk, jaqueta de couro, tatuagens e de fácil comunicação com o público, no estilo venha-ver-se-você-é-durão-o-bastante, Paul Di'Anno parecia ser "o *frontman* perfeito" procurado pelo Iron Maiden quando se juntou à banda em novembro de 1978.

Mas, quanto da lenda é realmente verdade? "Tudo", de acordo com seu velho amigo e companheiro musical, Lee Hart. "Até a última nota. Não há absolutamente nada do que foi dito sobre Paul que seja falso. Ele não poderia ter sido mais nada além de cantor de rock. Ou isso, ou um cigano. Na verdade, acho que ele é um pouco de ambos."

Lee Hart, ele mesmo um cantor e guitarrista realizado, atua hoje em dia como empresário de Paul, mas a dupla se conhece desde que eram crianças. Lee, Paul e outro colega, Phil Collen (que depois integraria o Def Leppard), viviam a três ruas de distância no East End, e todos começaram a "tocar no circuito de pubs na mesma época, participando de bandas diferentes."

"Acho que isso foi no final dos anos 1970", diz Lee. "Phil tocava em uma banda chamada The Dumb Blondes, e Paul estava em vários conjuntos locais. Ele costumava cantar com qualquer um que o quisesse. Eu participava de uma banda chamada The Roll Ups, mas os três íam aos shows uns dos outros. Brincávamos sobre quem de nós alcançaria o sucesso primeiro. Claro que, depois, Phil obteve um tremendo sucesso com o Def Leppard, mas, no meu coração, sempre assumi que Paul seria aquele que realmente conseguiria chegar lá, porque ele era muito louco, uma peça rara. Ele dominava qualquer ambiente sempre que entrava. E tinha uma voz incrível, absolutamente brilhante, cheia de personalidade. Paul estava tão completamente presente na cena musical que qualquer um – ame-o ou o odeie – sabia que acabaria fazendo algo magnífico."

Paul é diferente de Dennis Wilcock, cujas preferências no palco por cápsulas de sangue falso, lutas de espadas e maquiagem mantinham distantes tanto fãs potenciais quanto os que se sentiam atraídos pela banda, diz Lee, destacando que Paul, em suas atuações, "realmente era autêntico". "Não havia uma performance previamente elaborada ou algo assim. Paul nunca se vestia para os shows. Simplesmente, aparecia e ia direto para o palco. E o mais assustador é que ele não mudou nada nesses anos todos. Na verdade, está até mais insano do que antes. Acho que ele é uma versão mais madura do que naquela época, embora as coisas sejam multiplicadas por dez, incluindo as formas mais bacanas possíveis. Quero dizer o seguinte: ele é um cara bem legal. Só que é... louco!"

Após vários telefonemas, cartas, mensagens de fax enviadas por meio de intermediários e tantas reuniões desmarcadas no último minuto, eu – enquanto coletava material para escrever este livro – finalmente consegui falar com Paul Di'Anno em um celular que alguém lhe emprestou enquanto ele descia a Wandsworth High Road a caminho de uma loja de bebidas, às 21h30 do fim do verão de 1997. Ele voltara à Inglaterra, por um breve período, procurando um lugar para morar nos meses seguintes, até que conseguisse um visto inglês de imigração para sua recém-esposa da Bulgária. Alegremente, reconheceu que sua vida era, como de costume, uma bagunça héctica de contradições que não agradava a ninguém a não ser ele próprio. Disse-me que estava para lançar um álbum solo, mas já havia decidido que – "apesar de ser a melhor coisa que já fiz em décadas" –, em vez de gastar seu tempo promovendo-o, reuniria sua banda original pós-Maiden, o Battlezone. "Já me ofereceram alguns shows legais na Europa e nos Estados Unidos, e, bom, não posso negar, não é?"

E quanto ao Iron Maiden? "Para ser honesto com você, colega, não me lembro muito bem de todas as palhaçadas e travessuras do Maiden. Minha cabeça é como uma peneira; nunca me lembro de coisa alguma. Já faz tanto tempo agora, não?"

Paul nunca foi do tipo que mantém registros organizados para a posteridade. "Dessa forma, você não guarda mágoas. Nunca mantive registro de coisa alguma. Sempre fui assim. Quando faço um álbum novo, não escuto o que fiz da última vez. Sempre que entro para uma banda nova, não penso na última em que estive. Não está na minha natureza viver de outra maneira que não seja assim. Procuro ser sempre eu mesmo. Nunca olho para trás, é meu lema!"

O mais velho de dez filhos dos dois casamentos de sua mãe, Paul é fruto do que ele descreve hoje como "uma tribo de membros familiares", incluindo cinco irmãs e quatro irmãos. "Meu pai morreu, e minha mãe se casou de novo. Di'Anno era o nome do meu pai. Dizem que os primogênitos são sempre os loucos. Até minha mãe diria isso." Ele explica que sempre alimentou essa imagem de ser "maior do que a vida", mesmo quando ainda era criança. "Eu costumava me aborrecer na escola, isso nas vezes em que me dava ao trabalho de ir lá", conta. "Mas era apenas uma reação natural ao fato de ser criado em um lugar chato como Chingford" – distrito londrino onde a família morava enquanto ele crescia.

"Não sei o que as pessoas dizem de mim, mas o problema é que a maior parte deve ser verdade; então, não posso reclamar", continua Paul. "Sei que as pessoas falam que estou arruinado e, talvez, seja verdade, em especial nos dias do Maiden, mas não posso ser nada além de eu mesmo, posso? Pelo menos, posso acordar de manhã e me encarar no espelho. Além disso, o que quero saber é: rock'n'roll não *deveria* ter a ver com pessoas fazendo coisas insanas? E você precisa fazer isso enquanto ainda pode, não é? Não quero chegar aos 60 pensando que nunca me diverti. Entende o que quero dizer?"

Entretanto, Paul refuta a insinuação de quem afirma que ele nunca teve um desempenho profissional no palco, de que só estava ali para se divertir: "Bem, as pessoas que dizem isso não estavam presentes para me ver antes de subir no palco, de joelhos, tremendo e rezando. É a mesma coisa agora. Não interessa se são shows grandes ou pequenos, sempre me cago antes de entrar. Então, uma vez que estou lá, me torno uma pessoa diferente. Mesmo. No palco... Sei que você já escutou isso antes, mas é como aquela coisa meio parecida com o *Médico e o monstro*, da qual os cantores sempre falam. É tudo verdade! Não sei... a excitação me agarra, mesmo ainda hoje, e não consigo mais me controlar. E, na verdade, é a melhor sensação que existe. Melhor do que sexo, que drogas... melhor que o melhor!".

Paul conta que escutou falar do Maiden pela primeira vez em 1977. "Tinha um colega que também conhecia Steve, o Loopy, que depois virou técnico de bateria no Maiden. Minha família havia se mudado para perto do East End após a morte do meu pai, e estávamos todos na mesma escola, mas acho que Steve era um pouco mais velho do que nós. Sabíamos que ele tinha uma banda, e fomos assistir ao show em um pub em Stratford; acho que o cantor era o outro Paul [Day, o cara que não usava as cápsulas de sangue]. Não me impressionei muito, para dizer a verdade. Fui embora depois de duas músicas. Achei tudo horrível! Lembro-me de que eles tinham uma música chamada 'Striker', simplesmente terrível! Era um pavor, não consegui tirá-la da minha cabeça durante dias seguidos."

Quando era adolescente, Paul curtia diferentes estilos de som. "Sex Pistols, The Clash, The Damned, Led Zeppelin, Stones. Gostava de muita coisa, e, à medida que fiquei mais velho, comecei a ampliar os horizontes. Hoje, se você me perguntar qual é o meu cantor favorito de todos os tempos, direi: 'Pavarotti'. Bom, deu para entender, não? Tem alguém melhor? Não existe alguém que sequer esteja próximo dele. Suponho que, no heavy metal, quem esteja mais próximo seja Rob Halford, quando ele estava no Judas Priest", afirma Paul Di'Anno com segurança.

O rock, de acordo com o evangelho de Paul, "tem a ver com a atitude tanto quanto as canções; e para que isso tudo funcione, você precisa de ambos". Motivo pelo qual, em retrospecto, ele acha que foi tão adequado para a tarefa de ser o homem de frente do Iron Maiden. "Steve e eu éramos opostos perfeitos, então funcionou. As músicas eram todas sérias, mas minha abordagem e a interpretação delas – pelo menos no palco – não. Eu gosto de me divertir. Existem tantos shows miseráveis no mundo. Não quero ser mais um. Detesto dizer isso, mas, especialmente aqui no Reino Unido, às vezes é tudo muito miserável. Adoro as pessoas, mas várias são gente apática. Elas desistem sem nem tentar, então ficam o resto da vida ruminando sobre o que todo mundo está fazendo. Todos têm problemas, e Deus bem sabe que tive meu quinhão nesses anos, mas você não pode deixar que isso o domine, pode? Eu saio e tento fazer algo a respeito, mesmo que seja só para que me ajude a esquecer."

RUN TO THE HILLS

Durante o teste que fez com o Maiden em novembro de 1978, Paul, para tentar impressioná-los, disse que já havia excursionado com várias bandas, nenhuma das quais os outros já tivessem ouvido falar. "Mas Paul era assim. Nunca deixava a verdade atrapalhar uma boa história", brinca Steve Harris.

"Quando cheguei para a audição com o Maiden, só havia cantado de fato em bandas de punk que nunca tinham ido além dos ensaios", admite o cantor. "Até fizemos alguns shows em pubs, mas nem me lembro direito." Nessa mesma época, ele ocupava o microfone da Rock Candy, uma banda de rock cujo nome saiu do título de uma antiga canção do Montrose e que, coincidentemente, o Maiden tocava ao vivo nas suas primeiras encarnações. "Não sei ao certo como fui chamado para a *jam*, mas o Maiden estava procurando um vocalista novo, então fui fazer um som com a banda. Acho que tocamos um pouco de Deep Purple ou algo assim. Tudo pareceu correr bem, mas, no final, eles disseram: 'Bom, vamos entrar em contato. Temos outras pessoas para ver ainda'. E eu respondi: 'Beleza. Como quiserem'. Depois, Steve apareceu na casa dos meus pais. acho que no dia seguinte, e falou: 'Se você quiser, o emprego é seu'. Achei ótimo porque, de outro modo, teria sido um tremendo desperdício de tempo, mas não fiquei absurdamente animado nem nada do gênero. Você precisa se lembrar de que eles eram só mais uma banda de pubs na época."

Doug Sampson também se recorda: "Quando Paul apareceu para a audição, minha primeira impressão foi de um cara legal e descolado, bastante agradável. Steve tocou uma fita do Denny, cantando as músicas que queríamos que ele fizesse, e ele pegou a linha vocal e as letras, seguindo a partir daí. E era bom. Muito bom. A sonoridade da sua voz, de um tipo áspero e aguda, se encaixou bem com nossa forma de tocar. Eu soube de imediato que era o cara. Mas ele foi embora, e nós discutimos a questão. Após cinco minutos, todos concordaram que tínhamos encontrado um vocalista para o serviço".

"Não me importava com o comprimento do seu cabelo", diz Steve. "Achei que cantava bem e tinha ótimo visual. Mais tarde, ele começou a adotar um estilo Tom Jones, vestindo-se com babados bestas, porque entrou numas de Adam Ant. Mas, em parte, acho que fazia isso para nos enrolar, pois sabia que ficávamos loucos com ele. Paul curtia todo tipo de coisa. Eu não ligava, e isso não nos afetava de verdade. Aí, ele começou a usar chapéu estilo Broadway e coisas assim, só para nos irritar, pois sabia que a gente não curtia. Mas não fiquei bravo. Admito que ficava de saco cheio quando ele usava aquela camisa com babados no palco, porque ele parecia estúpido pra caralho. Mas Paul era ótimo e autêntico. Ficava meio nervoso no palco, mas o nervosismo era traduzido de forma positiva. Ele era bem diferente dos outros, mais pé no chão do que Dennis Wilcokck, com certeza. Com sua jaqueta preta de couro, dentro e fora do palco, Di'Anno era machão de verdade!"

Somente quando Steve começou a mostrar a Paul as novas letras e a explicar o que tinha em mente para a banda, o cantor percebeu o que vinha pela frente. "Achei que poderia haver muito mais do que parecia. Steve tocou as canções que eles já vinham trabalhando há algum tempo e, de repente, tudo fez sentido. Pude ver aonde ele queria chegar e pensei que eles tinham algo de verdade nas mãos. Foi então que comecei a ter uma ideia do que estávamos fazendo, e percebi que aquilo tinha potencial para se tornar mais do que apenas mais uma banda de rock de pubs que sonhava acordada."

Com a nova formação Harris/Murray/Sampson/Di'Anno pronta, Steve começou a marcar shows. Paul fez sua estreia ao vivo com o Maiden no pub Ruskin Arms, na High Street North, em Manor Park, no leste de Londres, uma casa que, ao lado de Bridgehouse e Cart and Horses, se tornaria uma fortaleza para o Maiden nos dois anos seguintes. É Dave Murray quem conta: "Desde a primeira vez em que entramos no palco do Ruskin Arms, acho que todos soubemos que, daquela vez, tínhamos acertado em cheio. De fato, não podia ter sido melhor. O lugar estava lotado, as músicas ficaram ótimas e colocamos o pub abaixo. Foi sensacional!"

"Sempre que a gente tocava, era como se conseguíssemos mais fãs, e acredito que a notícia tenha se espalhado", especula Steve. "As pessoas começaram a contar umas às outras e trazer seus amigos ao show, e isso cresceu muito rapidamente. Assim, como conseguíamos garantir presença de público, não precisávamos fazer tantos *covers* para manter os donos dos pubs felizes. Na verdade, tudo parecia fluir melhor quanto mais a gente apresentava material de autoria própria."

RUN TO THE HILLS

"Começamos a construir um pequeno séquito, que sempre lotava os lugares onde tocávamos", concorda Dave. "Fazíamos principalmente material original com alguns *covers* jogados no meio; coisas bem obscuras como 'I got the fire', do Montrose, 'Doctor doctor', do UFO, e composições antigas do Van Halen, como 'Ain't talking 'bout love'. Mas já estávamos tocando a maior parte do material que, de uma forma ou de outra, entrou no álbum *Iron Maiden*."

No meio de 1979, o Maiden estava tocando regularmente em casas ao longo de toda a zona leste de Londres, mas outras bandas que faziam o mesmo circuito de clubes começaram a olhar com inveja para a nova formação de Steve Harris, que não parava de quebrar os recordes de público por onde passava. Pequenos ataques de ciúmes eclodiram, com hostilidade aberta em certos casos, quando a banda passou a adicionar humor em uma série de anúncios que Steve publicou no guia de shows da *Melody Maker*, misturando certa arrogância, como "vocês ainda não viram nada", a recortes mais coloridos, tipo "a primeira e única banda de rock com energia, visual e potência", ou, melhor ainda: "Nós quebramos, agitamos, chocamos e fazemos o resto parecer medíocre!" – e, registre-se, todas as frases impressas em letras maiúsculas, como um grito.

"Havia tanta porcaria nos pubs naqueles dias – e provavelmente ainda há –, que alguns caras realmente acreditavam que já sabiam tudo", explica Steve. "Eles só tocavam *covers* e nos odiavam porque nós fazíamos shows para mostrar que éramos melhores do que isso. Então, o Maiden virou alvo deles, com ataques e comentários falsos de vez em quando, mas nos habituamos a levar na esportiva na maior parte do tempo. Publicar coisas estúpidas nos anúncios era algo feito basicamente para importunar a concorrência, já que sabíamos que eles liam palavra por palavra e levavam tudo a sério; então, realmente exagerávamos."

O melhor de tudo, porém, foi um anúncio que Steve colocou na *Melody Maker*, anunciando o retorno do Maiden em 1978, depois da sua pausa de seis meses. Dizia simplesmente: "O Iron Maiden não é apenas a melhor, mais elétrica, original, barulhenta, talentosa, excitante e enérgica *banda de hard rock de Londres*! Também somos caras bem legais, gentis com nossos fãs e familiares, hostis com outras bandas, mas, acima de tudo, somos superastros brilhantes e honestos!". Para finalizar a mensagem, mais frases com todas as letras em maiúsculas: "Nós voltamos! Então, fãs, gravadoras, pessoal de A&R, agentes, promotores, financiadores e garotas disponíveis vejam detalhes neste espaço!". Foi pouco depois da aparição desse *nonsense* inofensivo que a banda teve um dos seus shows no Cart and Horses interrompido por membros de vários conjuntos rivais do East End, que invadiram o palco e jogaram cerveja nos monitores do Maiden. "Foi o estopim para detonar um grande arranca-rabo, mas, naquela época, não dávamos a mínima. A gente se garantia", diz Steve Harris, emendando com um sorriso malicioso. "Vale dizer que nunca mais voltou a acontecer."

Após sair da escola aos 16 anos, Steve trabalhara por 18 meses como desenhista estagiário e, logo depois, começou a fazer a arte dos pôsteres do Maiden. "Se tínhamos meia dúzia de shows agendados, eu fazia um pôster para essa sequência, colando-os perto dos pubs e nas lojas de discos, lugares onde nossos fãs pudessem vê-los." Foi ele quem criou a marca distintiva do Iron Maiden, um logo ainda utilizado nos seus álbuns e *merchandise* oficial; é um *design* maravilhosamente sólido e angular que se encaixa na intrepidez e musculosidade do som cru da banda. "As reações que obtivemos desde o início foram fantásticas", ele diz. "Colocamos alguns pôsteres por aí, mas tudo era bem barato e alegre. Eu mesmo fiz os desenhos de tudo, porque sempre fui bom em artes na escola. Recordo-me de um que fiz bem no começo com um personagem encapuzado, meio flutuando e coisa e tal. Mas não se tratava só de uma série de pôsteres ou de anúncios malucos, havia também a *vibe* que criamos em nossos shows. Nosso negócio sempre foi – ao subir no palco do Ruskin Arms ou onde quer que fosse – tocar como se estivéssemos no Madison Square Garden. Sempre tentando impressionar. Tínhamos de entrar no pub e deixar todo mundo pirado!"

A arma secreta era Dave Lights. Ele comprou uma máquina caseira de gelo seco de Vic Vella e logo adicionou um dispositivo que fazia bolhas, além de um conjunto de luzes coloridas e "explosões controladas" ao seu arrebatador arsenal.

"Quando a banda começou a tocar ao vivo de novo, Steve perguntou se eu estava interessado em trabalhar como *roadie*", recorda-se Dave. "Então, respondi: 'Olha só, vou criar para vocês alguns conjuntos de luzes'. Sempre fui habilidoso com esse tipo de coisa, desmontar trecos e juntá-los novamente. Eu usava jardineiras, literalmente do tempo do vigário, lá da instituição de freiras. Acho que Steve ainda as tem. Tirava as flores e colocava luzes dentro, com fios e botões de liga e desliga, para que pudessem piscar, e diferentes filtros coloridos. Com o tempo, fui meio que construindo tudo."

Infelizmente, nem todas as explosões que Dave criou eram tão controladas quanto a banda gostaria, e, em uma ocasião memorável, ele quase incendiou a Tramshed, em Woolwich quando uma de suas "pequenas explosões" foi longe demais. "Dave costumava usar toneladas de pólvora", afirmou Vic Vella.

"Uma vez, explodi Steve no palco", Dave admite. "Ele vestia calças PVC e acabei ateando fogo nelas! Se não conseguisse arrumar material apropriado, comprava caixas e mais caixas de fogos de artifício e esvaziava tudo nos contêineres. Nunca dava para saber, de verdade, que mistura eu fazia. Costumava criar os explosivos usando velhas caixas de fósforo e latas de tabaco, entupidas de pólvora tirada dos fogos, e acendia com fusíveis. Bem, naquela noite em particular, foi um dos nossos primeiros shows fora do East End, então decidi montar uma pirotecnia maior que o comum. Pensei, 'bom, é um show especial, então faremos uma explosão maior também'. Mas, claro, quando ela ocorreu, tudo simplesmente foi pelos ares! E bem onde o Steve estava. Lembro-me de suas calças pegarem fogo. Na verdade, elas derreteram. Ele teve que descascá-las, pedaço por pedaço, grudadas com os pelos das pernas."

Depois dos primeiros, os shows "ficaram mais sofisticados", diz Dave, que também projetou o primeiro pano de fundo do Iron Maiden. "Era basicamente uma sequência de luzes, que rodavam e brilhavam em torno do nome, parecida com o luminoso de um hotel barato, mas o pessoal adorou!"

O que Dave não tem tanta disposição para discutir, contudo, é o fato de que invadira uma fábrica de artigos de iluminação em Poplar saindo com um par de holofotes de palco, um ato desonroso que deu novo significado à frase "dedos leves".

"Vic Vella me vendeu a primeira plataforma de iluminação que utilizamos, uma engenhoca primitiva que ele mesmo tinha feito", conta Dave. "Depois, apareceu com sua própria máquina de gelo seco. Ele colocava um tipo de chaleira no bojo de um velho aspirador e jogava o gelo lá dentro, que, evaporado, saía pelo tubo conectado à vassoura de manuseio. Eu levantava bem cedo e ia até o antigo mercado de peixes de Billingsgate para comprar as barras de gelo. Após visitas regulares, fiquei conhecido por lá, e eles começaram a reservar grandes barras para mim."

Sempre inventivo, Dave criou para o ato principal do show da banda uma ameaçadora máscara feita de papel machê, colocada no centro do pano de fundo. Por sua enorme boca, saía o resto do gelo seco. Mais tarde, a fumaça foi substituída por "sangue", que espirrava longe, como se uma veia fosse cortada, durante a última música do *set*, "Iron maiden".

"Um amigo meu, que estava na faculdade de Artes, fez um molde do meu rosto, que usamos no fundo do palco", conta Dave. "Era uma cara grande e assustadora! Claro que lhe demos um apelido, Eddie, o Morto, por causa de uma piada que circulava na época."

Para registro, Dave Murray reconta a piada original: "A mulher teve um bebê que nasceu só com a cabeça, sem corpo. 'Não se preocupe', diz o médico. 'Volte daqui a cinco anos e, provavelmente, já teremos um corpo para ele'. Então, cinco anos se passaram, e lá estava Eddie, o Morto, como seus pais o chamavam, descansando perto da lareira. Seu pai entrou e falou: 'Filho, hoje é um dia muito especial. É seu quinto aniversário, e temos uma surpresa muito especial para você'. 'Oh, não', responde Eddie, 'outro maldito chapéu!'".

Dave Lights diz: "O maior momento era sempre durante a execução de 'Iron maiden'. Na hora em que a música chegava ao verso que diz '*See the blood flow...*', eu fazia todo aquele sangue falso espirrar da boca da máscara. Para isso, usava um tubo de aquário e uma velha bomba de ar ligada a um recipiente com o material líquido. Extamente naquela parte da canção, esguichava sangue para todos os lados, e as luzes rodavam e piscavam. Pensando bem, creio que era bem doido, mas ninguém mais fazia aquelas coisas nos pubs, então achávamos fantástico".

"Não me recordo de quem era o rosto usado para moldá-la", diz Steve. "Mas de quem quer que fosse, era algum bastardo muito feio. Dave Lights criou aquele negócio em volta das letras do nome da banda. Eram só lâmpadas subaquáticas, e as luzes piscantes costumavam rodopiar. Apesar de simples, servia para mostrar à plateia quem éramos. Queríamos que todos soubessem quem era o Maiden, e nunca mais se esquecessem. Tínhamos também aquela bomba de aquário na parte de trás da máscara, por onde o sangue falso saía. Dougie ficava coberto de sangue todas as noites! Por ser loiro, nunca conseguia tirar tantas manchas vermelhas! Eu até perguntava se ele não se importava, mas, ao mesmo tempo, pensava, 'azar o seu se você se importar', porque era uma grande parte do show. E ele dizia: 'Não, tudo bem. Foda-se, tudo faz parte do show!'. E a gente se divertia com aquilo."

A segunda versão do Morto veio logo depois, construída novamente por Dave Lights, só que, dessa vez, a máscara era feita de fibra de vidro e maior, equipada com olhos que acendiam em momentos apropriados do show, enquanto nuvens enormes de fumaça vermelha saíam da sua boca contorcida sempre que possível. Mas, se a performance de palco já evoluía para o espetáculo de arena que aconteceria depois, musicalmente ainda faltava uma peça vital: a segunda guitarra. Por um tempo, a banda testou uma sucessão de parceiros para Dave Murray, mas nenhum servia.

"Primeiro, fizemos uma tentativa com o guitarrista Paul Cairns, que apelidamos de Mad Mac", diz Doug Sampson. "Mas isso foi... Bem, não sei. Acho que não era para ser. Inicialmente, funcionou bem, pois fizemos um som legal; mas, na sequência, quando subíamos no palco, soubemos que não estava rolando. Nosso primeiro show foi de novo no Bridgehouse. Estava no meio do inverno e havia mais de dez centímetros de neve no chão. Era realmente uma noite péssima, e não dava para culpar ninguém por ficar em casa, mas, depois que eu cheguei lá, Paul ainda não tinha aparecido. Ele foi comprar uma jaqueta de couro ou algo assim e acabou chegando bem tarde, o que não foi exatamente positivo, atrasar-se para seu primeiro show."

Mas, pelo menos, Cairns conseguiu se manter no rumo por mais de três meses. Seu sucessor, Paul Todd, nunca chegou sequer a fazer o primeiro show. "Sua namorada não deixava", recorda-se Steve Harris. Então, veio Tony Parsons, que se juntou à banda em setembro de 1979, durante dois meses. "Era um bom guitarrista, mas não tão bom para deixar de perceber que Davey fazia tudo dez vezes melhor que ele", diz Steve. "Vários shows foram feitos como um quarteto, porque Davey era tão bom que conseguia fazer muita coisa sozinho. O plano sempre foi chamar mais um guitarrista, mas encontrar quem combinasse com Davey tornou-se bastante difícil."

Uma vez que eles estavam tocando ao vivo e atraindo multidões, não importava quem ocupasse o outro lado do palco para acompanhar os *riffs* de Dave Murray. Paul Di'Anno, de sua parte, estava convencido de que a banda conseguiria um contrato mais cedo ou mais tarde. "Tinha certeza de que fecharíamos contrato com uma gravadora, só pela reação maluca que havia nos shows", diz Paul. "E as apresentações eram realmente boas. Sempre fomos uma banda fenomenal ao vivo. Não sei se percebíamos isso na época, mas éramos. Os shows eram pura adrenalina e agressividade. Tínhamos a mesma idade da maioria da molecada no público, então parecia uma verdadeira gangue. E onde quer que a gente fosse, onde quer que tocássemos, eles estavam lá para nos prestigiar."

Um fã desde os primeiros dias era Keith Wilfort, que depois tocou o fã-clube oficial da banda por muitos anos. Por puro acaso, assistiu à primeira performance ao vivo do Maiden no Cart and Horses – ele estava fugindo do namorado da garçonete após ser pego tentando levá-la para tomar um drinque –, e foi "convertido na hora" após testemunhar a banda mandar ver "Transylvania" no volume máximo. Certa noite, pouco tempo depois, Keith entrou no Bridgehouse vestindo uma camiseta feita por ele próprio que trazia orgulhosamente no peito os dizeres: "Charlotte rules ok". Era uma homenagem à popular contribuição de Dave Murray ao *set list*, com a música "Charlotte the harlot". Depois, fez uma camiseta mais elaborada, estampando o título de uma música de Steve, "Invasion", adornada com uma batalha de vikings e raios. Assim, Keith tornou-se a primeira pessoa a criar uma camiseta do Iron Maiden, antecipando o lançamento das primeiras peças de vestuário e itens oficiais, que seriam produzidas exclusivamente em preto e vermelho.

"Nós fazíamos show na Barking, e os fãs da Hackney vinham nos ver", diz Steve. "Como a maioria não tinha transporte nem nada assim, às vezes dávamos carona para alguns deles na *green goddess* (deusa verde), como chamávamos a velha van onde nos amontoávamos. De vez em quando, havia muita gente, e não conseguíamos colocar todo mundo lá dentro; então, eles se empoleiravam na traseira, e nós os levávamos até a estação para deixá-los lá. Eles eram, na maioria, uns debiloides, mas amavam a banda, e nós amávamos aquela turma."

Aparecer em festivais abertos em cercanias tão salubres como o Teviot, em Poplar, e o Wapping Park também garantiu que o Maiden continuasse a aumentar sua crescente legião de fãs. Mesmo antes da chegada de Paul Di'Anno, porém, estava claro que a banda precisava de algo para

RUN TO THE HILLS

chamar a atenção fora da zona leste de Londres. Ser grande no próprio quintal não era o bastante para atrair os homens de A&R das gravadoras de Londres, instaladas na região oeste. Acostumados a frequentar casas de rock mais renomadas, como Marquee, Rock Garden, Dingwalls e similares, os executivos da indústria fonográfica nem ao menos haviam escutado falar de Bridgehouse, quanto mais de Plough, em Leytonstone, ou Harrow, em Barking, casas que o Maiden lotava regularmente depois de encontrar um vocalista.

Steve Harris rememora: "O problema era sempre o mesmo. Tentávamos conseguir shows mais próximos do centro da cidade, só que era quase impossível. A onda punk ainda estava acontecendo, e lugares como a Marquee não queriam saber de bandas de cabeludos desconhecidas. Fora tentar disseminar nosso som, queríamos fazer shows fora de Londres, e não havia qualquer pessoa disposta a experimentar uma empreitada conosco. Foi quando a ideia de gravar nossa própria *demo tape* tomou forma. Basicamente, fizemos isso para ajudar a marcar alguns shows. Não podíamos imaginar o impacto que teria. Mas, assim que gravamos a fita, a coisa toda decolou como um foguete".

Impressionados com a nova banda de Dennis Wilcock e Terry Wrapram, a V1, que fez sua gravação em Cambridge, alugando um estúdio pequeno, porém profissional, chamado Spaceward, "decidimos seguir o exemplo", diz Steve. Era mais caro do que a maioria dos estúdios do East End com os quais estavam acostumados, mas, como explica Steve, "fazer a fita de forma barata seria falsa economia". "Sabíamos que provavelmente só faríamos uma, então precisava soar o melhor possível."

Então, o Maiden agendou uma sessão de 24 horas no Spaceward, para começar na manhã de 31 de dezembro de 1978 e continuar até o dia seguinte. Seria o Ano-Novo, época em que o estúdio estaria vazio, e Steve conseguiu abaixar o preço para apenas 200 libras, e "mais um engenheiro disposto a trabalhar no Ano-Novo". Em troca do dinheiro gasto, o Maiden voltou para casa com quatro composições de Steve Harris – "Iron maiden", "Invasion", "Prowler" e "Strange world" – apropriadamente gravadas pela primeira vez e prontas para ser distribuídas em fita cassete para donos de clubes e qualquer outro que estivesse interessado. Assim, eles seguiram em frente.

54

"Não sabíamos o que esperar indo para o estúdio pela primeira vez", afirma Steve. "Só queríamos que o engenheiro fosse bom o bastante para gravar nosso som, e pronto. Mesmo. Chegamos lá com uma postura ingênua e, como costuma ser, foi ótimo. As músicas estavam em cima. Não precisamos arranjá-las demais. Como já as tocávamos ao vivo o tempo todo, estavam bem ensaiadas. Sabíamos exatamente o que fazer. Era só uma questão de conseguir gravar tudo em tempo hábil. Mas, quando começamos, as faixas fluíram muito bem. Acho que fizemos a maioria no primeiro *take*."

Dave Murray lembra-se da grana curta: "Na verdade, a gente deveria voltar para uma segunda sessão na semana seguinte, para dar um polimento, fazer mixagens e talvez adicionar coisinhas aqui e ali, depois que tivéssemos a oportunidade de escutá-la por alguns dias. O problema é que eles queriam cobrar mais 50 libras pela máster, e simplesmente não tínhamos essa quantia na época. Quando voltamos lá, duas semanas depois, eles já tinham apagado a matriz e gravado outra coisa por cima. Então, no final, tivemos que manter tudo como estava, que foi o que restou daquela sessão maluca em Cambridge, na virada do Ano-Novo".

"Gastamos todo nosso dinheiro no estúdio, e não tínhamos onde ficar", diz Steve. "Dormimos na parte de trás da van. Nunca vou esquecer daquele Ano-Novo... Nevava pra cacete, e congelamos no meio da noite. Por sorte, Paul Di'Anno conheceu uma enfermeira em um pub, e ela salvou nossas vidas. Convidou-nos para uma festa e, depois de aparecermos por lá, fomos para sua casa. Ela morava em uma quitinete, e a banda inteira desmaiou nos cantos. E, é claro, Paul levou essa gatinha para a cama no canto oposto. Eles deram um tempo até que todos estivessem dormindo, mas ninguém adormeceu. Ficamos ouvindo tudo o que rolou. Tudo! Foi divertido."

Entretanto, a diversão começou de fato quando a banda enviou uma cópia da fita original para Neal Kay, um DJ de Londres que ganhou destaque na cena florescente de heavy metal nos clubes. Kay comandava "noites de heavy metal", realizadas constantemente em uma casa batizada por ele de Bandwagon Heavy Metal Soundhouse, que, na verdade, era um letreiro pendurado na lateral do pub Prince of Wales, em Kingsbury Circle, noroeste de Londres.

O que tornava as noites de Kay singulares não era só o fato de ele remar contra a maré da tendência prevalecente do punk, mas também por organizar as baladas com aprumo, bom humor e enorme habilidade musical. Só para começar, ele tinha o maior PA que havia em um clube, um conjunto de 2K empilhado até o teto, o tipo de aparelhagem que uma banda de peso usaria. Também havia luzes psicodélicas que piscavam em ziguezague pelas paredes, em sintonia com a música, que, na maioria das noites, era uma mistura avassaladora de canções para satisfazer o público, como "Doctor doctor", do UFO, ou qualquer coisa do Judas Priest, mas com ênfase no que era novo. Na opinião de Kay, rock não era peça de museu, e ele se recusava a tocar faixas com mais de dez anos de idade, procurando rolar as canções mais recentes que conseguia encontrar, às vezes até importando. Em outras, quem trazia os discos era a galera dos frequentadores da Bandwagon – um fanático grupo de metaleiros que, posteriormente, passou a levar guitarras de papelão mal-acabadas, para empunhá-las nos mais cataclísmicos solos de guitarra, de olhos fechados, costas arqueadas e os dedos tateando freneticamente sua fantasia.

Como resultado, a Bandwagon costumava lotar desde o momento em que abria suas portas. Mas o que realmente garantiu a reputação do lugar como a noite de metal número 1 de Londres era a incrível personalidade do próprio Kay. Um tipo de padrinho do metal que se recusava a desistir de usar calças boca de sino na época em que até mesmo Dave Murray foi forçado a admitir que, em face do punk, tal indumentária parecia tremendamente idiota. A Heavy Metal Soundhouse de Kay não funcionava apenas como uma disco, era uma verdadeira cruzada. Com uma barba tão comprida que batia no peito, e cabelos tão longos quanto suas pernas, Kay foi certa vez descrito de forma zombeteira (mas acurada) por Garry Bushell como "um Catweazle[6] baixinho".

Essa característica impressionante, somada à sua insistência de se referir a todo mundo, incluindo sua esposa, como "cara", fez de Kay um alvo fácil para a imprensa musical britânica, que posava como representante de um patamar superior e adorava debochar dele e dos seus autoproclamados "seguidores". Mas isso só tornou o maníaco DJ um

---

6 *Catweazle* é uma série de tevê britânica estrelada por Geoffrey Bayldon, que foi ao ar no início dos anos 1970. (N. T.)

mártir ainda maior para os frequentadores da Soundhouse, e cada vez mais gente aparecia no clube para descobrir por conta própria o que era aquilo tudo de que falavam. Encorajado por seu zelo messiânico, com o passar do tempo, mais pessoas começaram a levar suas seleções para Kay tocar, algumas delas, na verdade, eram demos de bandas novas que o público conhecia. Uma dessas veio de um grupo do qual ele já ouvira falar, mas nunca tinha visto tocar: o Iron Maiden.

Kay se lembra muito bem da noite em que Steve Harris, Paul Di'Anno e Dave Murray apareceram na Soundhouse e lhe deram uma cópia da sua demo recém-gravada no Spaceward. "Não pedimos que ele a tocasse na Soundhouse, embora não nos importássemos se assim fizesse. Era mais para conseguirmos um show ali", diz Dave Murray. Kay, já gozando da glória adquirida, foi imperioso. "Eu disse, 'pois é, vocês e um milhão de outros'." Hoje, ele se recorda, retraído. "Pedi que deixassem a fita comigo e, quem sabe, eu tivesse a oportunidade de escutar algumas semanas depois. Realmente, agora me odeio por ter feito isso!" Então, chegou o dia em que ele resolveu escutar o material. "Quase caí para trás! Fiquei correndo e gritando pelo salão que nem um lunático. Simplesmente, não conseguia parar de tocar aquilo. No dia seguinte, telefonei para Steve Harris e lhe disse: 'Vocês tem algo aqui que pode render muito dinheiro'. Mas ele deu risada. Achou que eu estivesse brincando!"

Na verdade, Kay nunca falara tão sério. As quatro faixas da demo original do Spaceward, mesmo passados mais de 30 anos, ainda pulam para fora dos alto-falantes quando você as toca. Livre do que Steve Harris posteriormente se referiu como "os valores de produção de tudo menos o essencial" de monólitos dos anos 1970 já estabelecidos, como o Led Zeppelin e Deep Purple, essa era música feita de forma crua e novamente ao vivo, tocada por jovens para jovens, rápida, furiosa e tremendamente cativante.

"Para começar, era uma demo bem produzida", diz Kay. "Havia algumas notas perdidas, mas Steve e a banda tinham percebido que é preciso usar um estúdio decente. Eles não perderam tempo. Foram lá, trabalharam duro, e o resultado final foi sensacional. Obviamente, haviam concebido tudo no limite das suas habilidades na época e, musicalmente, era atordoante. A melodia trazia a agressividade que me impressionava. Bandas agressivas eram lugar-comum desde então, mas ninguém tinha apresentado um som daquela forma tão melódica. A combinação de velocidade e potência, as mudanças de tom e as linhas de Dave Murray eram vertiginosas. Sem dúvida, a demo mais impressionante que já tinham me entregado!"

Da noite para o dia, Kay se transformou no zelote do Iron Maiden, afoito para divulgar a banda na Soundhouse, onde imediatamente começou a tocar faixas da banda com um intervalo de 15 minutos. Mas ninguém ficou mais surpreso do que a própria banda quando "Prowler' entrou para o *Top 20* das paradas de heavy metal da própria Bandwagon, publicado semanalmente na revista *Sounds*. (Kay começara a contribuir com um gráfico mensal para a revista em 1978 e, como qualquer coisa que fazia para a Badwagon, levava essa tarefa muito a sério, tabulando os resultados com base nos pedidos feitos pelos frequentadores assíduos da Soundhouse). Na edição da *Sounds* de 21 de abril de 1979, "Prowler" chegou à primeira posição – na qual ficaria por três meses – e, uma semana depois, o Maiden fez seu primeiro show na Bandwagon como resultado do pandemônio imediato.

Steve Harris solta o verbo: "Deixei a fita com Neal Kay, e foi isso. Havia gente entregando fitas para ele todas as noites. Nem sabia se iria escutá-la, quanto mais tocar no clube. Só fui lá para tentar marcar um show, porque tinha ouvido falar que algumas bandas tocaram lá. Ele começou a rolar as faixas e, de repente, havia todos aqueles pedidos acontecendo. A lista das mais pedidas na Soundhouse Bandwagon era publicada na *Sounds*, e, quando 'Prowler' chegou ao primeiro lugar, foi incrível! Fomos lá certa noite, Paul e eu, só para dar uma olhada. Pensamos, 'como ninguém sabe quem somos, vamos ficar numa boa'. Então, eles colocaram 'Prowler' para tocar e, a seguir, havia um bando de pirados se debatendo e sacudindo, tocando guitarras imaginárias e tudo isso. Não conseguia acreditar que uma de nossas canções pudesse provocar tamanha comoção. Foi estranho! Paul e eu nos entreolhamos, sorrindo de orelha a orelha, pensando: 'Puta que o pariu! Essa merda é do caralho!'".

"Depois disso, fomos até lá e perguntamos, 'E aí? E aquele show?'. Ele falou que queria entrar em contato comigo: 'Adorei a demo, cara'. Então, fizemos o show, e tudo veio abaixo como uma tempestade! Estava absolutamente entupido de gente, e mandamos muito bem. E, claro, Neal adorou. Ele *adorou*! Foi o começo do reconhecimento que a banda obteve fora do East End, impulsionado pelo fato de Neal ter gostado tanto da fita e de tantos frequentadores da Soundhouse – que eram realmente fãs radicais de metal – terem adorado também. Era o empurrão que a gente precisava."

A demo do Spaceward também ajudou a agendar mais shows. "Principalmente em bases da Força Aérea dos Estados Unidos", recorda-se Paul Di'Anno. "Desde a primeira vez que tocamos lá, os norte-americanos foram à loucura! Costumávamos tocar um *set* mais longo. Eles faziam a gente tocar por quatro horas, mas só tínhamos por volta de uma hora e meia de material original, então tínhamos de fazer toneladas de *covers* do Montrose, UFO e Van Halen. Uma cacetada de rock para os fãs norte-americanos que vinham nos ver e adoravam tudo!"

Mas a mágica que a demo do Spaceward fez para o Maiden não parou por aí. Uma figura ainda mais influente – que havia recebido uma cópia da fita e decidira investigar mais de perto o que acontecia ali – surgiu no horizonte, alguém que não sabia nada sobre o leste de Londres, mas que parecia saber muito sobre qualquer outro lugar do mundo que a banda desejasse ir. Seu nome era Rod Smallwood. É como Steve Harris sempre reconheceu: "Se Rod não tivesse aparecido, honestamente não sei se qualquer coisa disso tudo teria acontecido. Provavelmente, teríamos assinado com alguém e feito alguns álbuns, mas, com certeza, a coisa não teria virado para nós da forma como aconteceu se não fosse por Rod".

Ao agir como empresário e mentor pessoal, Rod Smallwood tornou-se a outra personalidade chave – além de Steve Harris – para a história do Iron Maiden. Até Rod entrar em cena, na segunda metade de 1979, Steve sempre carregou o fardo de responsabilidades e compromissos da banda, incluindo as tomadas de decisão e a organização. Agora, ao lado desse corpulento moço de Yorkshire, ele encontrava alguém confiável o bastante para cuidar da maior parte das tarefas. Rod era alguém que entendia de música tanto quanto da indústria musical, e Steve podia confiar que não venderia a banda na primeira oportunidade disponível. Atuando sempre próximo de Steve, Rod agiria como a força motriz por trás da inexorável ascensão do Maiden ao topo durante os dez anos seguintes. Ele ocupou muitos papéis. Foi o profissional experiente da música que orientou a banda pelas águas lamacentas e desconhecidas de contratos de edição e lançamento de múltiplos álbuns com as gravadoras.

RUN TO THE HILLS

Como extrovertido narrador, munido de uma cadeia enorme de histórias incríveis, trabalhou como agente musical apresentando o Maiden às diferentes personalidades que conhecera em suas muitas aventuras em todo o mundo. Também assumiu a posição de figura paterna, sempre presente com a banda na estrada, intermediando a relação com a mídia nos shows em grandes cidades, algo que, por causa dos altos e baixos do dia a dia, muitos empresários teriam facilmente deixado de lado para que a banda lidasse com isso por conta própria.

Ironicamente, pouco antes de receber uma cópia da demo do Spaceward, Rod tomara a decisão de não mais empresariar bandas de rock após uma bagunçada e desagradável cisma com seus clientes anteriores, Steve Harley e Cockney Rebel, e estava considerando prestar exames para começar uma nova carreira como advogado. "Não tinha a menor intenção de voltar a ser empresário", sorri ele agora. "Mas um colega pediu que eu escutasse uma fita que ele tinha achado excelente. Fiz isso como um favor, e fiquei impressionado! Não dava para parar de escutá--la. Foi quando entrei em contato com Steve."

Steve se lembra bem do contato: "Andy Waller era um sujeito com quem tinha trabalhado por um tempo no escritório de arquitetura, um desenhista que conhecia música e era fã de rock. Dei-lhe uma cópia da fita, e ele adorou. Andy gostava de rúgbi, como Rod, e também estava no negócio da música. Ao mostrar a demo para ele, falou: 'Olha, pegue esta cópia da fita e me diga o que acha'. Bem, Rod vem nos dizendo o que achou desde então...".

4 Rod

Roderick Charles Smallwood nasceu em Huddersfield, Yorkshire, em 17 de fevereiro de 1950. Filho de um policial, Rod é, pelo menos aparentemente, um exemplo quase perfeito do que é tido na Inglaterra como o arquétipo de Yorkshire: pessoa trabalhadora, competidora, amante de críquete, rúgbi e cerveja, altamente cordial, de espírito indomável, que enche qualquer sala onde entra com sua enorme personalidade. Porém, sob a aparência festeira, Rod também é um renomado e sério homem de negócios do meio musical, dedicado ao seu trabalho e, mesmo hoje, tão apaixonado pelo Iron Maiden quanto era em 1979, quando seu colega de rúgbi, Andy Waller, lhe deu uma fita cassete da demo do Spaceward.

"A coisa mais legal para mim ao me envolver com o Maiden foi que realmente gostei da música", explica ele. "Não foi uma daquelas situações corriqueiras do ramo da música, em que um empresário se envolve com um grupo porque simplesmente enxerga potencial para fazer dinheiro fácil. Na verdade, não tinha intenção de virar empresário de mais ninguém àquela altura, mas eles me convidaram para ir a um show e pensei que iria apenas para dar alguns conselhos, só para ser educado. Gostei demais da fita quando a escutei pela primeira vez. Era bem o meu gosto: música grandiosa, alta e pesada! E, na época, era incomum escutar um som assim, nenhuma banda londrina nova sequer tentava algo do gênero. Não se esqueça de que, na ocasião, a cena punk dominava os departamentos de A&R das gravadoras no Reino Unido, e eu jamais gostei muito de punk."

Ao crescer em Huddersfield nos anos 1960, o mais próximo que Rod chegou da cena cultural efervescente de Londres foi, como ele diz, "escutar os Beatles e os Stones nas rádios". "Música para mim era isso, algo que se ouvia no rádio. Jogar rúgbi e críquete eram prioridades bem mais altas na minha lista. Talvez, ainda sejam!" Como resultado, Rod nunca se preocupou em comprar álbuns e ler as publicações musicais até entrar para a faculdade: "E um colega tocar Frank Zappa para mim". No final do primeiro ano, ele já estava "bem escolado em Deep Purple, Grateful Dead, Pink Floyd, The Doors". "Qualquer coisa temática me agradava", afirma Rod. "Nunca ocorreu a nenhum de nós comprar *singles*. Era o final dos anos 1960, começo dos 1970, e a ideia era adquirir um álbum, entrar em casa e, basicamente, ficar maluco." Ele balança a cabeça e sorri antes de completar: "As coisas não mudaram muito, não é?".

Após chegar à Faculdade Trinity, em Cambridge, no outono de 1968, para estudar arquitetura, Rod afirma que usou a maior parte do seu tempo como universitário "jogando rúgbi e indo a festas". O fato é que ele também estava ocupado – ainda inconscientemente – estabelecendo as fundações para tudo o que veio depois ao se tornar representante social, embora não oficial, da Trinity. Foi algo acidental, ele insiste. "Não existe, de fato, uma união social em Cambridge. Cada faculdade tem seu próprio sistema, mas, naqueles dias, havia periódicas festas com discotecagem. O baile de formatura da Trinity era a maior reunião social do ano, e eu me envolvi no primeiro ano em que estive lá, não cuidei da organização, mas ajudei no dia. Foi uma daquelas coisas que integra muitas áreas, com diversos tipos de entretenimento acontecendo. Lembro-me de que a atração principal, naquele ano, foi John Hiseman's Colosseum."

Colosseum era um conjunto de jazz-rock/fusion dos anos 1960, formado por Hiseman na percussão, Dave Greenslade nos teclados, Tony Reeves no baixo e, na época em que Rod os conheceu em 1969, Dave "Clem" Clempson na guitarra. O único integrante do grupo que aspirava trazer um espírito mais rock 'n' roll ao som era Clempson, que desapareceu no dia do show e só chegou lá poucos minutos antes de a banda estar prestes a entrar no palco. Foi aí que Rod teve seu primeiro gostinho de como era ser o pastor de um "músico deliberadamente errante quanto ao seu negócio".

"Na época, Clem era tido como um guitarrista fodido", diz Rod, "Fiquei responsável de encontrá-lo no portão, levá-lo ao palco e, depois, ao bar, além de fazer sala. Pensei, 'que trabalho bacana'. Mais tarde, soube que ele podia ser de difícil trato, mas achei-o bem legal. Peguei um drinque e um cigarro para ele, que estava numa boa; então, pensei que aquilo tudo era ótimo. No ano seguinte, já me envolvi mais, agendando várias bandas."

Em uma ação que se mostraria encantadoramente profética de uma forma que ninguém poderia ter adivinhado na época, Rod pediu ajuda ao seu colega de Trinity, Andy Taylor, um rapaz do norte de Londres que vinha de uma família da classe trabalhadora, experiência similar à do seu parceiro e melhor amigo até hoje, décadas depois. "Na verdade, Andy é seis dias mais jovem do que eu, embora não pareça."

De fato, Rod sempre foi favorável ao estilo padrão de empresário de rock, com jeans, camiseta de banda, jaqueta de couro e tênis, além de cabelos na altura dos ombros, que só receberam o primeiro corte apropriado aos 40 anos, enquanto Andy Taylor, porém, é o típico engravatado. Calvo, de óculos e com a atitude roqueira de um bancário. O comportamento de Andy, restrito aos negócios, se mostraria o perfeito contraponto para as ideias do expansivo e malandro Rod. Ou, pelo menos, é assim que eles sempre desempenharam seus papéis em público. Dentro de salas fechadas, entretanto, esses papéis tão perceptíveis se confundem, até parecerem iguais. Rod se debruça sobre os números e os analisa tanto quanto Andy curte alegremente – conforme ele admite – "uísque antigo e bons charutos".

Alguém que conhece Rod e Andy há décadas, observando a parceria de perto, é Howard Jones, advogado do Iron Maiden, Paul McCartney, Pink Floyd e Kate Bush. "Eles formam uma dupla magnífica", diz. "Não há dúvida sobre isso. Mas não é tão simples quanto o velho truque do 'tira bom e o tira mau'. Os dois são extremamente encantadores e entendem muito do seu ofício. Rod compreende a música e a indústria intimamente, enquanto Andy entende as peculiaridades de contratos e finanças da forma que somente alguém qualificado é capaz. Mas é o jeito que a cabeça deles funciona para resolver problemas ou gerar novas ideias o que realmente impressiona. Eles podem parecer bem diferentes por fora, mas, quando vão às reuniões, falam como um só. Formam uma equipe muito eficiente. Implacável, eu diria."

E isso ficaria claro. Crescendo em cima dos seus sucessos – primeiro, com o Iron Maiden, e depois com uma onda de novos artistas de rock, incluindo WASP, Helloween, Skin, Poison e, posteriormente, Bruce Dickinson –, Rod e Andy transformariam o seu Sanctuary Group em uma organização enorme, que hoje administra selos, uma editora, estúdios de ensaio e gravação, agência de viagens e numerosos *spin-offs* da indústria do entretenimento, como uma empresa de produções televisivas infantis e um braço para a publicação de livros. Juntando-se à já estabelecida firma Burlington, o Sanctuary Group flutuou pela primeira vez nas cotações da Bolsa de Valores de Londres em janeiro de 1998. Avaliadas em mais de 20 milhões de libras na época de lançamento, as ações da companhia desde então subiram, e os interesses pessoais de Rod e Andy no empreendimento são hoje confortavelmente estimados no valor de 10,5 milhões de libras para cada um. Nada mal para uma dupla de estudantes[7] do norte.

"Sou de Newcastle, e Rod, de Huddersfield", diz Andy Taylor. "Mas temos muito em comum na forma como encaramos as coisas. Éramos dois jovens estudantes que, de algum modo, conseguiram ir para Cambridge. Tínhamos problemas e, curiosamente, nossos pais eram policiais. Não sei se isso tem algum significado, mas sempre tivemos muito mais em comum do que as pessoas pensam quando nos veem juntos."

Em Cambridge, Andy começou a estudar para se graduar no que na época era conhecido como Ciências Naturais. "Não era fácil ser estudante de baixa renda em Cambridge", ele explica. "Você tinha de escolher algo em que tivesse a melhor chance de se destacar. Naquela época, não tinha estudado Economia na escola, então não havia como eu ter notas boas em Negócios, porque nunca vira nada daquilo. Isso podia ser realidade nas escolas particulares, não sei, mas o pensamento de estudar Economia nem me passava pela cabeça, por não ter qualificações prévias para tanto. As melhores matérias para mim eram Ciências, que são orientadas pela lógica, e não pela arte. Preferia o lado científico – que, afinal, é o que Negócios e Economia são na verdade –, porque minhas habilidades estavam lá; então, foi a área em que obtive meu diploma."

Eles se conheceram em uma festa pouco depois da chegada de Andy em Cambridge, em 1969. "Fomos os dois convidados para uma festa na

---

7 Rod e Andy estudaram na Grammar School, parte do antigo sistema de ensino britânico, entre os anos 1940 e 1960, que era seletivo e discriminatório. (N. T.)

Graduate Society", recorda-se Andy. "Saí com uma enfermeira, e Rod calhou de estar atrás de mim com uma amiga dela, e me ouviu dizer que estava na Faculdade Trinity. Apesar de ser meu primeiro ano – já era o segundo dele –, começamos a bater papo. Fomos com as duas até seu alojamento e, claro, virou uma piada entre nós o que aconteceu a seguir. Basicamente, um de nós dormiu na cama e o outro no chão, mas a verdade é que não consigo lembrar quem ficou com o quê. Sempre digo que fui eu quem ficou com a cama, e Rod jura que foi ele. Isso aconteceu pouco depois do meu início em Cambridge, mais de quatro décadas atrás, e temos sido amigos desde então."

"Andy é um cara ótimo", diz Rod. "Sempre foi. Uma mente brilhante e cheia de surpresas. O baile de formatura da Trinity de 1970 foi a primeira coisa que fizemos juntos, agendando todas as atrações e organizando tudo. Mas só conseguimos acertar a mão no ano seguinte. Na primeira vez, cometemos o erro clássico de agendar horários de palco para todas as bandas sem dar tempo para que uma saísse, com seus instrumentos, e a seguinte montasse seu equipamento. Não me ocorreu que cada uma delas precisaria de um tempo para ligar tudo. Achava que todas entrariam na sequência, uma após a outra! Também me achava o sabe-tudo, como é típico na juventude. No ano seguinte, já havia dois palcos preparados para alternar as apresentações, com um DJ entre eles. Já tínhamos ficado bem habilidosos."

Andy também ficou tão "amarrado" quanto Rod ao fazer todas aquelas coisas para os estudantes. "Nós organizamos bailes de formatura, festas à fantasia e muitos outros eventos, sempre fazendo as coisas juntos", conta Andy. No terceiro ano de Rod em Cambridge, ele e Andy já tinham conquistado uma sólida reputação na área de entretenimento dentro da venerável universidade; ambos mostravam aos colegas como era legal se divertir. Uma rotina de trabalho foi rapidamente estabelecida: Rod, de jeans, organizava e fazia todos os contatos pessoais com as bandas, enquanto Andy, de blazer, organizava e participava dos diversos jantares.

"Acabamos montando os mais diferentes espetáculos", diz Rod. "Graham Bond, Chris Farlowe, Bridgett St. John, John Martyn, além de bandas diferentes de reggae ou blue-beat, como se chamavam na época. Os shows começavam por volta das dez da noite e iam até as seis da manhã seguinte. Lembro-me, certa vez, de que nos foi oferecido o

RUN TO THE HILLS

Led Zeppelin por mil libras, e o Yes também por esse mesmo valor. Não sei se eles teriam feito o show, só que mil libras era muito dinheiro na época, praticamente o orçamento do ano inteiro; então, não pudemos ir até o fim com essas duas propostas. Ao contrário do que dizem, nunca fizemos dinheiro com essas coisas. Qualquer quantia que ganhássemos, acabava reinvestida para que o próximo show fosse ainda maior. Mas, de repente, lá estava eu lidando com os agentes de todas aquelas bandas, algumas muito bem estabelecidas, e acho que foi aí que peguei gosto pela coisa. Parecia que o negócio da música tinha a ver apenas com ser pago para dar uma festa. Eu pensei: 'Diabos! Se isso for mesmo assim, então estou bem na fita'."

Rod agendava a maior parte das apresentações com a Horus Arts, uma agência que fornecia os talentos para a maioria das universidades do país. "Era amigo do chefe, Barry Hawkins, um cara legal que percebeu que eu não sabia muito sobre o assunto de início e, portanto, costumava dar bons conselhos sobre o que estava disponível, os preços e facilidades que teríamos ao contratar." Em retrospectiva, ele diz: "Foi inevitável que acabasse trabalhando como agente ao sair de Cambridge".

Andy também foi hábil em explorar e construir uma carreira a partir do que ele descreve hoje como "o amplo negócio do entretenimento". "Sempre imaginei que entraria no ramo empresarial, mas não sabia que tipo de negócio seria exatamente. Mesmo antes de ir para a universidade, já organizava bailes e coisas assim na minha cidade natal. Por volta dos 15 anos, fazia eventos dançantes, chamava uma banda ou organizava uma festa, vendendo bebidas e ingressos. Enfim, ganhava dinheiro ao gerenciar as coisas como um tipo de pequeno promotor cultural. Também trabalhei bastante para restaurantes, pubs e similares. Assim, antes mesmo de encontrar Rod, já estava dentro da área do entretenimento. Se alguém me perguntasse o que eu poderia fazer ao sair da universidade, acho que teria dito algo como entretenimento, no sentido mais amplo. É engraçado... Não foi bem como se eu tivesse feito a escolha, mas sim tivesse sido escolhido. Era algo em que, de algum modo, sempre estive envolvido. Quem sabe, tivesse a ver com a época em que cresci, durante os anos 1960. Foi a primeira vez que os jovens realmente quiseram se divertir daquela maneira, e cabia a outros jovens, como Rod e eu, proporcionar isso, porque queríamos nos divertir também."

Andy diz ser "alguém que gosta de música, mas não é fanático", apontando exceções óbvias, como "The Beatles, Elvis Presley, Frank Sinatra, Johnny Cash, gente assim". Ele é o tipo de comprador de CDs que nunca se lembra dos nomes dos artistas, só sabe os títulos das músicas que quer escutar. Portanto, não é surpresa descobrir que fica "feliz de deixar qualquer decisão musical" para ser tomada por Rod. "Tenho um gosto muito engraçado quando se trata de música. Gosto de country e folk, e de um tipo de música bem mais melódica do que o som da maioria das bandas com as quais estou envolvido. Gosto de escutar música enquanto dirijo, principalmente coisas relaxantes, em vez de intensas, enquanto Rod, claro, é o oposto. Ele adora rock, assistir a shows e de todo o estilo de vida que acompanha isso – e tudo funciona muito bem assim."

"Você pode ser bem mais objetivo quando não tem uma opinião passional sobre música. Em vez de ter preconceitos, que são uma faca de dois gumes, eu posso me envolver com coisas sensíveis. Mas, se você está realmente dentro da música e acontece de desgostar de determinado disco, é impossível vendê-lo. Por outro lado, caso você ame demais um ábum, pode ficar cego e acreditar que tal produto é bem melhor do que de fato é. Quando não se tem uma visão passional sobre música, é possível ter mais discernimento, mas, conforme descobri, muitas pessoas no meio desse negócio acham difícil ser assim."

A mais notável contratação que Rod e Andy fizeram enquanto estavam em Cambridge ocorreu em 1971, quando convenceram a banda The MC5, dos lendários roqueiros de Detroit, a tocar no baile de formatura da Trinity daquele ano. Anarquista e radical, The MC5 – empresariado pelo norte-americano John Sinclair, um ativista dos direitos civis que fundou o Partido dos Panteras Brancas em 1968 – apresentou sua própria marca de hard rock como um desmembramento violento e descompromissado da sua ideologia sociopolítica. Seu primeiro álbum, o tremendamente influente *Kick out the jams*, foi gravado ao vivo em Detroit e lançado em 1969, com grande aprovação da crítica e muita polêmica. O seguinte, *Back in the USA*, lançado em 1970, contou com a produção do então proeminente crítico de rock Jon Landau – que, posteriormente, se tornaria empresário de Bruce Springsteen após proclamar de forma memorável que havia visto "o futuro do rock'n'roll" em um dos primeiros shows do cantor, cujo apelido é *the boss* (o chefão). *Back in the*

RUN TO THE HILLS

USA era considerado um dos melhores discos de rock na época em que Rod marcou o show. Contudo, como a maior parte das faixas negava consistentemente a comercialização *mainstream* nas rádios, não vendeu bem. Enquanto isso, a notoriedade "antiqualquer coisa" da banda criou problemas ao extremo para realizar suas apresentações ao vivo, já que era alvo de constantes ataques da polícia e de grupos de direita norte-americanos. Eram os tempos das revoltas contra o capitalismo e o racismo, quando a Guarda Nacional foi chamada pelo então presidente dos Estados Unidos, Richard Nixon, para dispersar uma manifestação contra a Guerra do Vietnã na Universidade Kent State. O confronto teve um resultado trágico: mais de 20 estudantes desarmados foram baleados, aumentando a paranoia estudantil que já era frequente. Quando John Sinclair foi preso – segundo o MC5, sob falsas acusações de posse e tráfico de drogas –, parecia que apodreceria na cadeia. Então, a banda se perguntou – talvez não sem motivo – qual deles seria o próximo. Como consequência da pressão, The MC5 passou a considerar seriamente a possibilidade de se mudar, de forma permanente, para a Inglaterra, onde era celebrada pelos críticos e desconhecida das autoridades. Foi exatamente nesse período que Rod fez sua oferta para agendar o show da banda no baile de formatura de 1971. Como sempre, parecia que Rod tinha sorte e *timing* ao seu lado, os dois ingredientes mais importantes para o sucesso na indústria musical, assim como em todo o resto do mundo empresarial.

"Agendar o MC5 foi o melhor trato que fiz quando era estudante", reflete Rod. "Eu me lembro de tudo muito claramente. Fechei um acordo com uma agência londrina chamada Gemini, para a qual fui trabalhar depois. O contrato era de 200 libras mais seis garrafas de champanhe e 60 gramas de maconha. Essas eram as condições do contrato! Assim, conseguimos que The MC5, um grupo americano anarquista e revolucionário, tocasse no baile de formatura da Trinity! Tenho de admitir que achei bem divertido vê-los andar por ali após o show, em meio a todo aquele luxo, saídos direto das ruas de Detroit. Veja bem, o baile integra o roteiro da classe alta inglesa, como Henley e Ascot. Faz parte das tradições inglesas. Nunca vou me esquecer daquele grupo de cabeludos, supostos anarquistas, andando por ali, bebendo champanhe, meio alucinados. Acho que, para dizer a verdade, eles amaram."

Enquanto Andy ficou mais um ano na Trinity para terminar sua graduação, Rod saiu de Cambridge "por um capricho" pouco depois do grande baile de 1971. Ele vendeu tudo o que tinha – "eram livros e discos, pois não tinha muito mais coisas" – e se mudou para Paris com sua namorada. Ele nem se interessou em permanecer mais um tempo na faculdade para fazer os exames finais. "Simplesmente, parecia uma coisa legal a ser feita", diz ele agora, dando de ombros. "A ideia de ter algum tipo de carreira mapeada para mim era desconhecida."

"Rod provavelmente é uma das dez pessoas em cem anos que saiu de Cambridge sem um diploma", gargalha Andy Taylor. "Como sempre, acho que ele estava com pressa, embora não sei se na época soubesse para quê. Mas você não pode dizer que isso o atrasou, pode?"

"Voltei de Paris após três meses e decidi ir para o Marrocos", conta Rod. "Naqueles dias, isso era pré-requisito para o utópico estilo de vida *hippie* e, novamente, parecia algo legal de ser feito. Era ou Marrocos ou Índia, um dos dois destinos. Não me importava qual. Eu só queria ir. Era o final dos anos 1960, começo da década de 1970, e você não pensava em coisas como trabalho. Só pensava em viajar, se divertir, transar, ficar chapado e todo o resto. Muitas pessoas que eu conhecia não tinham a menor ideia do que iriam fazer. Você simplesmente vivia o presente e experimentava o máximo possível de tudo, com a liberdade da juventude. O lema era manter as coisas em uma base muito, muito informal, e fazê-las no mais curto prazo. Era comum você pensar que, se chegasse aos 35, seria de fato um cara de sorte. Mas 35, quando se tem 20, é um ancião. Claro que hoje sabemos que não é bem assim..."

A fim de poupar dinheiro para sua peregrinação *hippie* – que ia "do norte da África até a Índia, passando pelo Himalaia e seguia para os sete mares; acho que era esse o plano" – no final do verão de 1971, Rod conseguiu emprego temporário na Gemini, a mesma agência usada para contratar o MC5. Ele passou a maior parte das cinco semanas em que esteve lá arrumando datas para a banda inglesa de rock progressivo Barclay James Harvest. Quando Lindsay Brown conseguiu tirar a banda da Gemini e levá-la para a MAM, a agência rival para a qual trabalhava na época, também ofereceu a Rod um trabalho de tempo integral na empresa. "Eu fui de 12 libras por semana mais uma pequena comissão, para um pagamento semanal de 35 libras, além de uma comissão mais gorda. De repente, estava com tudo", relembra Rod, sorridente. "A viagem ao Marrocos teria de esperar."

Andy Taylor, nessa época, ainda era estudante: "Quando saí de Cambridge, segui em frente e, mais tarde, me qualifiquei como revisor oficial de contas, mas sempre mantive contato com Rod. Lembro-me de que, no meu último ano na faculdade, nós ainda andávamos juntos. Ele costumava vir em casa e dormia no chão."

Rod completou 18 meses na MAM antes de ir trabalhar na gerência da empresa com uma nova banda que despontava nas paradas de sucesso: Steve Harley e Cockney Rebel. Formada pelo vocalista e ex-jornalista Steve Harley, em 1972, a Cockney Rebel surgiu na esteira do glam rock – um gênero que, na época, dominava a cena musical britânica. Seu *single Judy teen*, lançado em 1974, fez grande sucesso e impulsionou as vendas do álbum *The psychomodo*. Outros *hits* – sendo o mais memorável "Come up and see me (make me smile)", que chegou ao primeiro lugar em janeiro de 1975 –, aliados ao charme inglês e malicioso de Harley, cumpriram o papel de preencher sua agenda de shows. As letras surreais no estilo Dylan e uma performance teatral, cuidadosamente estudada para o palco, levaram o Cockney Rebel a ser considerado pelos críticos como artistas da mesma importância de David Bowie, Roxy Music, T Rex e Mott The Hoople. Contudo, em poucos anos, o grupo viria a se separar, após seus esforços de estourar nos Estados Unidos gerarem praticamente nenhum resultado, e caiu no esquecimento, até mesmo no Reino Unido.

Para Rod, trabalhar com Harley e o Cockney Rebel tornou-se uma lição valiosíssima, à qual ele se refere hoje, brincando, como "as artes negras do empresariado de rock". Apesar de reconhecer que ter gerencia-do um conjunto como o Cockney Rebel foi obviamente "uma tremenda introdução" para sua carreira de empresário, ele confessa que achou "muito difícil" lidar com o egocêntrico Harley. Mesmo tanto tempo depois, Rod reluta em dar detalhes sobre seu eventual desacordo com o egoísta cantor do Cockney Rebel, exceto para dizer o seguinte: "Foi o principal motivo pelo qual não ofereci imediatamente meus serviços de empresário para o Maiden. No começo, fui agente do Cockney Rebel e, depois, acabei entrando no gerenciamento da banda, ao lado de Trevor Beeton, o empresário oficial deles. Ganhava um salário razoável para a época e uma pequena porção dos lucros, que infelizmente nunca se convertia em coisa alguma. Trevor era uma pessoa bastante decente, mas Steve Harley nunca foi bacana. E ele era um saco – de tão egoísta, obcecado e narcisista –, e me tirou completamente o desejo de ser empresário. O cara era realmente um bosta. Ele foi convencido pela EMI de que nós não éramos a empresa certa para cuidar dele, especialmente nos Estados Unidos, o que podia ou não ter sido verdade. Eu tinha 23 anos, estava aprendendo bem rápido, e acho que fiz muitas coisas boas para sua carreira. Se você observar o que aconteceu à carreira do Cockney Rebel depois que paramos de tomar conta da banda, verá que tenho razão".

"Mas aquela experiência foi desanimadora. Apesar de todo o trabalho que eu havia feito em nome dele, ele disse para Trevor que a Trigam estava despedida, e nem ao menos me telefonou. Nem uma palavra de agradecimento. Não o vejo desde então, mas algumas pessoas, tempos depois, me disseram que ele mandava lembranças. Por mim, pode guardá-las."

Por mais fracassada que sua primeira incursão possa ter sido, nada prepararia Rod para o choque que teve ao perceber "quão poucos amigos de verdade" tinha o jovem ex-empresário de uma banda de sucesso. "Entrava em pubs e bares, onde antes costumava estar cercado de pessoas prontas para conversar e tomar um drinque, e, de repente, encontrava um monte de costas viradas. Acho que eu era ingênuo, mas fiquei muito chocado e desiludido. Sempre fui sincero na minha maneira de tratar as pessoas, ou, pelo menos, tento ser. Nunca me ocorreu que elas só queriam estar próximas de mim por causa da banda ou algo assim. Sem a banda por trás, realmente descobri quem era meu amigo de verdade. E não havia muitos, isso posso dizer."

Rod aceitou, durante um tempo, uma comissão *free-lance* para cuidar de uma banda da RCA chamada Gloria Mundi: "Era um tipo de punk misturado a glam rock. Boa banda, mas não havia espaço para ela". Ele admite que foi "ficando entediado e completamente desiludido com o negócio". Até que decidiu largar tudo.

Um amigo que permaneceu fiel foi Howard Jones, que trabalhava para a firma de Bernard Sheridan, advogado do Cockney Rebel, entre outros clientes. No início, Howard era o contato diário de Rod lá na banca de advocacia, e os dois logo se tornaram bons amigos. Depois de romper com Steve Harley, enquanto procurava algo para fazer após decidir largar o agenciamento de bandas de rock, Rod conversou com Howard no início de 1979 sobre voltar para a universidade, cursar Direito e obter um diploma de advogado.

"Ele veio até mim e disse que pretendia ser advogado", recorda-se Howard. "Pediu-me que lhe conseguisse alguns formulários. Depois, quando jogamos tênis – lembro-me vividamente de que foi uma partida noturna no Lincoln's Inn Fields –, ele agradeceu pelos impressos, mas afirmou que esperaria um pouco mais, porque havia encontrado uma banda, e queria ver se a coisa daria certo. Caso contrário, ele voltaria a entrar em contato. Bem, ele não voltou a pedir mais nada desde então..."

"Não sei o que deu em mim...", Rod relembra. "Nunca pensara nisso antes ou depois. Mas estava ficando mais velho. Quase na casa dos 30. Então me ocorreu: 'Quem sabe, seja hora de fazer algo'. E Howard foi muito, muito prestativo, passando até na Ordem dos Advogados, onde pegou todas as coisas que lhe pedi."

O que salvou o mundo da visão implausível de Rod Smallwood de peruca, discursando para o júri, foi uma fita cassete, com quatro canções, que lhe foi entregue por seu colega de rúgbi, Andy Waller. "Eram apenas quatro faixas. Basicamente, a demo original do Spaceward", ele diz. "Por causa do meu *background*, que é de rock pesado, fiquei pensando: 'Pois é, isso realmente está acontecendo'. O som era bem diferente do que a maior parte das novas bandas que eu conhecia estava fazendo na época, que era principalmente punk. Nunca gostei de punk de verdade. Gloria Mundi também tinha boa musicalidade, mas nunca vi apelo no punk. Acredito que o aspecto de moda me distanciou do movimento. Sempre fui muito contra a moda."

Tudo bem, Rod gostou da fita, mas seu interesse não passou disso no início. Ainda pretendia deixar o negócio da música para trás, mas o momento da virada veio quando o relacionamento de longa data com sua namorada terminou de forma abrupta. "Havia uns 20 de nós que partiram para uma turnê de rúgbi na Califórnia", ele conta o episódio. "Era uma equipe de Rosslyn Park e London Welsh chamada Muppets, nomeada assim por causa de um clube noturno do West End. Jogamos um torneio em Santa Barbara, em abril de 1979, e foi ótimo. Saímos todas as noites, o clima era fantástico, completamente chapado o tempo todo, andando com gente legal e ainda acordando cedo pela manhã para jogar a próxima partida."

Para economizar, o grupo havia adquirido de última hora bilhetes da hoje extinta companhia aérea Freddie Laker, na época o serviço transatlântico mais barato da Inglaterra. Quando cinco do grupo, incluindo Rod, chegaram tarde para fazer o *check-in* – "Ainda aturdidos pela noite anterior!" – e perderam o voo de volta para casa, restou como única alternativa esperar quatro dias antes de revalidar seus bilhetes e embarcar no avião de retorno à Inglaterra. Quando Rod finalmente voltou para Londres, sua namorada afirmou que estava tudo acabado e foi embora. "Ela me disse que não aguentava mais ser uma viúva do rúgbi. Vivia infeliz porque eu ficava o tempo todo jogando. Eu costumava jogar aos sábados, domingos e quase toda quarta, com treinos às terças e quintas. Jogava para o Rosslyn Park e levava tudo muito a sério. Nunca perdia um jogo, nunca perdia um treino. Durante um período, o rúgbi meio que tomou conta da minha vida, mas isso provavelmente aconteceu por não haver muito mais o que fazer na época. Até a chegada do Maiden."

Sem saber o que fazer depois da separação, Rod voltou sua atenção para a fita que escutara antes de ir para os Estados Unidos. Depois de tocar as músicas repetidamente, convenceu-se de que ali havia algo muito acima da média. E pegou o telefone.

"Foi como se algo tivesse terminado para, em seguida, você começar outra coisa nova", ele explica. "Então comecei a pensar na fita. Andy Waller fez a ponte, conversei com Steve ao telefone, e marquei de assistir a um show. O Maiden estava tocando no East End na maioria das noites, mas eu não ia lá. Até falei: 'Vocês devem estar brincando! Por que não tocam na Marquee?'. Mas, na época, eles não conseguiam entrar nesses lugares."

Então, depois de mais alguns telefonemas, Rod usou seus contatos para conseguir shows no lado oeste de Londres, em um pub bem conhecido chamado Windsor Castle, na Harrow Road, e em outro bar igualmente popular chamado Swan, no Hammersmith. Entretanto, nenhuma das duas ocasiões sairia exatamente como o planejado.

"De início, eu não me apresentei, para o caso de eles serem um lixo", confidencia Rod. "Mas fiquei bem impressionado com o equipamento. Eles tinham seu próprio PA e luzes, além de fumaça saindo da boca do zumbi Eddie no fundo do palco. O único problema é que não queriam começar enquanto não chegassem todos os seus colegas de East End. Os donos do pub exigiram que eles cumprissem o horário, e rolou uma discussão, na qual Steve mandou os proprietários se foderem. A banda empacotou as coisas e saiu sem tocar uma só nota. Steve, na verdade, queria que o cara lhe desse mais 15 minutos, porque convidara alguns conhecidos para assistir ao show, mas aconteceu uma daquelas brigas de ego em que os donos do pub não cederam. Só que não dá para tentar manipular Steve desse jeito. Ele sempre vai mandar você se foder, o que, é claro, foi o que acabou fazendo – e ainda faz até hoje. Mas, para dizer a verdade, foi até engraçado. Lembro-me de aquele cara dizer que iria bani-los do norte de Londres, proibindo-os de tocar em qualquer casa da região. O que é maravilhoso quando se sabe que, poucos anos depois, eles tocaram na Wembley Arena. Mas eu assisti a tudo isso e, depois, conversei com Steve e os outros. De cara, gostei deles. Porque eram muito encantadores, inocentes, e tinham muita paixão."

Steve se desculpou com Rod por abortar o show, e os dois concordaram que, para a próxima apresentação, alguns dias depois, no Swan, tudo deveria correr melhor. Mas houve um novo problema: Paul Di'Anno foi preso por portar uma "arma de metal perfurante" menos de meia hora antes de a banda subir ao palco. "Steve, meio frustrado, veio até mim cinco minutos antes de eles entrarem", relembra Rod, ironicamente. "Ele disse: 'Não sei como lhe contar isso, mas Paul foi preso'." O cantor se divertia com fãs e amigos do lado de fora da casa quando dois policiais que iam passando decidiram fazer uma revista no *frontman*, procurando drogas. Paul não estava tomando drogas naquela época, mas encontraram um canivete em seu bolso. Após ser espancado e algemado, foi levado sob custódia para a delegacia de polícia próxima ao Hammersmith.

"Expliquei que estava para entrar no palco, mas os policiais não quiseram nem saber", recorda-se Paul. "Até me ofereci para ir direto para o xilindró depois do show, mas não adiantou. Teria estragado a diversão deles de me dar uma prensa, certo?" Paul foi fichado por posse de arma branca antes de ser liberado, mas, quando voltou ao Swan, o show já havia acabado.

Rod conta como convenceu Steve. "Ele me falou que a banda não iria tocar. Então, perguntei: 'Por que não?'. Quando Steve respondeu que

Paul fora preso, decidi ligar para a polícia. Eles me disseram que Paul estava detido e que ficaria na delegacia mais de uma hora antes de ser solto. Em seguida, falei para Steve: 'Por que vocês não tocam sem ele, pelo menos para eu ter uma ideia? Você sabe as letras?'. Ele respondeu que sim, dizendo que eram de sua autoria. Insisti para que fizessem uma tentativa, e eles concordaram. Tudo foi ótimo! Nunca tinha visto nada como Steve e Dave no palco. Era evidente que eles adoravam tocar, realmente adoravam estar no palco, mirando direto nos olhos do público, com uma postura de total autoconfiança. O carisma de Steve e Dave no palco era muito, muito poderoso, e fiquei pasmo. Pensei que, assim que ficassem conhecidos, eles seriam um enorme sucesso, e isso antes mesmo de ver o cantor!"

Contudo, Rod ainda estava incerto, ponderando se queria mesmo mergulhar naquilo e voltar a ser um empresário contratado. "Até disse que os ajudava da forma que pudesse, que conseguiria um contrato. Mas será que os representaria? Isso deixei para decidir conforme o andar da carruagem." Na verdade, foi só depois de conseguir um contrato com a EMI e com a Zomba que Rod e o Iron Maiden colocaram alguma coisa no papel, acertando um contrato entre eles.

"Foi tudo na base da confiança", conta Steve Harris. "Não sei por que, mas, desde a primeira vez que o vi, senti que Rod era alguém que nunca nos desapontaria. Já havia conhecido algumas pessoas do meio, e quase todos eram tão cheios de besteiras que, na maior parte do tempo, não conseguia nem entender o que estavam dizendo. Mas Rod cortou toda a ladainha e, na hora, começou a nos dar uma mão. Conforme ele se envolvia, ficava cada vez mais óbvio que sabia o que fazer. Fora isso, ele também é uma piada, né? Você trabalha duro com Rod, mas sempre dá muitas risadas também. E isso é importante, eu acho. Nós somos uma banda. Ninguém aqui é cientista espacial ou algo assim. A gente precisa se divertir, não?"

Agora, claro, a diversão poderia realmente começar...

5 NWOBHM

Não existe dúvida de que o recrutamento de Rod Smallwood como empresário se mostraria crucial para o desenvolvimento da banda no longo prazo. Apressou o fechamento de contrato com um grande selo, algo que o Maiden somente sonhava até então, e tornou-se um imprescindível navegador para enfrentar os mares tempestuosos que eles tinham pela frente. Mas cumpre lembrar que Rod entrou em cena no final do verão de 1979, quando o Iron Maiden era uma banda que já começava a entrar na crista da onda. Como sempre, o *timing* de Rod foi impecável. Após a surpresa que tiveram ao chegar ao topo das paradas de Neal Kay, na sua Heavy Metal Soundhouse e na *Sounds*, a revista fez uma resenha do show da banda no Music Machine, em Camden Town (agora mais conhecido como Camden Palace). Kay começou a organizar esse espetáculo ao vivo em maio, sob o pretexto do crescente sucesso do Maiden. Ao decidir que tinha chegado a hora de colocar seu Bandwagon na estrada, Kay agendou as três bandas mais pedidas da Soundhouse na mesma apresentação. Isso significava que o Maiden estaria ao lado dos imitadores do Black Sabbath, Angel Witch, e do pessoal mais vanguardista do Samson, tendo o próprio Kay como mestre de cerimônias e DJ naquela noite.

O jornalista Geoff Barton, da *Sounds*, que estava presente, escreveu: "O Maiden foi a melhor banda da noite, infinitamente melhor que os adoradores do Sabbath, Angel Witch, e bem à frente do Samson". Contudo, o aspecto mais intrigante do evento – como diz Barton hoje – foi testemunhar a existência de "uma banda como o Iron Maiden ou o Angel Witch", algo que parecia fora da realidade naquela época. Elas eram as primeiras novas bandas heavy que surgiam nas ruas de Londres desde o início dos anos 1970, e Barton – que escrevia principalmente sobre metal na *Sounds* – ficou bastante intrigado com o que viu naquela noite. Por isso, convenceu o seu editor, Alan Lewis, a deixá-lo escrever textos maiores, não só do Iron Maiden, mas também de toda a nova cena de rock britânico. Ele tinha certeza de que um movimento borbulhava fora das vistas da mídia, e acreditava que o Maiden representava seu maior expoente. Ele até mesmo batizou a tendência com uma sigla impronunciável: NWOBHM (New Wave Of British Heavy Metal), ou seja, a nova onda de heavy metal britânico.

"A frase 'nova onda de heavy metal britânico' era levemente irônica, e surgiu primeiramente em um subtítulo", diz ele. "Depois, nós a expandimos para lhe dar uma característica de tendência. Para ser bem honesto, eu não sentia que aquelas bandas tinham, de fato, alguma conexão musical, mas era interessante notar que tantas estivessem surgindo mais ou menos na mesma época. Foi algo bom para os fãs do rock de verdade, que literalmente haviam ficado por baixo, escondendo-se nos seus guarda-roupas, esperando o punk desaparecer para que pudessem emergir mais uma vez, como aquela tribo de cabeludos das cavernas presente nos livros de Michael Moorcock. Começamos fazendo uma matéria sobre o Def Leppard, que havia lançado seu primeiro EP [8]independente, *Getcha rocks off*. O Maiden veio na sequência, quando já eram notados no Bandwagon de Neal Kay; então, aproveitando o gancho, fizemos uma matéria com eles. De repente, além do Samson e do Angel Witch, apareceram os Tygers of Pan Tang e Praying Mantis. Assim, fomos contando a história de todos eles, cobrindo seus shows, e as coisas continuaram a partir daí."

A pedra angular da emergente cena NWOBHM foi uma reportagem de 12 páginas, com fotos coloridas, que Barton escreveu para a *Sounds* no final de 1979, com o seguinte título: "KERRANG!". Hoje em dia, claro, *Kerrang!* é uma revista semanal, reconhecida em todo o mundo dentro da sua área. Contudo, como tantos grandes projetos, essa revista jamais teria passado do estágio de planejamento não fosse pela genuína paixão de um homem que a idealizou.

---

8 Disco de 25 cm de diâmetro (10 polegadas), tocado, normalmente, a 45 RPM, com capacidade de 8 minutos por lado, aproximadamente, o suficiente para quatro faixas, em média. Fonte: http://pt.wikipedia.org/wiki/Disco_de_vinil. Acesso em: 2/4/2013. (N. E.)

Geoff Barton diz: "Por causa da fenomenal resposta que vínhamos tendo de toda essa nova onda de heavy metal, o editor da *Sounds*, Alan Lewis, teve a ideia de criar uma nova revista inteiramente devotada às bandas da NWOBHM e também à própria cena do rock em outros países. Àquela altura, surgiam novas bandas de metal americanas, e eu começava a receber fitas e gravações de todas as partes do mundo, as quais, de algum modo, pareciam influenciadas pela cena NWOBHM. Daí, veio a ideia de juntá-las em uma nova e colorida revista".

O editor mandou Barton ficar uma semana em casa para criar os artigos e resenhas, enquanto, na redação, o próprio Lewis supervisionaria o *design* e a escolha das imagens. Mas, quando Barton voltou ao escritório da *Sounds*, sete dias depois, um descontente Lewis lhe diz que a editora, no último minuto, abortou a ideia de publicar uma revista devotada inteiramente ao heavy metal, por achar tal investimento muito arriscado. "Eles simplesmente cancelaram sem repensar o projeto", recorda-se Barton. "Pensei que tudo estava acabado." Mas, após superar seu desapontamento inicial, a dupla decidiu que, em vez de desperdiçar uma semana inteira de trabalho, rodaria a revista como um suplemento especial grátis, a ser encartado no próximo número da *Sounds*. A decisão foi um golpe de mestre, que deu a maior exposição possível à nova cultura emergente, carente e ignorada pelo resto da imprensa musical.

"Eu me recordo de que tínhamos na capa uma foto do baterista do Samson, Thunderstick", Barton conta. "Ele vestia uma máscara de *bondage* com um zíper na boca, e a resposta que obtivemos foi extasiante. Acho que se tornou uma das edições mais vendidas do ano. Assim, ressurgiu a ideia de lançar outra edição especial e colorida com o tema metal, o que fizemos na sequência. O primeiro número da *Kerrang!* saiu em 1980 – na verdade, era o 'número 1 B' –, e trazia Angus Young, o guitarrista do AC/DC, na capa. Mais uma vez, o que deveria ser apenas mais uma edição especial, esgotou totalmente a tiragem, poucos dias após chegar às bancas. Então, fizemos mais uma, e depois outra, até ficar óbvio que aquela seria uma revista mensal independente. Foi algo extraordinário para a época, porque – você precisa se lembrar – havia apenas quatro grandes títulos musicais: *Sounds*, *NME*, *Melody Maker* e *Record Mirror*. Revistas como *Smash Hits*, *Q* e *The Face* ainda não haviam sido criadas; por isso, foi demais lançar outro título musical nas bancas, que, embora mensal, foi inteiramente devotado ao heavy metal... Bem, ninguém poderia imaginar o sucesso daquilo, mesmo poucos meses antes. Foi bizarro, para dizer o mínimo."

O que Barton não poderia ter previsto era a saia justa que a frase francamente frívola NWOBHM teria na imaginação do resto da imprensa musical da Terra. Mesmo de forma inconsciente, Geoff Barton e a *Sounds* iniciaram um processo que ajudaria a definir os parâmetros de um novo gênero do rock. Qualquer que fosse o nível do respectivo sucesso nos anos seguintes, os nomes de Iron Maiden, Def Leppard, Diamond Head, Praying Mantis, Samson, Angel Witch, Tygers of Pan Tang e uma miríade de outras bandas, que, rapidamente, vieram na sequência – como Ethel The Frog, alguém se lembra? –, iriam para sempre estar ligados no coração e mente dos historiadores do rock a uma era que, para o bem ou para o mal, se resumia àquela frase descuidada que Barton, meio brincando, havia criado em uma tarde chuvosa no escritório da *Sounds*.

"Lançamos a matéria, e a resposta dos leitores, e mesmo das outras bandas, foi fenomenal", explica ele. "Ficou óbvio que, chame como quiser, definitivamente havia alguma coisa acontecendo ali. De repente, havia novas bandas de rock pesado aparecendo de todos os lugares. Claro que nem todas eram competentes ou interessantes como o Iron Maiden e o Def Leppard, mas o fato de que estivessem pelo menos tentando já era importante naquela época, e nos apegamos a isso por mais de dois anos."

Ironicamente, levando em consideração a pouca atenção que a maioria dos críticos musicais pós-punk devotava à qualquer banda que se chamasse Praying Mantis ou Angel Witch, a motivação que deu origem à nova onda seguiu o mesmo princípio anterior. Por trás desse aparente ressurgimento no interesse por um gênero proclamado morto pelos partidários do *NME*, veio uma motivação parecida com a que fez surgir o punk. Foi o mesmo sentimento que tantos jovens mostraram em relação aos álbuns temáticos e autoindulgentes que precederam sua geração. Por volta de 1979, bandas como Led Zeppelin, Pink Floyd, ELP e Yes – todas integrantes proeminentes da realeza do rock da época – eram raramente vistas na Bretanha e, quando se dignavam a fazer aparições fugazes, invariavelmente rejeitavam a ideia de turnês de verdade em prol de shows mais langorosos (para não dizer lucrativos) em grandes arenas impessoais, como a Earl's Court de Londres. As bandas de rock haviam se tornado grandiosas e pomposas, e sua música envelheceu antes do tempo. Como resultado, a lacuna tornou-se maior entre os que apareciam no palco e os que ainda não estavam lá.

O punk queria varrer o passado e recomeçar, mas, na sua pressa de derrubar as estruturas, não enxergou o óbvio: que, nas suas fundações, o hard rock e o heavy metal não eram tão diferentes do que a melhor banda de punk imaginava ser. Havia uma união de atitude e música: crua, viva, sem medo de ofender, sem medo de ser ridicularizada por causa de suas roupas ou pela opção de vida. Hoje famoso, o colunista do *Sun*, Garry Bushell, que também escreveu na *Sounds* e foi um dos primeiros seguidores do Maiden, identificou "a necessidade real dos fãs de rock de encontrar bandas com as quais pudessem se relacionar". Bushell explica: "Como gênero, o metal produziu uma alternativa jovem e dinâmica em relação aos modelos geriátricos e preguiçosos que já haviam ficado para trás. Envaidecidos pelo excesso, castrados pela indulgência, mimados pelos bajuladores e puxa-sacos, os velhos astros do rock transformaram-se em dinossauros desajeitados. Perderam contato com seus fãs e se tornaram incapazes de cumprir a promessa mais básica de produzir um bom hard rock – fornecer excitação e escapismo, violar qualquer limite no volume e erigir sonhos de rock contra o mundo. A velha guarda durou mais tempo do que pregava em suas canções, motivo pelo qual a nova estirpe foi tão prontamente recebida".

A "nova estirpe", como é chamada por Bushell, também absorveu algumas das lições mais práticas do punk. Por exemplo, lançar edições limitadas dos seus próprios discos em selos pequenos e independentes, que não ofereciam nenhuma grande vantagem financeira como as gravadoras, mas também não enchiam o saco de ninguém por causa da arte da capa de um álbum ou sobre qual deveria ser o *single* do lado A. (Foi esse o rumo escolhido pelo Def Leppard – um quinteto adolescente de Sheffield que se tornaria uma das maiores bandas do mundo – ao lançar um EP de quatro faixas, *Getcha rocks off*, pelo seu próprio selo, o Bludgeon Riffola, cujas cópias originais valem hoje uma pequena fortuna). Novamente: tal qual o punk, os fãs da NWOBHM começaram a imprimir seus próprios fanzines. Em 1981, títulos como *Metal Fury* (editado por este que vos escreve), *Metal Forces* e *Metal Mania*, além de incontáveis similares, saíram da porta dos fundos da imprensa para as prateleiras das lojas de música, enquanto crescia a demanda por artigos sobre a nova e revitalizada cena britânica de rock.

Malcolm Dome, devoto do hard rock e heavy metal, foi editor adjunto da Dominion Press, uma editora de jornais educacionais e científicos como o *Laboratory News*. Ele começou a escrever artigos sobre a cena NWOBHM para a *Record Mirror* em 1980, e depois tornou-se um dos principais redatores da *Kerrang!*, na qual chegou à posição de editor sênior. Dome não hesita ao descrever os anos entre 1979 e 1981 – a apoteose da NWOBHM – como "alguns dos mais excitantes para o novo rock que a Inglaterra já testemunhou". Para ele, tal música sempre foi mais uma cena do que um gênero. "Fui ao Bandwagon muitas vezes quando Neal Kay estava lá, e a vibração era ótima. Não havia nenhum outro lugar como aquele. Depois, as pessoas o criticaram por sua arrogância, mas ele tocava as coisas que você não poderia ter escutado em outro lugar, e seu envolvimento direto na divulgação das novas bandas inglesas como o Iron Maiden e o Praying Mantis foi crucial para atrair a atenção de revistas como a *Sounds* e *Record Mirror*, para a cena musical que crescia. Sem ele, provavelmente a gente nunca teria ouvido falar da NWOBHM."

Em 1980, Dome foi a uma típica noite NWOBHM no Lyceum de Londres, cuja abertura ficou a cargo do Tygers of Pan Tang, seguido pelo Praying Mantis e, depois, o Iron Maiden. "Foi um show estupendo", diz ele. "Os Tygers ainda estavam descobrindo seu caminho, mas o Praying Mantis foi muito bom, muito sólido. Então, o Maiden entrou e colocou tudo abaixo!" De todas as novas bandas emergentes, "o Maiden era claramente identificado, conforme ficava mais conhecido, como a vanguarda do movimento". E tornou-se um fenômeno duradouro. "Quanto mais exposição a Bandwagon obtinha na mídia, maior ficava a onda NWOBHM, e, no seu rastro, mais importante o Iron Maiden parecia ser."

"O Maiden encabeçava a cena NWOBHM, e com razão, considerando seu apelo musical. Com a possível exceção do Def Leppard, era óbvio que eles estavam bem à frente de todos os demais. Mas isso também foi resultado da fantástica exposição que Neal Kay e a Bandwagon lhes deram. Uma coisa é ser novidade como grande banda, mas outra é uma nova banda aparecer encabeçando toda uma grande onda musical. Isso é notório! Mas, claro, como em qualquer cena, ela se alimentava completamente de si mesma. Eu me lembro de Neal ser fã do Praying Mantis, que sempre conseguiu muitos shows na Soundhouse. Provavelmente, até mais do que o Maiden. Neal também poderia – talvez, não injustamente – ter afirmado que descobriu o Praying Mantis, como ocorreu com o Maiden. Mas ele mal tocou o primeiro EP do Def Leppard! Rolava só uma faixa ou outra ocasionalmente. Já a frequência com que tocava algo do Maiden ou do Praying Mantis era intensamente repetida. Não dava para evitar a suspeita de que Neal era parcial em suas escolhas, só porque não teve nada a ver com o fato de Def Leppard chamar a atenção do mundo. Tornou-se uma coisa de ego."

Com o tempo, a influência da cena NWOBHM alastrou-se para todos os cantos do planeta onde houvesse fãs de rock. "Ela deu uma nova guinada, um tipo diferente de crista para o rock tradicional tocado por cabeludos", diz Lars Ulrich, baterista e membro fundador da banda de mega-astros Metallica. "Fanático pelo Diamond Head", Ulrich seguiu esse grupo britânico durante uma turnê na Inglaterra no verão de 1980, e também foi entusiasta participante de muitos dos primeiros shows do Maiden. "Eu era um fã adolescente do Deep Purple chegando da Dinamarca, e achava que não dava para ficar melhor do que aquilo. Repentinamente, porém, fui jogado dentro da onda NWOBHM. Até parece estranho dizer isso agora, mas essa coisa mudou a minha vida." Ele retornou aos Estados Unidos naquele ano com a intenção manifesta "de formar minha própria banda NWOBHM". "Obviamente, não éramos ingleses, mas enxergávamos a atitude e musicalidade do Metallica como tendo a mesma pegada. Nos Estados Unidos, em termos de música na época, o único rock que você escutava nas rádios ou via na tevê era o som de bandas como REO Speedwagon e Journey. Não havia nada verdadeiramente extremo acontecendo, com exceção, talvez, de AC/DC. E eles também não eram norte-americanos. Fomos muito mais influenciados por bandas como Diamond Head, Iron Maiden, Motörhead... Queríamos aquela agressividade crua que não dá para encontrar em nenhum outro lugar."

Da sua parte, Steve Harris afirma que o Iron Maiden estava apenas "vagamente ciente de qualquer cena" que ocorria fora da Bandwagon e dos próprios shows. "Lemos a respeito de toda aquela coisa NWOBHM na *Sounds*, igual a todo mundo." Apesar disso, como resultado direto das empreitadas de Barton, o Maiden foi identificado como a vanguarda da NWOBHM, e logo receberia um artigo exclusivo dentro da revista. Isso ocorreu quando o guitarrista errante Paul Todd ainda estava (mesmo que em breve passagem) fazendo parte da banda; tempo suficiente, porém, para participar da sessão de fotos que, depois, foram publicadas com a primeira matéria na *Sounds*. Seu substituto – um jovem de Potters Bar, chamado Tony Parsons – também estava destinado a permanecer poucas semanas no posto. Enquanto isso, o Maiden passou o final do verão e início do outono de 1979 cruzando o país para cima e para baixo em sua nova *green goddess*, com Vic Vella no volante. Na tripulação da barca, também estavam Dave Lights com sua caixinha de mágicas levada no reboque e, com frequência, o velho colega de Paul Di'Anno, "Loopy" Newhouse, que atuava como técnico de bateria para Doug Sampson, além de Pete Bryant, outro ajudante faz-tudo que era colega de Steve. Aliás, Bryant depois se tornaria bombeiro de Londres, carreira para a qual ele diz ter sido eminentemente talhado após sua experiência de ajudar Dave Lights "a tentar apagar o incêndio causado, todas as noites, por seus fogos de artifício".

A nova versão da *green goddess*, uma caminhonete de três toneladas que Steve havia comprado por 3 mil libras, usando dinheiro emprestado da sua tia Janet (quase a poupança de toda sua vida), era grande o bastante para acomodar a banda inteira, seu equipamento e os membros da equipe técnica, e permanecer dentro dos limites oficiais de peso, o que significava que todos podiam dirigi-la com segurança. Foi uma necessária melhoria em relação à sua antecessora, uma velha van de segurança duvidosa. Vic Vella passou dois dias convertendo o interior da *goddess* em um *tour bus* de escala reduzida, porém bastante útil.

"Vic a embelezou bastante", recorda-se Steve. "O espaço interno ficou bem alinhado, incluindo detalhes em madeira, e até havia um interfone para avisar o motorista quando queríamos parar. Metade da parte traseira carregava todo o equipamento. Vic colocou uma persiana na metade dianteira e nove beliches, suficiente para a banda e equipe." Incapaz de arcar com luxo e hotéis, eles agendavam shows fora da cidade e dormiam na *goddess*, enquanto Vic, ou, às vezes, o próprio 'Arry assumia o volante.

"A gente costumava estacionar a caminhonete no quintal da casa da minha avó, deixando o equipamento em um quartinho dos fundos, empilhado até o teto. Era o mesmo cômodo que eu usava para ensaiar com minha primeira banda, e ela não se importava." Dave Murray se lembra de ter feito um show em Birkenhead que lotou uma pequena casa chamada Gallery Club: "Estava tão frio que, quando acordamos, estávamos cobertos por uma fina camada de gelo! Foi horrível, mas demos risada", conta ele, ainda rindo da situação décadas depois. "E como os shows sempre eram demais, tudo valia a pena. Nunca pensávamos no lado ruim. Só em fazer mais shows."

Entretanto, poucas semanas depois de sua reforma, a amada *green goddess* foi roubada por uma gangue de ladrões em uma rua de Clapton, com mais de 12 mil libras em equipamentos que estavam na traseira do veículo. "Quase morremos quando descobrimos o roubo", conta Steve. "Pensamos que era o fim, que estávamos acabados." Eles publicaram um anúncio, na semana seguinte, na *Melody Maker*, implorando pela devolução de seus instrumentos e amplificadores, pelo menos, com uma garantia de "não fazer perguntas". A mensagem adicional dizia: "Devido ao evento acima mencionado, é improvável que, por algum tempo, sejamos capazes de tocar".

"Colocamos o anúncio por desencargo de consciência", diz Steve. "Mas achávamos que nunca mais recuperaríamos nossas coisas." Então, a sorte deu uma mãozinha para eles; alguns dias depois, a polícia telefonou para a casa de Steve dizendo ter encontrado o caminhão e prendido os bandidos: eram quatro jovens que moravam perto de Homerton, liderados por um guarda de trem, de 26 anos, de Stratford, chamado Ilkay Bayram, que depois foi acusado no tribunal.

"Foi muita, muita sorte mesmo", diz Steve. "Acho que as únicas coisas que não pegamos de volta foram dois amplificadores, que eles já haviam empenhado. A polícia disse que prendeu a gangue em Kingsmead, no Hackney, uma área bastante conhecida por causa desse tipo de coisa. Acho que, na verdade, a polícia fazia outra investigação e, quando chegou ao Hackney, encontrou a velha *green goddess*."

De volta à estrada e cheia de boas intenções, a banda introduziu um rígido código de conduta, com um aviso de "nada de mulheres" a bordo do veículo; uma regra que – nem é preciso dizer – foi quebrada no primeiro dia da temporada de shows. Vic Vella conta como ficou "preso com duas gatinhas", que acabaram sendo tão úteis que, no final, foram recompensadas anos depois com o emprego de *catering*, quando a banda pôde se dar ao luxo de certas conveniências.

Inevitavelmente, não são poucas as histórias picantes sobre as atividades extracurriculares de vários membros da banda e da equipe nesse período. Típico de qualquer banda jovem que desbrava seu caminho pelo país pela primeira vez, as aventuras da galera envolvem quantidades industriais de álcool e vários exemplos de bandalheira. Certa vez, a banda ficou puta por causa da forma desrespeitosa como foi tratada quando resolveu ficar em um hotel adequado; então, Paul Di'Anno sentiu uma vontade irrefreável de demonstrar seus sentimentos e, literalmente, mijou no hotel inteiro, deixando seu cartão de visitas nos vasos de plantas do *lobby*, enquanto Doug Sampson redecorou as paredes com uma leve camada de escarro verde. Também não se pode esquecer das façanhas abomináveis de Ken Jenkins, outro companheiro de viagem da banda e amigo de Dave Murray, cuja única intenção era manter a festa rolando a qualquer custo.

Como diz Garry Bushell: "Ken nunca, nunca mesmo, era visto sóbrio. Desnecessário dizer que o fato de o homem ainda estar vivo até hoje é um testemunho da eficiência da ciência médica e/ou do fígado indestrutível de Jenkins".

"A gente costumava rodar o país inteiro na *green goddess*, quatro de nós dormiam na parte traseira e um no banco do passageiro, ao lado de Vic", conta Dave Murray. "Não podíamos nem ficar em hotéis, então acabamos indo parar em alguns lugares esquisitos. Paul era ótimo para conversar com as garotas, e alguns iam dormir na casa delas, enquanto o resto apagava na van. Aqueles foram realmente bons tempos, com muita diversão para todos."

Vic Vella costumava anotar seus pensamentos, ou elucubrações particulares, à caneta em um caderno durante os itinerários do grupo, incluindo observações jocosas como: "Esse cara é tão pão-duro que não daria a ninguém nem mesmo a própria merda" – com uma flecha próxima do nome do dono de um pub que a banda conheceu em suas viagens. Outra anotação rabiscada reconta a ocasião em que estacionaram a *goddess* por uma noite no que pensaram ser um pátio convenientemente aberto, mas, ao acordar de manhã, descobriram que, na verdade, haviam passado a noite em um estacionamento de carros, e agora estavam cercados por centenas de outros veículos. Levaram duas horas para conseguirem sair.

Houve uma ocasião em que Doug Sampson convenceu Vic a pisar fundo na máquina verde para "imitar Dennis Weaver" (como no clássico filme de Steven Spielberg, *Encurralado*) e perseguir algum motorista infeliz durante quilômetros pelo interior solitário da Escócia. Outra cena impagável foi ver Paul Di'Anno, depois de cair bêbado no quintal de alguém, levantar-se e sair tropeçando com um varal cheio de roupas íntimas femininas enroladas em volta da cabeça.

"Paul era o pior", confidencia Doug. "Ele nunca conseguia fugir dos problemas por muito tempo." Vic se lembra de como Paul costumava aterrorizar os ocupantes do veículo com sua incrivelmente acurada atiradeira de ervilhas, hábito inofensivo que se tornava mais perigoso depois de tantas horas de estrada com todos confinados dentro do ônibus. Os integrantes da banda se revezavam em suas ameaças de matar o *frontman* caso não parasse de arremessar ervilhas enquanto tentavam dormir. Doug conta: "Paul dava uma olhadela inocente e dizia que era só diversão. Mas do que ele gostava mesmo era quando alguém ficava realmente perturbado e reagia, o que, após um tempo, sempre acontecia".

"Paul é um daqueles caras que adora se meter em confusão, mas não gosta de ficar por perto para terminá-la", diz Dave. "Uma vez, ele provocou uma treta com dois sujeitos no Rock Garden, e me envolvi para tentar acalmar as coisas, mas, quando olhei à minha volta, Paul já tinha dado no pé. Na hora soube que tinha me ferrado. Mas não dava para odiá-lo por causa disso. Pelo menos, não por muito tempo. Ele era um cara muito legal e divertido, que não queria causar mal, mas não conseguia evitar problemas. Era o jeito dele."

Enquanto o Maiden desbravava pela primeira vez o resto do país, a banda também dava um jeito de marcar um show, a cada duas semanas, nas conhecidas casas de Londres, como Soundhouse, Bridgehouse e Ruskin Arms. Dave Murray se lembra do Maiden e do Motörhead terem sido chamados para ser juízes de uma competição na Soundhouse, onde gente da plateia fingia tocar guitarra. "Eu conhecia os caras que levavam as guitarras de papelão. Também fiz o mesmo quando era moleque, embora fosse bem mais novo do que a maioria daqueles monstros cabeludos da Soundhouse", ele completa com um cacarejo.

Pouco depois dessa competição, o cantor do Motörhead, Lemmy, perguntou para Steve se o Maiden poderia ser a banda de apoio em um show especial beneficente na Music Machine, marcado para 3 de setembro. Como banda principal da noite, o Motörhead tocaria *Iron fist and the hordes from hell*, e os ingressos para o show tinham se esgotado imediatamente. O melhor de tudo é que o Maiden arrasou, colocando o local abaixo, diante de um público notoriamente partidário do Motörhead, uma prova ainda maior de que a banda, finalmente, começava a construir uma reputação digna de aplausos mesmo fora do East End.

"Os artigos da *Sounds* fizeram com que reparassem na gente pela primeira vez", diz Steve. "E, assim, começamos a conseguir alguns shows mais longe de East End. Lembro-me de uma apresentação em Aberdeen, no clube Ruffles, onde colocamos mais de 300 pessoas, o que achamos ótimo para a época. E todo mundo subiu nas mesas, gritando de alegria! Nunca tínhamos visto nada igual, e tudo foi resultado de ver a fita no topo das paradas da Soundhouse, na *Sounds*. Aquele tipo de *vibe* geral estava rolando na crista da nova onda do metal. Por causa disso, obtivemos as primeiras resenhas em publicações musicais, e, ainda mais importante, conseguimos agendar o Maiden em tantos outros lugares, dizendo que estávamos na *Sounds*, nas paradas de heavy metal e blá-blá-blá. Fizemos um show em Blackpool, uma sexta à noite, e tivemos de cruzar o país. Então, ficamos em Berwick na noite seguinte, e, depois, seguimos para Aberdeen, onde fizemos outro show no domingo. Em seguida, voltamos para casa. Era exaustivo, mas, com isso, estávamos construindo algo. Mantendo tudo fluindo."

Tocar pela primeira vez diante de um público novo e receptivo, em diferentes pontos do país, deixou mais claro do que nunca que a banda precisava urgentemente lançar um disco para aproveitar o momento.

Mas os últimos contatos com a "brigada do *hum* e *ah*", como o pessoal dos selos passou a ser conhecido internamente entre os músicos e a equipe do Maiden, não foram promissores. Um representante da Chrysalis Records chegou a ver a banda tocar algumas vezes na Swan, no Hammersmith – Rod até se lembra de ficar a noite inteira acordado fazendo os pôsteres à mão. Mas, apesar das diversas tentativas telefônicas que se seguiram, o executivo não dizia nem sim nem não (aparentemente, apenas *"hum"* e *"ah"*).

De propósito, Rod até evitou abordar qualquer uma das grandes gravadoras de Londres diretamente. "Queríamos ter certeza de que a coisa realmente estivesse pegando fogo antes de atrair o pessoal de A&R para nossos shows", ele explica. Mas, quando a *Sounds* decidiu fazer a primeira grande entrevista com a banda, estampada na capa da edição de 27 de outubro, Rod sentiu que era o momento exato, e começou a fazer uma forte pressão nos homens de ponta de A&R que conhecia, intimando-os a "mexer a bunda e assistir à banda mais incrível" de Londres.

Sua primeira atitude foi "cobrar alguns favores que lhe deviam" e conseguir para o Maiden o primeiro show no prestigioso Marquee Club, na Wardour Street, o "lar espiritual" e frequente ponto de partida para a carreira de muitas lendas britânicas e internacionais, do The Who e David Bowie a Jimi Hendrix, Pink Floyd, The Sex Pistols e incontáveis outros. Decidido a mostrar todas as cartas, incluindo apoiar-se em alguns velhos contatos do tempo da Cockney Rebel na EMI, Rod estava determinado a "mostrar aos grandões o que estavam perdendo".

O show foi marcado para um sexta-feira, 19 de outubro, e Rod persuadiu representantes da EMI e CBS, além da A&M e Warner Bros, a comparecerem e assistir ao show. Ele apostou 5 libras com Uli, que costumava agendar as bandas para o clube, dizendo que o Maiden lotaria o show. Naquela época, você poderia colocar quase 800 pessoas no Marquee em uma boa noite. A ideia de esgotar os ingressos para ver uma banda sem disco, que jamais tocara lá antes, parecia tão extravagante que Uli se convenceu de que Rod era desesperadamente otimista "ou tinha ficado totalmente pirado". Às sete da noite, contudo, o último ingresso foi vendido, e os jovens ainda se amontoavam em volta das finas portas do Marquee, tentando dar um jeito de entrar. Uli entregou as cinco pilas para o empresário sorridente do Maiden, "com uma expressão de profundo espanto no rosto", como se recorda Rod alegremente.

O mais interessante é que Steve se lembra de ter apostado suas próprias 5 libras com Rod: não havia dúvida sobre lotar a casa – ambos tinham certeza disso –, mas a questão era a que horas isso aconteceria. "Rod apostou que o lugar já estaria lotado às sete horas. Mas eu discordei: 'De jeito nenhum'. Na mesma noite, ele me obrigou a pagá-lo", sorri Steve.

"O fato surpreendeu todo mundo, mas a mim não", continua Rod. "A cada passo com o Maiden, simplesmente sentia o que ia acontecer. Foi uma daquelas coisas que parecem impossíveis de ser detidas. A banda era realidade pura. Eles são sensacionais ao vivo, e Steve sempre escreveu músicas fantásticas. O som que eles tiram do coração e da alma não pode ser oferecido por outras bandas que estão por aí. Acho isso mesmo. O que torna o Maiden completamente diferente, em termos de atitude, honestidade e integridade, é que é tudo genuíno. Muitas pessoas nessa situação tentam agir assim ou fingir que são assim, mas o Maiden *é* assim. O Maiden *exala* isso! O Maiden é o que os fãs acham que ele é, e isso é parte do motivo de a banda ter decolado em primeiro lugar e também a razão para ainda estar por aí até hoje."

Mas nem todo mundo partilhava a visão de Rod na época e, embora batedores da CBS e da Warner tenham ido ao Marquee naquela noite, as duas gravadoras recusaram os pedidos da banda para um contrato, enquanto o representante da A&M nem se deu ao trabalho de aparecer. Mas, felizmente, a EMI, mais preparada, mostrou uma visão diferente, endossada por Brian "Shep" Shepherd, que era o chefe de A&R da EMI em 1979 e, depois, se tornaria diretor da A&M Records. Foi John Darnley, assistente de "Shep", quem compareceu ao Marquee naquela noite, acompanhado pessoalmente por Rod, que já o conhecia desde os tempos da Cockney Rebel. Ainda esperto com a briga de forças que a EMI travou por Steve Harley, Rod havia crescido o olho por um contrato com a CBS.

"Engraçado como essas coisas acontecem", ele diz. "Na época, eu disse: 'Bom, então é isso. Nunca mais vou voltar a trabalhar com a EMI!'. Mas, como gostava do John, confiei nele. E é irônico, porque os artistas da Sanctuary Management venderam mais de 55 milhões de álbuns para a EMI. Se você colocar na média dos últimos 18 anos, dá mais de 3 milhões por ano. Então, nos saímos bem, não? O fato é o seguinte, eu ainda conhecia muita gente na EMI e, no frigir dos ovos, sabia que eles seriam capazes de fazer um ótimo trabalho; então, decidi: 'Preciso deixar de lado minhas reservas pessoais e fazer o melhor para o Maiden'. De qualquer modo, aquela foi uma situação completamente diferente. Steve Harris tem uma personalidade bem diferente da de Steve Harley, bem mais razoável; e, como empresário, eu estava mais no controle da situação. Pensei assim: 'Por que não? Vamos cair de cabeça e ver o que acontece'."

RUN TO THE HILLS

Já sabendo que poderia não haver uma segunda chance para impressionar, o Maiden se dedicou a tornar o show do Marquee o maior até então. Além de alertar as centenas de fãs do East End quanto à necessidade de comparecer ao clube, também se certificou de que as caixas de truques de Dave Lights estavam cheias até a boca. Rod, por sua vez, passou várias noites no bar da casa "passando óleo nas engrenagens" com o proprietário do Marquee, Jack Barry. Ele convenceu Barry a deixar o Maiden usar seu próprio pano de fundo para o show, uma prática incomum naqueles dias, quando o logotipo do Marquee, hoje tão famoso, fazia parte integral do cenário de qualquer banda, grande ou pequena, que desejasse pisar seu solo abençoado. Rod também persuadiu Barry a permitir que o Maiden vendesse suas camisetas na entrada. "Era uma camiseta lisa vermelha com 'Iron Maiden' escrito em preto na frente", conta Dave Murray. "Provavelmente, foi a coisa mais barata que pudemos encontrar, mas a achamos fantástica!"

"Sempre quisemos fazer as coisas direito, desde o começo", diz Rod. "Fizemos com que eles nos deixassem cobrir as janelas do Marquee com máscaras vermelhas da morte com chifres, e espalhamos fotografias em preto e branco da banda por todo o lugar. E, claro, convencemos o dono a deixar que usássemos nosso pano de fundo, com o logo do Maiden e a cabeça do Eddie; tudo para tornar aquela ocasião especial. Muitas bandas em tal posição não se importam com esse tipo de coisa, mas, desde o início, nós sempre demos um espetáculo."

John Darnley, que sempre gostou de Rod, apesar do fracasso da Cockney Rebel, ficou ao seu lado durante os 90 minutos do show, e se impressionou. O relatório que fez para a EMI, de tão entusiasmado, serviu para convencer seu chefe, Brian Shepherd, a conhecer a banda pessoalmente. Dez dias depois, Shep aventurou-se no terreno selvagem de Kingsbury, explorando o reino escondido de Neal Kay, o Bandwagon

A caminho da Soundhouse, onde o Maiden havia voltado para mais uma aparição, Shep, na verdade, se perdeu. Quando finalmente conseguiu chegar ao clube, o Maiden já estava no meio do seu *set* abrasador, com as pessoas na frente do palco, literalmente, sendo jogadas para o alto. Anos depois, Shep admitiu que não conseguira "ver coisa alguma", embora os lampejos entre as bandeiras artesanais, as guitarras de papelão, os corpos sem camisa e "toda a atmosfera feliz que eles criavam" (como sempre o local estava lotado) fizeram o veterano chefe de A&R ter certeza de que aquela banda venderia muitos discos. Bastou estar ali na Soundhouse enquanto tocavam para ver que já haviam conquistado uma legião de fãs. Então, Shep decidiu lhes oferecer um contrato.

"Brian Shepherd apareceu. Como não é alto e ficou lá atrás, duvido que tenha visto alguma coisa, porque o lugar estava muito cheio, mas a atmosfera era eletrizante", diz Rod. "Era óbvio que havia alguma coisa rolando; então, ele falou: 'Ok, vocês têm um contrato'. Depois, quando contei à banda, eles ficaram em êxtase. Mas pedi que se acalmassem, dizendo que nada estava assinado ainda, e que o verdadeiro trabalho começaria depois de fechar o contrato. Mas eles não estavam ouvindo. Pelo menos, não naquele momento. Só escutaram a palavra 'contrato' e pronto. Era bebida para todo mundo!"

Inevitavelmente, houve uma lacuna de tempo entre Brian Shepped dizer a Rod que eles seriam contratados e a EMI realmente emitir o contrato para que a banda assinasse. No caso do Maiden, as detalhadas negociações que Rod travou com a EMI, em nome do grupo, levaram dois meses para estar completas. Sempre astuto, ele sabia que a pior coisa que uma banda poderia fazer àquela altura seria recostar-se sobre seus louros e esperar que a EMI telefonasse. Rod explica: "Há todos os tipos de contrato, e queríamos nos certificar de que o acordo com a EMI fosse um de longa duração, e não um que a gravadora pudesse reincidir após o primeiro álbum, caso não fosse um sucesso absoluto".

Ciente da conhecida memória curta que o pessoal de A&R pode ter, Rod sabia que a melhor forma de seguir em frente era manter o nome Iron Maiden na maior evidência possível. O fato de a *Sounds* escolher aquele exato momento para colocar a banda em sua capa foi um "bônus incrível", ele admite. Mas o que realmente mostrou para a EMI o potencial comercial do conjunto foi o lançamento do seu hoje lendário EP: 5 mil cópias para as quais eles próprios haviam poupado dinheiro, prensado e lançado em 9 de novembro de 1979, com o nome do seu selo, Rock Hard Records, na capa. A ideia para o nome veio de um conceito que Rod afanou de uma conhecida camiseta da Stiff Records, que, na época, estava na moda e trazia a legenda: "Se não for da Stiff – Não vale merda nenhuma".

"Que os créditos sejam dados", ele sorri hoje. "Eu ia cloná-la e fazer camisetas que diziam 'Se não for da Rock Hard – Não vale merda nenhuma', mas, no final, nunca chegamos a fazê-las".

Em face do que parecia ser uma apatia total das grandes gravadoras, a ideia de lançar um disco com produção independente havia sido assunto de muita discussão nos últimos meses de 1979. O Def Leppard fizera algo parecido com seu EP, *Getcha rocks off*, uma atitude sagaz que acabou levando a um contrato com a Phonogram Records. Agora, com Rod a bordo para encorajá-los e mostrar o caminho, foi tomada a decisão de lançar três das quatro faixas da demo original do Spaceward: "Prowler", "Invasion" e "Iron maiden". A quarta faixa, 'Strange world", ficou de fora porque a banda achava que a qualidade da gravação não fazia justiça ao que era o som de um dos seus números mais épicos ao vivo (apesar de uma versão regravada da canção aparecer alguns meses depois no primeiro disco do Maiden, a versão da demo do Spaceward não voltaria ver a luz do dia até 1995, quando foi incluída na ampla coletânea que a banda lançou, *Best of The Beast*). Steve já havia criado um nome para o EP: *The Soundhouse tapes*.

Ele diz: "Era bastante frustrante porque, em todos os lugares, fazíamos excelentes shows e, depois, fãs aos montes perguntavam onde podiam comprar nosso disco. Quando dizíamos que ainda não havia um, não conseguiam acreditar. Eles viam as paradas na *Sounds* e muitos pensavam que já tínhamos contrato com uma gravadora ou algo assim, o que não era o caso. Não ainda. Então, eles diziam: 'Bom, onde posso conseguir uma cópia da fita?'. E foi aí que surgiu a ideia de tornar a demo do Spaceward um disco de verdade. Nunca pensara em fazer isso. Ficamos tão pasmos de ver faixas como 'Prowler' aparecer nas paradas de Neal Kay na Sounds, mas nem pensamos em algo como: 'E se a gente a disponibilizasse de alguma maneira para o público?'. Mas, depois de muita gente nos perguntar e puxar o dinheiro direto do bolso para comprar uma cópia da fita, começamos a perceber que talvez fosse uma boa ideia. Pelo menos assim, os fãs do Iron Maiden que vinham aos shows regularmente poderiam levar nossas canções para casa e escutar".

"Chamamos de *The Soundhouse tapes* porque era como nos sentíamos na época", explica Paul Di'Anno. "Aquela foi uma fita que os frequentadores da Soundhouse tornaram famosa ao pedir que suas faixas fossem tão tocadas até colocar 'Prowler' no topo das paradas da Soundhouse na revista *Sounds*. Queríamos deixar claro que era algo feito estritamente para o tipo de público que você atrai em lugares como a Bandwagon, o tipo mais hardcore, mais durão. Isso era algo para eles, entendeu?"

Para a capa, eles utilizaram uma foto colorida de Di'Anno com o punho levantado, dirigindo-se a um dos frequentadores da Soundhouse, um pioneiro na arte das guitarras de papelão, que guarda notável semelhança com o Salsicha, do *Scooby Doo*, e que era conhecido por todos, exceto sua mãe, como Rob Loonhouse. Para a contracapa, descaradamente surrupiaram dez pequenas fotos em preto e branco de uma prova de contatos que um fotógrafo lhes entregou para "dar uma olhada". Foi Steve quem fez o *design* e escreveu as letras à mão, incluindo notas "messiânicas" do profeta Kay, que diziam: "De vez em quando, uma banda especial surge das multidões dos esperançosos inexperientes e desconhecidos que enchem as ruas do rock em todo o mundo. O Iron Maiden é uma delas, trazendo, com seu surgimento, um estilo de rock tão brutal, visceral e honesto, que somente o sucesso pode justificar sua dura labuta! As faixas deste EP foram as primeiras gravadas pela banda. São as versões autênticas, sem *remix*, da demo tape gravada no Spaceward Studios, em Cambridge, em 30 de dezembro de 1978, e apresentadas na Soundhouse uma semana depois. Após uma audição, ficou claro que o Iron Maiden se tornaria um dos líderes do atual heavy metal, combinando aquele tipo de talento e direcionamento firme que a música mundial jamais deve ignorar!".

Agora, isso pode parecer com o tipo de disparate que se encontra em fanzines de quinta categoria, mas veio do fundo do coração e, apesar de tudo, foi sem dúvida profético. Desse ponto em diante, o Iron Maiden tornou-se, conforme a previsão de Kay, o líder do heavy metal atual, com os sete álbuns de estúdio que seriam lançados nos anos 1980 servindo como referência para todas as gerações posteriores de aspirantes a astros do heavy metal. E já estava tudo ali, no primeiro EP: o *riff* insano de "Prowler"; as mudanças de andamento, maníacas e inesperadas, e o dinamismo de "Invasion"; a velocidade atordoante e o poder de "Iron maiden".

Em vez de destinar o EP para o varejo, Steve Harris diz que o disco foi concebido para ser "uma lembrança para os fãs do Maiden que acompanharam a gente desde o início". Assim, as 5 mil cópias de *The Soundhouse tapes* foram vendidas somente por pedidos pelo correio (ao preço de 1,20 libra, incluindo a postagem) e distribuídas por Keith Wilfort e sua mãe, da casa da família, em Beaconsfield Road, East Ham. Milagrosamente, eles conseguiram enviar cerca de 3 mil cópias na primeira semana, uma demanda que excedeu as expectativas mais otimistas da banda. "Para ser honesto, até podíamos estar forçando a barra ao fazer 5 mil cópias de início", confessa Paul Di'Anno. "Mas, quando vendemos todo o lote em poucas semanas, eu não conseguia acreditar. Não entrava na minha cabeça que tantas pessoas pudessem estar em casa escutando meu disco." Mas não parou por aí. Rod se lembra de ter recebido telefonemas da HMV e da Virgin durante a terceira semana de vendas, ambas tentando obter grandes quantidades do disco, porque muitos jovens haviam ido até suas lojas para adquirir uma cópia.

"Fizemos uma prensagem de 5 mil cópias, que se esgotou rapidamente, vendida pelo correio", diz Rod. "Então, o que aconteceu? Toda aquela molecada aparecia nas lojas de discos pedindo *The Soundhouse tapes*, mas, claro, as lojas nunca tinham escutado falar do EP. Na época, as paradas da Soundhouse não eram tão importantes, mas, logo que eles descobriram o que estava acontecendo, recebemos pedidos da Virgin e acho que da HMV, solicitando, tipo, 20 mil cópias do EP! Não havia dúvida de que poderíamos ter feito uma grana. Era o nosso disco, não da EMI. Se quiséssemos, podíamos ter feito bastante dinheiro para saldar nossas dívidas e, talvez, até mesmo entrar para as paradas. Mas não podíamos fazer isso. O EP foi, realmente, algo especial para os fãs leais do Maiden, e já tínhamos deixado isso claro. Se mudássemos de ideia só para colocar as mãos em mais dinheiro, teríamos vendido todos os jovens que se deram ao trabalho de adquirir uma das 5 mil cópias. Pensamos: 'Não. Vamos esperar até conseguirmos fazer direito com a EMI'."

Steve Harris concorda: "Teria destruído completamente a magia de possuir uma das 5 mil cópias originais; então, dissemos: 'Foda-se'". Afinal, o contrato que Rod traçou com a EMI era extremamente inteligente e incomum para a época. Ele mesmo conta: "Há vários tipos de contratos – direcionados à criatividade, ao dinheiro, várias opções...". O que foi feito entre a EMI e o Iron Maiden era um acordo de cinco discos, mais um *advance* de 50 mil libras e custos de gravação, para ser dividido pelos três primeiros álbuns. Rod, em vez de correr atrás do dinheiro imediato, queria garantir um comprometimento de longo prazo da companhia com a banda, e inseriu uma cláusula, após obstinada insistência, que alterava toda a compleição do contrato, dizendo que a EMI não tinha opção de largar a banda até que o terceiro álbum fosse lançado. Até então, grandes gravadoras sempre tinham a opção de abrir mão de qualquer banda nova após o lançamento do primeiro disco, às vezes até mesmo após alguns *singles*. Rod manteve a determinação de que aquele não seria o caso do Iron Maiden.

Howard Jones, que havia concordado em ser o advogado de Rod durante a negociação do Maiden, recorda-se de ouvir o empresário explicar a estratégia básica que ele queria empregar. "A meta de Rod era, qualquer que fosse o valor do *advance*, certificar-se de que o contrato com a gravadora incluísse a exigência, com o compromisso firmado, de lançar pelo menos três álbuns. Rod sempre pensava a longo prazo. Ele sabia o que estava fazendo."

"Era um contrato para cinco álbuns, mas com os três primeiros absolutamente assegurados", explica Rod. "Não ligamos para os grandes adiantamentos, mas foi algo bastante consciente fazer com que eles se comprometessem a produzir e lançar três discos, não importa o que acontecesse. Isso seria de enorme valia, não só na Inglaterra, mas, o que era mais importante de tudo, em todos os demais territórios do mundo aonde queríamos ir e achávamos que a banda podia se dar bem. Então, com o compromisso assegurado de três álbuns, todas as demais empresas que eles tinham espalhadas pelo mundo sabiam que nós iríamos voltar várias vezes. O mercado de metal não estava bom na época, e precisávamos que todo mundo levasse a sério, e trabalhasse firme."

Steve Harris pontua a lógica da estratégia: "Ok, você recebe adiantado o dinheiro para a gravação, vai lá e grava um álbum. Pode até mesmo fazer o melhor disco de todos os tempos, mas o que acontece se eles não o divulgarem? O que acontece se não fizerem uma boa distribuição no mercado? Ninguém vai comprar, porque ninguém sequer vai conhecer o disco. Então, se o álbum não vende, você já era. Qual o ponto disso? Você precisa mirar o terceiro álbum, não o primeiro. Foi assim que eu sempre encarei a coisa, desde o início. Então, quando Rod conseguiu um contrato para nós com a EMI, eu lhe disse: 'Não quero fechar um contrato com a opção de um só álbum'. Ele disse: 'Éééé... Foda-se isso!'. Nós fomos irredutíveis, e os convencemos a fechar um contrato para três discos. Essa é uma garantia, sabe? Fiquei satisfeito, porque, naquela época, não confiava em nenhum bastardo. Eu confiava no Rod, mas desconfiava de todos os outros. Eu sabia que tínhamos algo bom, algo certo. Não dava para explicar bem o que era, nem para colocar em palavras, mas sabia que era algo especial... Principalmente por causa das músicas e também dos fãs que nos seguiam. Pensei: 'As pessoas não seguem bandas assim a não ser que elas sejam pra valer!'. Isso é verdade. Pelo menos de onde eu venho".

"Era um *advance* bem pequeno", diz Rod. "E decidimos usar a maior parte já no primeiro álbum, com a ideia de que a renda contínua das vendas dos discos nos daria dinheiro para cobrir gastos futuros. Para a EMI, não era um grande contrato. Era mais um acordo convencional, feito sem qualquer alarde, pois metal não significava grande coisa na época. Então, fui até lá sabendo que haveria baixas expectativas logo de início. Ninguém esperava que fôssemos conseguir fazer alguma coisa fora do Reino Unido, pois não percebiam que havia um mercado emergente para o rock pesado. Havia bandas, como UFO, Judas Priest e The Scorpions, que ainda se saíam bem, mas todas já vinham fazendo isso desde o começo dos anos 1970. Agora, a onda era o punk, e ninguém via gente nova surgindo do lado do rock. Pelo menos, não intencionalmente."

Martin Haxby, o executivo da EMI com quem Rod e Howard fecharam o contrato, se recorda de como a EMI, posteriormente, concordou que o Maiden era "uma banda incomum". Haxby diz: "Eles estavam à frente do seu tempo, pelo menos no que dizia respeito a fechar acordos com novos artistas. Assinar com qualquer banda de rock quase sempre requer muito investimento por parte da gravadora, porque, sem o apoio do rádio e da televisão *mainstream* – do qual o rock sempre precisou, ainda mais naqueles dias pré-MTV –, era vital manter a banda na estrada excursionando, e isso custava dinheiro. Ciente de que precisaria voltar a nós com frequência para pedir ajuda financeira para diversas turnês que haviam planejado, Rod sabia que o único contrato com o qual concordaríamos seria um em que o valor dos adiantamentos fosse bem baixo. Então, em termos do *advance*, os valores propostos por ele eram, realmente, baixos. Mas ele marcou um gol de placa ao conseguir que a empresa se comprometesse com os três álbuns. Isso não seria algo que teríamos concordado em fazer com um artista novato".

A questão inevitável que surge disso é se a EMI teria assinado com o Iron Maiden se, em vez de Rod, outra pessoa fosse o empresário da banda ou alguém que a companhia conhecesse tão bem quanto. Haxby, que depois viria a assumir uma posição na diretoria da EMI e, atualmente, é diretor de negócios do Sanctuary Group, agarra-se firmemente à sua imunidade diplomática. "Bem, vamos apenas dizer que Rod tinha uma forte direção e muita energia, e isso é sempre difícil de ignorar. Vou ser honesto e admitir que pensamos que o compromisso de lançar três álbuns era arriscado, e, por um tempo, o acordo ficou na beira do precipício por causa da teimosia de Rod. Mas, no final, decidimos acreditar nele. Rod tinha tanto entusiasmo pela banda, que parecia um tanque de guerra e passava por cima de você! E depois de ter visto a banda tocar ao vivo e perceber a euforia geral que a cercava, não foi tão difícil chegar à decisão de lhes dar uma chance!"

"Tínhamos bem mais potencial e ambição do que a EMI percebeu, e sabíamos disso", diz Rod. "A ideia era simples: se souberem que terão de continuar lidando conosco, que vamos continuar voltando a cada álbum, eles serão forçados a se mexer e trabalhar, ou, pelo menos, nos ajudar a fazer nosso trabalho, dando o dinheiro que precisaríamos. Em primeiro lugar, tínhamos algumas dívidas, com pessoas que haviam emprestado dinheiro a Steve no começo e coisas assim. Também precisávamos comprar equipamento novo; então, eu disse: 'Vou pegar 35 mil libras pelo primeiro álbum, 15 mil pelo segundo, e nada pelo terceiro'."

A banda sobreviveu após o lançamento do primeiro álbum graças ao cuidadoso trabalho feito por Rod no monitoramento dos *royalties* (dinheiro acumulado das vendas dos discos que, em geral, leva de seis a nove meses para ser revertido para o artista). Toda vez que acontecia um pequeno excesso, Rod aparecia na EMI e pedia que liberassem uma parte dos fundos adiantada, em vez de esperar para receber o montante total no final do ano. "Eu ia ver Martin ou falava com Phil Roley, que era o diretor financeiro do departamento de negócios da EMI e, depois, se tornaria um dos maiores diretores da companhia. Apresentava os números todos prontos, mostrando exatamente para que precisávamos do dinheiro. E dizia: 'Olha, nós temos 10 mil em aberto. Podemos pegar parte disso?'. Assim, conseguia uns cinco mil e mantinha as coisas rolando."

Foi uma estratégia cuidadosamente pensada, mas de alto risco, que dependia de a banda estourar em mercados fora da Inglaterra – e rápido. Mas a confiança de Rod era tamanha no potencial comercial do Iron Maiden, que se sentiu seguro para bancar uma aposta que se pagaria por si só. Finalmente, a banda foi chamada até o antigo edifício da EMI, no início de dezembro de 1979, para assinar o compromisso. Fotografias dos músicos segurando o contrato, e acabando com toda a cerveja da EMI, foram publicadas na semana seguinte em uma edição da *Music Week*, que contou a história do quarteto. Como o guitarrista temporário Tony Parsons já tinha sido dispensado, o Maiden que assinou com a EMI era formado por Steve, Davey, Paul e Dougie.

"Foi estranho", relembra Paul Di'Anno. "Assinamos o contrato, ficamos bêbados e, quando saímos do edifício, fomos até um pub para ficarmos mais bêbados. Depois, seguimos para casa e... nada. Não sei o que eu esperava que acontecesse após fechar um contrato. Talvez, uma grande limusine aparecendo na porta da frente ou algo assim. Mas lá estava eu na noite seguinte, vendo tevê e pensando: 'Bom, acho que é isso aí'."

"Foi como escalar pequenas montanhas", diz Murray. "Você chega até o topo e coloca sua bandeira; então, começa a próxima escalada. Lembro-me de ter feito o primeiro show na Marquee, e ficamos maravilhados de ver a casa lotada! Na época, achei que aquele seria o auge. Não achava que dava para ficar maior do que aquilo, mas continuamos em frente. A seguir, fizemos *The Soundhouse tapes* e, depois, fechamos o contrato com a EMI... Quer dizer, era insano. Eu ficava pensando: 'Bom, acho que é isso. Tudo vai acabar agora, e nós vamos seguir em frente numa boa." Dave dá risadas: "Esquece, cara!".

6 Dennis e Clive

Com o lançamento de *The Soundhouse tapes*, em novembro de 1979, o Maiden partiu para sua primeira turnê longa entre os clubes da Inglaterra, com uma série de apresentações em casas de rock, como a Middlesbrough Rock Garden, Retford Porterhouse e Brunel Rooms, em Swindon. De volta à estrada, "as velhas travessuras feitas por Paul Di'Anno seguiram inabaláveis", e Dave Murray tornou-se o alvo de várias cartas – de namorados que se diziam ultrajados – impressas nas páginas da *Sounds*. Particularmente preocupante era uma assinada por um tal de "Dave Ciumento", que escreveu: "É bom avisar Dave Murray, o guitarrista do Iron Maiden, que, se ele colocar os pés em Manchester de novo [a banda havia tocado na Universidade de Manchester em 13 de outubro], vou espalhar seus miolos no chão, porque ele arruinou um relacionamento de primeira com minha namorada. E devo dizer que não importa quanto ela esfregue o nome dele na minha cara, ainda acho que Deb Brown, de Wythenshawe, é o melhor".

"Sim, eu me lembro de que houve uma ou duas cartas assim", sorri Dave. "Não sei que diabos foi isso. Como você sabe, sempre gostei de sair logo após um show e ir para a cama cedo, com um bom livro."

Duas datas dessa turnê grudaram na memória de todos. A primeira foi 9 de novembro, quando tocaram no Aberavon Nine Volts Club, no mesmo dia em que *The Soundhouse tapes* começou a ser vendido. Em um estado de estupor pós-show, eles visitaram um trem fantasma do qual alguns fãs lhes haviam falado, e passaram meia hora ao seu redor, tentando assustar uns aos outros. Mas Vic Vella acidentalmente topou com um botão de energia escondido, que ativou o equipamento.

RUN TO THE HILLS

O resultado, como se lembra Garry Bushell, foi "um monte de expressões pálidas e testas franzidas, como se o próprio Drácula tivesse lhes oferecido uma mordida". Mas a noite mais memorável da turnê aconteceu, sem dúvida, em 5 de novembro: a primeira aparição do Maiden como banda principal na Music Machine, em Londres. É nessa data que os ingleses celebram, tradicionalmente, a "Noite das Fogueiras", também conhecida como a noite de Guy Fawkes. Por isso, Dave Lights podia esperar um pouco de competição, já que a maior parte do país ilumina os céus com fogos de artifícios. Contudo, Dave, que nunca se esquivou de um desafio, construiu sua própria pilha pirotécnica de tamanho ainda mais absurdo que o normal. Mas, quando chegou o derradeiro momento do show para disparar seu arsenal de luzes, a luz acabou, pois ele explodiu todos os fusíveis da casa. "Isso é que é parar o show!", brinca ele hoje, mas o atraso quase estragou o espetáculo do Maiden, e o infeliz técnico foi duramente repreendido no camarim. "Eles ficaram putos", recorda-se Lights. "Mas a apresentação correu tão bem que isso até contribuiu para o clima. Alguns jovens até acharam que fazia parte do show."

De repente, parecia que todos os olhos estavam voltados para o Maiden. Quando a *Sounds* estampou na capa uma fotografia colorida de Paul no palco, em sua edição de 27 de outubro – com a legenda: "Não é só um rostinho bonito" –, o destino da banda estava selado. Em uma pérola de texto descritivo, Geoff Barton comparou Dave Murray, balançando seus longos cabelos loiros esvoaçantes, a "uma diarista que cai no chão e move freneticamente seu esfregão para pedir ajuda", e chamou a atenção dos leitores para "o charme grosseiro de cavalariço" de Paul Di'Anno – "Ele me fez parecer como se fedesse a estrume de cavalo!", Paul reclamou depois. Barton também conseguiu resumir as sérias intenções musicais e o senso de humor pés no chão que se tornariam características do perfil da banda ao longo dos anos. "Eu detestaria que a gente ficasse sério ou intensos demais", Di'Anno falou. "Caio de bunda no chão, faço uma baderna e, no final, tudo se resume a isso, não? Quando temos tempo livre, vamos assistir ao West Ham, e eu me comporto como um *hooligan*. Não consigo ver isso mudando nunca...".

Em outro trecho dessa mesma matéria, Steve Harris, como sempre, tinha um ponto mais sério para questionar, cobrando de Barton uma explicação sobre a verdadeira validade de ter inventado a onda NWO-BHM, insistindo que, longe de ser qualquer novidade, a velha cena de rock nunca morreu na Inglaterra, mas apenas havia ficado subjacente enquanto a mídia era seduzida pelo punk. "Ainda havia milhares de jovens curtindo a música", ele insistiu. "É só que a imprensa não escrevia sobre rock." Com bandas como o Maiden conseguindo um contrato com uma grande gravadora e aparecendo na capa de uma revista, tudo isso mudaria, disse Steve.

O baixista estava certo. Mesmo antes de fechar o contrato para a banda com a EMI, Rod conseguiu um lucrativo acordo com a Zomba Music, pelo qual eles receberam, em *cash*, um adiantamento de 40 mil libras (uma editora estabelece *copyright* para o artista sobre todo o material original que ele ou ela produza, e rastreia ativamente *royalties* acumulados de uma variedade de fontes em todo o mundo, incluindo vendas de discos, exibições no rádio e na televisão, *covers* feitos por outros artistas, uso em trilhas sonoras de filmes e qualquer outra mídia em que alguém pode usar ou transmitir uma das canções originais do autor).

Rod Smallwood explica: "Em termos de dinheiro, não era um contrato extravagante, mas tinha a ver com um compromisso de longo prazo com a companhia. Clive Calder e, naquela época, Ralph Simon, os diretores da Zomba, eram bem inteligentes e conseguiram enxergar o potencial da banda. Sabíamos que não faríamos toneladas de *royalties* tocando no rádio, porque jamais seríamos um grupo de rock como o Dire Straits ou The Police, que tocam o tempo todo nas emissoras. Mas sabíamos que, com uma banda assim, por causa da nossa integridade, jamais perderíamos os fãs. Portanto, o que eles poderiam perder em termos de exposição *mainstream* seria mais do que compensado pelo fato de que a banda estaria aqui hoje, e amanhã não teria desaparecido; a carreira do Maiden superaria a maioria das trajetórias pop. Não depositamos nossas esperanças em uma música em particular, mas em um estilo musical e na personalidade da banda para criar um público leal".

Outra personalidade importante que se voluntariou para subir no ônibus do Maiden foi o agente John Jackson, atualmente diretor da bem--sucedida agência ICM/Fair Warning. Em 1979, quando Rod começou a sondá-lo para o Maiden, John era só mais um entusiasta do rock, trabalhando como *booker* para a agência Cowbell. "Comecei em 1972 como *booker* no que originalmente era a agência Chrysalis, renomeada depois Cowbell. Eu tomava conta de bandas como Procol Harum, Ten Years After, Roxy Music e Wild Turkey", Jackson se recorda. "Sempre curti rock, e minha banda favorita era o Free. No final dos anos 1970, contudo, cuidava de várias bandas punk, como The Stranglers, e também do AC/DC, identificado como meio punk, meio metal. Por um tempo, exceto para bandas de rock já estabelecidas, não parecia haver espaço para algo que não fosse punk. Então, em 1979, ouvi falar do Saxon, grupo de heavy metal que estava chamando a atenção, com o sucesso *747*, que havia acabado de sair. Alguém me disse que eles eram meio como o The Stranglers daquela coisa NWOBHM, o que, em retrospecto, acho uma descrição bem precisa. Uma noite, quando o Saxon foi tocar na Music Machine, decidi que ia até lá para assistir."

Entretanto, o que Jackson só soube quando chegou ao local é que o Iron Maiden abriria os trabalhos da casa naquela noite. "Não tinha ideia de qual era a banda de abertura", ele admite. "Não estava lá para assisti-la e foi puro acaso ter chegado cedo na Music Machine naquela noite e ver o *set* do Maiden. Graças a Deus! Fiquei bem mais impressionado com eles do que com o Saxon. Adorei a banda de imediato, e, obviamente, o fato de terem tantos fãs presentes também ajudou no clima. Então, olhei para o Maiden e decidi que trabalharia com eles."

Jackson ficou tão impressionado que nem ficou para o final da apresentação do Saxon. Na manhã seguinte, acordou cedo para tentar saber mais sobre a banda. Começou procurando descobrir se eles tinham um empresário. "Pensei assim: 'Quem quer que seja, eu vou comprá-lo imediatamente", sorri. "Quando soube que era Rod, fiquei em dúvida sobre o que fazer de início. Eu já o conhecia do tempo em que foi *booker* de uma agência rival no início dos anos 1970. Na verdade, em 1975 atravessei um negócio dele com a banda Be-Bop Deluxe, e me perguntei se ele ainda estaria aborrecido comigo. Mas, como realmente queria aquela banda, descartei essa preocupação: 'Não interessa. Vou direto até ele e, se reagir mal, que assim seja'. Então, no dia em que ia ligar para Rod, ele me telefonou e disse: 'Tenho um grupo para você! Já ouviu falar do Iron Maiden?'."

No começo, Jackson admite que ficou na moita. "Não entreguei que já havia visto o Maiden e achara sensacional, porque queria saber o que ele me diria primeiro." Os dois foram juntos ver o Maiden em uma noite de outubro de 1979, na Sawn, em Hammersmith; só depois John abriu o jogo com Rod. Explicou seu interesse e se ofereceu para representar o Maiden como seu agente pessoal, um trabalho que ele continua a supervisionar com perspicácia e aprumo até hoje. Foi outra reunião de crucial importância, já que Jackson estava perfeitamente pronto para encaixar o Maiden em qualquer espaço – como banda de apoio, fosse na Inglaterra ou no exterior – disponível nos 18 meses seguintes.

"Um bom agente como John Jackson não faz apenas o trabalho do 'carregador de piano' de agendar casas e fechar as datas das turnês", explica Rod. "Ele mantém você informado de tudo o que acontece no mundo do rock, permitindo que saiba, com antecedência, todos os festivais importantes e temporadas que possam interessar à sua banda, seja agora ou no futuro. Conseguir que o Maiden fosse banda de apoio nas turnês do Judas Priest e do Kiss, o que fizemos no ano seguinte, não foi algo que aconteceu por acidente. Foi John, em negociação dura na Cowbell, metendo o pé na porta por nós, e eu convencendo a EMI a dar o dinheiro para o Maiden excursionar. Sem esse tipo de suporte, nunca teríamos chegado perto dessas turnês. Qualquer outra banda britânica emergente teria dado os olhos da cara por uma oportunidade parecida, mas nós conseguimos fazer acontecer por ter um agente tão respeitado como John ao nosso lado, lutando pela banda, e porque a EMI teve a sensatez de liberar o dinheiro dos *royalties* para ajudar a pagar os custos."

"Claro, em uma turnê, a banda precisa ir lá todas as noites, provar que é ótima e que merece uma chance", diz John. "Com o Maiden, sempre senti que eles não pisariam na bola com nada que lhes apresentasse. Nada era grande demais. Então, havia confiança suficiente para buscar turnês realmente poderosas. Rod tinha uma convicção absoluta na capacidade da banda, e eu também. Juntos, continuamos pressionando até chegar ao ponto em que estamos hoje, com uma banda capaz de encabeçar seus próprios festivais e turnês, e tão habituada a tocar, literalmente, para milhões de pessoas em todo o mundo."

Jackson se recorda de trombar com Chris Wright – na época, diretor de A&R da Chrysalis Records – em outubro, quando o Maiden tocou na Swan. Mais cedo, naquela mesma noite, os dois também foram assistir a um show, na Fulham Greyhound, do Praying Mantis, os rivais do Maiden na cena NWOBHM. "Lembro-me de Chris Wright perguntando com quem íamos assinar", diz Jackson. "Respondi que com o Iron Maiden, mas ele acabou assinando com o Praying Mantis para a Chrysalis." Por não ser o tipo de cara que costuma dizer "eu avisei", Jackson mantém silêncio sobre o resto dos seus pensamentos. Mas uma coisa é evidente: mais de 30 anos depois e de 50 milhões de discos vendidos, fica claro quem fez a escolha certa naquela noite. O Maiden voltou ao Marquee, em 9 de dezembro, para outra performance tumultuada em que Uli foi obrigado a pendurar a placa "esgotado" na porta. Rod também arrebanhou "tantos diretores da EMI" quanto conseguiu. Em suma, foi um retorno do time campeão. Malcolm Dome comentou profeticamente em sua resenha para a *Record Mirror*: "O Maiden teve o tipo de receptividade que causaria arrepios em Jimmy Page. Esse show irá fazer com que as gerações mais velhas de heavy metal desocupem seus postos nos próximos meses".

A consequência mais imediata de ganhar o apoio da Cowbell e da EMI foi abrir caminho para os quatro integrantes da banda largarem os empregos diários. Steve, que perdera o estágio como desenhista quando a firma julgou que seu trabalho era supérfluo, arrumou um bico como varredor de rua. "Pensando na banda, foi o melhor emprego que já tive", reflete ele. "Começava bem cedo, mas na maior parte dos dias, quando era hora do almoço, já estava terminando, e podia ir compor ou ensaiar no meio da tarde." Dave Murray vivia dilema semelhante como vendedor da Hackney Council: "Costumava passar a maioria das noites com a banda e os dias dormindo atrás das caixas em algum canto". Doug Sampson e Paul Di'Anno estavam desempregados, embora, por algum motivo, Paul gostasse de dizer às pessoas que havia sido funcionário da North Sea Oil, o que nunca aconteceu.

Ainda havia mais uma peça a ser encaixada após a banda ter conseguido um grande contrato, que era a nomeação oficial de Rod Smallwood como empresário do Iron Maiden em tempo integral. Rod insiste em dizer que não se tratava de ratificar um contrato antes de sua oficialização no posto. "Como já havia desistido de gerenciar bandas, queria ter certeza de que, dessa vez, o pessoal com quem estava lidando não se tornaria um bando de cretinos nos próximos dois anos", ele diz, em referência velada à sua amarga experiência com Steve Harley. "Fiquei quatro meses com o Maiden, e cheguei à convicção de que eles nunca virariam imbecis. Por isso tomei minha decisão. Como se pode ver, eu não estava errado."

Rod comunicou sua decisão à banda, com a típica rispidez de Yorkshire, depois de aceitar a gentil oferta de Ralph Simon para usar "uma sala grátis, com mesinha e um telefone" nos escritórios da Zomba, em Willesden High Road. Steve Harris lembra-se de estar em um pub – onde, como sempre, todos os escutavam fazendo planos entusiasmados para o futuro –, quando, de repente, se virou para Rod e perguntou: "Então, isso quer dizer que você será nosso empresário?". Rod abaixou sua cerveja e respondeu em alto e bom som: "Caralho. Claro que vou!".

Para batizar sua nova empresa, Rod resolveu prestar uma homenagem ao Iron Maiden, escolhendo um nome que, na verdade, viria a ser o segundo *single*, "Sanctuary". "Eu queria ter como base e fundamento alguma canção da banda porque, se não fosse por eles, eu nem seria mais empresário. Dei uma olhada na lista de nomes, e 'Sanctuary' se encaixava perfeitamente. Então, decidi: 'É isso aí. Um santuário para toda a merda da indústria musical'."

Apesar disso, havia um integrante da banda que, agora, admite ter visto a nomeação de Rod Smallwood como empresário em tempo integral com um *mix* de bênção e temor: o guitarrista Dave Murray. "Não duvidava da sua habilidade ou integridade. Só que… na época, eu tinha um pouco de medo do Rod. Adoro o cara hoje, mas, naqueles dias, ficava meio temeroso porque sou tímido. Nas reuniões, costumava ficar atrás em um canto, mas, sempre que ele estava por perto, mergulhava ainda mais para dentro da minha casca. Ele era um homem incrivelmente poderoso, que sabia exatamente o que fazer e por quê. Quem sabe, fosse o medo de ser o próximo a ser mandado embora. Se pensar com cuidado, no fundo do coração, era a forma como me sentia. Por isso era tão quieto, tímido e tudo o mais. Também não dizia nada que pudesse me deixar mal com a turma, pois era realmente feliz por estar na banda."

Dave fala sobre sua relação com o empresário. "Nunca tivemos, de fato, uma conversa apropriada, mesmo depois do primeiro álbum. Rod e eu não nos falamos muito durante o primeiro ano em que ele foi nosso empresário. Até que, finalmente, uma noite saímos juntos no meio da turnê com o Kiss e tivemos um bom papo. Eu me abri, e ele começou a falar sobre todas as coisas. E foi assim. Tudo ficou bem legal depois disso. Antes, havia sempre aquela coisa dentro de mim, como se eu pudesse ser o próximo dispensado. Fiquei apavorado quando o encontrei pela primeira vez."

Steve Harris se surpreende com a confissão de Dave. "De todas as pessoas, Dave é a que nunca deveria ter medo de perder seu emprego no Iron Maiden", diz o baixista. "Ele caiu com Dennis Wilcock, é verdade, mas sinto muito por aquilo. Quando voltou à banda, Dave demonstrou muita fé em mim e nas canções, o que foi brilhante. É algo de que jamais me esqueci. Ele não é o tipo de pessoa que toma decisões, e seria o primeiro a admitir isso. Gosta de singrar com a maré, tocando guitarra e sorrindo. É tudo o que ele sempre quis fazer, e, claro, isso é maravilhoso. Mesmo. Mas é preciso que exista alguém na banda que tomará as decisões, que irá lá fora conseguir os shows e apanhar o touro pelos chifres. Esse cara sempre fui eu, até que Rod chegou, e pudemos dividir o fardo."

Como Steve, Rod fica horrorizado ao descobrir que seu principal guitarrista era tão receoso com ele quando ambos começaram a trabalhar juntos. "Só achava que era um cara quieto", ele explica. "Sempre há um integrante da banda que segue o fluxo, que não parece se incomodar com nada, e achava que Dave era assim. Só quando saímos juntos no meio de uma turnê, e ficamos absolutamente bêbados, é que começamos a nos conhecer. Hoje, claro, é um dos meus melhores amigos."

Sempre consciente, Rod aconselhou Steve e a banda a levar o contrato, em que foi nomeado empresário, a um advogado com experiência na indústria musical. Até mesmo lhes deu uma lista de firmas renomadas com tal especialização. "Só fechei os olhos e apontei um dedo na lista que Rod me deu", diz Steve. O nome que ele escolheu foi o de Stephan Fischer, que se provou disposto demais em ajudar, dizendo até que, por exemplo, poderia conseguir um contrato melhor com a Zomba do que o negociado por Rod.

"Embora tivéssemos concordado em fechar com a Zomba, como a banda estava ocupada, trabalhando no álbum e excursionando, o contrato ainda não tinha sido assinado", explica Rod. "Stephan Fischer se apoiou nisso, e disse para eles que poderia conseguir um acordo melhor, o que, para dizer a verdade, provavelmente poderia sim. Mas até aí, eu também conseguiria um negócio melhor com a Zomba àquela altura, porque o *single* já havia saído e feito sucesso. Assim, até poderíamos ter espremido um dinheirinho extra. Mas eu já tinha dado minha palavra para a Zomba e, de jeito nenhum, voltaria atrás e quebraria a promessa. Encarava a situação como um comprometimento de longo prazo; os *royalties* eram bons, e queríamos que a Zomba trabalhasse para nós, não contra nós. Então, falei: 'Olha, se vocês quiserem que volte lá e quebre minha palavra, farei isso. Mas, o que acontecerá depois? Quem será o próximo? Vocês?'. Estávamos construindo uma fundação sólida, e arruiníamos tudo por causa de uma grana a mais? Steve, que é muito honesto e sempre manteve sua palavra, me apoiou completamente, e ficou puto porque só queria alguém que o orientasse. Em vez disso, como advogados sempre fazem, Stephan Fischer estava tentando assumir tudo. Então, Steve o despediu."

A banda mudou para a Gentle Jayes, uma firma bem mais compreensiva, cujo advogado David Gentle a representa até hoje "para assuntos pessoais" ou sempre que existe algum conflito de interesses no trabalho que Howard Jones faz para o Maiden em nome de Rod. (Isso acontece, por exemplo, quando eles têm de estender o contrato empresarial por mais alguns anos, caso em que Howard Jones volta a ser apenas advogado de Rod e David Gentle o representante jurídico da banda). "Você precisa manter o lado financeiro e o lado legal com total transparência, de forma que todo mundo saiba onde está pisando", diz Rod. "Tenho que dizer que David Gentle é muito bom, e ainda toma conta das coisas pessoais dos garotos até hoje."

Após o anúncio do contrato com a EMI, veio uma quinzena de shows em clubes, no meio dos quais foi espremida, em 14 de dezembro, uma transmissão do Maiden na Radio 1, a primeira sessão que a banda fez para a estação. Gravada em novembro nos estúdios da BBC, em Maida Vale, na zona oeste de Londres, e transmitida "ao vivo" no programa do DJ Tommy Vance, *Friday rock show*, a banda tocou quatro músicas. Além de "Iron maiden" e "Transylvania", havia duas faixas novas: "Running Free" e "Sanctuary", criadas por Steve e Paul, sendo a última com a ajuda de Dave. Pela primeira vez, Steve partilhou créditos de composição com integrantes da banda.

"A resposta que obtivemos foi muito boa", diz o antigo produtor do programa, Tony Wilson. "De novo, era uma época excitante para

RUN TO THE HILLS

o rock na Inglaterra, e o Iron Maiden estava bem à frente da onda de novas bandas. Grupos como Def Leppard e Saxon também eram tremendamente populares, mas ninguém se igualou à audiência que obtivemos com aquela primeira sessão do Maiden. Não sei explicar a razão, se eles eram mais metaleiros do que os outros grupos ou, simplesmente, porque tinham mais fãs no palco, mas eles criaram um vínculo emocional com os ouvintes imediatamente e ficaram populares da noite para o dia. Depois disso, claro, Tommy e eu os levávamos de volta à estação sempre que podíamos."

O Maiden gravou a sessão na Radio 1 ainda como um quarteto. Mas com a pressa da EMI de levar a banda para o estúdio e gravar o primeiro álbum, a necessidade de preencher a vaga do segundo guitarrista tornou-se mais urgente do que nunca. "Poderíamos muito bem ter feito o álbum como um quarteto", diz Steve. "Mas essa nunca foi a ideia. Sempre buscamos ter duas guitarras solo na banda; como já havia um contrato, só faltava aquilo para ser resolvido." No início, chegaram a oferecer o trabalho para Adrian Smith, o antigo colega de Dave Murray no Urchin, mas o próprio Urchin também havia conseguido um contrato, e Adrian não quis abandonar seus planos bem quando a banda parecia que chegaria a algum lugar. Então, eles colocaram um anúncio na *Melody Maker* que, entre outras coisas, dizia: "Precisa ser um fanático por HM. 22 anos ou menos". Dennis Stratton, outro músico cabeludo do East End, que não preenchia nenhuma dessas duas condições, apresentou-se de qualquer forma, e ficou "satisfeito, mas não surpreso", de conseguir o emprego.

Nascido em Canning Town em 9 de outubro de 1952, Dennis tinha 27 anos e tocava com outra banda conhecida nos pubs de East End, chamada Remus Down Boulevard, nome que rapidamente foi abreviado pelos fãs para RDB. Foi um amigo que chamou sua atenção para o anúncio. Dennis passara os últimos três anos tocando guitarra e dividindo os vocais da RDB, banda que esteve prestes a estourar, mas uma conhecida combinação de falta de experiência, *timing* errado e má sorte detonou seu potencial comercial, e, agora que o momento havia passado, parecia que jamais faria sucesso. Definida pelo próprio Stratton hoje como "um daqueles grupos que sempre tocava no Bridgehouse, Canning Town", o RDB havia sido escolhido por Jonathan King, um "fazedor de sucessos"

108

que agora é chefe de gravadora. Esotérico, King era mais familiar para o público britânico por seu papel como apresentador de tevê e de programas de entrevistas durante um certo período nos anos 1970. Jonathan e seu irmão mais novo, Andy, tinham seu próprio selo fonográfico, com sede em Londres, o UK Records. Renomado entusiasta do rock, King originalmente pretendia que o RDB, em 1978, se tornasse seu primeiro grande contrato. Chegou até a negociar com a Quarry, agência que cuidava de artistas como o Status Quo e Rory Gallagher, na época dois dos maiores vendedores de discos de rock na Inglaterra e Europa.

Dennis Stratton conta: "Gravamos nosso primeiro álbum, o *Live at the Marquee*, e o ângulo que King abordou foi que ninguém antes havia feito um disco de estreia ao vivo. Já éramos conhecidos o suficiente para encher o Marquee, então, fomos em frente. Ficamos bem satisfeitos com a maneira como a gravação correu, e King apresentou sua ideia para a capa do disco: um grande e brilhante carro americano – um Chevy, acho –, que, fotografado com lentes olho de peixe, pareceria uma nave espacial, e a gente sentado lá dentro, com o logo do RDB de ponta-cabeça. Devo admitir que a imagem ficou bastante impressionante".

Mas o álbum do RDB nunca foi lançado. "Até imprimiram cópias do disco, mas King mudou de ideia e se envolveu com televisão, ou algo assim, e desapareceu", diz Stratton, dando de ombros. "Seu irmão ficou tomando conta da gente no seu lugar, mas perdemos o momento e, basicamente, daí para a frente foi rolar colina abaixo. Como esperar um ônibus que nunca vem." O RDB continuou com a Quarry e excursionou pela Europa com o Status Quo. "Aquela experiência abriu meus olhos", ele diz. "De verdade? Foi meu primeiro gostinho da coisa." Entre outras bandas nas quais Stratton havia "mergulhado em várias ocasiões" destaca-se o No Dice (um tipo de primo pobre dos Rolling Stones), com a qual também fez "shows no Marquee e algumas demos". Entretanto, voltou a tocar principalmente em pubs com o RDB. E, como responsável pelo sustento de esposa e filho, precisava trabalhar o máximo possível.

Engenheiro naval de profissão, Dennis foi aprovado em um exame do instituto City and Guilds quando tinha 20 anos, mas já havia começado a tocar com o RDB dois anos antes. "Daí, quando já estávamos excursionando pelo norte da Inglaterra, tudo ruiu. Então, comecei a trabalhar com pintura e decoração." Por volta de 1979, era normal que

RUN TO THE HILLS

ele passasse o dia inteiro trabalhando em empregos comuns e, à noite, tocasse em algum pub com o RDB. "Tamanha carga de trabalho me transformou em zumbi. Nunca dormia, e acabava me encostando onde dava para tirar um cochilo sempre que tinha cinco minutos sobrando. Embora no começo não fosse muito dinheiro, fazer shows com o Maiden, na época em que entrei para a banda, foi uma bênção de Deus, para ser bem franco."

Dennis se recorda de ter encontrado Steve Harris no Bridgehouse, poucos meses antes de sair o anúncio na *Melody Maker*. "Já tinha visto o Maiden algumas vezes lá, e achava os caras muito bons. Com certeza, eles sabiam como motivar o público. Steve costumava ir beber no Bridgehouse e, como ambos estávamos em bandas, acabamos nos conhecendo só de acenar e dizer olá. Por algum motivo, porém, eu nunca associava o Steve do Bridgehouse com o Iron Maiden. Ele era só um cara que aparecia no pub e via a gente tocar. Então, alguém me telefonou e disse que eles tinham anunciado na *Melody Maker*, procurando um segundo guitarrista que fizesse *backing vocals*. Como era o que eu fazia no RDB, peguei o anúncio e escrevi para o endereço indicado, enviando uma foto, que eles também queriam. O engraçado é que a foto era no Bridgehouse, e eu estava usando um cachecol do West Ham; então, é claro que Steve percebeu logo de cara."

Alguns dias depois, no ônibus para Stratford, ele encontrou Lorraine, a namorada de Steve na época e sua futura esposa, que, por coincidência, era amiga da mulher de Dennis. "Ela me reconheceu por causa da foto", explica Stratton. "A primeira coisa que me disse foi: 'Você já recebeu o telegrama?'. Quando falei que não, ela respondeu que eu logo receberia."

Dennis vivia em Canning Town na época. No dia seguinte ao encontro com Lorraine, chegou um telegrama, que dizia apenas: "Ligue para Rod Smallwood – rep. do Iron Maiden". "Foi o que fiz, e nem sei se foi com Rod que falei, mas o cara disse que a banda estava ensaiando no Hollywood Studios, em Clapton, na zona leste de Londres, e que eu precisava levar meu traseiro até lá o mais rápido possível".

Quando Dennis chegou lá, não encontrou uma audição completa em andamento com um guitarrista e baterista. "Nós tomamos um drinque, batemos um papo, e eu consegui o emprego", diz ele. "Não fizeram questão de me escutar tocar ou cantar porque Steve já havia me visto no Bridgehouse e tomado a decisão. Ele só queria trocar uma ideia antes. Foi algo meio assim: 'Você consegue aprender as músicas? Porque assinamos com a EMI e vamos fazer um álbum'. Eu disse: 'Claro! Sem problema'. Fiquei muito feliz, pois dava para dizer, só pelo equipamento que eles tinham e o *set-up*, que estavam levando tudo muito a sério, e havia também uma vibração muito forte. Então, foi isso. Eu estava dentro."

"A RDB, banda de Dennis, costumava tocar no Bridgehouse, acho que nas sextas à noite", relembra Steve. "Era uma banda bem estabelecida ali; então, sabia que ele conseguia tocar e cantar, que tinha presença de palco. Primeiro, tivemos uma breve conversa, só para sentir que tipo de sujeito ele era e lhe transmitir nossa situação, explicando o que buscávamos em um segundo guitarrista. Para ser honesto, olhando para trás, acho que estávamos com tanta pressa de achar alguém a tempo para gravar o álbum que, simplesmente, fomos em frente e lhe oferecemos o trabalho, sem pensar muito a respeito – isso explica, em parte, porque tivemos todos os problemas que mais tarde ocorreram com Dennis. Veja bem, ele era um cara legal, mas não tinha nossa idade e, musicalmente, não estava na nossa onda. Ficava deslocado. Mas não percebemos isso na primeira vez em que apareceu. Só pensamos que ele daria conta do trabalho, e que era da zona leste, o que era algo bom; então, concordamos que Dennis estava dentro."

Dennis foi imediatamente colocado na folha de pagamento, e começaram os ensaios para gravar o álbum. O novo guitarrista lutou para aprender a tocar todo o repertório no mais curto prazo de tempo possível. "Todo mundo recebia em média 60 libras por semana, acho, o que não era muito, nem mesmo naquela época", ele se recorda. "Felizmente para mim, eu ganhava cerca de 20 libras a mais, porque era casado e tinha um filho."

Quanto ao som, Dennis admite agora que, para um músico e cantor com inclinações mais melódicas como ele, alguns dos números mais extremos do Maiden eram "muito estranhos". "De certo modo, foi um grande desafio. Não havia nada de previsível na banda. Eles rejeitaram a tendência de seguir o que se costumava chamar de as progressões normais do rock." No começo, Dennis achou "completamente desconcertantes" as mudanças de andamento súbitas e inesperadas, que se tornariam característica tão essencial do som do Maiden. "Musicalmente, eles faziam suas próprias regras. Em muitas coisas, como 'Phantom of the opera' ou 'Iron maiden', havia tantas mudanças no decorrer da canção, que levou um tempo até me acostumar." Dennis também se lembra de um dia em que estava tentando aprender "Prowler", quando Paul falou: "Se está achando essa difícil, espere só até pegar 'Phantom of the opera'!".

O guitarrista continua: "Tudo era muito diferente. Já havia tido algumas sessões de trabalho com eles, e era diferente de qualquer coisa que estava habituado a tocar. Havia os seus próprios limites, sua própria identidade, e eu respeito isso. Acho que, de várias maneiras, foi um tipo de desafio para mim, mas, como um musicista capaz de lidar com a maioria das coisas, comecei a entrar naquele nível".

Então, finalmente, quando parecia que a banda havia encontrado sua formação fixa, veio a decisão de substituir Doug Sampson na bateria. Dessa vez, contudo, não foram problemas pessoais que motivaram o coração de Steve. De acordo com ele, foi uma decisão bem pragmática. A saúde de Doug não estava aguentando a agenda ininterrupta de shows em que a banda havia embarcado. Entre agosto e dezembro de 1979, o Maiden fez 47 shows em diversos clubes e casas noturnas de todo o país, e as noites quentes e intermináveis nos locais do show, e tantos dias sacudindo na traseira da *green goddess* a caminho da próxima apresentação, começaram a cobrar seu preço em cima do jovem e inexperiente baterista. Hoje, ele admite: "Acho que não tinha muito cuidado comigo mesmo. Mas, naquela idade, você não sabe bem como fazer, né? Estávamos excursionando bastante, indo de show para show na traseira da van, e acabava só comendo lixo, bebendo demais e, depois, tentando dormir no veículo, o que, claro, ninguém consegue de verdade, com mais quatro caras tentando fazer o mesmo. Saía do palco suando que nem um porco e ia direto para o próximo show naquela velha van, e era como se eu estivesse doente o tempo todo. No começo, foi uma gripe muito forte, então peguei um vírus que, realmente, me nocauteou e me deixou sem força alguma. Não sabia disso na época, mas deve ter afetado minha performance. De qualquer modo, foi o começo do fim para mim. Acho que Steve se preocupou com as grande turnês, que estavam por vir e corriam perigo por causa da minha saúde".

"Naquela época, e ele seria o primeiro a admitir isso, por causa da sua saúde ele não estava à altura da tarefa", diz Steve. "Fazíamos muitos shows, e lembro-me de ele dizer: 'Puta merda. Estou exausto. Não consigo segurar tanto trabalho. Não consigo acompanhar vocês'. Falei que ele estava indo bem, mas lhe perguntei o que andava errado. Ainda insisti, dizendo que ele tocava bem e tudo o mais, mas ele ficava falando aquilo o tempo todo, o que, tenho de ser honesto, começou a me preocupar. Por isso, desabafei: 'Que merda, nada vai ficar mais fácil daqui em diante'. O negócio é que tínhamos dois ou três shows por semana. O que aconteceria quando fizéssemos seis por semana ou saíssemos em um turnê de verdade por um ano? Essa era a nossa meta. Então, decidi: 'Isso não vai funcionar com ele'. Gosto de pensar que foi uma decisão mútua, embora tenha forçado a situação. Mas, no fundo, ele sabia. Não podíamos nos arriscar no palco. Sabe aquele tipo de coisa? É agora ou nunca! Conversei com Rod e os outros, e decidimos que, por mais triste que fosse, Dougie teria de ser substituído."

"Dava para entender o ponto de vista de Steve", Doug diz hoje. "Nunca tive dúvidas de que o Maiden seria enorme um dia. Era só questão de tempo. E não era o único que pensava assim, mesmo naquela época. Foi uma boa sensação quando conseguimos o contrato, mas as coisas ficaram bastante sérias depois disso. Eles estavam fazendo planos e precisavam saber se todo mundo estava cem por cento pronto para se entregar."

Doug Sampson foi "despedido" do Iron Maiden após o último show do ano, na Tower Club, em Oldham, em 22 de dezembro. No dia seguinte, ele foi chamado ao escritório para uma reunião. "Quando cheguei lá, estavam apenas Rod e Steve para me ver, e eu soube de imediato. Apenas disseram ter preocupação de que eu não conseguisse dar conta dos compromissos agendados – trampos grandes de verdade, como a turnê do Judas Priest, já estavam no esquema. Também disseram que não podiam correr o risco de as coisas não darem certo e, por isso, achavam que era melhor se nos separássemos. Não discuti. Consegui enxergar o ponto de vista deles."

Apesar da sua percepção acurada sobre a situação, Doug admite que ainda estava muito desapontado por ter perdido sua chance de ser alçado ao estrelato. "Claro que foi um golpe, mas consegui ver o que aconteceria com aquele contrato e todas as outras coisas, incluindo a

RUN TO THE HILLS

turnê já marcada. Mas não tinha como prever, naquela situação, como as turnês seriam tão gigantescas. Quero dizer o seguinte: quando vejo o que eles fizeram depois disso – e eles excursionaram sem parar por praticamente três anos –, a verdade é que acho que não teria dado conta; então, provavelmente foi a melhor solução."

Quando tudo acabou, Doug decidiu "deixar de ser músico, descansar por um tempo e fazer alguma outra coisa". Ele jamais voltaria a tocar profissionalmente. Por um período, administrou uma loja da marca Peter Dominic's, já extinta. Hoje em dia, é motorista de empilhadeira de uma pequena firma de Londres. "Ainda montei outra banda porque não conseguia ficar em paz, mas nunca mais toquei profissionalmente, não como fiz com o Iron Maiden. Claro que, às vezes, assisto à banda na televisão ou escuto no rádio, e penso que aquele poderia ter sido eu, mas, ao ver a carga de trabalho que foi necessária, sei que não foi um presente que caiu do céu. Não é como ganhar na loteria. Tudo o que conseguiram veio ao custo de muito esforço, e eles merecem tudo o que alcançaram. Boa sorte a eles."

Encontrar um substituto para Doug tornou-se mais imperativo do que havia sido a busca por um segundo guitarrista. Eles podiam tocar ao vivo, e até gravar como um quarteto se fosse preciso, mas não sem um batera. Mais anúncios foram colocados em revistas de música especializadas, e a notícia se espalhou. Em poucos dias, já havia solicitações suficientes para que a banda pensasse em fazer algumas audições. Então, Dennis Stratton falou de um colega seu para a turma, que, além de tocar bem, estava buscando uma nova situação de vida. Seu nome era Clive Burr.

De acordo com o que foi dito na época, quem chamou a atenção de Steve Harris para Clive Burr foi o sabe-tudo Neal Kay, que tinha visto o futuro baterista do Maiden durante seu curto período no Samson, os rivais da onda NWOBHM. Steve, por sua vez, diz hoje: "Conseguimos Clive por meio dos testes. Fizemos audições com algumas pessoas, como John Mylett, um cara que era muito bom e tocou na banda Nutz, bem conhecida nos anos 1970, antes de o punk chegar e detonar com tudo. Depois, ele se uniu a outra banda também conhecida, a Rage. Basicamente, estava entre ele e Clive. Na verdade, acho que John até era um baterista melhor, tecnicamente falando, mas, no final, ficamos com Clive, porque ele adicionava um certo sentimento ao seu modo de tocar, que parecia correto, além de ser um sujeito bacana. Havia alguma coisa nele que nós gostávamos, sabe? Ele também era da nossa região, fã do West Ham; então, esse tipo de coisa meio que ajudou a tomar nossa decisão. John tinha outra postura, como se já tivesse estado lá e feito aquilo tudo, e não estava tão impressionado por começar de novo, nem parecia certo sobre o que faria. Pensei bem e, como ainda não havia tido nada daquilo, decidi que não queria ficar com alguém que pudesse pular fora assim que recebesse uma oferta melhor. Queríamos alguém como nós, que estivesse sedento e não se importasse de dar o sangue; então, escolhemos Clive".

"Dennis sugeriu Clive, e nós preparamos a audição", conta Rod Smallwood. "Clive entrou, e eu pensei: 'Uau, tomara que saiba tocar, porque seu visual é ótimo'. Com um rosto muito alegre e roupas incríveis, Clive tinha uma aparência sensacional, e ficou óbvio que sabia tocar bem. Além de tudo, parecia um cara legal; por isso decidimos oferecer-lhe o trabalho. Lembro-me de que ele teve de sair mais cedo do teste porque precisava tocar em um pub naquela noite. Então, depois de termos escolhido nosso baterista, decidimos surpreendê-lo e fomos até o tal pub para dizer que o emprego era dele. Clive ficou envergonhado, porque estava tocando com vassourinhas em um pub geriátrico, apenas como som de fundo, para meia dúzia de bêbados. Foi um dia após o Natal, e recordo-me muito bem de que ele veio por sugestão de Dennis."

"Tudo aconteceu por acaso", diz Stratton. "Já conhecia Clive de muito tempo atrás, quando ambos estávamos começando a tocar em bandas. Então, uma noite, fui até um pub chamado Golden Fleece, em Forest Gate. Eu estava entrando e Clive saindo, quando trombamos um no outro. Foi estranho, porque não via o cara, talvez, há mais de cinco anos, e ele me perguntou, na hora, o que eu estava fazendo. Contei que havia conseguido entrar para o Maiden, e ele falou: 'Isso é ótimo. Eles não estão procurando um baterista, estão?'. Quando respondi que sim, ele quase caiu de costas! Demorei alguns dias até conversar com a banda e dizer que conhecia alguém que poderia substituir Dougie. Quero dizer, a banda era do Steve e, como eu havia acabado de entrar, não queria parecer que estava forçando a barra. Levou algum tempo, mas acabei falando, e Steve respondeu: 'Bom, traga ele aqui'. Não me recordo se Clive já havia escutado muito coisa do Maiden antes da audição, mas lembro-me de que ele mandou ver e tocou muito bem 'Phantom of the opera'. Depois que foi embora, Steve nos perguntou o que tínhamos achado, e todos concordamos que foi ótimo. E foi isso: Clive estava dentro. Nós quase o derrubamos do banquinho da sua bateria, durante sua apresentação em um pub local, quando lhe demos a notícia. Foi um dia após o Natal de 1979."

7 *Eddie*

O ano zero para o Iron Maiden foi 1980, quando sua história deixou de ser o simples amontoado de sonhos e ambições de uma gangue inocente do East End, que estava fazendo seu melhor, para se tornar a saga de uma banda de rock que conquistaria o mundo. Como todas as melhores transformações, a mudança de realidade levava todo o jeito de ter ocorrido da noite para o dia. Mas Steve Harris diz: "Na verdade, para mim, tinha levado, pelo menos, cinco anos para conduzir o Maiden até aquele ponto. Quando tudo começou a acontecer, mesmo ali dentro, dava para sentir que as coisas estavam indo bem rápido. Às vezes, até rápido demais. Não sabíamos se duraria cinco minutos ou cinco anos; então, mergulhamos de cabeça enquanto podíamos".

Em janeiro de 1980, a banda se abrigou no Kingsway Studios, no lado oeste de Londres, onde gravou seu primeiro álbum para a EMI, chamado apenas *Iron Maiden*. Essencialmente um resumo dos maiores destaques do *set* ao vivo, as sessões foram conturbadas, já que a banda lutava para captar seu som de forma convincente, pela primeira vez, em um ambiente de gravações. "Basicamente, não conseguíamos encontrar um bom produtor", Steve se lembra, franzindo a testa. O trabalho exploratório dentro do estúdio já tinha sido iniciado enquanto Doug Sampson ainda estava na banda, que começou gravando como um quarteto, com o engenheiro Guy Edwards, em um estúdio pequeno e de boa localização no East End. Mas eles não ficaram felizes com a sonoridade "suja" das gravações de Edwards, e logo desistiram desses registros. A única faixa que sobreviveu foi "Burning ambition", uma composição secundária de

RUN TO THE HILLS

Steve Harris que, mais tarde, encontrou espaço no lado B do primeiro *single, Running free.*

Após abortar o trabalho com Edwards, eles se voltaram para o produtor Andy Scott, que também era guitarrista da The Sweet, banda de glam rock que emplacou muitos *singles* e uma série de hits de sucesso no início dos anos 1970. Mais uma vez, contudo, a experiência tornou-se improdutiva, e nenhuma gravação foi completada. Scott insistia para que Steve usasse uma palheta convencional, em oposição à técnica preferida do baixista de tocar com os dedos. "Eu disse a ele o que deveria fazer com aquela palheta", conta Steve, lembrando-se de outro atrito com o empresário de Scott, que exigiu uma garantia de que o produtor faria todo o álbum antes de terminar o *single*. "Daí, mandei ele ir tomar naquele lugar." Depois, Brian Shepherd interveio e sugeriu que o Maiden tentasse gravar com Will Malone, veterano produtor de rock que trabalhou com bandas como Black Sabbath e Meat Loaf. Com as datas das turnês já marcadas, a banda ficou com poucas opções a não ser confiar no venerável produtor e agendar sessões imediatamente no Kingsway. Porém, mais uma vez o Maiden não ficou feliz com a forma que o produtor conduziu as sessões, fazendo corpo mole, de acordo com eles, e passando a bola ao engenheiro do Kingsway, Martin Levan, para fazer todo o trabalho.

Steve conta: "Da forma que funcionou no final, poderíamos ter apanhado um completo desconhecido na rua e sentado na cadeira do produtor que o resultado teria sido o mesmo, porque fizemos tudo sozinhos com o engenheiro. Sabíamos o que queríamos e, graças a Deus, o engenheiro era bom, mas, quanto a Will Malone... Bem, tivemos de passar por cima dele, enrolando-o, sabe o que quero dizer, não? Nós íamos lá, gravávamos e depois mostrávamos para ele, perguntando o que achava. E ele ficava com as porras dos pés sobre a mesa de mixagem, lendo a *Country Life* ou algo assim, totalmente alheio, e olhava para nós, dizendo: 'Oh, acho que vocês podem fazer melhor'. Então, passávamos por cima dele e íamos direto ao engenheiro, que era muito bom. Assim, conseguimos tirar um som ótimo e acabamos produzindo nós mesmos".

"Foi estranho, mas o negócio é que sempre fui bastante obstinado. Só respeito as pessoas se me derem motivo para respeitá-las. Eu as respeitava se me provassem que mereciam respeito. Nunca liguei para reputações; e só acreditava no que via. Disseram pra gente que aquele cara tinha produzido o Black Sabbath, Todd Rundgren e todo aquele pessoal, mas, depois, descobrimos que ele só fizera as porras de uns arranjos de cordas ou algo assim para algumas canções deles, sabe? Mas pensei: 'Não interessa o que ele fez. Não vou deixar ele foder o meu disco'."

Paul Di'Anno concorda: "Oh, Will Malone era horrível. Ele se achava importante demais para trabalhar com a gente. E não acrescentou nada. Na maioria dos dias, nem sei por que se importava de dar as caras no estúdio".

Dennis Stratton, entretanto – e não pela primeira vez –, tinha uma visão diferente dos demais. "Quando entrei para a banda, eles só haviam feito demos", o próprio Stratton recorda-se avidamente. "Nunca tinham gravado seriamente, mas eu já, tanto com o No Dice como em outras sessões, e fui sempre reconhecido por ter mais experiência do que eles. Só isso."

"Escutei a demo do Spaceward, e havia muito espaço para melhorias em termos de produção, *backing vocals*, harmonias de guitarra... Mas cabia a Steve e Rod escolherem um produtor, e eles pegaram Will Malone. Pessoalmente, gostei da experiência. Will pode não ter sido o maior produtor do mundo, mas isso significou que pudemos nos entender diretamente com seus engenheiros, e eu gosto de trabalhar com engenheiros. É quando grande parte do verdadeiro trabalho no estúdio é feito; as ideias nascem e as canções são construídas, com a ajuda de um bom engenheiro de som."

Confiança nas suas próprias habilidades e o entusiasmo por qualquer banda com a qual estivesse envolvido nunca foram problemas para Dennis. Ele até mantinha a tendência de exagerar no seu entusiasmo. Ironicamente, foi em uma ocasião dessas que "a diferença entre Den e a banda ficou realmente clara", afirma Steve. Havia um choque de visões, a maneira que o guitarrista sentia, em seu coração, como as coisas deveriam ser feitas era diferente da maneira que Steve sabia que funcionaria melhor para o Iron Maiden.

Um exemplo foi a controvérsia que cercou algumas inserções extras para "Phantom of the opera", que Dennis fizera por conta própria com o engenheiro Martin Levan enquanto os outros estavam fora do estúdio. Permitindo que sua admiração pela suntuosidade polida do Wishbone

Ash e do Queen turvasse sua visão, Dennis levou o título do épico de sangue e trovão de Steve um pouquinho literal demais e remodelou a faixa para algo que soa, nas palavras de Steve Harris tantos anos depois, "como uma *Bohemian Rhapsody* que deu errado". O baixista fala da sua reação: "Tocaram ela para mim, e eu falei: 'Que *porra é essa?*'".

"Quando começamos a fazer 'Phantom', já me dava muito bem com Martin, que depois foi trabalhar com o Mutt Lange e Def Leppard", conta Stratton. "Quando fizemos as harmonias da guitarra e os *backing vocals* para o refrão, tentei tirar o que achava ser o melhor som possível para a canção. Juro que isso não tinha nada a ver com uma tentativa de empurrar a banda em uma direção nova. Sentia, honestamente, que estava somando à faixa algo que casava de maneira perfeita com o estilo do Iron Maiden. Mas, quando eles fizeram seus comentários, consegui perceber que, sim, soava demais como Queen. Mas é só porque me deixei levar. Rod escutou e falou: 'Está parecendo Queen. Livre-se dessas vozes'. Então, eles tiraram as vozes e as guitarras que inseri na gravação, e o que sobrou foi a versão original, crua, do som ao vivo do Maiden, que era exatamente o que eles queriam, em vez de algo polido demais. Acho que foi a partir daí que Steve e Rod decidiram tomar posição, acreditando que eu estava tentando alterar a sonoridade de forma intencional, o que não era verdade! Eu achava que estava contribuindo, e não tirando algo da canção."

Foi o início de uma rixa que continuaria a crescer nos meses seguintes. Dennis prossegue: "Fiquei desapontado porque achei que aquilo soava muito bem, mas era um integrante novo na banda, então tive de acatar. No final, não me importei. A banda era deles. Eles tinham feito todo o trabalho de levá-la até o ponto em que se encontrava quando entrei. E, sabe, se você coloca demais, sempre pode tirar. É como sempre me senti. Mas admito que fiquei chateado. Mas se não era a direção certa, se não era NWOBHM o bastante, então tudo bem. Rod queria uma banda jovem e crua, e ele estava certo. A história provou isso, eu acho".

"Reparei que Dennis curtia bem mais tocar coisas como 'Strange world' do que 'Iron maiden' ou 'Prowler', por ser mais lenta e melódica. Dava para perceber quando ele fazia um solo que realmente gostava", diz Steve. "Mas, ao solar nas canções mais pesadas, não havia a mesma paixão. Dava para notar a diferença."

Quaisquer que fossem as preocupações enervantes quanto ao seu novo guitarrista, a banda se conectou profundamente dentro do estúdio até conseguir ter oito músicas concluídas do seu *set* ao vivo gravadas, só esperando pela mixagem final, que eles se apressaram para completar no Morgan Studios, em fevereiro.

Enquanto isso, a EMI se ocupava em preparar o lançamento do primeiro *single* da banda, *Running free*, finalizado especialmente com antecedência e entregue para a empresa algumas semanas antes.

Lançado na Inglaterra em 15 de fevereiro de 1980, "Running free" tornou-se não só o primeiro *single* do Iron Maiden, como também seu primeiro *hit*, vendendo mais de 10 mil cópias na primeira semana de lançamento e, para o assombro de todos (incluindo Rod Smallwood), pulando imediatamente para o número 44 das paradas nacionais do Reino Unido. "Na verdade, achei que podia ter ido um pouquinho mais alto", brinca Rod de forma teatral, curtindo cada instante antes de dar o braço a torcer. "Até mesmo eu fiquei surpreso. Sabia que o *single* venderia imediatamente para todos os fãs do Maiden que já estavam aguardando um disco, mas fiquei surpreso, de verdade, ao vê-lo subir tanto nas paradas. Não que eu tenha dito isso na época."

"Como todo aquele pessoal fora às lojas perguntar sobre *The Soundhouse tapes*, e por causa da *vibe* que nos cercava na época, sabíamos que seguramente venderíamos muitas cópias do que lançássemos primeiro", diz Steve. "E, claro, Rod estava totalmente convencido de que iríamos para o *Top 40*, e acho que compramos a ideia. Mas, quando isso aconteceu de verdade, você podia ir até a Woolworth e ver o *single* listado no gráfico oficial... Bom, isso nos deixou malucos. E na primeira vez que tocaram a música na Radio 1, no programa do Tommy Vance, falamos entre a gente: 'Puta merda, vocês escutaram? Somos nós!'."

"Os mais surpresos de todos foram os promotores de rádio da EMI", afirma Rod. "Eles achavam que uma gravação só entra nas paradas se for tocada até a morte nas rádios ou ser gravada por um artista muito conhecido, e nosso caso não era nenhum desses. Mas sabíamos que, tocando nas rádios ou não, haveria uma grande demanda para 'Running free'."

Run to the hills

"Quando ela subiu nas paradas, porém, eles disseram: 'Que bosta é essa?'. O primeiro promotor de rádio que tivemos na EMI era um cara chamado Paul Watts, e você percebia sua atitude logo de cara. Ele era todo engraçadinho: 'Ho, ho, ho. Isso nunca vai tocar na rádio'. Então, para deixá-lo surpreso, lembro de ter ido a uma reunião com vários diretores do departamento, uma semana antes do lançamento do *single*, e dizer: 'E não se esqueçam, quando nos oferecerem o *Top of the pops*, digam que não vamos a não ser que seja para tocar ao vivo'. Em coro, eles disseram: 'Você está falando sério?'. E eu respondi que estava falando *absolutamente* sério."

Top of the pops é o mais antigo e assistido programa pop da televisão britânica, uma verdadeira instituição na Inglaterra. Um reflexo de 30 minutos das paradas de sucesso da semana, seu formato mal mudou desde a sua estreia nos anos 1960 – meia dúzia de discos escolhidos dos topos das paradas são mimetizados pelos próprios artistas e encabeçados por qualquer que seja o "número 1" de cada semana. Na época, praticamente não havia performances ao vivo. Os Beatles haviam feito algumas nos anos 1960, e houve várias ocasiões em que os artistas ficaram felizes de contribuir com os vocais ao vivo com uma gravação de fundo da banda. Mas um desempenho genuíno, feito ao vivo por uma banda de rock completa, não aparecia no programa desde 1972, quando o The Who destruiu o *set* no clímax de uma performance assustadoramente frenética do seu sucesso "5.15". Além disso, naqueles dias pré-MTV, o *Top of the pops* ainda era o programa mais influente da televisão, escala obrigatória para qualquer artista que esperasse impingir sua música na consciência da nação. Como resultado, gratos por qualquer exposição que pudessem ter, os artistas literalmente brigavam entre si para conseguir um lugar no show. Portanto, uma banda desconhecida estabelecer condições para sua primeira aparição era algo impensável. Mas foi exatamente o que um estupefato Paul Watts teve de fazer quando recebeu um telefonema da produção do *Top of the pops* um dia depois de "Running free" entrar nas paradas.

É justo dizer que a equipe da BBC ficou surpresa, para dizer o mínimo, pela resposta que recebeu. De início, ela se recusou veementemente a ceder aos desejos do Maiden, até Watts deixar claro que a banda não apareceria lá sob outras circunstâncias. No final, desceu do seu poleiro elevado e concordou que a banda tocasse "Running free" ao vivo no show daquela semana. Um pequeno passo para alguém que talvez galgasse o topo das paradas, porém uma vitória significativa para uma banda cuja própria reputação dependia da sua performance ao vivo para arrasar.

"Para ser honesto, todo aquele negócio do *Top of the pops* não foi grande coisa para mim", diz Steve. "Quando me dei conta de que ia rolar, telefonei para as pessoas e contei para a minha mãe: 'Ei, vamos participar do *Top of the pops*'. Porque é tudo o que as famílias conhecem da indústria musical. Você diz que assinou com a EMI, e eles apenas olham para você com expressões de interrogação. Mas, se disser 'vamos estar na tevê hoje', eles sabem de imediato que algo está rolando. Pessoalmente, eu tinha uma coisa meio anti *Top of the pops*, porque nunca havia alguém decente lá. Pelo menos naqueles dias. E eu estava irredutível de que não faríamos nada se fosse para rolar *playback*. Essa era a minha proposta. Talvez, fosse a postura de um jovem cabeça-dura, não sei, mas era a minha postura. Apenas pensei: 'Foda-se! O que eles já fizeram por mim?'."

Dennis Stratton diz: "Queríamos tocar ao vivo, porque estávamos habituados a tocar extremamente alto, e seria muito esquisito ter de baixar o volume. Mas Dave Murray e eu nos juntamos e combinamos que, ao ajustar o volume da máster e dar ganho nos amplificadores, podíamos usar como retorno um do outro as mesmas guitarras sonoramente poderosas de sempre, mas com volume baixo. Clive teve de colocar abafadores na bateria e, no caso dos amplificadores, embora no programa tivéssemos aparelhos Marshall empilhados atrás de nós, só havia uma fileira funcionando. Mas ainda conseguimos aquele som de metal. Perto de nós, no palco, estava Shakin' Stevens, que fez sua dancinha estilo Elvis, e seus treinadores ficaram gritando mais alto do que estávamos tocando".

"Todo mundo levou a mãe", conta Dave Murray. "Ao circularmos de carro por Londres, recordo-me de escutar Alan Freeman, com as paradas da Radio 1, esperando para gravar o momento em que diria 'Running free'. Tínhamos um cassete duplo para gravar. Começou, eu apertei o botão, e Vic parou o veículo para evitar interferência no sinal. Então, eles a tocaram, e nós ficamos celebrando."

"Running free" era o Iron Maiden em sua apoteose punk-metal, um surpreendente encontro de bateria no estilo Gary Glitter, com guitarras

RUN TO THE HILLS

extremas e os vocais ásperos de Paul. De fato, se não fossem as guitarras que Davey faz no meio e o estilo açucarado, meio Wishbone Ash, da harmonia vocal no refrão, essa poderia muito bem ter sido a gravação de uma das bandas punk mais musicais. Decerto, Paul Di'Anno, autor da letra, acredita que sim: "Acho que essa canção pode ser considerada bastante autobiográfica, apesar de eu nunca ter passado a noite em uma cadeia de Los Angeles. Mas já vi o interior de algumas celas em Londres nos bons tempos. 'Running free' fala sobre ter 16 anos, ser livre e selvagem. Ela vem dos meus dias como skinhead, e o mais legal é que, no disco, realmente soou assim: a energia pula para fora, mesmo hoje, tantos anos depois".

Outra característica arrebatadora do primeiro *single* foi introduzir, no esquema das coisas, um dos mais importantes personagens de toda a história do Maiden: Eddie, a criação em quadrinhos do excêntrico Derek Riggs, ex-aluno da escola de artes. Tirando o nome da infame máscara, que ele logo substituiria no palco, Eddie estava destinado a se tornar o mítico monstro-humano, o insano mascote da banda, que, posteriormente, adornaria tudo: capas, pôsteres, camisetas, canecas de basebol e qualquer outra tranqueira de merchandising que trouxesse o logotipo do Maiden nas décadas seguintes. Você não conseguia, de fato, contemplar as feições da fera na embalagem do *single*, tal "banquete" estava guardado para a capa do álbum. Em vez disso, havia um desenho sinistro de um fã de rock, que fugia de uma figura alta e sombria, segurando uma garrafa quebrada em um beco escuro, cujas paredes traziam os nomes grafitados de lendas como Judas Priest, The Scorpions, Led Zeppelin, AC/DC e, claro, a paixão de 'Arry, Hammers (sublinhado duas vezes!).

Derek Riggs passou os 18 anos seguintes trabalhando exclusivamente para o Iron Maiden. Criou centenas de desenhos e pinturas do Eddie, dando seu melhor para pintar o mascote monstruoso da banda em lugares cada vez mais remotos e cenários para onde os próprios álbuns repletos de aventuras o levariam. São exemplos: um deus egípcio mumificado na capa de *Powerslave*, o próprio demônio em *The number of the Beast* e diversos saltos quânticos de imaginação entre eles. Mas seja um policial do futuro com uma arma laser (na capa de *Somewhere in time*), um lunático lobotomizado (em *Piece of mind*) ou uma figura amarrada a uma cadeira elétrica (*The x factor*), o que jamais muda é a emoção que percorre o público do Iron Maiden no momento em que Eddie irrompe no palco: é o clímax de cada show. Se você nunca assistiu ao Iron Maiden ao vivo, não saberá o que é tão palpavelmente óbvio para quem já esteve lá e viu com os próprios olhos: Eddie é a alma do Maiden, o símbolo eterno do espírito jovem e intransigente da música da banda. Não importa qual a sua idade (e após mais de três décadas, há muitos fãs do Maiden cujas memórias são agora tão longas quanto nossos cabelos), Eddie representa aquela parte de nós que jamais deixará de amar o rock a todo volume, ao vivo, em performance extrema, que jamais irá tremer ou se esconder das adversidades e nunca desistirá da esperança de que tempos melhores ainda estão por vir... em algum lugar. É por isso que Eddie não pertence mais a Derek Riggs, Rod Smallwood ou Steve Harris. Ele pertence a todos nós.

"O negócio do Maiden é no palco! Lá, eles são aquela banda gigantesca de rock, mas, fora dali, são só pessoas legais, totalmente na delas", diz Rod. "Até mesmo Paul, que era um grande agitador durante as apresentações ao vivo, não tinha grande expressividade longe do palco. A banda não tinha uma figura como o Lemmy[9] – se você entende o que quero dizer. Não havia aquela figura que deixa uma marca da sua presença, de forma tão óbvia, para fazermos cópias de sua imagem e dar uma continuidade à sua representação. Então, procurei uma imagem que ficasse bem na capa do disco e que dissesse algo mais sobre a banda, em vez de uma simples fotografia do pessoal tocando."

Uma tarde, Rod estava no escritório de John Darnley, na EMI, quando um pôster do jazzista Max Middleton, pendurado na parede, chamou sua atenção. "Não sou um grande fã do Max Middleton nem nada disso, mas a arte do pôster era tão arrebatadora que parecia impossível não reparar", Rod explica. "Seus olhos corriam para o pôster no instante em que entrava na sala. Então, perguntei para John: 'Quem fez isso para vocês?'. E havia sido um cara de quem eu nunca tinha ouvido falar, chamado Derek Riggs. Pedi para conhecê-lo. Queria que ele me mostrasse mais coisas do seu trabalho. Então, no meio de um monte de desenhos que Derek achava ser um bom material para livros de ficção científica,

---

9 Lemmy Kilmister, baixista e vocalista do Motorhead e uma lenda do metal. (N. E.)

lá estava a capa para o primeiro álbum do Maiden. Era o desenho de uma espécie de monstro punk, com aparência ensandecida. No mesmo instante em que vi, eu soube. Era aquilo mesmo! A única alteração que pedimos a Derek foi para aumentar o cabelo da criatura, para se parecer menos com um punk.

"Derek já tinha visitado todas as gravadoras para tentar vender a imagem a alguma banda de punk – fosse álbum ou *single*, ele não se importava. Mas, quando a vi, pensei: 'Não! Isso aí é nosso! É exatamente o que precisamos'. Levei seu portfólio para mostrar à banda. Só joguei sobre a mesa e falei: 'Não sei se vocês conseguem ver qual vai ser a capa do nosso álbum'. E foi a primeira imagem que eles pegaram. Ficou óbvio para todo mundo: ali estava o Eddie. Era como se ele tivesse sido especialmente feito para a banda."

"As pessoas sempre perguntam se o Eddie foi inspirado pela música do Iron Maiden, mas nem sequer tinha escutado falar deles quando o desenhei pela primeira vez", explica Derek. "Nunca curti muito heavy metal. Na verdade, quando estou desenhando, em vez de ouvir o que quer que o Maiden esteja fazendo, sou mais propenso a passar meu tempo escutando Beethoven, Stravinsky ou até mesmo The Spice Girls. Naquele tempo, contudo, gostava bastante de punk e, originalmente, era isso que o Eddie deveria ser, um tipo de punk perturbado. Eu era bastante influenciado pelo conceito punk da juventude desperdiçada, de que toda uma geração havia sido jogada em um silo, sem futuro algum. É até engraçado, porque também enviei algumas outras coisas para várias editoras de livros de ficção científica, tentando ver se podiam utilizar meu trabalho na capa das suas publicações ou em algo do gênero. Eu não sabia mais o que fazer com aquilo. Nunca estudei arte no sentido convencional, desde que me expulsaram da faculdade, em Coventry, quando tinha 19 anos."

"Mas ninguém se interessava. Na verdade, eu era um lixo fazendo capas de livros. Depois, descobri que conseguia pintar ruas de cidades muito bem, mas isso não ajuda muito quando se trata de ficção científica. Então, do nada, Rod e o Maiden escolheram aquela imagem em particular, só me pediram para torná-la menos punk e mais parecida com eles. Eu a redesenhei, mantendo a mesma cara, o mesmo corpo, as roupas e tudo o mais, só que com o cabelo mais longo. Ainda espetado, mas agora era comprido e apontava em todas as direções."

"Gostei da ideia, pois ela dava uma grande continuidade visual", diz Rod. "E pegou muito bem, fazendo as capas do Maiden se destacarem no marasmo das capas medianas no estilo pode-ser-qualquer-coisa, que as outras bandas de rock usavam na época. E isso se tornou uma identidade importante da imagem do Maiden. Nunca aparecemos muito na televisão nem estivemos de verdade no rádio, mas, como o Eddie tocou tantos os fãs do Maiden, não precisávamos disso. Vestir uma camiseta do Eddie tornou-se uma declaração pessoal: 'Foda-se o rádio! Foda-se a tevê! Não curtimos essa merda! Nós curtimos o Maiden!'. E, claro, nos divertimos pra cacete com Eddie ao longo dos anos, tentando encontrar coisas novas e mais ultrajantes para ele ser e fazer. De vez em quando, Derek tinha as ideias, embora, em geral, elas viessem da banda e de mim. Mas pode ser qualquer um ou qualquer coisa que nos inspire. Como em *The number of the Beast*, em que Eddie, no inferno, manipula o diabo como sua marionete, só que o diabo tem uma marionete do Eddie também. A sensação que fica é: quem é o verdadeiro malvado ali? Quem está manipulando quem? O conceito era simples, mas, da forma que Derek o executou, ficou fantástico. Originalmente, ele criou aquilo para a capa do *single Purgatory*, mas dissemos na hora: 'Não, isso tá bom demais'; então, a guardamos para o álbum. Já tínhamos a arte meses antes de terminarmos a música."

A ideia de transformar a figura de Eddie, o Morto, que adornara o pano de fundo de todos os shows do Maiden nos últimos três anos, no rosto reconhecível do Eddie de Riggs foi óbvia. Fumaça ainda saía da sua boca durante o costumeiro final de "Iron maiden", só que agora a máscara medonha havia adquirido não apenas cabelo comprido e espetado, mas também uma grande personalidade equivalente. Mas o verdadeiro golpe de mestre foi quando eles tiveram a ideia de criar um Eddie tridimensional, que não ficasse só olhando do fundo do palco, mas, sim, corresse sobre a boca de cena, aterrorizando a banda e a plateia petrificada. Rod dá o crédito para Rupert Perry, antigo diretor da EMI nos anos 1980, pela sugestão original de que o Eddie deveria se tornar mais do que um ícone de merchandising, para, de algum modo, se transformar em parte ativa do show.

RUN TO THE HILLS

Certa noite, Rupert estava em um show com Rod. "De repente, ele falou: 'Smallwood, por que você não coloca esse cara no palco?'. Na hora, eu pensei que ele estava certo, que aquilo seria genial. No começo, era apenas eu vestindo uma máscara do Eddie. Corria pelo palco que nem um lunático durante a introdução para aquecer o público e, como o lugar foi à loucura, começamos a fazer aquilo todas as noites. Uma vez, em Detroit, um cara da gravadora veio falar comigo enquanto estava de máscara e perguntou se eu tinha visto o Rod. Eu só grunhi! Então, vários *tour managers* assumiram o papel, com exceção de Tony Wiggins, que se recusava terminantemente a encarná-lo. Ele sempre ia ao show vestindo calças coloridas, porque sabia que jamais deixaríamos o Eddie subir no palco com aquelas cores! Precisava ser jaqueta de couro e jeans. Por isso, Tony nunca foi o Eddie!"

"Sim, posso assumir todo o crédito", brada Rupert Perry. "É verdade que fui eu quem disse a Rod pela primeira vez 'e se aquele personagem, o Eddie, se movesse?', mas estava pensando mais em algo que pudesse acontecer no começo do show, talvez antes de a banda entrar. Mas Rod, na sua genialidade, pegou a ideia e a transformou em algo bem mais excitante. E agora, claro, o Eddie é uma parte muito importante de qualquer show do Iron Maiden. Seria difícil imaginar a banda sem ele. É como se fosse o sexto integrante."

No começo, as aparições breves, porém tumultuosas, de Eddie vinham na forma de um homem vestindo jaqueta de couro (em geral, Rod ou algum dos *tour managers*) e uma máscara especialmente produzida para a criatura. Mas, quando a carreira internacional da banda decolou, as arenas foram ficando cada vez maiores, assim como o próprio Eddie. Maior e mais furioso a cada álbum. Até que na turnê de *Powerslave*, em 1984, ele atingiu mais de 4,30 metros de altura e se tornou capaz de lançar raios com um aceno da sua gigantesca mão enfaixada. Óbvio, aquilo não era mais um mero homem mascarado.

Dave Lights se lembra de como a ideia germinou: "Perto do Natal, levei minha família para assistir a *João e o pé de feijão* no teatro, e me recordo de como as crianças ficavam impressionadas toda vez que o gigante entrava no palco. Era uma coisa básica; um cara usando pernas de pau, mas vestido para parecer que tinha três metros de altura. Um efeito tão simples e maravilhoso que eu o mencionei para a banda, dizendo:

'Que tal se tivéssemos Eddie como um gigante na hora de ele entrar no palco?'. Acho que a primeira vez que fizemos algo parecido foi na turnê mundial do *The number of the Beast*, quando nosso Eddie tinha uns 2,40 metros. Ele continuou crescendo e crescendo, ficando maior a cada turnê, e isso meio que se tornou a melhor parte do show. É sempre próximo ao final, durante 'Iron maiden'; e a coisa toda se transformou em uma celebração maluca. Quando você acha que já viu todos os efeitos que existem, que já viu as melhores luzes e escutou as melhores músicas, de repente, ele entra e manda todo mundo para as alturas".

O atual *tour manager* da banda, Dickie Bell, que trabalha com o Maiden desde 1981, diz: "As crianças adoram pra caralho o Eddie. Mais até do que amam a banda. E dá para entender o porquê. É porque Eddie é um deles. Na mente deles, Eddie é como um fã do Maiden vindo do inferno! E, quando sobe no palco, é como um deles subindo lá e fazendo aquilo tudo. É como se o Eddie fosse o *headbanger* definitivo!".

De volta a fevereiro de 1980, contudo, o mundo do Eddie gigante e das enormes turnês ainda estava distante. Em vez disso, a banda teve que se contentar, por um período, em excursionar com um tipo bem diferente de monstro de palco: o *Metal For Muthas*, de Neal Kay. Ao mesmo tempo que Brian Shepherd havia oferecido ao Maiden um contrato com a EMI, outro conhecido amante do rock do departamento de A&R era Ashley Goodall, um jovem que já tinha decidido arrumar sua própria banda na cena emergente NWOBHM, sobre a qual a *Sounds* estava cada vez mais delirante. Mas, em vez de buscar uma banda em particular, Goodall teve a ideia de reunir a nata das bandas NWOBHM e inserir músicas de todas elas em uma grande coletânea, solicitando a ajuda do sempre disposto Kay para escolher as faixas e fazer publicidade para o lançamento. Foi o entorpecido DJ quem sugeriu o título do álbum: *Metal for muthas*.[10] Nada sutil, mas seguramente memorável. Então, na arcana terminologia de Kay, os dois começaram a "recrutar os heróis para a causa".

Eles selecionaram nove bandas, cuja maior parte poderia ser convenientemente classificada como integrante da cena NWOBHM (embora

---

10 Em inglês, a palavra *mutha* tem alguns significados distintos, sendo o pretendido no contexto o diminutivo do xingamento *mutha fucker* (filho da puta). (N. T.)

RUN TO THE HILLS

como o The EF Band – um clone versão metal do Sweden – se qualificou, só Kay sabe!). O conjunto mais proeminente, claro, era o Maiden, também o único com duas faixas presentes no álbum: "Sanctuary" e "Wrathchild". Mas, até aí, o Maiden também era a única banda que tinha Rod Smallwood como empresário.

"Sabíamos que só valeria a pena fazer se fosse do nosso jeito", ele afirma. "Ganhamos alguns dias para fazer as gravações com o nosso cara da EMI, Neil Harrison, que tinha um estúdio montado no seu porão, em Manchester Square. E insistimos em ter duas faixas, com uma delas abrindo o lado um. Nossa postura era clara: 'Vai ser do nosso jeito ou não fazemos nada!'."

Havia também faixas de genuínas bandas NWOBHM, como Samson ("Tomorrow or yesterday"), Angel Witch ("Baphomet") e Sledgehammer (com a canção que deu nome ao grupo). Inevitavelmente, ocorreram ausências, como o Saxon, Def Leppard, Diamond Head e Tygers of Pan Tang, todos atravessando variados estágios de negociações com outros grandes selos, o que inviabilizou sua presença para o projeto da EMI. O resto do álbum foi acolchoado com emblemáticos grupos da segunda divisão, como o Toad The Wet Sprocket, com a canção "Blues in A", que não chega nem perto de ser tão excitante quanto parece, e o Ethel The Frog, com a boa, porém amadora, "Fight Back". Eles até incluíram uma faixa de um antigo conjunto de artistas da A&M, o Nutz, que dificilmente se qualificaria como uma banda nova, qualquer que fosse o estágio da sua nada notável carreira.

Ao fazer a resenha do álbum para a *Sounds*, Geoff Barton foi direto ao ponto: "Para algo que deveria servir como estandarte da nova onda do heavy metal britânico, o *Metal for muthas* é uma piada. E nada engraçada". Ele acusou os produtores da coletânea de lançarem "um disco de baixo orçamento só para fazer dinheiro", e nada além disso. "Longe de dar um empurrão na cena NWOBHM, vai apenas provocar um prejuízo considerável." A única coisa que se salva no álbum – conclui Barton – é a contribuição do Maiden, com duas faixas gravadas em um dia nos porões da EMI, em um estúdio da Manchester Square, antes de seguirem para seu próximo álbum. "Das nove bandas selecionadas, só o Iron Maiden pode sair de cabeça erguida", opinou o crítico, descrevendo o som da banda como "uma mistura áspera de heavy metal e punk, e um gostinho tentador do que virá em seu próximo disco".

Nem todo mundo, porém, foi tão duro com a coletânea. Malcolm Dome, da *Record Mirror*, fez uma resenha positiva para o *Metal for muthas*, tese que defende até hoje. "Admito que achei tudo muito excitante na época. Parecia evidente, para os cínicos, que *Metal for muthas* estava sendo usado para promover o Iron Maiden, com duas faixas presentes no disco, enquanto todos os demais tinham apenas uma. Mas até aí, as faixas do Maiden eram de longe as melhores, sem a menor sombra de dúvida. Foi uma pena que eles não tenham conseguido a participação de Def Leppard ou Diamond Head. Mas, se você olhar para quem mais eles tinham – Ethel The Frog, Toad The Wet Sprocket, Angel Witch, Samson, Praying Mantis –, bem, eu ainda acho que era um ótimo resumo de todo o período."

A turnê do *Metal for muthas*, que apresentou o Maiden, Praying Mantis, Tygers of Pan Tang e o Raven, assim como o sempre presente Neal Kay, na função de DJ e apresentador, foi marcada para começar em fevereiro. Foi a primeira experiência de Dennis Stratton tocando ao vivo com a banda, e hoje ele admite que estava "em choque pela responsabilidade que tinha com os fãs". "Eu já havia feito shows para 30 mil pessoas com o RDB, abrindo para o Status Quo, na Alemanha. Embora a gente tenha tocado em alguns lugares bem grandes na turnê do *Metal for muthas*, como o Lyceum e a Aberdeen University, obviamente não eram quase nada em comparação às arenas que fizera com o Quo. Mas o clima daquela turnê, cara... Aquilo foi inacreditável, diferente de tudo o que já tinha vivido antes! Com o Maiden, o público ficava histérico. Quando as luzes se apagavam, o barulho crescia de maneira impressionante. Todos ficavam loucos. Musicalmente, a banda cruzava a fronteira do punk rock, assim como o *trash metal* faz hoje, e o público era absolutamente fanático. Nunca vi nada assim. E o Maiden dava tudo, buscando seu melhor, todas as noites. Para mim, era tudo música pesada, mas, por algum motivo, os fãs compreendiam que o Maiden era diferente. Talvez, fossem os *riffs* em vez dos refrãos. O que quer que eles tivessem na sua essência, já existia antes de eu entrar na banda. A multidão era realmente devotada. Então, da forma que foi, não podia dar errado. Naquela turnê, o Maiden estava tão à frente de todo mundo, que não dava para imaginar algo que nos detivesse."

"Não encaramos aquilo como uma competição com as outras bandas", esclarece Steve Harris. "Em nossa cabeça, quando começaram a chamar aquilo de movimento NWOBHM, era como se estivéssemos todos lá na onda, tentando fazer a coisa juntos. E foi um cala-boca para todos os outros estilos musicais, como o punk, que haviam ficado no caminho. Também foi um cala-boca para todos que nos mandaram cortar o cabelo e tentar fazer algo mais punk. Sabíamos que tínhamos um público fiel, que nos seguia onde quer que fôssemos, mas foi uma grande surpresa quando tocamos em lugares como o Lyceum, em Londres, o maior show que já havíamos feito até então, e vimos o local completamente lotado. É verdade que não havia somente os fãs do Maiden lá, mas também gostamos desse aspecto. Era uma questão de se mostrar para mais pessoas que, de outro modo, não nos teriam conhecido."

"Certas noites, eu ficava na coxia e assistia às outras bandas, mas não via o público tão animado", diz Paul Di'Anno. "Acredito que era o apelo punk que nós tínhamos. Bandas como Saxon e Tygers of Pan Tang mostravam um estilo rock'n'roll das antigas. Nosso som era mais das ruas. A molecada notava a diferença. *Eu* notava a diferença. Quando via outros shows, a multidão não pulava como durante a nossa apresentação. Era uma atmosfera totalmente diferente."

"Em todos os lugares que íamos, sempre tudo corria bem", diz Dave Murray. "Havia pessoas que só esperavam a turnê chegar. Parecia que aquela coisa punk estava acabando, e sobrava uma lacuna. Todos pareciam esperar que alguma coisa acontecesse de novo. E foi ótimo, porque o rock deveria estar morto. Sabe como é? Mas a verdade é que havia muitos jovens lá fora, que estavam vindo aos shows ou formando suas próprias bandas. Todo mundo se lembra de nós ou do Samson, Angel Witch e Def Leppard, mas eu também achava legal que houvesse outros grupos como o Toad The Wet Sprocket. Não me lembro da sonoridade que tinham, mas sempre me lembro deles, porque o nome era brilhante. Sempre me faz sorrir quando penso a respeito."

Contudo, aconteceu um problema que cancelou as apresentações da última semana da temporada. Steve Harris precisava de tempo para voltar ao Morgan Studios e completar as mixagens finais do primeiro álbum do Maiden. "Mas foi melhor para eles", explica o agente da banda, John Jackson. "Inicialmente, a turnê do *Metal for muthas* duraria apenas três semanas. Então, quando o Maiden teve de sair para terminar o álbum, decidimos compensar, remarcando todas as datas canceladas para a primavera. Mas, então, o álbum já era um grande sucesso, e a demanda pelos ingressos foi tanta que tivemos de inserir mais e mais datas."

"Começou com sete datas remarcadas para a turnê do *Metal For Muthas*, em abril. Nós tínhamos a companhia do Praying Mantis e de Neal Kay, e, em alguns shows, a participação do Tygers of Pan Tang. Mas, em maio, o Maiden já encabeçava sua própria turnê, tocando em alguns lugares em que antes abrimos para o Judas Priest. Acabamos fazendo uma sequência de 55 shows na Inglaterra. Simplesmente, fomos acrescentando e acrescentando cada vez que os ingressos se esgotavam. Lotamos até o velho Rainbow Theatre, em Finsbury Park, que hoje está fechado, mas, na época, era uma das maiores casas de Londres. Tocamos algumas noites no Marquee, também com lotação esgotada. Nós arrebentávamos em qualquer lugar que fôssemos."

Com as mixagens finais do álbum já completas e entregues à EMI para o iminente lançamento, o Maiden deu uma pausa – sua maior parada – até março, quando pegaram carona como convidados especiais (na verdade, "banda de apoio") no braço britânico da turnê mundial do Judas Priest, com 15 shows em grandes casas de concerto, onde sonhavam tocar desde que eram crianças, quando pegavam fila para assistir ao Priest na Hammersmith Odeon, o mesmo lugar em que fariam sua própria estreia em 15 de março.

"Não acredito na sorte que tivemos, colega!", brinca Paul Di'Anno. "Mas também foi estranho, porque eu me lembrava de ter visto eles tocarem no velho Hammy Odeon em sua turnê anterior. Se qualquer um tivesse me dito na época: 'da próxima vez que o Priest tocar aqui, vocês estarão juntos', eu teria certeza de que estavam tirando um sarro da minha cara."

Pouco antes de a turnê começar, porém, os integrantes do Judas Priest ficaram ponderando sobre seu próprio destino após se ofenderem com o comentário que Di'Anno fez para Garry Bushell na *Sounds*. Sem meias palavras, o cantor havia dito que o "Maiden vai arrebentar com o Priest". Já preocupados com a ameaça que a NWOBHM poderia repre-

RUN TO THE HILLS

sentar à sua condição de recém-nomeados líderes da cena de hard rock, a presunção espertalhona de Paul colocou o Priest ainda mais na defensiva. Durante anos, eles tinham lutadp para ser reconhecidos, tocando sob a sombra de gigantes mais eminentes dos anos 1970, como o Led Zeppelin e o Black Sabbath. Agora, em 1980, com o Zeppelin e o Sabbath se juntando ao Deep Purple na aposentadoria e o sucesso de seus mais recentes álbuns – o ao vivo *Unleashed in the east* (1979) e o novo disco de estúdio *British steel* (que trazia o *single* de sucesso *Living after midnight*) –, a carreira do Priest parecia um foguete em ascensão. Somente o UFO, um dos companheiros dos anos 1970, poderia oferecer algum desafio à sua posição de *Top 3* da Inglaterra bem no início da década de 1980, e mesmo o UFO já começava a vacilar com a saída do guitarrista Michael Schenker. Então, veio o Iron Maiden e a cena NWOBHM...

Sem saber desse péssimo sentimento prestes a estourar em seu caminho, e incrivelmente excitado com o projeto de excursionar pelo país ao lado de uma banda que eles admiravam como fãs desde antes de virarem profissionais, o Maiden apareceu em peso para conhecer o pessoal do Priest em um ensaio realizado em Willesden, alguns dias antes da turnê começar, em 7 de março. Carregando caixas de cerveja e alegres com a perspectiva boemia da turnê, a galera do Maiden ficou mal ao topar com o guitarrista KK Downing, de ar irascível e humor taciturno.

Em menos de cinco minutos, aborrecido pelo que via como uma atitude insultante do Maiden, o descontente guitarrista expulsou todos sem a menor cerimônia. "Achei que eles estavam zoando com a gente", KK confidenciaria para este autor anos depois. "Mas eles eram jovens e não tinham muita referência. Hoje em dia, somos todos bons amigos, sabe?"

O agente John Jackson comenta: "Naquela época, havia risco de quebrar a outra banda em meio a uma turnê, especialmente em shows de rock, porque quase tudo depende de como você é bom ao vivo. Aconteceram alguns exemplos clássicos ao longo dos anos: o Lynyrd Skynyrd abrindo para o Golden Earring no Rainbow apenas com meia casa em 1974, e, na sequência, voltando lá poucos meses depois, fez seu próprio show completamente lotado; ou quando o Little Feat abriu a noite para o The Doobie Brothers e roubou totalmente o show. Assim, com o crescimento da nova onda de metal, da qual o Maiden era assumidamente o líder, as bandas mais antigas já começavam a olhar de esguelha, perguntando-se o que seria todo aquele furor. Era como a mudança da guarda".

"Mas o fato é que eu sabia que o Maiden se daria muito bem naquela turnê, e foi o que ocorreu. Absolutamente. Totalmente", diz o agente. "Desde então, o Priest tem uma cisma com eles." Depois disso, o Priest viria a despedir Jackson, especificamente por causa de sua aliança com Rod e o Iron Maiden. "Mas eles me fizeram um grande favor", insiste John hoje, não despido de razão. "Porque isso me encorajou a sair da Cowbell e criar minha própria agência, a Fair Warning, em 1984. E, claro, meu primeiro cliente foi o Iron Maiden." (Vale ressaltar que a Fair Warning é uma das maiores agências do mundo, representando mais de 200 artistas, incluindo o Maiden, Metallica, Black Sabbath, Guns N' Roses, Megadeth e Slayer, juntamente com nomes mais caseiros, como o Blur, Wet Wet Wet e Sheryl Crow, entre outros.)

Na turnê, o Priest não ficou satisfeito com a situação, de acordo com Steve Harris. "Eles dificultaram as coisas para nós. Seu técnico de som, o Nigel, começou a nos foder, e tinha um comportamento, no mínimo, irritante. Mas isso tudo nos deixou ainda mais determinados a nos exceder."

Rod Smallwood coloca as coisas em perspectiva. "Ficamos felizes de fazer a turnê com o Priest. Na verdade, eu já havia trabalhado com eles quando assinaram com a agência MAM, em 1972, embora tenha saído pouco depois, assim como a própria banda. Infelizmente, Garry Bushell – à época na *Sounds* –, com seu inimitável estilo controverso e provocador, incitou Paul a fazer o comentário sobre detonar com eles. Depois, descobrimos que o Priest ficou puto com aquilo, o que é compreensível. Por isso, telefonei para seu empresário, Jim Dawson, e perguntei se tudo bem levar o Maiden para conhecê-los, com algumas cervejas, durante seu ensaio. Isso ficou acertado, então fomos até Willesden, onde eles estavam em pré-produção. Infelizmente, como o empresário não disse à banda que iríamos, eles interpretaram mal nossa visita, como se fosse falta de cortesia e arrogância, e pediram que fôssemos embora."

"Pode-se dizer que tivemos um início bem complicado na turnê. Isso levou a alguns problemas, mas tudo só deixou o Maiden ainda mais incendiado. O resultado foi ruim, com relações envenenadas entre as bandas durante anos, e nós fizemos turnês em arenas com eles por duas

RUN TO THE HILLS

vezes, em 1981 e 1982! É realmente uma pena ver duas grandes bandas inglesas, que, apesar da diferença de idade, deveriam ter sido amigas, ter problemas devido a uma série de mal-entendidos. No longo prazo, excursionar com o Priest na Inglaterra e nos Estados Unidos foi um enorme sucesso, e fez diferença para o início do desenvolvimento do Maiden, e lhes agradeço por isso. Agora tudo está bem entre nós."

O último show com o Priest havia sido na Birmingham Odeon, em 27 de março. De 1º a 10 de abril, o Maiden completou as sete datas finais da turnê do *Metal for muthas*, com o Praying Mantis, Neal Kay e Tygers of Pan Tang. A seguir, em 11 de abril, um dia após o show na Central Hall, em Grimsby, a EMI lançou o disco *Iron Maiden* nas lojas do Reino Unido. Em apenas uma semana, conquistou as paradas, chegando ao *número 4*!

"Fiquei completamente chocado quando o álbum entrou nas paradas", diz Dennis Stratton. "Estávamos em um pub, e alguém da EMI entrou e disse: 'Vocês foram direto para a 4ª posição'. No ato, todos começaram a gritar. Voltamos para a gravadora, e havia pessoas gritando das janelas da EMI, na Manchester Square: 'Vocês são o número 4!'. Era a pura realidade, mas nada parecia real. Dá para entender o que quero dizer? Provavelmente, me senti como alguém que ganha na loteria, com a diferença de que eles não lhe dão um cheque polpudo logo de cara. Na verdade, tínhamos uma gama de seguidores tão grande que nos disseram que, apenas com os pedidos adiantados, provavelmente subiríamos nas paradas, mas não imaginávamos que seria assim tão alto. Acho que ninguém imaginou. Quando chegou a semana seguinte, porém, ficamos desapontados. É engraçado como suas expectativas podem mudar radicalmente de uma hora para outra. Poucos dias antes, estávamos excitados, imaginando se iríamos mais alto; mas, então, caímos para 17º ou algo assim."

De fato, o álbum caiu nas paradas na semana seguinte, mas ainda levou mais de um mês até que saísse completamente de vista, com o Iron Maiden já tendo vendido mais de 60 mil cópias – suficiente para dar à banda seu primeiro disco de prata. "Não esperávamos que ele fosse tão alto", admite Steve. "Sabíamos que chegaria ao *Top 30*, possivelmente ao *Top 20*, por conta das pré-vendas e todas as outras coisas que dizem. Já havíamos excursionado bastante na época, e construído uma base bem sólida de fãs. Claro que ainda não era algo maciço, talvez uma coisa meio *underground*, mas, por causa disso, tínhamos confiança de que o disco venderia bem. Mas entrar direto na 4ª posição foi de arrebentar. No começo, achei que alguém tivesse cometido um erro. Quem sabe, fosse número 40 ou, na melhor das hipóteses, 14º lugar. Pedi-lhes que checassem duas vezes e, ainda assim, não conseguia acreditar."

Ainda considerado por muitos fãs da primeira geração como um dos melhores álbuns que a banda já fez, *Iron Maiden* trazia oito clássicos originais do Maiden, cinco escritos por Steve sozinho ("Prowler", "Phantom of the opera", "Transylvania", "Strange world" e "Iron maiden"), dois em parceria com Paul ("Remember tomorrow" e "Running free") e um de Davey, "Charlotte the harlot", "baseado em uma história verdadeira". Representação fiel do *set* ao vivo do começo da sua carreira, todas as composições haviam sido brutalmente trabalhadas até chegar àquela forma durante o interminável desfile de shows que o Maiden fizera nos 12 meses anteriores, e é uma marca registrada daqueles tão poderosos e tempestuosos primeiros shows. Apesar da produção crua, "Iron maiden" ainda se destaca e soa como uma manada de elefantes furiosos se você tocar a faixa com o volume no talo, mesmo após todas essas décadas.

"Já vínhamos tocando a maioria daquelas canções há anos, de uma forma ou de outra, o que foi uma bênção, porque isso queria dizer que não ficaríamos perdendo tempo no estúdio", conta Steve. "Simplesmente, tentamos registrar na fita nosso som ao vivo. Mas, como a produção foi um pouco sofrida, penso que não o captamos de fato. Ao escutar algumas gravações ao vivo dos shows que fizemos naquela época, percebo que elas dão um pau no álbum. Não me entenda mal, tenho muito orgulho desse primeiro disco. Acho que gravamos as canções da melhor maneira possível, e, no final das contas, é assim que elas sempre serão lembradas pelos fãs; então, não estou reclamando. E, de qualquer modo, foi nosso primeiro, certo? É claro que é especial."

Independentemente do valor questionável da produção, a banda toca como anjos com as asas em chamas, transcendendo os limites da sua cercania tal qual aprendeu a fazer nos incontáveis pubs onde sua música cresceu, para produzir um trabalho rigoroso e de apelo inegável. Os vocais de Paul Di'Anno são soberbos, ásperos, mas controlados, sendo

RUN TO THE HILLS

a agressão o destaque de canções como "Prowler" e "Running free", tão fortes, mas não berradas; e as emoções expressas em momentos surpreendentemente ternos, como em "Remember tomorrow", ou a pausa encantadora no meio de "Charlotte the harlot". Mesmo que não tenha escrito a letra, dá para perceber que Paul acredita em cada palavra do que canta.

"Foi, sem dúvida, o melhor álbum que fiz com o Maiden", reflete o cantor hoje. "Não acho que o segundo se equipare a ele. As pessoas falam sobre a produção. Eu nem reparei. Só o que escuto é a banda tocando e a minha voz, e o tanto que as músicas são boas."

Ao resenhar o álbum para a *Sounds*, Geoff Barton escreveu: "Heavy metal para os anos 1980. É velocidade alucinante e ferocidade rampante, o que faz a maior parte das faixas de rock dos anos 1960 e 1970 soar como um funeral. Um híbrido de alfinetes e calças boca de sino? De várias maneiras, sim!".

Malcolm Dome foi ainda mais generoso com as cinco estrelas da resenha feita para a *Record Mirror*. "Era tudo o que você esperava que eles fizessem", ele diz hoje. "Para mim, marcou o início dos anos 1980 em termos de direcionamento do rock, e ainda acho que é uma das melhores coisas que eles fizeram. Na verdade, o álbum de estreia e o que veio depois, *Killers*, ainda são os meus favoritos, e, sim, eu tenho todos os discos do Maiden."

E, claro, estampando de forma resplandecente a colorida capa, lá estava o novo amigo da banda, Eddie. Garry Bushell costumava dar corda às pessoas, dizendo-lhes que a imagem do Eddie, na capa do primeiro álbum do Iron Maiden, tinha sido inspirada em uma fotografia de Neal Kay – e, por mais difícil que seja acreditar, Eddie era bem pior do que aquilo. Ele se parecia com um cadáver recém-trazido de volta à vida por um poderoso raio profano (possivelmente o *riff* de "Phantom of the opera"?). O ex-editor da *Metal Hammer* Jerry Ewing, hoje autor e crítico de rock da revista *Vox*, recorda-se de "comprar o álbum e, ao se sentar no ônibus, ficar olhando a imagem daquela... coisa... na capa". "É óbvio que não era para levá-la muito a sério, e eu gostava daquilo", ele diz. "Até então, diversas bandas de rock eram muito pomposas com relação às capas dos álbuns. Era tudo com imagens surreais e simbolismo pesado, mas o Maiden não fez assim. Eles tinham músicas bem pesadas que, obviamente, eram significativas, mas acima de tudo havia um grande espírito, quase como uma banda punk. Eles passavam por cima de você e não davam a mínima, e eu achava aquilo incrível."

"Eu era apenas uma criança, na época, e me lembro de ver bandas como o Judas Priest e o Nazareth no *Top of the pops* e de pensar: 'Isso aí é um bosta. É só um bando de velhos babões'. Mas o Maiden era algo novo, grande, excitante, e eles estavam à frente de um novo movimento, ou é o que nos diziam. Também havia a sensação de que eles seriam imensos. As pessoas falam sobre a produção, ou a falta dela, no primeiro álbum, mas, quando criança, comprei o primeiro disco do Iron Maiden e não percebi nada daquilo. Simplesmente toquei, e pensei: 'Isso sim é que é rock!'."

8 *Adrian*

A primeira grande turnê encabeçada pelo Iron Maiden foi uma excursão maciça de 45 datas com o Praying Mantis e Neal Kay ainda como apoio, que começou na Drill Hall, em Lincoln, no dia 15 de maio, e culminaria na primeira aparição da banda no Reading Festival, então o maior evento anual de rock na Inglaterra, em 23 de agosto. Ao longo do caminho, eles também fariam seu próprio show na Rainbow, de Londres, pela primeira vez, quando a EMI os ajudou a celebrar dando uma festa pós-show para a banda e para centenas de convidados no Museu de Cera Madame Tussaud's Chamber of Horrors. A EMI também se apressou em lançar um novo *single*, no dia 16 de maio, para coincidir com as datas da turnê, e a banda, sabiamente, optou por uma regravação de "Sanctuary", a faixa de Harris/Murray/Di'Anno incluída na coletânea *Metal for muthas*, e uma grande favorita dos fãs que tinham visto a banda ao vivo.

Construída em torno do *riff* de sirene de polícia de Dave Murray e dos vocais brutais de Paul Di'Anno, "Sanctuary", que tem 3 minutos e 13 segundos de puro metal, é tão capciosa e sangrenta como um gancho de açougue. "Ela se tornou uma das músicas que tocávamos quase no fim do show", recorda-se Dave Murray. "E ainda é assim às vezes. Acho que a versão que fizemos para o *single* era dez vezes melhor do que a original, da *Metal for muthas*."

Decerto, a crescente legião de fãs também achou, já que tantos correram para comprá-lo nas duas primeiras semanas após o lançamento, o que mandou o *single* para a 33ª posição na lista dos mais vendidos. Mas, dessa vez, ao contrário do álbum, uma semana depois "Sanctuary" subiu ainda mais, atingindo como uma bomba o número 29 das paradas nacionais, e , mais uma vez, sem o apoio das rádios (provavelmente teria ido ainda mais alto se eles tivessem retornado ao *Top of the pops*, mas uma greve da equipe técnica da BBC resultou na interrupção do programa, que ficou várias semanas fora do ar naquele verão).

E, claro, havia mais uma capa especial com o Eddie para acompanhar a embalagem do *single*. Dessa vez, contudo, Derek Riggs criou um Eddie que não só captou soberbamente a atmosfera da música, mas também causou grande controvérsia para a banda. Um Eddie, brandindo uma faca, estava agachado sobre a figura de uma mulher morta vestindo saia que, com um olhar mais apurado, parecia ser Margaret Thatcher, a conservadora ocupante do cargo de primeiro-ministro que havia chegado ao poder na Inglaterra nas eleições de 1979. A julgar pela cena, Eddie havia, aparentemente, flagrado a autoridade máxima do país no imperdoável ato de rasgar um pôster do Iron Maiden, arrancado de um muro na rua: um crime – aos olhos enlouquecidos do Eddie – passível de punição imediata. O sangue ainda pingava da sua lâmina, de doze polegadas, no momento em que o vemos. Mas o lançamento do *single* coincidiu com uma série de atos de violência na vida real, perpetrados por vários membros descontentes do povo inglês contra diversos integrantes oficiais do governo (Lorde Home foi perseguido por uma gangue de skinheads na estação de metrô Piccadilly Circus, e Lorde Chalfont ganhou um olho roxo ao topar com um jovem enquanto caminhava na King's Road).

"A arte era bastante bem-humorada, como sempre", comenta Rod. "Na época, Maggie [Margareth Tatcher] tinha visitado a antiga União Soviética e, seguindo sua dura postura com eles, batizara o Iron Maiden. Eddie não gostou disso, e muito menos quando ela começou a arrancar os pôsteres da banda. Ainda é uma das minhas artes prediletas. Pouco antes de ser publicada eu sugeri à EMI que colocassem uma venda preta nos olhos dela, já que isso daria um ângulo para noticiar nos tabloides e chamaria a atenção para o *single*. Funcionou, e conseguimos uma grande cobertura."

Em 20 de maio, *The Daily Mirror* reproduziu a versão sem censura da capa de "Sanctuary", sob a manchete: "É assassinato! Maggie é atacada pelo rock!". Logo, foram feitas perguntas no Parlamento. "A premiê Margaret Thatcher foi assassinada – na capa do disco de uma banda de rock", relatou em tom de choque o *The Mirror*. De forma hilária, o jornal inglês citou a declaração de um porta-voz do governo: "Não

RUN TO THE HILLS

é dessa maneira que gostamos de ser retratados. Tenho certeza de que ela não gostou". Trazendo a mesma história, o *The Daily Record*, um irmão escocês do *The Mirror*, disse ter achado a capa de "extremo mau gosto", acusando a banda de capitalizar em cima de um "artifício barato". Paul Di'Anno disse que a aborrecida PM [primeira-ministra] teria até mesmo instruído seu procurador a enviar uma carta para a banda, expressando uma visão parecida, mas nem Steve nem Rod se recordam de tê-la recebido, de forma que é melhor denotar tal carta como mais um exemplo da imaginação ativa de Paul.

Conforme já disse o agente John Jackson, a turnê do Maiden foi obrigatória para todos os fãs de rock na Inglaterra durante o verão, e onde quer que a banda aparecesse, havia milhares deles, velhos e novos, esperando por ela. O único inconveniente foi a tendência, cada vez maior, de Paul Di'Anno perder a voz. Os rigores de sustentar, todas as noites, os vocais diante da banda mais alta do planeta tinham sua parcela de culpa, claro. Como diz Dave Murray: "A forma como Paul canta é pura garganta do começo ao fim. Então, a questão era algo do tipo: ou ele consegue fazer ou não. Não existe meio-termo com Paul." Mas o que acabava mesmo com a laringe do cantor eram as festas sem fim que se repetiam após o show, todas as noites. Hoje, Paul lamenta: "Eu não sabia como me controlar".

"Ficou tão ruim que, a certa altura, parecia que ele reclamava todas as noites", diz Steve. "Mas, com Paul, o problema é que você nunca sabia o que rolava. Ele começou a reclamar de perder a voz durante a turnê com o Priest, mas, quando chegou a hora de fazer nossa própria turnê, ele criou tanto caso com aquilo, que, aí sim, começamos realmente a nos preocupar. Quando entrava no palco, porém, ficava tudo bem. Era quase uma coisa de querer chamar a atenção. Queria que nos preocupássemos com ele. Não sei se era nervosismo, mas, certas noites, ele ficava literalmente caído no chão do camarim, dizendo: 'Não dá. Não vou conseguir! Você precisam entrar sem mim'. Mas a última coisa possível seria entrar no palco sem o cantor; então, ficávamos adulando-o por horas, tentando fazer com que se sentisse melhor."

Quando a turnê chegou ao Central Hall, em Grimsby, a choradeira tornou-se forte demais. "Grimsby foi um clássico", continua Steve. "Eu lancei um blefe, antes de fazer a passagem de som, e Paul já estava naquela ladainha: 'Oh, estou morrendo. Não vou conseguir. Temos de cancelar o show!'. Eu disse: 'Foda-se isso tudo. Vamos fazer sem ele', e seguimos em frente. Ele ficou mal com a situação. Lembro-me de vê-lo na coxia assistindo, com pena de si mesmo porque, além de não fazer o show, fez papel de um completo idiota. Eu não ia cancelar o show por causa das besteiras de Paul. Acho que, no final, ele entrou e fez algumas canções conosco, mas, mesmo assim, agiu com se tivesse sido arrastado do seu leito de morte para estar ali. Daí, começamos a passar por diferentes versões dessa mesma situação quase todas as noites. Era o rei do drama, e me deu nos nervos!"

"Eu era um moleque, de 22 anos, e lá estávamos nós, encabeçando nossa própria turnê. Não sabia como lidar com a pressão", admite Paul. "Não sabia nada. Não queria saber de nada. E, claro, estava curtindo um pouco de *speed*, e acho que aquilo me fazia piorar, porque ficava dias acordado, sentindo-me realmente doente. Em certas noites, tinha certeza de que não ia conseguir. Minha voz sumia, eu ficava nervoso, mas, quando entrava no palco, estava bem."

Fazer sua própria turnê e ter um *single* no *Top 30*, além de um álbum no *Top 5*, não trouxeram, como o Maiden descobriu, recompensas financeiras imediatas. Cada membro da banda ainda levava para casa menos de 60 libras por semana quando "Sanctuary" virou um sucesso.

Steve Harris conta: "Todo mundo sabia que qualquer dinheiro que entrasse sairia de imediato. Já havia falado com Rod, e concordamos, que ele não tiraria sua comissão empresarial e eu não tocaria nos meus *royalties*, para que pudéssemos usar o dinheiro para subsidiar a banda. Sabíamos que era um negócio de risco, mas tínhamos de colocar a grana de volta para fazer as turnês e tudo o que precisávamos. Fora isso, basicamente, rezar pelo melhor. E deu certo, não? De outro modo, não poderíamos fazer aquela grande turnê realizada naquele ano, pois não teríamos como arcar com as despesas".

"No início, não peguei a minha parte nas comissões", explica Rod. "Só o que precisava para pagar meus gastos, que eram baixos, pois estava sempre com a banda e, na época, também não havia custos de escritório, porque a Zomba tinha uma casa perto do seu estúdio, na Chaplin Road, em Willesden, e deixaram que eu a usasse de graça. Como

RUN TO THE HILLS

não tinha secretária, fazia todo o trabalho de agendamento eu mesmo; então, meus gastos eram míseros."

Mas, enquanto Rod e o resto da banda se contentavam em viver razoavelmente bem com suas escassas "rações de cerveja", como Paul se refere, Dennis Stratton não estava tão contente com sua parte. Cinco anos mais velho que os colegas, além de uma filha e esposa para sustentar da melhor maneira possível, ele afirma hoje que, na verdade, ficou na pior, financeiramente falando. "Estranhamente, o dinheiro que estava recebendo era menos do que ganhava até entrar para o Maiden, porque tive de parar com os trampos que fazia anteriormente. Recordo-me de ir até o escritório de Rod com uma conta de telefone e uma lista para as compras de final de semana para a família. Minha filha, Carly, tinha dois anos na época, e eu não conseguia cuidar dela com o que recebia, então Rod subiu um pouquinho. Era mais do que cada um levava para casa na ocasião, mas eu tinha mais responsabilidades que os outros, com uma criança para alimentar e cuidar."

O dinheiro que entrava em 1980 era canalizado direto para manter a banda na estrada. Como um tubarão, para ficar vivo, o Maiden precisava continuar se movendo. Depois de passar os últimos 12 meses em turnê na Inglaterra, o mais lógico, como passo seguinte, era tentar levar a banda para o resto da Europa, onde "Iron maiden" tinha sido lançada com grande aclamação da crítica naquele verão. De acordo com essa perspectiva, conseguir abrir para o Kiss na turnê europeia daquele ano foi um passo importante para a banda, além de um considerável estratagema de bastidores para Rod (que convenceu a EMI a pagar os custos da turnê) e John Jackson (que, de alguma maneira, persuadiu o Kiss a deixar o Maiden participar da temporada). Talvez, mais conhecido por sua maquiagem pesada e seus bizarros trajes de palco do que por sua música brutalmente rítmica, o Kiss era uma lendária banda de heavy metal norte-americana que jamais fizera uma grande temporada fora dos Estados Unidos quando chegou para sua primeira data em Roma, em agosto de 1980. Juntar-se à turnê como "convidados especiais" foi uma oportunidade de ouro para o Maiden brilhar diante de milhares de pessoas que nunca tinham escutado falar do conjunto do East End antes. Como John Jackson diz: "Não interessa quanto custou para eles, era algo que simplesmente não podiam perder".

"Não havia como pagar por conta própria, pois usamos todo nosso dinheiro adiantado comprando equipamento, saldando antigas dívidas e mantendo a banda até aquela altura", diz Rod. "Agora, precisávamos da ajuda da EMI, mas era muito dinheiro, por volta de 30 mil libras. Seria uma turnê extensa, e tocaríamos para mais de 250 mil pessoas, então tínhamos de fazer. Àquela altura, Brian Shepherd já tinha ido embora, e o novo diretor de A&R, Terry Slater, não entendia nem apoiava o Maiden. Foi preciso usar a política de boas relações. Comecei a prospectar todo mundo que podia. Havia, pelo menos, três caras: Charlie Webster, que era nosso gerente de produtos e nos dava apoio; Martin Haxby, que estivera ao nosso lado desde o início; e Richard Littleton, na época diretor internacional. Procurei todos e consegui convencê-los a nos dar o dinheiro."

Antes de começar a trabalhar em Londres, Richard Littleton foi diretor da EMI na Finlândia. Ele admite que nunca tinha ouvido falar do Iron Maiden e de Rod Smallwood na época. "No primeiro dia do meu novo emprego em Londres, a primeira mensagem à minha espera, sobre a mesa, quando cheguei, era do senhor Smallwood", lembra-se ele.

"Bem, eu não conhecia nenhum Smallwood, mas telefonei para o número deixado, e ele me contou que era empresário daquela banda que havia acabado de assinar com a gravadora, e que ela tocaria naquela noite no Marquee, em Londres. Ele disse que era a melhor banda do selo e, se eu tivesse alguma dúvida, que fosse lá assisti-la. Sei que ele forçava a barra, mas de forma muito encantadora; obviamente, acreditava no que dizia. Então, eu fui. Acabando de chegar direto da Finlândia, foi um choque cultural, para dizer a verdade. Fui até o Marquee e me lembro de estar abarrotado de gente, com o chão pegajoso de cerveja. Era uma atmosfera sensacional, e a banda fez aquele lugar vir abaixo. Perto do palco, alguns jovens desmaiaram durante o show, e o restante da multidão passava seus corpos para trás, por cima da cabeça, até onde o pessoal da segurança pudesse pegá-los. Nunca tinha visto nada assim antes, e achei incrível."

"No dia seguinte, Rod veio me ver, dizendo que lhes tinha sido oferecida a turnê europeia do Kiss, e pediu que a EMI ajudasse a bancar os custos. Respondi que iria considerar e entraria em contato. Telefonei para Martin Haxby e pedi seus conselhos, por ser relativamente novo no âmbito de turnês. Meu *background* era principalmente marketing. Martin disse que a decisão era minha, mas que não havia muita coisa acontecendo no selo em termos do desenvolvimento de novos artistas; então, na sua opinião, talvez eu devesse apoiar financeiramente."

"Para a turnê do Kiss, acho que precisávamos de 20 ou 30 mil. Richard e eu abraçamos a ideia", diz Martin. "Tínhamos de fazer aquilo porque era uma grande oportunidade para o Maiden e sentíamos que valia a pena apostar em Rod. Ele era um cara relativamente novo na época, devo dizer, mas eu costumava ser amigo dos artistas, dentro do possível. Você luta muito por sua posição e pela posição da empresa, mas, ao mesmo tempo, tem de ser realista. Era evidente para mim que a turnê do Kiss caíra dos céus para Rod e os garotos, e se não desse certo... Bem, na verdade, as pessoas desse meio têm memória bastante curta."

"Para nos manter no jogo, eu tinha de programar tudo com antecedência", diz Rod. "Quanto precisávamos para a turnê e quanto tínhamos, em termos de *royalties*, referente ao dinheiro que a banda ainda não tinha recebido das vendas no exterior. Fui até Martin e Phil Roley e disse: 'Temos 10 mil de *royalties* a receber. Pode nos dar parte dele, por favor?'. Então, peguei 5 mil para me virar. Como vendíamos bem, sempre havia algum crédito dos discos. Nunca me preocupava com isso, e também nunca tive preocupações com o Maiden no palco. A sensação era de que não podíamos ser detidos."

A chave, diz Rod, era "não tomar liberdades à custa dos outros". Evitando a prática comum do negócio de criar custos adicionais além do orçamento, depois de pagar tudo, Rod sempre deixava sobrar algum dinheiro, e levava os recibos para os escritórios de Martin Haxby e Richard Littleton, "mostrando para onde o dinheiro estava indo".

"Rod comandava o batalhão sem luxos", diz Haxby. "Deu para ver isso logo de cara. Ele não deixava ninguém gastar quase nada, e nos trazia as contas e os recibos de compra, dizendo: 'Olhem, não quero enganar ninguém. Vocês me digam se essa é a quantia certa de dinheiro'. Então, ele apresentava as notas, e sempre batia com o orçamento. No final, vimos que estava tudo bem, e dissemos que ele não precisava continuar fazendo aquilo. Confiávamos nele!" De fato, o orçamento de Rod era tão apertado na turnê, que ele ganhou o apelido de Smallwallet [carteira pequena].

O maior destaque daquele ano, porém, ocorreu na véspera da turnê com o Kiss, quando o Maiden, também como "convidado especial", participou pela primeira vez do Reading Festival, o maior e mais prestigioso evento aberto da Inglaterra. A apresentação da banda, que subiu ao palco depois da The Pat Travers Band, antecipou a atração principal da noite de sábado, o UFO.

A grande ocasião tornou-se ainda mais especial porque, no final de semana anterior, o Maiden fora a atração principal de um documentário de televisão sobre a onda NWOBHM que apareceu no *20th Century Box*, o show para jovens de Danny Baker. Tirando uma aparição de Neal Kay – "Eu desprezo o termo heavy metal", ele disse para as câmeras, trajando uma camiseta com o nome "Heavy Metal Soundhouse" estampado no peito –, o programa manteve o foco nos três shows que o Maiden havia feito no Marquee na primeira semana de julho. As imagens reforçavam a ideia de que o Maiden era a banda que emergiria ilesa do fundo de uma cena considerada tão artificial quanto a NWOBHM. Não que isso tenha impedido o apresentador Baker de aproveitar a oportunidade para ridicularizar alvos fáceis, como Rob Loonhouse e suas guitarras de papel-cartão. A *Melody Maker* também escolheu a estreia do Maiden no Reading para fazer sua primeira matéria sobre a onda NWOBHM, classificando a banda como uma das que valem a pena conhecer. A reportagem foi legal, exceto por um detalhe: a foto do Maiden, na revista, recebeu a legenda "Saxon". A mensagem, porém, era clara: o *mainstream* lutava para absorver o fato de que o rock britânico, longe de estar morto, jamais, em anos, parecera tão vivo.

O Reading Festival de 1980 foi uma virada na carreira de várias bandas naquele dia. Marcou o renascimento do Slade como banda principal em shows na Inglaterra; comprovou o começo do declínio do UFO como força criativa a ser reconhecida pela mídia; e confirmou a chegada do Iron Maiden ao palco principal. "Agora, quero ver o Iron Maiden continuar daqui", disse impetuosamente o cantor canadense Pat Travers para o público, antes de sair do palco do Reading naquela noite. Grande erro. Como disse Robin Smith em uma resenha para a *Record Mirror*, "o Iron Maiden provou ser o herói do sábado à noite, equiparando-se até mesmo ao UFO". Enquanto isso, na *Sounds*, Geoff Barton chamou aquele show de "a performance da vida do Maiden". A resposta elétrica que a banda recebeu no momento em que entrou no palco sustentou tudo.

Para Steve Harris, que era fã do UFO desde a época de escola, a chance de dividir o espetáculo com seus antigos heróis era a prova necessária para, independente do que a mídia falasse, o Maiden se tornar a banda que sempre sonhou. "Tocar no Reading Festival como convidado especial do UFO… foi realmente algo com que eu sonhava", afirma. "Eu fiquei muito, muito nervoso; não porque o UFO estava lá, mas porque nós estávamos. Havia dois palcos para que, assim que uma banda acabasse o show, a próxima começasse a tocar sem intervalo – e nós fomos muito bem. Não tão bem quanto o UFO, mas, ainda assim, foi espetacular. Nunca havíamos tocado para tanta gente na Inglaterra. A certa altura, Dave Lights ligou os holofotes sobre a galera, e não conseguíamos ver o fim da multidão. Tocando em pubs, dá para ver o branco dos olhos do público, e isso pode ser assustador para quem não está habituado.Portanto, tocar para 40 mil, ou sei lá quantas pessoas havia ali, realmente me fez ter arrepios."

"Após as duas primeiras canções, Paul, em geral, parava para beber alguma coisa e, quando voltava até o microfone, dizia às pessoas como elas eram incríveis", recorda-se Dennis Stratton. "Mas me recordo de que, no Reading, fui até o microfone e pedi que Dave Lights ligasse as luzes, o que só acontecia no final do show, na parte em que o público participa. Mesmo assim, peguei o microfone e berrei: 'Acenda a luz, Dave! Vamos ver todo esse povo'. Ele iluminou a multidão, e aquilo me deixou pasmo! Ainda tenho uma foto que Ross Halfin (antigo fotógrafo da *Sounds*) tirou, de trás da bateria, bem na hora que falei isso, que dá uma ideia do que é estar diante de tanta gente assim. Essa foto é meu grande orgulho!"

Dave Murray também fala do mar de gente: "Acho que nunca tinha ficado tão nervoso antes de um show. Já havíamos feito apresentações para um grande público àquela altura, além de festivais na Europa e alguma coisa para a tevê, mas ali era nossa casa, sabe? E não queríamos só ir bem; queríamos ser brilhantes, dar o melhor. As horas que antecederam a entrada em cena pareciam se arrastar. Mas, quando subimos no palco, elas voaram. Foi como se tudo tivesse acabado em poucos segundos. Além do começo, quando entramos no palco, e do final do show, só me lembro do momento em que ligaram as luzes sobre o público e pudemos ver todo mundo. Era um mar de rostos que se estendia até o horizonte. E o barulho que eles faziam era quase tão alto quanto o som da gente!".

"Não conseguimos pensar no que fazer em termos de efeitos especiais; então, na hora, surgiu um monte de caras correndo com máscaras do Eddie", conta Dennis. "Era inacreditável, mas funcionou. Nunca tinha visto nada assim na vida."

No dia seguinte ao Reading Festival, ainda cuidando da ressaca, a banda seguiu viagem até Portugal, para seu primeiro show na turnê com o Kiss, realizado em Lisboa. Foi o início de outro passeio, de proporções mastodônticas, que durou dois meses, com o Maiden cruzando o continente, fazendo quase 30 shows em nove países diferentes.

"Tivemos sorte de conseguir a turnê com o Kiss na Europa", diz Steve. "Na época, como o Kiss era enorme, tocamos para um grande público todas as noites, de 10 a 20 mil pessoas na maioria dos lugares. E nosso primeiro álbum estava vendendo bastante na Europa. Não esperávamos isso, mas ele estava indo bem. Foi até estranho. Na verdade, parecia que nós estávamos bem em todo lugar. A EMI era uma boa companhia, e nos empurrou na direção certa, mas também acho que foi resultado de como a coisa se espalhou a partir da Inglaterra. O prestígio que ecoava no Reino Unido incentivou o boca a boca em cada escala da turnê. Fomos parar, por exemplo, em Leiden, na Holanda (onde a banda abriu para o Kiss no gigantesco Groenoordhalle, em 13 de outubro), e em muitos outros lugares dos quais nunca tínhamos ouvido falar. Na plateia, havia grandes bandeiras esperando por nós, com dizeres como 'Iron Maiden é o melhor'. Foi surreal."

E tal qual no berço londrino da banda, os fãs europeus pareciam atacados por uma estranha histeria. "Estávamos tocando em um grande estádio na Itália, e os fãs do Maiden brigaram com os do Kiss", relata Steve. "Pensamos: 'O que está acontecendo?'. Não esperávamos nada assim! Não queríamos nenhum tipo de briga, mas as reações do público eram inacreditáveis, muito além do previsto. Foi escandaloso!"

Como sempre, as dificuldades de qualquer excursão têm seu lado engraçado. No primeiro show, em Roma, o caminhão dos instrumentos se atrasou tanto, que, uma hora antes de entrarem no palco, ainda não havia chegado ao local. Por isso, o Kiss gentilmente se ofereceu para emprestar parte do equipamento reserva ao Maiden. Entretanto, quando já estavam conformados com a ideia de tocar 45 minutos com algo que não estavam familiarizados, Vic Vella e o resto da equipe chegaram ao hotel, para o alívio de todos. Outro problema: após receber a mensagem desesperada para seguir imediatamente até o lugar do show, Vic assumiu que era uma emergência e pegou um táxi para chegar lá, deixando o caminhão com todos os equipamentos no estacionamento do hotel. Foi somente graças à ajuda, de última hora, de alguém do braço italiano da EMI – com um carro muito veloz, ignorando todas as convenções de trânsito e o limite de velocidade nas ruas – que a banda subiu no palco com seus próprios instrumentos e amplificadores à mão. Sem um minuto sequer de folga.

Durante a turnê, o líder do Kiss mostrou-se bem amigável. O Maiden ficou agradavelmente surpreso quando Gene Simmons visitou seu camarim logo no início da excursão para lhes dizer como tinha gostado do álbum. "Aposto que você ainda nem o escutou", brincou Paul, de forma cética. Para provar que o cantor estava errado, o corpulento baixista desfiou o título de todas as faixas na ordem de audição. No decorrer da turnê, Simmons prestou uma homenagem ainda maior ao grupo, depois que Paul, mais uma vez, o desafiou durante outra ida ao camarim. Dessa vez, para perguntar se ele poderia ganhar uma camiseta do Iron Maiden. Conhecendo a reputação do líder do Kiss de nunca usar camisetas de outras bandas, Paul imediatamente disse: "Por que você a quer? Você nunca irá vesti-la!".

"Verdade", respondeu Simon. "É raro alguém me ver usando algo que não seja uma camiseta do Kiss. Mas, se eu tivesse uma com o nome de uma banda que está indo direto para o topo, não me importaria." E, como todos sabem, a língua de Gene Simmons é grande demais para sua boca. Então, ele ganhou a camiseta.

Quando o Kiss chegou à Inglaterra para outra semana de shows no início de setembro, o Maiden – que não precisava abrir para mais ninguém no seu próprio país – teve a chance de tirar alguns dias de férias, e foi para o *resort* italiano Lido de Jesolo, situado na ensolarada Costa do Adriático. A banda ansiava por uma pausa – a primeira desde que Paul entrara para o grupo, dois anos antes. Contudo, eles não sabiam que o Lido, conhecido por ser um tipo de Bournemouth italiano, era uma área litorânea onde alemães costumavam ir morar depois da aposentadoria. "Não havia muita coisa para fazer, embora fôssemos para o bar todas as noites", lembra-se Paul. "Em uma madrugada, particularmente inebriante, Davey e Rod ficaram tão bêbados que acharam uma boa ideia provocar sua expulsão do hotel, o que significaria, segundo a dupla, receber o dinheiro do depósito de volta e seguir para algum lugar costa abaixo onde houvesse mais de vida noturna. Para tanto, decidiram invadir o bar do hotel, já fechado àquela hora, usando o confiável canivete de Paul. Mas, quando a segurança do hotel foi sacudida da sua dormência pelo alarme, Rod teve de usar todo seu charme empresarial com a *polizia* local, enquanto Dave se certificava de que a lâmina, livre de impressões digitais, estava bem escondida debaixo do sofá. Longe de conseguir seu depósito de volta, no dia seguinte eles acordaram com uma multa de 300 libras pelos danos.

De volta à turnê do Kiss na Alemanha, em 11 de setembro, a diversão começou a esmorecer diante do problema que veio à tona – e, de forma irreversível, tornou-se bem mais sério do que qualquer segurança de hotel irado. O problema era Dennis.

"Havia certa resistência em relação a Dennis desde o começo, mas o conflito só ficou claro na turnê com o Kiss", diz Steve. "Não tinha a ver com ele tocando, mas com sua personalidade. No início, a gente se dava muito bem. Ele era mais um fã do West Ham, então estava tudo ok. Mas, para ser honesto, Rod nunca se afeiçoou a ele de fato. Rod enxergou, logo de cara, que Dennis não era o cara certo. Não disse isso com todas as letras, apenas que não tinha certeza, que, talvez, não fosse a melhor escolha para ser o segundo guitarrista da banda. Daí, respondi: 'Bom, acho que ele é sim'. E foi isso. A única coisa que me preocupava era saber se seu coração estava, realmente, focado no que estava fazendo. Dennis respondeu que sim; então, aceitei sua palavra."

"Mas, poucos meses depois, comecei a perceber que havia cometido um erro. Achei que ele estava voltado para outras coisas. Dennis curtia The Eagles, The Doobie Brothers e um tipo de som assim. Eu também curtia algumas daquelas coisas, mas não era nelas que estava meu coração. Não queria tocar como eles ao vivo, sabe? Mas os comentários e ideias que vinham de Dennis, e mesmo suas brincadeiras, fizeram com que percebêssemos as diferenças. Por exemplo, se fizéssemos uma *jam* durante a passagem de som, eu preferia mandar um Black Sabbath, Montrose ou algo parecido, entende o que quero dizer? Mas ele só queria tocar 10cc e The Eagles."

As discussões pioraram no começo da turnê, quando, de acordo com Dave Murray, "Dennis parecia passar mais tempo com o pessoal do Kiss do que com a gente". Às vezes, até preferia viajar com a equipe de produção, em vez de embarcar no ônibus da banda, e os outros músicos reclamavam da desfeita. Mas Stratton diz que isso era besteira, apenas algo decorrente da diferença de idade entre eles.

"Não digo que Dennis não gostava da música do Maiden", afirma Steve. "Acho que ele sentia, sim, que era boa e gostava de tocá-la, apenas é o tipo de cara que sempre curte qualquer tipo de música. Mas seu coração não estava cem por cento naquilo, o que começou a causar problemas. Sua atitude, em geral, ficou meio estranha, meio negativista com relação a muitas coisas. Ele curtia uns drinques, e eu não via problema, porque não afetava seu modo de tocar, mas, quando bebia, ficava agressivo. E algumas das coisas que costumava dizer me faziam pensar. Coisas relacionadas à música, como a direção escolhida para fazer nosso som. Ele questionava muitas coisas fundamentais, e ficou cada vez mais óbvio para todos, não só para mim, que era como se tentasse nos levar para outro direcionamento."

"Também não tinha nada a ver com idade. Um dos motivos pelos quais o escolhi, em primeiro lugar, foi por ter experiência e ser um bom músico, e nós precisávamos disso. Mas houve tanto problema, que ele não cabia mais no Maiden. Não cabia mesmo. Seu coração não estava na banda, tenho certeza disso. Ele pode dizer o que quiser agora, mas foi isso o que percebi na época, e ainda é assim que me sinto até hoje."

De qualquer modo, quando chegou o momento da separação, não foi nada amigável. "Estava acostumado a trabalhar com bandas grandes como o Quo, então sabia como era estar em turnê", diz Dennis. "Só dá para ficar um tempo em companhia uns dos outros, antes de você começar a sentir enfado. A turnê do Kiss foi brilhante porque, mais uma vez, éramos a banda de abertura e não tínhamos nada a perder. Mas cruzamos a Europa, viajando bastante, sentados todos juntos dentro do ônibus. E quer saber, isso é como... Você fica cansado de não se deitar em uma cama, e, após viajar longas distâncias, é fácil ficar irritadiço.

É quando as pessoas discutem e se indispõem. De repente, as pequenas coisas incomodam bastante, e as tensões aumentam."

"Eu escuto todo o tipo de música, The Eagles, Steely Dan, George Benson, além de rock, como Van Halen, Journey, Toto. Sou um instrumentista, adoro ouvir e tocar as coisas. E, quando estou relaxando, escuto sons diferentes, com fones de ouvido, na traseira do ônibus, relaxando. David Coverdale (ex-vocalista do Deep Purple e *frontman* do Whitesnake) é provavelmente meu cantor de rock favorito de todos os tempos, especialmente as coisas mais lentas e melódicas, porque sua voz consegue provocar arrepios na espinha. Mas, no ônibus da banda, só o que você escutava era fitas de heavy metal e coisas assim. Claro que há material sensacional. Van Halen, Judas Priest, UFO... Adoro todas essas bandas, mas não durante 24 horas por dia, todos os dias da semana, 52 semanas por ano. Compreende? Então, de vez em quando, preferia sair do ônibus do Maiden e viajar com a equipe. Adorava ficar junto daquela turma. Eles já eram vividos, além de engraçados e justos. Eu sempre carregava meu próprio equipamento e gostava de dar uma mão para os *roadies*. Até mesmo dirigi o caminhão algumas vezes, só para dar um tempo no enfado e fazer alguma coisa diferente. Pode ser muito chato viajar de ônibus todos os dias, e eu gostava de fazer outras coisas para variar. Sempre me interessei em saber como as coisas funcionam, e a equipe me mostrava várias novidades."

O restante da banda conseguia entender tudo isso, mas só até certo ponto. Quando Dennis começou a pegar carona, sempre que podia, nos carros de qualquer equipe local da EMI que aparecesse em meio à turnê, os outros, não sem motivo, começaram a desconfiar. A questão não era mais se Dennis adorava ficar com a equipe técnica, mas, talvez, ele simplesmente não gostasse de estar com eles.

Stratton nega isso com veemência: "Eu apenas me dava bem com as pessoas. Saía com o Kiss, tomava uns drinques e jantava com eles depois que tiravam suas maquiagens. Fiz aniversário durante a turnê, e os caras do Kiss fizeram uma festa e me deram alguns presentes. Lembro-me de ganhar um capacete de bombeiro americano do Paul Stanley (guitarrista do Kiss). Eles eram um pouco mais velhos, como eu, e nos demos bem. Então, cheguei até a gostar mais de viajar com eles do que com a banda, o que aborreceu Rod, que queria ver a banda inteira junta todo o tempo,

RUN TO THE HILLS

como uma gangue. Foi aí que o problema começou de verdade para mim, porque não suportava isso. Não dava".

Um dia, Rod chamou Dennis para conversar em um canto. "Perguntei-lhe qual era o problema e por que não viajava com o resto da banda no ônibus", explica o empresário. "Ele tinha entrado para o Maiden poucos meses antes, estávamos fazendo a maior turnê da nossa vida, e Dennis nem se dava ao trabalho de viajar com a banda. Queria saber por que ele se achava tão especial."

"Não sei se Rod achou que eu tentava marcar pontos", defende-se Stratton. "Mas eu me dava bem com as pessoas. Interessava-me pelo que acontecia. Ficava horas assistindo ao Kiss ensaiar. Ainda naquela fase inicial da maquiagem, eles tinham um grande show de palco, e eu queria ver como faziam tudo. Rod e Steve entenderam errado. Acharam que eu queira evitá-los, mas não é verdade. Então, uma tarde, Rod veio conversar comigo antes de um dos shows com o Kiss. Ele deixou bem claro que não estava contente de eu viajar com pessoas diferentes para cada cidade da excursão. Disse que eu deveria viajar com a banda. Tivemos uma pequena discussão, porque eu não via daquela forma. Minha posição era: 'Contanto que eu esteja lá, feliz e tocando, qual o problema?'. Mas ele não aprovava minha postura, só repetia que eu tinha de viajar com a banda. Não foi um 'ou então...', mas deixou bem claro que eu deveria fazer o que ele pedia. Ele até começou a discutir comigo sobre a música que eu escutava, mas aí respondi: 'Sinto muito. Não posso ajudá-lo com isso'."

Assim, Dennis ignorou Rod e continuou a viajar de show para show com quem quer que sentisse vontade. Foi o fim. O último show de Dennis Stratton com a banda aconteceu na Drammenshallen Arena, em Oslo, em 13 de outubro – na derradeira noite da turnê com o Kiss. Ele conta hoje que, àquela altura, o clima no camarim estava tão pesado que já suspeitava de que aquela seria sua última apresentação com o Maiden.

"Até mesmo Dave Murray, o cara de comportamento mais gentil que conhecia, foi frio comigo naquela noite", lembra-se o guitarrista. Apesar disso, tudo correu bem no palco e, no final, em meio à euforia pós-show, Dennis disse a si mesmo que estava apenas paranoico e que haveria outras noites ainda maiores ao lado da banda. "Como era a última etapa da turnê, todos nos divertimos muito", conta ele. "Paul

Stanley apareceu, do nada, durante uma música e colocou um balde na minha cabeça. Então, fiz o mesmo com ele depois, quando o Kiss estava tocando. Lembro-me de ter descido do palco feliz, sentindo-me muito bem. Mas, enquanto voltava para o hotel, recordo-me do pessoal da equipe dizer que parecia que eu seria despedido. Foi então que percebi que havia pisado na bola."

Sua voz abaixa para um suspiro rouco quando relembra as cenas finais: "Fui para o meu quarto, peguei meu toca-fitas, liguei no último volume e coloquei 'Soldier of fortune', do David Coverdale. Entrei no chuveiro de roupa, até com o fone de ouvido, e fiquei lá sentado, com lágrimas nos olhos. Era triste, porque ainda tinha muito para dar à banda, mas fui cortado. Conseguia ver a banda crescendo cada vez mais, e sabia o que podia oferecer de contribuição. Infelizmente, Steve e Rod não pensavam assim. Eu até sabia que ia acontecer, mas, na minha cabeça, recusei-me a aceitar. Pensei: 'Vou esperar até voltarmos à Inglaterra, e, quem sabe, a gente possa sentar e conversar. Rod vai espernear, mas me dará uma segunda chance'. Após chegar a Londres, liguei para Steve, que morava a cinco minutos da minha casa. Quando fui vê-lo, porém, não teve acordo. Disse-lhe: 'Espero que não pense que eu tenha algum problema com a banda. É só que não gosto de viver grudado nas pessoas'. Mas ele estava muito distante. Não queria discutir nada que tivesse a ver comigo ou com o Maiden".

O episódio final de Dennis veio após alguns dias, durante as filmagens para o vídeo do próximo *single* da banda, com "Women in uniform". "Todos foram lá e se aprontaram", ele diz. "Deveria parecer um show ao vivo. Todos os equipamentos de palco e as luzes estavam montados. Fizemos três ou quatro tomadas completas antes que eu percebesse que não havia uma única câmera focada em mim. Enquanto tocávamos, eu ficava olhando e pensando: 'O que está acontecendo?'. Então, de repente, tive uma luz e percebi. Quando as filmagens terminaram, nos trocamos, e lembro-me de ir até o carro, estacionado nos fundos, onde a equipe estava carregando o equipamento. Pete, Loopy e Dave Lights se aproximaram, apertaram minha mão e, como já sabiam, disseram: 'Boa sorte. A gente se vê em breve'. Lá no fundo, eu também já sabia."

A dispensa de Dennis Stratton do Iron Maiden foi oficializada em 1º de novembro de 1980. "Recebi um telefonema de Rod, chamando-me

Run to the hills

para ir até o escritório. Dirigi até lá e, quando entrei, Steve já estava lá, sentado na cadeira oposta. Após os cumprimentos de praxe, Rod falou que precisava me dizer 'algumas coisas', e passamos, de novo, por toda aquela coisa sobre como ele não se sentia confortável por eu não viajar com a banda e de não gostar da música que eu escutava. Era algo do tipo, 'já disse que você precisa estar cem por cento dentro da banda ou não funcionaria'. Eu ainda disse: 'Mas eu *estou* na banda. Estou cento e cinquenta por cento nela!'." Mas Steve e Rod já haviam tomado a decisão: Dennis está fora.

"Saí do escritório e fui para casa, mas não sabia o que fazer", conta Stratton. "Descobri na mesma noite que os dois já haviam contatado Adrian Smith, porque recebi um telefonema de um amigo que fiz na EMI da Alemanha que me contou a novidade. No dia seguinte, voei para Colônia, onde fui apanhado no aeroporto por um cara de A&R e sua namorada. Fomos até sua casa, e fizemos uma grande festa. Foi estranho, mas, pelo menos, eles entenderam o que eu queria dizer. Na época, o Maiden ainda era uma banda bem jovem; quem sabe, eles tivessem de vivenciar essas coisas antes de compreender meu ponto de vista." Talvez.

Depois, Dennis viria a formar o Lionheart, que conseguiria um grande contrato nos Estados Unidos. Durante vários anos, continuou com suas diatribes na imprensa, atacando o Maiden em geral e, em particular, disparando críticas contra Steve Harris (a quem se referia, cinicamente, como "sargento-maior Harris"). Mas foi logo esquecido pela crescente legião de fãs do Maiden – que, em tão pouco tempo, mal teve tempo de se acostumar com ele –, e seu substituto também cuidou disso. Enquanto Dennis, presumivelmente, tentou estabelecer uma relação musical mais madura com sua banda seguinte, o Iron Maiden, afinal, fez contato com um guitarrista com quem poderia se relacionar: Adrian Smith.

No fim de 1980, o Urchin – grupo que Adrian formara com Dave Murray enquanto os dois ainda estavam na escola, e que chegou a fechar um pequeno contrato com o selo DJM – acabou. Ainda sem saber o que queria fazer de fato, Adrian preenchia seu tempo tocando com uma banda subglam de réprobos do East End, chamada Broadway Brats. (Em uma interessante história de notas de rodapé, se Adrian tivesse recusado a oferta deles, o outro guitarrista que o Maiden teria aprovado era um velho colega de Paul Di'Anno do East End, Phil Collen. Na época, Collen

156

também não estava indo para lugar algum com a Girl, uma banda londrina ainda mais influenciada pelo glam. Entretanto, Adrian aceitou a proposta do Maiden, deixando Collen livre para aceitar o convite e se juntar a outro luminar líder da cena NWOBHM, o Def Leppard).

"Nós íamos dar o trabalho para Adrian antes de Dennis entrar", recorda-se Steve Harris. "Mas ele ainda estava muito envolvido com o Urchin, tinha um contrato e várias coisas agendadas; por isso, não era a hora certa para aceitar o convite. Adrian ficou cinco anos ou mais como líder do Urchin, e é claro que ele queria ver o que aconteceria com sua banda. Acredito que a situação era, mais ou menos, como a do Maiden. Ambas as bandas vieram do East End e tocaram nos mesmos pubs. Vivemos a mesma merda, e eu o respeitava. Quando fomos gravar nosso álbum e o convidamos pela primeira vez, teria sido bastante cômodo para ele dizer: 'Tudo bem. Vou entrar para a banda e ganhar algum dinheiro'. Mas não foi o que fez. Ele ficou com seu negócio e tentou fazê-lo acontecer. Então, pensei: 'É justo! Boa sorte, amigo'. Assim, quando voltamos a nos falar um ano depois, ele ficou tentado, porque acho que gostava da banda. Era um grande amigo do Davey, e o Urchin havia terminado. Todos já o conheciam e, quando ele finalmente decidiu se juntar à banda, ele se adequou rapidamente."

A parte mais dura para Adrian, comenta Steve, foi tomar uma decisão, assumir um compromisso, o que ele próprio admite sempre ter dificuldade, não só quanto ao Maiden, mas "com tudo" ao seu redor. "Certos dias, não consigo nem me decidir se saio da cama ou não", ele diz, com um pequeno gracejo. Ele está brincando, mas só um pouquinho. Como diz Rod: "Indecisão é o nome do meio do Adrian. Até mesmo ao sair para jantar, você já estará na sobremesa, tomando chá com biscoitos, quando ele decidir qual entrada quer".

"Relaxado", é como Adrian prefere ver a si próprio. "Nunca fico muito elétrico por fora. Tudo acontece do lado de dentro, mas nem sempre demonstro. Gosto de ficar calmo, se puder." É desnecessário dizer que ele se deu muito bem até aqui.

Adrian Frederick Smith nasceu no Hospital Hackney, em 27 de fevereiro de 1957. Filho de um pintor e decorador de Homerton, Adrian era o caçula de três filhos, o irmão mais velho, Patrick, a irmã, Kathleen. Como bebê da família, ele teve o que sempre descreve como "uma criação tipicamente feliz, porém chata". "Quando criança, gostava das coisas de sempre, principalmente futebol. Era fã do Manchester United quando jovem, mas, ao ingressar na música, parei com as coisas que fazia antes e não voltei a curtir futebol até os 25 anos. Mas não ligo mais para times. Hoje, futebol só tem a ver com dinheiro, não é? Se for para escolher, sou fã do Fulham, porque morava perto do campo e, de vez em quando, ia assisti-los jogar, e sempre sabia o que o time estava fazendo."

Adrian jogou pela equipe principal da escola, mas, como ele próprio diz, seu interesse por futebol "e tudo o mais" caiu para baixo de zero no momento em que começou a comprar álbuns e aprender a tocar guitarra. Ele tinha 15 anos quando comprou seu primeiro álbum, o petardo do Deep Purple, *Machine Head*.

"Minha irmã saía com um cara, de quem costumava pegar discos emprestados, e os deixava pela casa", ele explica. "Coisas como Purple, Free, Black Sabbath... Então, quando eles pararam de sair juntos, tive de começar a comprar meus próprios álbuns. Já conhecia uma galera que curtia *soul*, que eu até gostava, mas, para mim, era música de festa. Gostava da ideia de um álbum que você se sentava e escutava."

Adrian conheceu Dave Murray enquanto olhava a sessão de rock de uma loja de discos local. "Dave era a única pessoa que gostava do mesmo tipo de som que eu", diz, lembrando-se de que ambos se vestiam no melhor estilo *cara do rock*. "Saíamos juntos, tentando ser o mais diferente de todos, e até conseguíamos. Éramos os caras que sempre apareciam nas festas vestindo batas e colares, enrolavam baseados e colocavam 'Highway star', do Deep Purple, para rolar repetidamente, até o ponto em que éramos jogados para fora do lugar. Meu cabelo já era comprido desde o ensino fundamental, maior que o de muitas garotas. Sempre me mandavam cortá-lo, e eu nunca obedecia. Acho que não tive um corte adequado durante anos. Em primeiro lugar, queria ser vocalista, principalmente porque, além de não ter uma guitarra, inha ganhado um microfone dos meus pais, como presente de aniversário, quando fiz 14 anos. Então, eu com meu microfone e Dave na guitarra costumávamos fazer 'Silver machine', do Hawkwind, porque ela tinha só três acordes e era fácil."

O que enfim deu a Adrian o impulso para aprender a tocar foi ver toda a animação que Dave causava sempre que levava sua guitarra para a escola. "Ele costumava ficar rodeado de meninas. Dava para ver que ter uma guitarra, desde aquela época, trazia uma certa vantagem. As garotas reparavam em você. Daí, pensei: 'Beleza. Eu consigo fazer isso'." Adrian começou com "um velho violão espanhol", remanescente do tempo em que seu irmão teve aulas de música clássica, mas nem de longe era o instrumento certo para tentar tirar "Highway star". "Então, eu o deixei de lado e peguei emprestada a guitarra reserva de Dave para começar a praticar."

"Ela não era muito boa", sorri Dave. "Era um corpo sólido comprado na Woolworth, com um espaço de uma polegada das trastes, e Adrian começou a aprender naquilo. Eu lhe vendi a guitarra por, sei lá, uns cinco mangos, e seu pai a consertou para que ele praticasse. Eu também costumava ir até sua casa para tocarmos juntos e ajudá-lo."

Logo, os dois passaram a ensaiar com regularidade, e decidiram que iam sair da escola e formar uma banda. "Uma vez que aprendi alguns acordes, já era. Fui fisgado!", sorri Adrian. "Claro que curtia Sabbath e Purple, e bandas como Santana, mas, no começo, não conseguia tocar nada daquilo de verdade. Então, me centrava em coisas simples como Stones e Thin Lizzy, que conseguia acompanhar. Digo que não estava somente aprendendo um instrumento, mas buscando algum tipo de identidade naquele momento. Seja uma questão musical ou outra coisa, é uma época em que você precisa fazer algumas escolhas sobre sua vida, pois está prestes a sair da escola e adentrar o mundo real. Dave, eu e nossos colegas costumávamos conversar sobre esse tipo de coisa, sonhando como seria vencer na vida com nossa banda."

A pressa de começar sua carreira musical era tanta, que Adrian saiu da escola aos 16 anos, sem ficar sequer para fazer os exames do final do curso, feitos durante os últimos cinco anos, descartando a ideia de tirar o diploma. "Saí o mais rápido que pude, pois pensei que não precisava daquilo", ele explica. "Queria ser um astro do rock, mas acho que meus pais não sabiam qual era a minha. Agora que tenho filhos, ficaria horrorizado se um deles me dissesse isso hoje."

Então, veio uma série de trabalhos bem chatos, e, enquanto o adolescente sonhador passava o tempo esperando que sua carreira, de algum modo milagroso, decolasse, trocou várias vezes de ofício, como estagiário de soldador, aprendiz de marceneiro e leiteiro (ele costumava entregar leite com um amplificador Marshall preso às costas, tocando suas fitas favoritas às seis da matina). "Tive muitos empregos porque minha atitude era péssima", comenta. "Havia trabalhos que acabavam com minha alma, e eu simplesmente não conseguia me animar; por isso, costumava apenas me divertir até que eles se livrassem de mim ou que eu me cansasse e saísse, o que normalmente acontecia quando havia algum show chegando."

Assim que parou de estudar, começou sua própria banda, que, originalmente, se chamava Evil Ways. Dave Murray era o guitarrista, mas, como Adrian diz, sorrindo, "ele tinha a tendência de ir e vir". Adrian sempre quis ter sua própria banda e escrever suas canções. Apesar de ter tocado durante curtos períodos com outros grupos, sempre manteve a formação do Urchin unida.

"Davey começou a responder a anúncios feitos na *Melody Maker* e ir a audições", pontua Adrian. "Eu não tinha tanto interesse de me juntar a uma banda, e, eventualmente, ia a essas audições para me testar, para ver como estava meu nervosismo, e saber se seria capaz de entrar em uma sala cheia de estranhos e tocar. Na verdade, meu primeiro projeto sério foi o Iron Maiden. Antes disso, estava sempre na minha própria banda."

Desde que empunhou seu instrumento, ele abandonou a ideia de ser cantor em tempo integral. "Uma vez que peguei uma guitarra e comecei a tocar um pouquinho, já era. Eu me sinto mais confortável com uma guitarra do que sem."

Claro, tocar guitarra também queria dizer que ele comporia suas próprias canções. "Uma das primeiras coisas que escrevi foi '22 Acacia Avenue', que acabou entrando no álbum *Number of the Beast*. Compus quando tinha 18 anos, mas trabalhei nela ao longo de alguns anos, com várias formações que tive na minha banda. Mas foi estranho como ela se tornou uma música do Maiden. Uma vez, quando o Urchin fez um show em um parque de Londres, tocamos '22 Acacia Avenue', que era completamente diferente da versão que faríamos depois com o Maiden. Uma coincidência é que Steve Harris estava naquele show. Na época, eu nem sequer o conhecia, mas, quando entrei para a banda, ele se lembrou dessa música. Estávamos aprontando coisas para o *Number of the Beast*, e, do nada, Steve virou-se para mim e disse: 'Que música era aquela que você fazia com o Urchin?'. Ele começou a catarolar, e era a 22... Quer dizer, já havia mudado um pouco desde então, e acho que foi ainda

ADRIAN

mais com o Maiden. Mas foi estranho como ele se lembrou da canção tantos anos depois. Isso prova que nada é desperdiçado. É provável que a gente nem tenha tocado bem naquele dia, que tenhamos até ficado mal depois do show, mas, porque decidimos nos expor e tentar mostrar nosso trabalho, alguém no público ainda se lembrava. É por isso que sempre compensa dar o seu melhor. Mesmo se tudo parecer um pequeno desastre na hora, você sempre pode tirar algum proveito disso."

O Urchin obteve um contrato com a DJM (antiga casa do Elton John) e contratou um empresário bem antes de o Maiden colocar os pés pela primeira vez nos escritórios da EMI, na Manchester Square. "Foi a chefia que criou o nome Urchin", prossegue Adrian. "Eles tinham uma ideia para vender a nossa imagem. O negócio é que todos eram bem jovens, eu tinha só 19 anos quando fechamos o contrato." Ao assinar com a DJM, Adrian recebeu "um dólar de Hong Kong", como costumam dizer. "Foi um acordo bastante desonesto. Eu não sabia nada sobre o lado dos negócios, e nem queria saber. Tudo o que me importava era assinar o papel e, no minuto seguinte, ter um contrato para gravar um disco. Entende o que quero dizer? Achava que era simples assim." A banda recebeu um adiantamento de 5 mil libras: "O dinheiro foi utilizado rapidamente para comprar um PA de 1.500 watts e um ônibus grande e sujo para nós e a 'equipe', que era formada por alguns colegas dedicados". Um membro da equipe, com experiência como soldador, mobiliou o ônibus com camas e assentos customizados. "Ficou ótimo, realmente confortável. O que, de fato, era necessário, se você pretendia viver naquela coisa por semanas sem fim." E foi o que o Urchin fez, de acordo com as estimativas de Adrian, ao cumprir uma temporada "com cem shows naquele ano".

Black leather fantasy foi o primeiro *single* do Urchin, um "épico motorizado", criado com base em um antigo *riff* do Deep Purple e lançado em 1978. "Como não tínhamos um título, falei brincando 'Black leather fantasy', e pegou. A capa promocional dizia algo como 'o ressurgimento do heavy metal', mas, na época, ainda não havia ninguém fazendo aquilo. O *single* obteve boas resenhas na *Sounds* e na *Melody Maker*, mas não vendeu muito. É curioso, porque Neal Kay, da Soundhouse, costumava tocá-lo, mas o disco já tinha saído dois anos antes de ele levar para sua balada."

RUN TO THE HILLS

Adrian conta que escutou falar do Iron Maiden pela primeira vez por volta de 1977. "Devo tê-los assistido antes de o Davey entrar, mas foi só quando ele se juntou à banda que passei a reparar nela." Porém, quando Dave voltou mais tarde para o Urchin, após sua desavença com Dennis Wilcock, "achei que os caras fossem malucos, pois até eu podia ver que o estilo de tocar do Davey se enquadrava mais no Maiden do que no Urchin, que era mais hard rock, com um pouco de groove. Curtíamos umas canções de rock mais pegajosas." Dave tocaria no próximo (e último) *single* do Urchin, "She's a roller", que foi lançado no início de 1980, mas, àquela altura, ele já tinha deixado a banda para voltar ao Maiden.

Quando recebeu um telefonema de Steve Harris pouco depois do segundo *single*, perguntando se também teria interesse de se juntar ao Maiden, Adrian admite que se sentiu muito tentado. "Fumei uns dois maços de cigarro pensando naquilo. Havia boas críticas sobre o Maiden nas revistas musicais e muito buchicho rolando. Acho que eles estavam prestes a fechar o contrato com a EMI, o que teria significado salários adequados e tudo isso, coisa que me teria feito muito bem. Mas acabei recusando a oferta. Tinha de ser assim. Mesmo. Nós tínhamos nosso ônibus para excursionar e um contrato. Após pensar no convite por algumas horas, telefonei para Steve e disse: 'Obrigado pela oferta, mas vou continuar com o que estou fazendo'."

Foi uma decisão da qual, conforme admite hoje, ele se arrependeria, já que no ano seguinte o Urchin se separou, e o primeiro *single* do Maiden e seu álbum foram catapultados para o topo das paradas. "Lembro--me de ter trombado com Dave durante um show em algum lugar, e ele parecia bastante próspero. Não rico, mas... realizado. Estava usando roupas novas de couro e parecia bastante feliz, como se tudo estivesse indo muito bem para ele. Eu não fiquei fervendo de ciúmes nem nada assim, mas não deu para evitar uma pontinha de inveja. Conheci Dave por toda a minha vida, e fiquei realmente feliz por ele. É sempre ótimo quando um amigo consegue fazer algo. Faz sentir que também existe uma chance para você mesmo. Então, achei ótimo, mas me perguntei se aquilo ainda aconteceria comigo."

Adrian ficou à deriva. Sem uma banda regular para tocar, ele não podia nem ensaiar. "Apenas compunha e ia a shows, pensando no que fazer a seguir." Seu selo sugeriu uma colaboração com um "compositor profissional do West End", mas Adrian desistiu após o primeiro encontro, por achar que a parceria era uma aberração: "Fiquei um tempão sentado com um sujeito, tentando compor com ele, mas foi terrível. Não saiu nada, e fiquei muito deprimido. Então, voltei para casa a pé, por que não tinha grana para o ônibus, sentindo-me bem pra baixo. Acho que também chovia – sabe, todo aquele clichê de depressão? –, e lá estava eu, caminhando, olhando para o chão, perdido nos meus pensamentos, quando trombei com Dave e Steve na rua. Foi uma coisa do destino! A primeira coisa que Steve falou foi: 'O que você está fazendo?'. Respondi que estava meio parado. No ato, ele disse: 'Olha só! Estamos querendo um segundo guitarrista. Você tem interesse?'. Não conseguia acreditar naquilo. Parecia algo saído daqueles filmes antigos bem sentimentais, como se sua avó fada, de repente, aparecesse na rua. Então, respondi que seria ótimo. Depois, quando eles me telefonaram e me pediram que fosse fazer um teste, pensei: 'Bom, Davey sabe mais sobre a minha maneira de tocar do que eu mesmo'. Fui lá mesmo assim, porque realmente queria tocar. Sabe como é? Apesar de Dave me conhecer, não significava que os outros estivessem prontos para me aceitar, mas vi aquilo como uma coisa positiva".

De fato, a audição foi do tipo "serviço completo". Pela primeira vez, Adrian encontrou aquele tipo de atmosfera. O que ele não sabia, contudo, é que vindo na esteira, depois do superindividualista Dennis Stratton, tanto Steve quanto Rod estavam determinados a averiguar se o escolhido – quem quer que fosse –, dessa vez, se enquadraria perfeitamente no perfil da banda, para, aí sim, se tornar um integrante do Iron Maiden.

"Rod era muito desconfiado, porque eu já tinha recusado uma vez", recorda-se Adrian. "Mas não fiquei nervoso. O Maiden estava indo muito bem, isso era evidente pelo equipamento deles, mas, para mim, eles não eram astros; eram apenas outra banda do East End onde eu havia crescido."

"Adrian também curtia outros tipos de música, mas todo mundo curte sons diferentes", diz Steve. "Dennis não era o único. Só que, ao vivo, você tem que ir lá e massacrar o público, e este era o ponto em que Dennis pisava na bola. Mas Adrian era como a gente. Ele adorava UFO e coisas assim. Dá para saber se a pessoa está na mesma que você, na sua onda, e Adrian estava. Deu para perceber a diferença na hora."

RUN TO THE HILLS

"Lembro-me do interrogatório de Rod", conta Adrian. "Ele perguntava coisas como: 'Você consegue tocar *riffs*? Faz solos também?'. Foi bastante intenso. Steve estava motivado, e dava para ver sua seriedade, mas Rod era o mais sisudo. Steve ficava atacando Rod por me interrogar, o que na verdade estabeleceu o padrão dos anos seguintes, com Rod pondo pressão, e Steve decidindo quando parar. Esse tipo de coisa."

Quando o ensaio acabou, pediram que Adrian esperasse com o *tour manager* da banda em um pub ali perto, enquanto o grupo conversava com Rod antes de tomar uma decisão. "Para ser honesto, não tinha muita certeza sobre o que era um *tour manager*", ele admite. "Mas ele me levou ao pub, me pagou um drinque e eu pensei: '*Yeah, tour managers* são legais'. Então, 20 minutos depois, todos apareceram e disseram: 'Você está dentro'. Naquele instante, me senti fantástico! Era como ser aceito em uma família. Na verdade, a principal impressão que tive foi a de que *era* uma família o que eles tinham reunido."

"Eles obviamente estavam naquilo pelos motivos certos, e eu tive sorte de me tornar parte do Maiden. O grupo realmente tomava conta dos seus, e, depois que eu entrei, eles tomaram conta de tudo. Eu não tinha de pensar em mais nada, a não ser tocar durante todo o período em que estive com a banda, o que é um sonho realizado para qualquer músico."

"Foi a primeira vez na minha vida que fui pago só para tocar, e eu mentiria se dissesse que o dinheiro não era ótimo. Como nunca tive grana antes, é claro que isso era demais. Mas também era incrível tocar com Dave novamente, e foi um verdadeiro desafio, porque o Maiden era a primeira banda de verdade da qual eu fazia parte. Eles tinham seus *roadies* e uma aparelhagem fantástica. Minha sensação era de satisfação. Mas, depois que a euforia passou e comecei a pensar no que consistia o trabalho, admito que passei a me sentir intimidado. É sério. Sempre tive controle sobre todos os outros grupos dos quais participei, e sempre escrevi várias músicas, tocando com caras que queriam tocar comigo, mas, quando me juntei ao Iron Maiden, era apenas o guitarrista, uma situação completamente diferente. Tinha de aprender coisas que normalmente não tocaria, porque o tipo de música que Steve escreve segue vários direcionamentos, muitos deles bem complexos, com muitas mudanças de andamento e diferentes passagens que ele quer que você faça. Isso, sem dúvida, tornou-me um guitarrista melhor. De repente, esperavam

164

que eu fizesse coisas bem mais intrincadas do que qualquer outra que já havia tentado até então. Na verdade, qualquer um que entrasse no Maiden acharia um grande desafio, e eu só tinha 23 anos na época, o que provavelmente é pouca idade para entrar em algo assim. Mas, como sempre tive autoconfiança, me dei essa chance."

A primeira coisa que Adrian fez como integrante do Iron Maiden foi um show de TV na Alemanha. "Nunca tinha feito televisão antes", ele explica. "Mas, felizmente, era apenas uma daquelas coisas pré-gravadas em que você entra, apresenta um número e sai de cena em seguida. Por isso, mal tive tempo de pensar a respeito." De volta à Inglaterra, a principal tarefa era trabalhar no material novo para o próximo álbum da banda, que eles queriam começar a gravar no ano seguinte. "Acho que as primeiras canções que comecei a trabalhar com eles foram 'Killers', que era a faixa título do álbum, e 'Purgatory', que, depois, virou um dos *singles*. Se não me engano, ela foi retrabalhada a partir de uma antiga canção chamada 'Floating'."

Contudo, os ensaios foram interrompidos para que o Maiden terminasse o ano da mesma forma que passara todos os meses anteriores: na estrada. A ideia era permitir que Adrian relaxasse e se entrosasse com a banda antes de entrar em estúdio para trabalhar no próximo álbum. Essa rodada final de datas no Reino Unido concluiu um período de 12 meses sobre o qual Dave Murray diz: "Fizemos mais do que sonhávamos ser possível. Ou, melhor dizendo, mais do que eu sonhava ser possível".

"Paramos o trabalho do novo álbum para fazer uma turnê. Foram 12 shows em dezembro, que culminou com a apresentação na Rainbow, uma experiência maravilhosa em termos de vivência pessoal", diz Adrian. "Cresci indo assistir aos shows na Rainbow. Vi The Who lá, Rory Gallagher, Nazareth. Estar lá ao vivo, então, era quase surreal. E o show daquela noite foi filmado. Quando o assisti, fiquei extasiado porque era eu que lá estava. Ensaiamos para a turnê na Brixton Academy, um lugar enorme no sul de Londres, e recordo-me de, ao entrar, ficar admirado com o sensacional equipamento de luzes todo montado. Pensei: 'Puta merda, isso é pra valer! Não consigo acreditar'."

O primeiro show de Adrian com o Maiden ocorreu na Universidade Brunel, em Uxbridge, em 21 de novembro de 1980. "A Brunel comporta cerca de duas mil pessoas, e o lugar estava lotado", afirma ele. "Nunca

RUN TO THE HILLS

tinha tocado para tanta gente antes. E os fãs eram diferentes de todos os que já vira. Eram loucos, alguns deles, realmente muito loucos. E se você fosse uma farsa, eles o pegavam no mesmo instante, sabe? No primeiro show, lembro-me de estar bem nervoso antes de entrar; então, pensei em ir lá fora e me misturar com a multidão, dizer olá, esse tipo de coisa. Nada demais, sabe? E veio um maluco falar comigo, dizendo: 'Você é o novo guitarrista?'. Quando respondi que sim, ele me cobrou: 'É melhor que você seja bom!'. Pensei: 'Caralho! Onde foi que me meti?'."

Ele estava prestes a descobrir.

9 *Martin*

Fora o espírito de Natal que envolveu a turnê, as 12 datas nas quais o Maiden embarcou em novembro de 1980 – sua quarta turnê britânica do ano – transformaram-se em uma maneira útil de familiarizar Adrian com o som da banda antes de começar o trabalho para o álbum seguinte. Saindo ileso do seu batismo de fogo no primeiro show em Uxbridge, Adrian se acomodou com notável rapidez. O fato surpreendeu os espectadores, que desconheciam os laços pessoais existentes entre os dois guitarristas, pois seria difícil encontrar dois músicos cujos estilos fossem tão acentuadamente diferentes – Dave, o rei do improviso, solando o que lhe vinha à cabeça todas as noites, com um amplo sorriso permanentemente estampado em seu rosto, enquanto Adrian, a figura arqueada de expressão taciturna, trabalhava todos os solos com muita antecedência – e imaginá-los juntos. Esses aparentes opostos colidiam da forma mais caleidoscópica possível, com ambos os estilos se complementando mutuamente até o ponto de, conforme diz Dave, "ser quase telepatia". Com uma empatia nascida de todos os anos que passaram aprendendo e tocando guitarra juntos, eles encontrariam no Iron Maiden o veículo mais que perfeito para ambos se expressarem. "Não consigo imaginar ter essa coisa mental de via dupla rolando com qualquer outro guitarrista", disse Adrian quase uma década depois de ter saído da banda que o deixou famoso.

A turnê chegou ao final com uma celebrada performance na Rainbow, em Londres. O show foi filmado e depois lançado pela EMI em formato de vídeo, com meia hora de duração, dirigido por Dave Hillier. Durante o show, a banda teve de se desviar dos câmeras enquanto marchavam

pelo grande palco. Não que o público se importasse. Quando um curto-
-circuito queimou um dos cabos de som antes que pudessem gravar
números cruciais como "Iron maiden" e "Phantom of the opera", Paul
anunciou que, por causa de problemas técnicos, a banda teria de tocar
aquelas músicas de novo depois do show, lançando o convite: "Quem
quiser ficar, será bem-vindo". Nenhum fã saiu do prédio enquanto a
banda não cumpriu a promessa de dar aquele bis inesperado.

Dave diz: "Depois da entrada de Adrian e Clive, a banda se solidifi-
cou de fato. Claro, como Adrian e eu já éramos amigos, a coisa ficou dez
vezes mais fácil para mim. Mas acho que, musicalmente, nós decolamos
a partir desse ponto. Tocando ao vivo, ele se encaixou imediatamente".

"Foi uma forma tão *cool* de entrar para a banda", concorda Adrian.
"Todos eram legais, sérios no tocante à música, mas muito maleáveis
quanto a todo o resto. Estar no Maiden era como viver em uma bolha.
Como não precisava tomar conta de nada, a única preocupação era
fazer um bom show. E todos eram companheiros, como uma grande
família. Recordo-me de que, antes da turnê, a gente se encontrava para
ensaiar por volta das 11 da manhã, tomávamos alguns drinques – não
o suficiente para ficarmos bêbados, mas o bastante para bater uma luz.
Então, entrávamos e começávamos o ensaio. Depois, todos saíam juntos, em geral para lugares conhecidos, pubs musicais e coisas assim. Na
turnê, a gente sempre andava junto, íamos de van para as entrevistas,
etc. Sempre fazíamos tudo como uma banda. Clive era bem divertido.
Íamos pescar juntos nos dias de folga. Dave também. Steven nunca ficava
sem fazer nada, sempre ia ver a mixagem ou se encontrava com Rod,
cuidando do lado dos negócios, enquanto o resto de nós saía para dar
umas voltas e se divertir."

Para promover a turnê, a EMI concordou em lançar um novo *single*.
A banda não queria apenas lançar mais uma faixa do álbum *Iron Maiden*,
e, por isso, sugeriu que fosse gravada uma das novas canções que planejava utilizar no novo álbum, mas essa ideia foi deixada de lado quando
a Zomba os fez considerar outra opção: um *cover*.

A faixa em questão, "Women in uniform", havia sido um sucesso
considerável na Austrália naquele ano, gravada por uma banda desconhecida na Inglaterra chamada Skyhooks. A lógica da Zomba era boa:
esse *hit* era desconhecido no Reino Unido e poderia ter apelo tanto para

os fãs hardcore do Maiden, que ela sabia comprariam qualquer coisa gravada pelo grupo, como também para os consumidores comuns que gostavam do velho e bom rock'n'roll. Com a combinação dos dois fatores, a esperança era mandar a banda direto para o *Top 10*. O impulso natural do grupo foi rejeitar a ideia logo de cara, mas, pela primeira vez (e, felizmente, última) na sua carreira, o Maiden se recusou a obedecer seus instintos e, contra o próprio julgamento, decidiu ceder à proposta (embora isso provavelmente tivesse mais a ver com o fato de Steve não ter nenhuma música adequada pronta).

Gravada no estúdio da Zomba, o Battery Studios, em Willesden, enquanto Dennis Stratton ainda fazia parte da banda, e produzido por Tony Platt (na época, notório por seu trabalho com o AC/DC), "Women in uniform" – na opinião deste autor e para muitos outros fãs do Maiden da época – representou a primeira baixa na carreira da banda, uma reformulação apressada e sem personalidade de uma canção absolutamente clichê.

O diretor da Zomba veio e me perguntou: "Você gosta da música 'Women in uniform'?", conta Steve. "Quando a escutamos pela primeira vez, pensei: 'Não sei. Não é ruim, mas a versão original do Skyhooks era bastante diferente'. Então, concordamos que podíamos facilmente tentar retrabalhá-la. Foi o que fizemos, mudamos os arranjos, e ela ficou bem pesada. Tony Platt foi o produtor que eles trouxeram para testar e, talvez, fazer o segundo álbum. Mas a Zomba, sendo a Zomba – sabe como é o negócio? –, queria um *single* de sucesso e, em vez de fazer com que ele viesse e trabalhasse conosco, disse-lhe que queria um *hit*. Se eu soubesse disso, não o teria usado em primeiro lugar, mas como havia trabalhado com o AC/DC e tudo o mais, pensei: 'Beleza! Ele não vai nos mandar em nenhuma direção comercial'. Mas Tony foi instruído para fazer isso, e obedeceu ao pedido de produzir um *single* de sucesso."

"Ele ficava tentando encaixar um viés mais comercial, além da bosta daquela mixagem só com os *overdubs* que Dennis e Clive tinham feito quando eu não estava por perto, eliminando completamente o que já havíamos feito com a música. A mixagem original era bem mais pesada, e eu fiquei puto da vida! Tive de ir embora! Fui embora, de tão puto, senão ia matá-lo. Falei: 'Você não sabe nada sobre a porra dessa banda! Vem aqui e faz esse trabalho de merda. Algum filho da puta mandou você fazer, mas isso não tem nada a ver com essa banda! Você não sabe nada sobre nós; então, dá o fora daqui'."

Com Platt recebendo o cartão vermelho e Stratton a um passo de sair, Steve voltou para o estúdio por conta própria e remixou a faixa. A verdade, contudo, é que a música não era boa, e nenhum peso conseguiria disfarçar o óbvio. Ainda assim, a banda fez seu primeiro vídeo, uma infame montagem "como se fosse ao vivo" na Rainbow, que seria o canto do cisne de Dennis Stratton (tente encontrá-lo no vídeo). Era incomum que qualquer banda fizesse um vídeo – apesar da brilhante "Bohemian rhapsody", do Queen, muitos anos antes –, mas o Maiden sempre quis tentar ideias novas, e conseguiu persuadir a EMI a pagar a filmagem. Apesar da debilidade do material, o resultado é uma representação divertida de como a banda enfrentou aquela primeira temporada nervosa. É triste e irônico ver que o único vídeo daquela época – que podemos apreciar hoje – não seja algo clássico como "Running free" ou "Sanctuary", mas uma opção de segunda mão. Não admira que ela não tenha sido o grande *hit* que a Zomba esperava, entrando no número 35 das paradas e desaparecendo, sem a menor misericórdia, uma semana depois.

Pelo lado bom, "Women in uniform" traz, no lado B, uma excelente canção de Harris, "Invasion", e apresenta outra capa para a coleção do Eddie; dessa vez, mostrando nosso herói, com sua cara de caveira, abraçando uma enfermeira e uma aluna, enquanto Maggie Thatcher, armada e uniformizada – ressuscitada após seu final sombrio na capa de "Sanctuary" –, espera para emboscá-lo na esquina seguinte. A questão ficou no ar: a motivação de Maggie, em vez de vingança, seria inveja? Infelizmente, nem todo mundo pegou a piada, e o *Daily Post*, de Liverpool, relatou que um grupo de "feministas, gritando e agitando bandeiras", invadiu o salão da União dos Estudantes, na Universidade Leeds, enquanto a banda tocava no dia 22 de novembro.

O *single* também garantiu à banda outra aparição no *Top of the pops*. Mais uma vez, os produtores do programa concordaram que a banda tocasse ao vivo, mas, como um carma, a performance foi um desastre. De fato, eles ficaram tão desgostosos com aquela experiência que, mesmo depois de lançarem mais de 20 *singles* de sucesso no Reino Unido, o Maiden levaria 15 anos para voltar ao programa.

"Fizemos ao vivo de novo, e tudo parecia estar indo bem", diz Steve. "Ensaiamos à tarde, quando deixaram que tocássemos da forma como deveria ser, mas, na hora de fazer o show, aqueles bastardos abaixaram o volume. Clive teve de tocar tão baixo, que poderia ter usado vassouras. Foi uma piada de mau gosto! Um desastre absoluto. Por isso, juramos nunca mais voltar lá."

Steve Harris fez valer sua palavra – embora os vídeos da banda continuassem a integrar o repertório do programa –, e o Maiden não apareceu ao vivo no *Top of the pops* até 1995, ano em que retornou para o lançamento do *single Man on the edge*, com a estreia de Blaze Bayley. "Mas àquela altura era Rik Blaxill quem produzia o programa, e ele era bem mais amigável com bandas de rock em geral", diz Steve. "Rick nos deixou ir lá e fazer o que quiséssemos; então, somos todos bons colegas agora."

Com a visão que o distanciamento traz, Steve admite que se arrepende da decisão de lançar "Women in uniform", mas pondera que, apesar de qualquer pequeno dano causado à reputação da banda no curto prazo, eles aprenderam lições importantes para o longo prazo da carreira do Maiden. Uma delas é especial: "Nunca, nunca, *nunca* permita que alguém de fora foda com sua música. Decidi que, se algo assim acontecesse de novo, não mais engoliria. Não é que a Zomba quisesse nos prejudicar; ela só queria um *hit*. É o trabalho deles, certo? E, para ser justo com Tony Platt, ele é um cara bem legal. Só que, no trabalho com Maiden, ele errou completamente a mão".

Devidamente castigada, a banda enfrentou na sequência outra escolha difícil: quem produziria o novo álbum? Decerto, nem Will Malone nem Tony Platt seriam chamados para um retorno. O que eles precisavam, conforme afirma Steve, "era de alguém que estivesse, de verdade, por dentro da música da banda, que entendesse de rock e compreendesse o que o Iron Maiden nasceu para ser, em vez de um cara que estivesse interessado apenas em matar tudo rapidamente". Esse alguém viria a ser Martin Birch, um produtor na faixa dos 30 anos que estivera presente em vários dos álbuns que Steve e os outros gostavam, incluindo alguns dos melhores do Fleetwood Mac, Wishbone Ash, Deep Purple, Black Sabbath, Whitesnake, Rainbow e Blue Oyster Cult. Birch, que também sabia cantar e tocar muitos instrumentos, começara sua carreira em meados dos anos 1960 como vocalista e guitarrista da Mother's Ruin, descrita por ele como uma banda que fazia "um tipo de blues pesado". Ele começou a perceber sua verdadeira vocação quando a Mother's Ruin entrou em estúdio pela primeira vez para gravar um *single*.

"Não se esqueça de que eram os anos 1960", avisa ele. "Naquela época, você entrava no estúdio, tocava, cantava e, quando a voz do outro lado do vidro dizia 'está bom', você parava. Esse era o *input* que o grupo obtinha durante todo o processo de gravação. Depois de entrar e tocar, eles lhe entregavam uma gravação no final. E, naqueles dias, as bandas ficavam felizes de aceitar tais condições. Elas não conheciam outra forma de fazer as coisas. Mas, depois que os Beatles chegaram e começaram a mudar isso, eu passei a ser um dos caras que sempre queria escutar a fita antes. Sempre insistia para ir até a outra sala, onde o produtor estava sentado no console de gravações, e escutar o *playback* ao lado dele; e, se não gostasse, eu falava. Claro que isso não costumava cair muito bem. Naquela época, o produtor controlava totalmente as sessões de gravação, e a banda era tratada como mero empregado. E, para ser sincero, alguns deles não tinham a menor ideia do que estavam fazendo. Eram aqueles velhos caras das gravadoras, que provavelmente haviam feito algo no estilo do Engelbert Humperdinck no dia anterior, sabe? Então, eu pensava: 'Tenho certeza de que consigo fazer melhor do que isso'."

Quando a Mother's Ruin começou a ir para o buraco, Birch arrumou um trabalho como "operador de mesa" (assistente do engenheiro de som) no Delaney Studios de Londres, em Holborn. "Aprendi muita coisa sobre a engenharia das gravações e, assim, migrar para o lado da produção foi algo natural", ele explica. "Como eu era jovem, entendia a origem das novas bandas do ponto de vista musical e sempre introduzia novos sons e efeitos. Por ser capaz de conversar com as bandas no mesmo nível, sabia aonde elas queriam chegar com sua música e, depois de um tempo, elas começaram a conversar mais comigo do que com o próprio produtor do disco."

O período entre o final dos anos 1960 e início dos 1970 foi uma era de ouro para o rock britânico, e Birch ficou trabalhando em estúdio com alguns dos artistas de rock mais bem-sucedidos da atualidade. Como produtor, um de seus primeiros trabalhos foi para o Fleetwood Mac em 1969, durante os últimos e turbulentos dias do cantor e guitarrista Peter

Green na banda. Angustiado, o jovem gênio se tornaria – ao lado de Syd Barrett, do Pink Floyd – uma das baixas mais famosas, em termos de personalidades públicas, no *front* do rock por causa do uso de ácido na virada da década de 1960, padecendo posteriormente de doenças mentais e tornando-se um vagabundo (Hoje em dia, claro, este autor sente-se feliz de relatar que Green – embora ainda bastante frágil – voltou a tocar e cantar, apresentando um estado de saúde aparentemente bom). Aquela foi uma época de grande tumulto interno para o Mac, que temia pela sanidade do seu cada vez mais imprevisível líder, mas também, incrivelmente, o tempo em que a banda atingiu seu zênite criativo, gozando de amplo sucesso de público e crítica com os *singles* "Oh well" e "The green manalishi (with the two-prong crown)", e com os álbuns *Mr. wonderful* e *Then play on*.

"A última coisa que fiz no estúdio com o Fleetwood Mac também se tornou a última do Peter Green", diz Martin. "Foi 'The green manalishi'. Peter já não tocava com os outros integrantes da banda. Havia se tornado paranoico e desconfiava de todos. Mas, como eu era jovem, ele parecia não se importar de me ter por perto. Em 'The green manalishi' havia só nós dois na sala; eu gravava sua voz, a guitarra e tudo mais que ele quisesse. Depois, a banda entrava e inseria sua parte. Era bizarro, mas, na época, não pensei assim. Só achava que ele era um grande artista e tinha uma determinada forma de trabalho – se você entende o que quero dizer. Eu ainda não sabia sobre essa coisa das drogas."

Martin Birch – antes de ficar para sempre conhecido como produtor do Iron Maiden, a banda que a maioria dos aficionados de rock pesado associava ao seu nome – gravou uma série de álbuns seminais para o Deep Purple nos anos 1970. "Foi um período extraordinário da minha vida", ele afirma. "Nós tínhamos mais ou menos a mesma idade, aprendemos e crescemos juntos." Não é surpresa que, após driblar as excentricidades do gênio Peter Green, foi "muito fácil", como diz Birch, lidar com o guitarrista do Deep Purple, Ritchie Blackmore, que era igualmente errante (embora, caiba dizer, por razões totalmente distintas: Green havia destruído seu ego, enquanto Blackmore ainda estava construindo o seu). O produtor conta que foi ótimo trabalhar com Ritchie: "Não havia nada de estranho. Trabalhando só nós dois, o cara era realmente legal, porque o ponto principal é a música. Ritchie era o tipo de pessoa com

Run to the hills

quem eu gostava de trabalhar. Ele podia ser uma figurinha, mas todos sabiam como produzir algo sensacional e, no final das contas, isso é o que importa, em vez do que o resto do mundo pensa e diz." Seu trabalho com o Deep Purple marcou uma era, com os álbuns *Machine Head* e *Burn*. Martin Birch se recorda de se sentar, após terminar uma sessão de gravação, tocar o *tape* e ficar preocupado: "Alguma coisa deveria estar errada, porque não conseguia parar de pensar que aquilo era bom demais. Mas era mesmo!".

Quando o Iron Maiden o procurou em 1981, o Purple estava separado, e Birch tinha produzido álbuns seminais na carreira de bandas que sobreviveram ao final dos anos 1970, como Ritchie Blackmore's Rainbow (*Rainbow rising*), Black Sabbath (*Heaven and hell*) e Blue Oyster Cult (*Cultosaurus erectus*). Ele conta que a primeira vez que ouviu falar do Iron Maiden, "foi a mesma que todo mundo", ao ler sobre a banda na *Sounds*. "Não sabia muito sobre a tal nova onda de heavy metal britânico, mas, até aí, também não sabia nada sobre o punk. Ficava tão ocupado trabalhando dentro do estúdio, que não me lembro de onde ou quando as pessoas começaram a pensar em música nesses termos. Fiquei sabendo que, em determinado momento, uma boa música deixou de ser apenas boa, e tornou-se heavy metal ou punk, ou soul, ou qualquer outra coisa. Mas tentava não me envolver nisso. Um dia, sentado na minha cozinha, em Denham, onde morava, li uma matéria sobre um ótimo novo grupo chamado Iron Maiden, que iria detonar com todas as antigas bandas de rock. Pensei que eles deveriam soar muito bem."

Em Paris, quando terminava o disco *Heaven and hell* com o Black Sabbath, Birch soube que o Maiden estava para entrar em estúdio para a gravação do seu primeiro álbum pela EMI, com Will Malone. "Imaginei que adoraria fazer aquilo, e me perguntei por que ninguém havia entrado em contato comigo. Pensei: 'Bom, quem sabe, eu deveria ter telefonado'. Assim, fiz uma meia promessa de que, na próxima vez, telefonaria. Então, aconteceu algo que realmente me convenceu. Algum tempo depois, quando produzia o *Cultosaurus erectus* e estava em Nova York, fui visitar Ritchie Blackmore, em Long Island. Lembro-me de me sentar ao lado dele e dizer: 'Você já escutou essa nova banda?'. E toquei seu primeiro álbum, *Iron Maiden*. Ritchie achou ótimo, assim como eu também considerava. No meio da audição, ele se virou para mim e disse:

'Por que você não produz o próximo disco deles?'. Concluí que Ritchie estava certo, e que devia trabalhar com aquela banda. Era bem a minha praia, o tipo de coisa que eu curtia, e dava para notar que a produção do primeiro álbum não fizera o bastante pela banda. Vamos dizer assim, eu sabia que conseguiria fazer melhor. Porque entendi, de imediato, o que rolava com eles."

Por uma estranha coincidência, logo depois disso, ele recebeu uma ligação de Ralph Simon, da Zomba, que cuidava dos seus negócios, perguntando se gostaria de produzir o segundo álbum do Maiden. "Eu me senti como... Bom, isso só pode ser destino, sabe?"

Martin foi apresentado ao Maiden nos camarins da Rainbow, depois do show no Natal, em dezembro de 1980. "Eu pensei, 'espero que eles sejam tão bons quanto a gravação', mas eram dez vezes melhor. Honestamente, achei que era a melhor banda nova que via em muito tempo."

Em meio a uma rodada de drinques, Steve confessou a Martin que queria tê-lo na produção do primeiro álbum. "Respondi no ato: 'Eu também! Por que vocês não me chamaram?'. Steve disse que achavam que eu era grande demais. Quando começamos a conversar sobre música e nossos discos favoritos, deu para perceber que tínhamos muita coisa em comum. Na verdade, produzi alguns dos álbuns que Steve mais gosta. Também tínhamos o mesmo tipo de senso de humor, o que acredito ser importante para quem vai trabalhar intimamente em algo tão pessoal como fazer música juntos. Sempre trabalhamos duro, mas também sempre existiu espaço para brincadeiras. Se você não se divertir, se desgastará demais."

"Queríamos Martin para o primeiro álbum", confirma Steve. "Trocamos ideias sobre ele, mas pensamos que não valeria a pena. Não foi a frase usada na época, claro, mas achamos que não éramos grandes o bastante, sabe? Pensamos: 'Este é um produtor de ponta, que trabalhou com algumas das nossas bandas favoritas, como Purple, Whitesnake, Wishbone Ash e Deus sabe lá mais quem'. Daí, concluímos que ele não iria querer nos produzir. Diria algo do tipo: 'Quem são esses novatos?'. Depois, descobrimos que ele havia trabalhado com várias bandas que não eram enormes, coisas que eu tinha na minha coleção, como o Stray. Ele parecia não se importar com as vendagens ou o *status* da banda; era só uma questão de curtir ou não. Como já tinha lido sobre nós e escutado

RUN TO THE HILLS

algumas histórias, das quais gostara, ele me disse: 'Vocês deviam ter vindo me ver antes. Teria adorado trabalhar no primeiro álbum'."

Convencida de que, afinal, tinha a pessoa certa para o serviço, a banda entrou em estúdio com Martin Birch pela primeira vez em dezembro de 1981. O cenário era o Battery Studios, onde tinha sido gravado o ultimo *single*. O Maiden já tinha até o título e todas as faixas prontas de antemão. O álbum se chamaria *Killers*, e tudo o que Martin precisaria fazer era acertar a mão...

"No começo, eles eram bem crus", Martin explica. "Achei que a melhor forma de lidar com eles era deixá-los bem confortáveis; então, acomodei o grupo no meio do estúdio e disse: 'Apenas toquem as músicas como se fosse ao vivo, e nós as trabalharemos a partir daí'. Do ponto de vista técnico, contornei as coisas gradualmente, e fizemos as gravações, com a banda tocando junta, porque seria bem mais fácil para todos. Sempre me interessei por captar o som natural que uma banda produz no palco e, com o Maiden, tentei capturar o máximo possível. Para começar – em especial no álbum *Killers* –, eu os encorajava a ir passo a passo, em vez de aborrecê-los, tocando um por vez, e fazer *overdubs* intermináveis. Então, de início, apenas nos concentramos em capturar sua sonoridade natural e, posteriormente, inserir pequenos *overdubs*."

Pouco depois, ele foi chamado de "o cabeça" por causa da rígida disciplina que impunha no estúdio. "Nunca trabalhei com um produtor que se envolvesse tanto no processo", confidencia Adrian. "Ele era divertido, mas, quando trabalhávamos, estalava o chicote. A banda estava em cima, de qualquer modo, de tanto tocar na estrada, mas Martin entrou e a deixou ainda mais em cima."

"Ficou evidente, desde o início, que Steve era o encarregado", diz Martin. "Mas ele soltava as rédeas e deixava que as pessoas fizessem o que quisessem, o que era bom, porque Steve e eu concordávamos em quase cem por cento das vezes. Como a maioria das canções já vinha sendo trabalhada nas turnês, conseguimos ser rápidos, e tudo se encaixou perfeitamente bem. Sempre soube que a banda seria grande, mas tenho algumas memórias bem bacanas daquela época, antes de tudo realmente começar a acontecer. Considerando o que alcançariam depois, o mundo ainda era bastante diferente para eles. Lembro-me de que, no álbum *Killers*, costumavam se sentar e divagar: 'Ah, deve ser incrível ir para os Estados Unidos, não?' e 'Como o Ritchie Blackmore *é* de verdade?'. Eles eram tão jovens – e divertidos na convivência –, que foi uma mudança revigorante no trabalho que eu estava habituado a fazer até então. Percebi que gostava daquela banda, e esperava que voltássemos a trabalhar juntos."

Como a história nos mostra hoje, Martin não precisava se preocupar. "Eu fazia álbuns para bandas como Whitesnake, Sabbath, Blue Oyster Cult...Mas, em poucos anos, passei a me concentrar exclusivamente no Iron Maiden. No final, era tudo o que eu queria fazer, e tive sorte de estar em uma posição em que pude tomar tal decisão."

Inevitavelmente, Martin foi abordado muitas vezes nos anos seguintes para produzir "bandas que queriam soar como o Maiden", mas, sendo quem é, rejeitou todas as propostas. Ele recusou até mesmo o convite do Metallica. "Esta foi outra banda incrivelmente influenciada pelo Maiden e pelo Purple; acho que, em qualquer outra ocasião, teria adorado trabalhar com ela. Mas estava colocando tanta energia nos álbuns do Maiden, que pensei: 'Se for começar a tentar construir outra banda da mesma forma, ficarei completamente esgotado e não poderei dar cem por cento'. Por isso, recusei."

Killers – com dez faixas, quase todas escritas por Steve – já saiu com um punhado de favoritas do público, apresentadas no *set* ao vivo da banda, e incluiu meia dúzia de exemplos do mais puro metal estilo Maiden: "Wrathchild" (muito melhor que a versão original do *Metal for muthas* e escolhida para ser o próximo *single*), "Another life", "Innocent exile", "Killers" (com novos e melhores versos pós-turnê, escritos por Paul), "Purgatory" (destinada a se tornar o segundo *single* do álbum) e a feroz "Drifter", para fechar o álbum. Havia duas músicas instrumentais: uma introdução (de 1'46"), chamada "The ides of march" e, a ainda mais épica, "Ghengis Khan", faixa que anteciparia grandes canções no estilo *ópera rock* de Harris (mas, dessa vez, com letras), como "Rime of the ancient mariner", de 1984, e "Sign of the cross". O álbum também trazia duas inclusões de último minuto, que tomaram forma pelas mãos de Adrian Smith: "Murders in the Rue Morgue", uma sufocante peça de rock teatral em estilo similar à canção "Phantom of the opera", do álbum anterior; e a semiacústica "Prodigal son", único momento reflexivo do disco.

RUN TO THE HILLS

Tal qual seu predecessor, *Killers* foi um álbum que, essencialmente, documentou o caráter inicial da banda. De várias maneiras, as faixas de ambos os discos são intercambiáveis. É justo argumentar que *Iron Maiden* trouxe mais exemplares do que hoje são consideradas as faixas clássicas do Maiden – "Prowler", "Running free", "Phantom of the opera", "Charlotte the harlot" e a macabra faixa título "Iron maiden" –, mas, em *Killers*, a sonoridade quintessencial do Maiden foi captada com maestria pela primeira vez no vinil. Você não precisa ser um engenheiro de som para perceber a diferença na qualidade do som dos dois álbuns, e, mais importante, *Killers* captura o Iron Maiden no zênite da era Di'Anno.

"No que diz respeito à produção, *Killers* é absolutamente diferente em comparação com o primeiro álbum", diz Steve. "Quanto à qualidade das músicas, acho que você até pode argumentar que o primeiro álbum era mais forte, mas eu tendo a discordar. O negócio é o seguinte: o primeiro foi um disco meio 'o melhor de...', com material do nosso *set* ao vivo, canções que remontavam anos. Foi difícil escolher quais devíamos fazer, e músicas excelentes ficaram de fora. Por exemplo, 'Wrathchild' estava no *set* desde o começo, mas ficou de fora, e era uma canção estupenda ao vivo. Depois que fizemos o primeiro, ainda tínhamos várias composições boas e fortes, e não queríamos desperdiçá-las. O que fazer? Colocá-las em algum lado B ou algo assim? Não podíamos. Elas não eram canções de lado B. Eram boas o bastante para fazer parte de um álbum; então, foi o que fizemos. Depois disso, contudo, não sobrou mais nada, e tivemos de escrever uma penca de material novo para o álbum seguinte."

E, claro, a capa de *Killers* estampa o Eddie mais arrepiante até então, retratado como um maníaco de machado em punho: a mão da sua vítima ainda agarra sua camiseta enquanto seu corpo, totalmente oculto, escorre agonizante para o chão, sob o sangue que ainda pinga da lâmina, e Eddie arreganha os dentes, em um sorriso hediondo, como um tubarão. "Foi ideia do Dave Lights", revela Rod. "Bem, se o álbum se chama *Killers*, é certeza que Eddie estará em algum lugar da capa, fazendo algo macabro, não?", brinca ele. Esperto, Derek Riggs ambientou essa cena terrível em Manor Park, região barra-pesada do East End, onde os integrantes da banda viveram juntos seus primeiros dias. Se você olhar com atenção, perceberá ao longe o Ruskin Arms, onde o Maiden costumava tocar, e a

Kinky Sex Shop ao lado, com Charlotte despindo-se sob a luz vermelha. "Eddie era uma figura fantástica, mas a banda sempre queria a inserção de algo que fosse real também, que fizesse parte da vida dela", explica Riggs. "Eu nunca estive naqueles lugares, mas contaram-me sobre eles, e eu tentei imaginá-los."

Quando *Killers* foi lançado, em 9 de fevereiro de 1981, as críticas não foram favoráveis a tais sutilezas, e, pela primeira vez, o Maiden se viu do lado errado do microscópio crítico. A *Sounds* fez uma resenha devastadora, com a crítica Robbi Millar estapeando o disco com uma estrela (a nota mais baixa possível). "Esse álbum é mais um fracasso do que um triunfo", ela disparou. "Com poucas tempestades por polegada." Na sua opinião, as duas únicas faixas que valiam o preço da compra eram as velhas conhecidas do palco, "Wrathchild" e "Drifter". O resto do álbum era, de acordo com Robbi Millar, "bem trapaceiro", com algo mais do que "guitarras mirradas" e mudanças de andamento "lento-rápido-lento". Foi um ataque selvagem que parecia envolvido em veneno pessoal. A banda teria feito algo para ofender a jovem jornalista da *Sounds*? Ou seria apenas o começo de uma reação crítica contra o grupo? Na verdade, era um pouco dos dois.

"Robbi Millar fez a resenha da *Sounds*, e não foi uma boa crítica, mas havia uma história por trás disso, e não me importo de contá-la", diz Steve. "Na época, ela estava ficando com o Paul, que acabou dando-lhe um pé na bunda. Nós demos uma bronca nele, dizendo: 'Você podia ter esperado até ela escrever a crítica!'. Isto é, gosto de pensar que ela teria escrito a mesma resenha independente, não importa o que tivesse acontecido, mas não acredito nisso. Fiquei puto na época. Acho que sempre incomoda quando você fica fechado no estúdio, trabalhando até o cu fazer bico em um álbum em que acredita, e alguém vem e corta seu barato. Quero dizer, quanto tempo leva para escrever a resenha de um álbum? E quando alguém escreve dessa forma, sim, pode ser muito irritante. Mas isso não nos perturbou tanto assim, porque acreditávamos no trabalho. Pensei: 'Foda-se ela'. Obviamente, sabíamos qual era o outro lado da história. Então, não dava para ficar dando muita corda."

Paul Di'Anno conta: "Não sei se isso teve algo a ver comigo dispensando Robbi, mas, seja como for, não gosto de *Killers*. Achei que não fazia jus ao primeiro álbum. Não me pergunte por quê. Só não acho".

Decerto, quaisquer que fossem os méritos do novo material, havia mais do que razões meramente "musicais" por trás da súbita mudança de perspectiva da mídia, que mirou o Maiden como alvo de ataques. Na *Record Mirror*, Malcolm Dome deu a única resenha positiva para *Killers*. Hoje, ao analisar a situação, Dome aponta o desapontamento com o *single* da música "Women in uniform" e a acre saída de Dennis Stratton como fatores que contribuíram para "o sentimento geral" de que a banda, "rápido demais", teria alcançado muita coisa. "Havia muita inveja cercando o Maiden àquela altura. Por fora, parecia que tudo tinha sido muito fácil para eles, simplesmente tirando sucessos da cartola. Também havia gente disposta a acreditar nas histórias de Dennis Stratton sobre o sargento-maior Harris. Além disso, toda aquela coisa de NWOBHM já estava virando notícia velha; então, foi quase inevitável o Maiden receber resenhas ruins. Porém, deve ter sido um choque, já que, até então, todos ficavam dizendo quanto eles eram brilhantes na época. No fundo, isso tudo é uma vergonha, porque *Killers* foi um grande álbum."

Quando *Killers* estreou nas paradas do Reino Unido na posição 112ª, oito colocações abaixo do que *Iron Maiden*, isso só deu combustível para os críticos dispararem contra a banda.

"Ao contrário de mim, sei que algumas pessoas encararam as resenhas como algo relevante para o fato de *Killers* não ter entrado tão alto quanto o primeiro álbum. Ele estreou na 12ª posição, o que ainda é ótimo. No cômputo geral, vendemos melhor aqui na Inglaterra do que o primeiro, assim como no exterior. Mas não tivemos um *single* de sucesso antes do lançamento e, quem sabe, isso tenha alguma relevância por *Killers* não ter aparecido no topo das paradas. 'Twilight zone' e 'Wrathchild' foram lançadas em *single* após o álbum. E houve também outros fatores, como o fato de outras bandas conhecidas lançarem seus discos ao mesmo tempo... Se for ver bem, a diferença entre as posições 4 e 12 é, na verdade, bastante pequena em termos de vendas na primeira semana. E, como eu disse, no geral vendemos mais cópias do segundo álbum; então, não era algo para a gente ficar remoendo."

Eles podem não ter gostado, mas os críticos estavam prestes a se divertir, massacrando o Maiden e toda a cultura NWOBHM, da qual, aparentemente, estavam cansados de encher a bola – o que não é inteiramente sem justificativa, mesmo em retrospecto. Dante Bonutto, ex-editor da *Kerrang!* e da *RAW*, hoje em dia é um homem de A&R altamente conceituado, responsável por chamar a atenção do mundo para artistas de ponta, como The Wildhearts e Entombed. "Ninguém precisava ser um executivo de ponta de uma empresa em 1981 para dizer que a NWOBHM já tinha começado a queimar seus últimos cartuchos quando o Maiden lançou seu segundo álbum", diz Bonutto. "Qualquer coisa que eles fizessem naquela época estava fadada a ser vista sob aquela perspectiva." Para o bem ou para o mal, o fato de *Killers* vacilar, ainda que levemente, era uma prova de que a base erigida pela mídia para a NWOBHM estava prestes a ruir."

"Em 1981, muitas bandas associadas mais intimamente à cena NWOBHM já haviam conseguido grandes contratos com as gravadoras e estavam lançando seus primeiros discos", explica Bonutto. "Uma vez que você tinha todos esses álbuns, ficou evidente quem era de fato bom e quem não era. Claro que o Maiden ainda estava anos à frente dos demais, com o Def Leppard vindo logo atrás, mas ambos tiveram sorte de ter empresários experientes e profissionais por trás, algo de que a maioria dos seus contemporâneos carecia. O Angel Witch, por exemplo, era gerenciado por Ken, o pai do guitarrista Kevin Heybourne, e o Diamond Head por Linda, a mãe de Sean Harris (o cantor da banda)... Bem, em retrospecto, não é difícil perceber por que aquelas bandas não foram longe. Além de talento, também era necessário algum conhecimento de negócios. O Maiden tinha os dois, mas vários outros não tinham nenhum. Ou, como no caso do Diamond Head, eles possuíam todo o talento do mundo, mas sua administração era completamente inadequada."

Como exemplo do que Bonutto está falando, vale a pena relatar uma curta história de como se perde uma grande oportunidade. Bud Prager, o empresário americano do Foreigner, tinha voado para Londres, em 1981, para declarar seu interesse em gerenciar a carreira do Diamond Head nos Estados Unidos. Mas, na Inglaterra, levou um balde de água fria ao escutar a seguinte frase: "Nunca ouvi falar de você", disse a mãe do guitarrista, que, na ocasião, atuava como representante oficial da banda. O quarto disco da carreira do Foreigner foi o álbum mais vendido de 1981 nos Estados Unidos, e fez enorme sucesso no mundo todo com seu *single* 'Waiting for a girl like you (*Top 5* na Inglaterra naquele mesmo ano). É como hoje diz Bonutto: "Foi o tipo de gafe que caracterizava os acordos de negócios da maioria das bandas da cena NWOBHM. Se Bud Prager tivesse assumido o Diamond Head, com seus contatos e experiência, talvez fosse capaz de fazer o que Rod Smallwood conseguiu para o Iron Maiden. E, quem sabe, o Diamond Head ainda estaria por aí tocando, como o Maiden e o Def Leppard. Mas, infelizmente, esse tipo de oportunidade não surge mais de uma vez na vida. Depois de um tempo, também ficou evidente que a maior parte dessas bandas não chegaria a lugar algum".

"Acho que você pode dizer que foi uma sacudida", diz Steve Harris. "Mas não parecia ser só conosco. Era com o Leppard, o Saxon, o Samson. Todos tomaram pauladas da imprensa naquele ano. Lembro-me de que estávamos na estrada há seis meses, fora do país, sabe? Só quando retornamos pegamos todas as revistas e notamos a mudança. Não demos bola. Acreditávamos no que fazíamos bem antes de chamarem aquilo de nova onda do metal. Mas, para outras bandas, foi uma vergonha. Olhando para trás, na verdade, é surpreendente ver quantas não conseguiram chegar lá. Havia certas bandas que deveriam ter alcançado bem mais do que conseguiram. Por exemplo, o Angel Witch. Eles fizeram um álbum que eu achei muito bom, mas desapareceram logo depois disso. Ou o Wytchfynder, que eu também achava ótimo. E, claro, o Diamond Head, que subia no palco e parecia ser o próximo Led Zeppelin."

Até mesmo Neal Kay sentiu as mordidas da crítica. Por ser alguém que gostava de levar o crédito em tudo o que envolvia a cultura NWOBHM, seu destino foi igual ao de um capitão afundando com seu navio. Impulsionado pela turnê com o Maiden e pelo álbum *Metal for muthas*, Kay tornou-se – por um breve período – uma figura bem influente no negócio da música no início da década de 1980, quando mais e mais selos de Londres começaram a circular como tubarões ao redor das bandas do circuito que ainda não tinham fechado um contrato. Certa vez, Kay reclamou publicamente – "É um escândalo" – que *Rock city*, álbum de estreia dos metaleiros do Rior, de Nova York (e uma das bandas mais favorecidas das noites na Soundhouse), só estava disponível na Inglaterra no formato de um caro disco importado. Imediatamente, a gravadora da banda, Ariola, armou um grande evento para lançar *Rock City* no país.

Mas, quando o Bandwagon foi assumido por novos proprietários, ainda em 1980, Kay foi, sem-cerimônia, expulso do seu poleiro de DJ. Nem mesmo a *Sounds* saiu em seu auxílio. Em novembro, logo após o fim da temporada com o Kiss, Steve mandou uma carta de apoio à *Sounds*. "Ao voltar de uma turnê europeia de dois meses, ficamos putos de saber que Neal Kay tinha sido chutado da Bandwagon pela gerência", ele declarou, antes de sugerir que "todos os metaleiros deveriam escrever, em protesto contra o fato, ao chefe da administração da Charrington Breweries para lhe dizer o que pensavam". Apesar do apoio público do Maiden e de breves aparições de piquetes do lado de fora da casa, a campanha – que a *Sounds* se recusou a apoiar – não teve sucesso. Mais tarde, Kay se viu forçado a mover sua Heavy Metal Soundhouse para uma casa nova, em Harrow. Contudo, o feitiço estava quebrado, e o novo lar de Kay nunca captou, de fato, a imaginação dos metaleiros da mesma forma que fazia em suas noites na Bandwagon. O golpe de misericórdia veio quando a *Sounds* retirou as paradas da Soundhouse das suas páginas, e a voz de Kay – outrora tão persistente e alta, tão comicamente farisaica – foi permanentemente calada.

"Por causa do sucesso da cena, em particular do Iron Maiden, Neal Kay tornou-se uma grande influência", diz Geoff Barton. "Vamos ser honestos, a maioria das companhias não sabia nada sobre heavy metal, e, em grande parte, ainda não sabe, suspeito eu. Então, por uns cinco minutos, todas decidiram que Neal era o cara que entendia da coisa NWOBHM; assim, se o escutassem, ele as guiaria até o próximo grande negócio. O problema é quando se perde a cabeça. Por exemplo, aquele álbum *Metal for muthas* foi uma vergonha. Mas até aí, você olha para as fotos do Neal Kay, ou mesmo as minhas, naquela época e pensa: 'Qual é a desses caras?'. A gente era jovem, e a verdade é que Neal, um apaixonado por aquele tipo de música, foi alguém muito dedicado ao heavy metal por um período. Mas ele perdeu a mão muito rapidamente."

De fato, Barton e Kay – antes irmãos de sangue na cena NWOBHM – ficaram muito mal por causa do álbum *Metal for muthas*. Kay sentiu-se profundamente afrontado pelo tratamento que Barton lhe deu em sua resenha na *Sounds*, até mesmo sugerindo que se tratava de inveja, em vez de julgamento crítico, o que tinha movido a caneta de Barton. Malcolm Dome, que conhecia os dois, afirma: "Neal não suportava qualquer tipo

RUN TO THE HILLS

de crítica. Levava tudo para o lado pessoal. Ele descobriu o Iron Maiden e ajudou a criar a cena NWOBHM, e não iria permitir que as pessoas se esquecessem disso. Esse era justamente o problema: deixou de ser algo sobre música e virou uma coisa de ego".

Enquanto isso, de volta à estrada, o lançamento de *Killers* anunciava o começo de uma enorme peregrinação, que seria a primeira turnê mundial da banda, com incríveis 126 concertos, cruzando a Grã-Bretanha e países da Europa, com escalas nos Estados Unidos, Japão e Austrália. Nos 15 países do roteiro, o Maiden seria a banda principal em quase todos os lugares, exceto no território norte-americano, onde fariam sua primeira visita. O pontapé inicial foi dado no Ipswich Gaumont Theatre, em 17 de fevereiro, com o braço inglês da turnê que compreendia 24 shows, e culminou na primeira vez do Maiden como atração principal da Hammersmith Odeon, em Londres. Com duas faixas no lado A, o *single* da turnê trazia "Twilight zone", canção de Steve e Davey, encadeada com "Wrathchild", ambas do novo álbum. Originalmente pensada para ser um lado B, a banda gostou tanto do resultado final de "Twilight zone" que decidiu lançar um compacto duplo.[11] Assim, "Wrathchild" também ficou no lado A, mas por uma razão bem pragmática.

"O motivo pelo qual fizemos um lado A duplo foi ter uma versão ao vivo de 'Wrathchild' gravada em vídeo na Rainbow antes do Natal, que poderíamos usar", revela Steve. "Não havia dinheiro para gravar outro vídeo com 'Twilight zone'; então, fizemos um lado A duplo, pois ficaríamos longo tempo em turnê. Se por algum motivo quisessem a gente de volta ao *Top of the pops*, pelo menos existia o vídeo de 'Wrathchild' para lhes dar. Pensamos: 'Se lançarmos um lado A duplo, vamos poder cobrir nossas bundas'. Mas, parece piada, o vídeo não foi exibido no *Top of the pops*. Não foi um grande *hit*, nem nada assim, mas podíamos viver com isso. Estávamos tão concentrados na turnê, que não pensamos mais naquilo."

Lançado na primeira semana de março de 1981, em meio ao clímax da turnê inglesa na Hammersmith Odeon, o disco com "Twilight Zone" e "Wrathchild" ficou na posição 31, tornando-se o segundo *single* a

---

11 Compacto duplo era o nome dos pequenos discos de vinil com duas músicas de cada lado, para diferenciar do compacto simples, que trazia apenas uma canção em cada face. (N. E.)

184

chegar mais alto nas paradas até então. O *Top of the pops*, na verdade, certamente teria exibido o vídeo de "Wrathchild", mas o programa estava, mais uma vez, fora do ar devido a outra greve da equipe técnica.

Na capa do *single*, Rod e Derek Riggs conseguiram agitar mais uma vez a mídia com a última imagem do Eddie. Sobraram acusações raivosas de sexismo gratuito, e diversos críticos interpretaram todas as coisas erradas na imagem da jovem mulher sentada, de camisola, diante do espelho do seu quarto, enquanto um Eddie fantasmagórico paira atrás do seu assustado reflexo. Se olhassem um pouquinho mais de perto e escutassem as letras, teriam percebido a foto do Eddie em um porta-retratos sobre a penteadeira, com a inscrição: "Para Charlotte, com amor, Eddie", e percebido que Eddie está morto, tentando contatar sua namorada do outro mundo. Por isso ele está transparente. Certo? É verdade que Eddie quer assassiná-la para que se junte a ele no inferno, mas isso não muda o fato básico de que "Twilight zone" foi a primeira canção de amor do Maiden (embora meio disfarçada).

A turnê foi um sucesso indiscutível para a banda. Fazendo o último show da Inglaterra na Hammersmith Odeon, em 15 de março, ficou claro que o Maiden abriu mão de sua agressividade exagerada, como banda de garagem dos seus dias de pubs lotados, em favor de um show de duas horas mais profissional, mas sem perder nada da sua energia. Era o tipo de show construído especificamente para trazer abaixo estádios em todo o mundo. (Uma informação histórica: a banda de apoio naquela noite era dos metaleiros franceses do Trust, que trazia o baterista Nicko McBrain na formação! Dá para acreditar?)

Seis dias depois, o Maiden começou a segunda etapa da turnê, iniciando o roteiro por Lille, na França. Durante as sete semanas seguintes, eles viajaram pela Europa inteira, dormindo no ônibus e tocando quase todas as noites. A programação era tão punitiva que, rapidamente, eles se confundiram, sem saber onde estavam nem qual língua a população falava. Adrian se lembra de Paul apresentar a banda para o público, enrolando algumas frase em um francês vagabundo: "O único problema é que nós estávamos dando um show na Itália".

Tony Wiggins, novo *tour manager*, que mal havia começado a trabalhar para a banda, fala de uma das suas primeiras lembranças dessa turnê: em uma cidade da Alemanha, eles pararam o ônibus para esticar as

RUN TO THE HILLS

pernas, mas o dono da garagem, ao ver um bando de cabeludos no local, apavorou-se e colocou uma placa de "Fechado" na porta do banheiro. Perturbada por essa atitude, a banda respondeu à altura, abrindo as braguilhas e urinando por todo o chão do pátio, à plena vista da agitada esposa do gerente e de sua filha; o homem ficou tão irado que saiu do seu escritório, pegou um balde e jogou água na turma. Péssima decisão.

Davey, já irado por causa do desgaste, arremessou a garrafa de uísque que estava bebendo no escritório da grande garagem, quebrando a janela do escritório. Aí é que o proprietário ficou maluco mesmo, e chamou a polícia. Eles correram que nem loucos para o ônibus. "Voltamos para dentro do ônibus e saímos da estrada principal o mais rápido possível", recorda-se Wiggins. "Dirigimos por estradas vicinais durante horas até que conseguimos voltar para a autoestrada, em Estraburgo." O *tour manager*, que veio direto para o Maiden após trabalhar com o cantor Gilbert O'Sullivan, diz que ficou apavorado. "Lembro-me de ter pensado, 'em que diabo fui me meter?'."

Um incidente mais sério na etapa da turnê na Alemanha ocorreu em maio, quando os "problemas de canto" de Paul Di'Anno se tornaram um eufemismo para um mal-estar bem mais profundo e preocupante. De volta aos seus velhos truques para ficar acordado por dias a fio e, então, se perguntar por que suas amígdalas não respondiam da maneira adequada, a banda se viu forçada a cancelar cinco shows na Alemanha para que Paul descansasse sua voz. Os promotores locais ficaram descontentes, e os fãs desapontados, mas a banda se safou de processos, prometendo remarcar as datas dos shows cancelados, para voltar lá posteriormente na turnê (o que realmente fez, em outubro), e fazendo sessões de autógrafos em lojas de discos locais, onde os jovens se agitaram tanto, que a polícia teve de ser chamada para controlar o que a imprensa germânica classificou como "tumultos de rua". Steve, de sua parte, considerou tal mancada a gota d'água na sua relação de trabalho com Paul, decidindo que as coisas não poderiam continuar assim. Algo tinha de ser feito. Não naquele momento, no meio da turnê – "Não queríamos ter de cancelar a turnê inteira; isso teria sido um desastre" –, mas em breve. Muito em breve.

"Rod me perguntou, logo quando começou a se envolver com o Maiden, se havia algum problema em potencial que poderia atrapalhar o futuro da banda, algo que eu já soubesse", lembra-se Steve. "Eu disse que, para ser 'totalmente honesto', poderíamos vir a ter problemas com Paul, porque sua atitude era estranha de vez em quando. Rod insistiu para saber o que eu queria dizer, e respondi que eram algumas coisinhas estranhas, embora ocasionais, como o fato de ele nem sempre demonstrar o mesmo comprometimento que o resto de nós. Coisas bestas, tão triviais na hora, mas que se tornam grandes à medida que se acumulam. Uma vez, eu tive de pegar um empréstimo para comprar o microfone que ele tanto queria, mas, apesar da promessa de que me pagaria de volta, isso nunca aconteceu. Coisas assim."

"Mas até pensei que, conforme a banda ficasse mais conhecida, ele se comprometeria mais. Mas, quanto maior ficávamos, pior era. Sei lá. Paul parecia bastante nervoso às vezes com relação ao sucesso da banda, e, ocasionalmente, ficava muito negativo, reclamando de tudo. Estava junto de nós, mas, ao mesmo tempo, parecia perdido em uma bizarra viagem, como se tudo estivesse indo rápido demais para ele. Era como se Paul se sentisse ameaçado... Em certas noites, quando ele saía do palco, fingia desmaiar. Na verdade, ele estava sempre desmaiando!"

"Lembro-me da noite em que tocamos no clube Nottingham Boat, bem no começo, e aconteceu aquela coisa de sempre. Fizemos o show, e o público foi à loucura, com reações absolutamente insanas, sabe? Quando íamos voltar para o bis... Paul desmaiou no camarim! Aliás, nunca vi ninguém desmaiar de forma tão conveniente. Ele sempre conseguia cair em uma cadeira ou sobre a maleta dos instrumentos, nunca batia de cara no chão. Mas, dessa vez, eu fui lá e o estapeei, dizendo: 'Levanta, seu bastardo!' Ele abriu seus olhos e disse: 'Vocês não têm pena de mim; nenhuma pena não?'. Eu só berrei: 'Não temos porra nenhuma! Agora volta para o palco!'. Ele se levantou, cambaleando, e seguiu em frente, com alguns tropeções, para o bis."

"Não sei dizer se queria chamar a atenção ou o quê. Não sei que diabo era aquilo, mas ele não estava se cuidando fisicamente. Quem canta precisa tomar cuidado com sua voz, e não pode ficar a noite inteira em claro, fumando e usando *speed*. Você *tem* que se cuidar! E Paul não se cuidava; então, no final das contas, tivemos de cancelar shows por causa dos seus problemas, e isso é algo que não podia tolerar. Eu não uso drogas, nunca usei. Mas não sou contra as pessoas fazerem o que bem entenderem, contanto que isso não interferisse na turnê. Bem, Paul estava fodendo com os shows!"

"Em Milão, durante nossa primeira turnê europeia como banda principal, a venda de ingressos estava esgotada, e havia um monte de metaleiros do lado de fora na hora do ensaio. De repente, o promotor do evento disse que teríamos de fazer um show extra à tarde, senão aconteceria um tumulto. Deliberadamente, o cara tinha vendido ingressos acima da lotação para ganhar dinheiro. Mas o que ele disse estava certo, havia milhares de jovens que, se não entrassem, provocariam problemas graves; então, não tivemos escolha. Mas Paul falou: 'Não posso fazer um show de matinê! Minha voz não vai aguentar!'. Eu respondi: 'Paul, é só pegar leve. Não chuta o balde. Pega leve no show da tarde, e vamos com tudo à noite ou, se preferir, administre os dois shows, mas o fato é que temos um problema aqui. Não podemos dar pra trás agora'. Seja como for, ele fez o show da tarde e, quando chegou a noite, também. Aí, na hora do bis, ele saiu e convenientemente desmaiou sobre um *case*. Eu falei, 'caralho! Agora, não...'."

Em consenso, eles decidiram que não dava mais para aguentar. "Acho que a questão sobre o que fazer com Paul ocorreu para todos nós ao mesmo tempo", diz Rod. "Era muito triste, e, seguramente, algo que ninguém queria, mas, quando começamos a perder shows por causa da voz do Paul, percebemos que alguma coisa estava muito errada. Não sei se Paul tinha um desejo de morte, mas parecia perceber que iria desapontar a banda, quase como se estivesse com medo do sucesso e, inevitavelmente, da responsabilidade que ele traria. Parecia algo com que ele não conseguia viver. Em qualquer banda, uns são responsáveis pelos outros. Esse é certamente o modo de ser do Maiden."

"Mas Paul entrou pesado naquele estilo, digamos assim, da vida de um astro do rock. Nós conseguimos deixar a maioria dos hábitos de fora por um bom tempo, mas isso é algo muito difícil de ser feito, em especial no *showbusiness*, e particularmente naquela época. A primeira vez que soube que alguém estava usando alguma coisa foi na turnê com o Kiss. Paul estava mandando ver, e eu falei: 'É melhor você se controlar. Vou ficar de olho'. Eu sabia que a única coisa que poderia deter o Maiden seria a própria banda."

"Steve não tocava em drogas", continua Rod. "Nunca tocou. E o motivo é que ele tem medo do que elas possam fazer à sua mente. Ele já tem uma mente muito aberta e criativa. Não precisa de nenhum outro estimulante nesse departamento. Algumas das suas canções, como 'Twilight zone', são baseadas em experiências astrais. 'Number of the Beast' veio de um sonho. Se sua cabeça funciona assim, você não precisa de drogas. Ele curte, no máximo, algumas cervejas para se acalmar, e isso é o suficiente. Mas Paul estava abusando. Ele começou a ter problemas vocais, fumava que nem uma chaminé, tomava conhaque e também curtia cocaína e *speed*; e, por causa disso, perdemos shows. Como o espírito do Maiden era jamais desapontar seus fãs, essas coisas começaram a nos machucar. Perdemos a turnê alemã inteira. Recordo-me de passarmos a noite acordados, escrevendo cartas à mão para todas as revistas alemãs, porque não queríamos que ninguém pensasse que éramos filhos da puta."

"Não é segredo que naquela turnê fiquei bastante fora de mim", admite Di'Anno. "Mas não é porque eu cheirava um pouco de coca; eu estava naquilo 24 horas por dia, sem parar, todos os dias. Achava que era isso que você devia fazer quando virava uma banda de rock grande e de sucesso. Mas o Maiden ficou tão grande, que a banda tinha compromissos acumulando-se ao longo de meses, anos, e eu não conseguia ver o fim deles. Eu sabia que não conseguiria aguentar a turnê inteira. Era demais. As pessoas me perguntam agora se eu teria feito as coisas diferentes caso pudesse voltar no tempo. Bem, a resposta honesta é que não. Eu era um garoto. O que sabia das coisas? Nessa idade, você não sabe de nada, e essa é a beleza de tudo. O problema foi que Steve, Rod e os outros não viam as coisas assim, e não posso culpá-los. Eles tinham todos aqueles planos, e, da forma como eu estava, comecei a estragar tudo. Até conseguia enxergar isso, só não conseguia fazer nada a respeito. Eu não queria fazer nada."

A banda aprendera a lidar com as dificuldades com um sorriso no rosto, e a turnê continuou, embora com mais cancelamentos e intervalos ao longo do caminho, incluindo Japão e Austrália e até na sua primeira visita aos Estados Unidos, um lugar onde todos sonhavam tocar desde que começaram a ter esse sonho. Mas, mesmo lá, Paul conseguiu desapontar a banda.

"Foi um pesadelo, porque a banda estava arrebentando, e nós não queríamos perdê-lo, sabe?", conta Steve. "Queríamos seguir em frente da forma como éramos. Mas pensamos: 'Quanto mais isso durar, mais estaremos em risco'. Foi quando decidi fazer uma mudança. Não tivemos pressão por parte de ninguém; eles simplesmente aceitaram o que fizemos. Foi isso; a gente e o Rod só dissemos: 'Olhem, precisará haver uma mudança'."

"Seguimos em frente com Paul durante um tempo, ainda na esperança de que ele conseguiria. Um dia, conversamos e dissemos: 'Paul, é melhor você tomar jeito, ou então...'. Mas a coisa não funcionou, e tivemos de chegar às vias de fato. E quer saber mais? Acho que ele ficou aliviado. Quem sabe o que acontece na cabeça do Paul? Não sei ao certo nem se ele sabe a maior parte do tempo. Mas foi essa a sensação que tive. Ele ficou nervoso, mas também aliviado por não ter mais de lidar com todo aquele aborrecimento de estar na estrada e de ter todas aquelas coisas para fazer, todas as responsabilidades sobre seus ombros. Porque ser um *frontman* é um grande trabalho. Ainda assim, não consigo compreender. Parece que ele queria se destruir quando o sucesso chegou. E é uma pena, porque sempre achei Paul muito talentoso, como cantor e também compositor. Ele não produzia toneladas de coisas, mas 'Remember tomorrow' e as letras de 'Running free' e 'Killers' são muito boas. Ele tinha talento, mas o jogou fora."

"No final, a separação foi totalmente amigável", afirma Rod. "Paul foi até o escritório, e o resto da banda também devia aparecer, mas ninguém mais compareceu. Então, tive de sozinho contar a Paul, e ele respondeu: 'Tudo bem. Eu ia vir aqui amanhã e te dizer que queria sair, mas não sabia como dizer isso'. Se ele falou isso para ficar por cima ou se era verdade, ainda não sei. Ele tem uma personalidade muito complexa, é um cara adorável, mas, às vezes, parece não saber o que é a realidade."

"É verdade, fiquei aliviado", concorda Paul. "Fiquei triste também, mas na ocasião já estava cansado de tudo. Cheguei ao limite. Eu não tinha entrado no mundo do rock'n'roll para cumprir agendas, participar de reuniões e ter de garantir minhas oito horas de sono todas as noites. Não estou fazendo pouco caso do Maiden; é preciso ter peito para fazer o que eles fazem. Mas eles tinham muitas ambições, e eu não conseguia acompanhar. Acho que a banda tomou a decisão certa. Quando você dá uma olhada em quem me substituiu... Quer dizer, aquele é o cara que eu teria escolhido também. Então, eles ficaram felizes, e eu estava feliz, assim, tudo deu certo no final. As pessoas dizem: 'Você não queria que tivesse sido você?'. Mas respondo: 'Era eu! Eu só não quis aquilo'."

Perder o vocalista é uma aposta perigosa para qualquer banda, ainda mais para um grupo que batalha por sua credibilidade contra uma imprensa musical já hostil. Mas era um risco que eles tiveram de assumir. Como diz Steve: "Sabíamos que não tinha jeito de continuar com Paul, mas, honestamente, eu não sabia se conseguiríamos continuar sem ele. Era uma questão de esperar e ver".

Eles tiveram de jogar os dados. *Six...six...six...*

10 Bruce

Para quem olha de fora, tirar Paul Di'Anno da banda no momento em que o fizeram parecia uma aposta enorme para o Iron Maiden. Mas, na verdade, acabou sendo o melhor que poderia ter acontecido. Em retrospecto, não é difícil perceber que o Maiden tinha ido o mais longe possível com o estiloso garoto do leste de Londres liderando a brigada. Eles conquistaram a Europa e o Japão com Paul. Agora, preparados para tomar os Estados Unidos com seu terceiro álbum, era imperativo que tivessem um *frontman* à altura da tarefa. Evidente que Paul Di'Anno não era essa pessoa. Realmente abalado pelas exigências cada vez maiores depositadas sobre seus ombros, Paul, em geral de ressaca, visivelmente amarelou, e se encolheu diante da tarefa de ajudar a levar o Maiden ao próximo nível.

Por outro lado, Bruce Dickinson, o cantor do Samson, a quem o Maiden mais tarde iria recorrer, não padecia de tais dilemas. Onde os sonhos e as ambições de Paul Di'Anno haviam terminado, os de Bruce estavam só se aquecendo. Como Steve Harris, ele sonhava com nada menos do que estar nos maiores palcos do mundo, desde que comprou seu primeiro álbum do Deep Purple, *In rock*, quando tinha 13 anos. Conhecido hoje em dia por ser autor, piloto, diretor de vídeos, apresentador de rádio e da MTV, artista solo e pai de três filhos com Paddy, sua segunda esposa, Bruce Dickinson também é – e, às vezes, as pessoas se esquecem disso – um dos maiores cantores de rock a despontar no cenário internacional desde que surgiram as lendas britânicas do blues rock, como Robert Plant, Paul Rodgers e seu idolatrado Ian Gillan.

Musicalmente, pode ser dito que ele e o Maiden pertencem um ao outro. Como diz Steve Harris: "Para ser honesto, devo dizer que o estilo de cantar de Bruce era bem mais do que eu imaginava para as canções do Maiden desde o início. É só que o Paul apareceu antes".

Paul Bruce Dickinson nasceu em 7 de agosto de 1958, em Worksop, uma pequena cidade de mineração de Nottinghamshire. Embora Paul seja seu primeiro nome, ele sempre preferiu, desde criança, ser chamado de Bruce. Seus pais se casaram quando ainda eram adolescentes, e a chegada iminente do bebê Bruce apressou a consumação do matrimônio, pressionado pela moral conservadora da época pré-aborto dos anos 1950. Recém-saídos da escola e sem um centavo no bolso, de início o casal foi forçado a viver na casa dos avós de Bruce, que assumiriam grande parte da responsabilidade de criar o rebento.

"Foi meio que um acidente", Bruce admite. "Minha mãe tinha 16 ou 17 anos quando ficou grávida do meu pai, que tinha 17 ou 18. Eles se casaram rápido, e eu nasci quatro ou cinco meses depois. Minha mãe trabalhava meio período em uma loja de sapatos, e meu pai foi para o serviço militar. Ele era mecânico de motores, mas perdeu sua licença de motorista por ser um *hooligan*, e, então, pensou, 'foda-se!', e se voluntariou para o Exército. O que acabou compensando, porque ele recuperou sua licença imediatamente. Eu me lembro de ter sido criado em grande parte por meus avós, já que meus pais eram jovens demais. Meu avô trabalhava na mina de carvão local, e minha avó era dona de casa, mas também costumava fazer serviços de cabeleireira na sala da frente de casa. Minha primeira escola foi a Manton Primary, conhecida por sua disciplina linha-dura naquela área tão pobre; todos os garotos do bairro a frequentavam. Mas nunca me ocorreu que a vida era dura. Porque eu me divertia muito. Lembro-me de ter sido bastante feliz na infância."

Pouco antes de Bruce entrar na escola, seus pais se mudaram de Worksop, deixando o filho com os avós, e foram para Sheffield, uma cidade próxima, onde havia mais postos de trabalho. "Meus pais se mudaram porque os empregos estavam em 'Smoke', que era como eles chamavam Sheffield", explica Bruce. "Eu me sentia como se não tivesse pai e mãe. Meu avô era quem exercia o papel mais próximo de um pai. Ele era ótimo, e, na época, estava na casa dos 40, o que é uma boa idade para ser pai. Lembro-me de ele me ensinar a lutar boxe. Ele mostrou alguns golpes antes de eu ir para a aula, e me disse: 'Se alguém o provocar, encha o cara de porrada. Defenda-se, e não deixe que ninguém o provoque'. Tomei uma suspensão na escola e fui mandado para casa um dia depois, porque dei uma surra em todo mundo. Então, ele me deu uma verdadeira palestra sobre quando deveria surrar as pessoas. De várias maneiras, acho que fui o filho que ele nunca teve. Mas, para minha avó, eu sempre seria o pequeno bastardo, que mandou sua filha para longe dela. Ela disse que via meu pai toda vez que me olhava, e eu acho mesmo que meu rosto se parecia com o dele."

Bruce foi uma criança feliz, embora solitária, que costumava se esconder atrás do sofá e se recusava a se mexerr quando ficava aborrecido. "Eu não queria que ninguém me visse". Sua primeira experiência com a música foi dançar na sala dos seus avós, ouvindo "The twist", de Chubby Checker. "Meus avós colocavam o disco para rodar, e eu fazia o twist para todo mundo, e, claro, naquela idade você acha que é bem legal." O primeiro disco que ele se recorda de sua coleção foi o *single* da música "She loves you", dos Beatles.

"Em casa, havia uma vitrola e um rádio, e consegui convencer meu avô a comprar para mim 'She loves you", que ficou em primeiro lugar nas paradas por semanas a fio e era um daqueles discos que todo mundo queria ter, entende? Talvez por isso eu também quis. Não sei direito se foi com esse *single*, mas me recordo de achar que gostava mais do lado B do que do A. Foi aí, quando comecei a escutar música, que passei a decidir sobre o que eu gostava ou não. Lembro-me também de curtir as harmonias de 'I'll never get over you', o lado B de um *single* do Gerry e The Pacemakers. Na minha rua, havia um moleque que tinha uma guitarra, e todo mundo falava disso. Eu devia ter 5 anos, e, quando via o garoto com sua guitarra, ficava admirado: 'Nossa!'. Ele era adolescente, devia ter 16 anos, mas, para mim, parecia um deus. Tinha cabelos compridos – quer dizer, compridos para aqueles dias, tipo cobrindo as orelhas –, usava sapatos pontudos e coisas assim. Na verdade, parecia que ele tinha acabado de sair da televisão."

Apesar de ter um limite de tempo diante da televisão quando criança, o veículo seria um fator crucial para Bruce desenvolver seu interesse por música pop. Ao crescer, seus dois programas favoritos eram *Jukebox jury* – o show de perguntas em que um grupo de convidados famosos resenhava superficialmente os novos discos lançados na semana, votando para dizer se seriam um sucesso ou um fracasso – e *Doctor Who*, a saga semanal de um "doutor" que viaja no tempo e no espaço, enfrentando longas batalhas contra inimigos alienígenas ou futuristas, como os Daleks e os Cybermen.

"Eu sempre assistia a *Jukebox jury*, porque passava antes de *Doctor Who* no sábado à noite", ele explica. "Os dois programas tornaram-se inseparáveis na minha mente. A excitação de assistir aos Beatles ou quem quer que fosse no *Jukebox jury* era quase tão intensa quanto ver os Cybermen em *Doctor Who*. Ambos eram de mundos diferentes para mim."

"Particularmente, não curtia ficção científica. Na verdade, gostava mais da parte científica. Era obcecado pela Lua e pelo espaço sideral, tanto que apanhava folhas de papel para desenhar os planos de voo da minha própria espaçonave, com o equipamento de navegação e todo o resto. Planos realmente detalhados, sabe? O mesmo vale para um submarino que projetei quando tinha uns 9 anos. Seria construído com latas de lixo presas umas às outras, com mais de um metro de comprimento. Adorava a ideia de viver submerso, como o Capitão Nemo, ou de flutuar no espaço ou em qualquer lugar que não fosse a realidade. Acompanhei as incursões do homem à Lua, e também o primeiro pouso ainda não tripulado no início dos anos 1960. Lembro-me de tentar convencer minha avó sobre a importância daquilo, porque ela queria utilizar o jornal para acender a lareira. Mas eram os anos 1960. Crescendo naquela época, senti que não havia limites para o que eu poderia fazer."

Mas, talvez, não em Sheffield, para onde Bruce foi mandado depois que completou 6 anos de idade, quando seus pais haviam montado uma casa e obtido trabalho regular.

"Eles nunca escutavam música. Sempre totalmente fixados em ganhar dinheiro. Era estranho. Também eram bem rígidos. Depois, eu descobri que, na verdade, tinham dado a volta ao mundo ou algo assim. Trabalhavam em dupla, fazendo uma apresentação com cachorros, algo como poodles pulando em aros. Minha mãe também dançava balé, e era ótima. Tinha um belo corpo e tudo o mais. Até conseguiu uma bolsa no Royal College of Ballet, mas minha avó não a deixou ir; então, ela engravidou. Isso foi infernal, e a dança tornou-se o seu passaporte para fora dali – para fora de Worksop, para fora da loja de sapatos e de todo o resto. Então, existia toda essa outra vida que eles tinham, sobre a qual eu nada sabia quando criança."

RUN TO THE HILLS

A única pista era um antigo violão do seu pai, que nunca mais se interessou em tocá-lo. "Era um instrumento bem ruim, mas deixou-me fascinado, apesar de ser uma coisa velha, horrorosa e intocável. Acho que ninguém conseguiria tirar som dele; eu mesmo costumava apanhá-lo para tentar tocar na base da pancada, produzindo um barulho terrível e fazendo calos nos meus dedos."

Ao chegar a Sheffield, Bruce foi enviado a uma escola fundamental da cidade, que fazia Manton Primary parecer algo saído da série *Barrados no baile*.[12] "Ela se chama Manor Top e, até onde sei, ainda está lá", conta ele. "Não sei como é hoje, mas, quando a frequentei, era como o Castelo de Colditz",[13] Bruce sorri sombriamente. Como novato da sala, ele apanhou tanto e foi tão provocado que, posteriormente, seus pais o tiraram dali, matriculando-o em uma pequena escola privada e baratinha chamada Sharrow Vale Junior.

"Eu fiquei na Manor Top menos de dois meses", ele conta. "Então, nos mudamos. As mudanças de casa eram constantes e serviam para ganhar dinheiro. Meus pais compravam uma casa, reformavam, vendiam e depois compravam outra para recomeçar tudo de novo. Durante grande parte da minha vida, vivi dentro de moradias em construção. Mas meus pais estavam, de fato, ganhando algum dinheiro. Eles até compraram uma pensão e, a seguir, acho que meu pai arrematou uma garagem falida e começou a tocar um negócio de compra e venda de carros usados, ao lado de um hotel."

Como resultado dos esforços sem fim de seus pais para melhorar de vida, o adolescente Bruce tornou-se uma "pessoa elegante" e frequentou um internato particular em Shropshire, chamado Oundale. "Eu não me importava de ir para lá. Como não gostava muito de ficar com meus pais, era uma forma de fugir. Eles me deram uma escolha, perguntando: 'Você realmente quer fazer isso?'. Eu tinha 12 anos, e respondi que sim. Acho

---

12 *Barrados no Baile* (título original: *Beverly Hills 90210*) foi uma popular série de televisão norte-americana, transmitida nos Estados Unidos entre outubro de 1990 e maio de 2000 pela emissora FOX. Fonte: http://pt.wikipedia.org/wiki/Beverly_Hills,_90210. Acesso em: 2/4/2013. (N. E.)

13 Castelo alemão que se encontra na cidade de Colditz, utilizado como hospício para indigentes e hospital psiquiátrico durante quase cem anos, e, durante a Segunda Guerra Mundial, como campo de prisioneiros para oficiais aliados "incorrigíveis", que tinham tentado escapar repetidamente de outros campos. Fonte: http://pt.wikipedia.org/wiki/Castelo_de_Colditz. Acesso em: 2/4/2013. (N. E.)

que foi porque eu não tinha criado nenhum laço emocional com eles, um vínculo de verdade, pois, quando era criança, nós não tivemos contato; eles nunca me alimentaram, vestiram, deram abrigo ou educação, sabe? Não tinha lembrança alguma de eles me apanharem e me ninarem... Estou certo de que isso deve ter acontecido em algum momento, mas, na época, não tinha consciência disso."

"Mas, em outras ocasiões, eu me surpreendia com o tipo de entendimento que ambos tinham das coisas da vida. Uma vez, surrupiei um pequeno carro de brinquedo de alguma loja de departamentos e fui pego, sendo enquadrado pela polícia e tudo o mais. É óbvio que, como eu tinha 11 anos, eles tentaram me assustar até não poder mais. E funcionou! Deixaram-me apavorado para que nunca mais fizesse algo parecido com aquilo. Recordo-me de que meu pai foi me buscar e fiquei surpreso de ele não me colocar sobre seu colo e descer a lenha. Foi exatamente o oposto, pois ele nunca me perguntou por que fiz aquilo. Nunca. Expressar os sentimentos mais profundos não era parte do comportamento daquela família. Até meu avô, depois de ficar bastante doente, chegou a engolir um monte de pílulas, tentando se matar, mas ninguém nunca falou sobre isso também."

"De várias maneiras, sou grato por não ter tido o que chamam de uma infância comum. Tornei-me muito confiante. Cresci em um ambiente que me fez perceber que o mundo jamais presta favores de graça, e que, se você parar e apenas deixar as coisas fluírem ao seu redor, acabará esmagado. Isso bateu dentro de mim por causa da forma como meus pais eram. Pessoas tão esforçadas e trabalhadoras, que nunca paravam. Tive poucos amigos perto de mim, *pouquíssimos*, pois nunca ficava muito tempo com ninguém. Estava sempre mudando de casa. Também acho que meu pai não tinha muitos amigos. Ao contrário da minha irmã, Helen, que nasceu pouco depois de eu me mudar para Sheffield, e sempre esteve cercada de gente. Ela era o oposto de mim, uma borboleta social. Ela tinha centenas de amigos."

A educação escolar de Bruce no internato teria um final abrupto quando, aos 17 anos, ele foi expulso por cometer o crime surreal de embebedar o jantar do diretor da instituição. "Basicamente, tudo remonta à ideia de eu ser um completo estranho, e gradativamente fiquei ciente disso conforme entrei na adolescência", ele explica. "Não havia qualquer problema com a ideia de ir para um internato, mas, na verdade, quando cheguei lá... Logo percebi que odiava aquele lugar e jamais me enquadraria. Todos tinham um *status* preconcebido ao entrar lá, e as regras precisavam ser seguidas à risca. Eu pensava: 'Mas, por quê? Isso é uma bosta'. Também não entrava na minha cabeça por que os outros garotos agiam daquela maneira – talvez, a maioria estivesse há mais de cinco anos na instituição. Então, todo aquele sistema escolar já estava integrado neles. Decerto, você não se pronunciava contra o sistema ou, do contrário, não estaria lá."

Como consequência do seu comportamento velhaco, Bruce apanhava constantemente dos garotos mais velhos. Mas não eram simples socos e tapas, como acontecia em buracos educacionais do tipo da Manor Top. Assim ele descreve: "Era mais parecido com uma tortura sistemática". "O problema é que não dava para escapar. Na Manor Top, ao menos podia ir para casa no final do dia."

O principal tormento de Bruce era o encontro diário com o capitão da equipe de futebol da escola, que tinha 18 anos, 1,80 metro de altura e "idade mental de 12 anos". Bruce conta qual era o truque favorito do garoto: "Por volta das dez da noite, invadia meu dormitório e, depois de apanhar um travesseiro, para não deixar marcas, me dava uma puta surra, dizendo que, na verdade, era uma lição de defesa pessoal, para vários colegas dele, que se aglomeravam em volta da minha cama". Foi um regime brutal, que Bruce suportou durante todo o seu primeiro ano no internato.

"Aquilo, literalmente, se repetia todas as noites", ele afirma. "Também era comum, quando me deitava na cama, haver meia dúzia de ovos quebrados nela. Com as roupas de cama ensopadas, era impossível dormir... Eu sabia que poderia ter chamado meus pais, mas isso teria sido me entregar; então, não chamei. Eles só descobriram tudo isso depois de um ano e meio. É até meio engraçado, mas achava que contar aos meus pais ou professores seria deixá-los vencer; por isso, estava determinado a não acusar ninguém. Você não pode deixar uma pessoa levar a melhor. Esta era minha postura. Mesmo se estiver caído porque alguém lhe deu um chute no saco, você ainda pode dizer: 'Tudo bem, você é maior do que eu, pode me espancar se quiser, mas não é superior. Eu sou mais forte, colega'. E foi isso o que aconteceu. Sozinho, eu costumava chorar, mas nunca, nunca, *nunca* demonstrava esse tipo de fraqueza em público, pois, senão, eles teriam *vencido*."

Na infância e adolescência, Bruce cresceu vagando por lares e escolas diferentes, e até mesmo entre pais diferentes. Sentia-se distante da sua irmã – como confessa ser o sentimento que conserva até hoje – porque, desde a origem, a realidade dos dois era bem diferente. "Ela foi uma filha planejada, sabe?", diz ele, com veemência. "Então, comecei a ter consciência de que era um estranho no ninho, e aceitei isso. Foi aí que comecei a fazer, deliberadamente, coisas esquisitas. Eu me lembro de que, na escola, havia um curso para cadetes do Exército, algo que todos odiavam, mas fiquei encarregado do almoxarifado, e podia lidar com armas e munição, incluindo todas aquelas pistolas e coisas assim. Aliado a outro garoto, que também era meio saco de pancadas, decidi que teríamos nossa pequena vingança. Assim, todas as quartas-feiras à tarde, aprontávamos algumas e, às vezes, até podíamos, literalmente, detonar todo mundo. Meu Deus, a gente costumava fazer coisas *muito* perigosas. Como, por exemplo, preparar armadilhas com minas. Não era para machucar as pessoas; só queríamos assustar."

"Eu devia ter uns 16 anos quando ocorreu um exercício em que todos os diretores e garotos saíram à tarde para bancar os soldados e passar uma noite acampados em alguma fazenda no interior. Tínhamos permissão para ser 'o inimigo', e era algo tirado diretamente de *Os doze condenados*.[14] No meio da madrugada, acho que às quatro da manhã, eu e o meu colega atacamos o acampamento, correndo e batendo nas barracas onde os diretores dormiam, pisando em cima da turma e soltando bombas de fumaça. Foi outro momento de vingança."

A ideia de virar cantor ainda estava distante, mas ele deu seu primeiro passo nessa direção aos 15 anos, ao entrar para a sociedade de teatro amador da escola. "Adorei a primeira vez que pisei no palco", Bruce conta. "Eu me senti realmente confortável logo de cara; então, comecei a me tornar voluntário para todas as peças que estavam rolando. Fiz duas ou três apresentações em casas de espetáculos, numerosas peças escolares, e até encenações com nota para graduação. Também dirigi algumas coisas.

---

14 Filme de guerra, lançado nos Estados Unidos em 1967, com direção de Robert Aldrich e estrelado por Lee Marvin. Fonte: http://www.interfilmes.com/filme_20204_os.doze.condenados. html. Acesso em: 2/4/2013. (N. E.)

Run to the hills

Não era tanto o vestuário, mas sim a linguagem que me fascinava; por isso, naquela fase, tentei mergulhar em tudo o que acontecia. Fizemos obras de Shakespeare, porque o departamento de teatro era bem ambicioso; recordo-me de participar de algumas produções bem elaboradas, como *Macbeth* e *Henrique VI*, e realmente tentar compreender o que o texto dizia. Acredito que tive um desempenho positivo, sabe?"

Mas, no esquema adolescente de Bruce, a música começou a bater mais forte dentro do peito. Ele narra uma história muito conhecida dos anos 1960 sobre escutar um pequeno rádio transistor – colado ao ouvido durante a noite – embaixo dos lençóis após a ordem para apagar as luzes do dormitório.

Com uma severa restrição para visitar as lojas de música, discos tornaram-se moeda corrente na escola. "Só podíamos assistir a uma hora de televisão por semana; então, a única diversão interna era a música, e as pessoas estavam sempre trocando seus álbuns ou vendendo discos usados", recorda-se Bruce. "Ao passar pelo corredor, dava para escutar música saindo de todos os cômodos. Certo dia, escutei algo tão legal, vindo do quarto de alguém, que fui até lá perguntar: 'Uau! O que é isso?'. E os garotos, olhando-me com desdém, disseram, em coro, que era 'Child in time', do Deep Purple. E ainda gozaram com a minha cara: 'Você não conhece *nada*?'. Mas fiquei espantado demais para me importar. Só perguntei: 'Onde consigo isso?'. Assim, o primeiro álbum que comprei foi *In rock*, do Deep Purple, todo arranhado, mas achei sensacional. Foi esse o gatilho que me levou a comprar discos e mergulhar no mundo do rock. Isso e um importante concerto que aconteceu um tempo depois. De vez em quando, a escola trazia uma banda para tocar no auditório. Acho que esse tipo de evento ocorria três vezes por ano, e às vezes era um show de rock. O primeiro que vi na vida foi da banda Wild Turkey. Ainda me lembro de um dia em que estava lendo uma entrevista com os caras da banda na *Melody Maker*; quando perguntaram como havia sido a turnê, um dos músicos respondeu: 'Pode parecer estranho, mas o melhor show que fizemos foi dentro de um internato'. Aí fiquei completamente maluco. Até arranquei a camiseta!"

"Também tive outros grandes momentos, como quando o Van Der Graaf Generator tocou lá. Peter Hammill, o vocalista da banda, era um ex-aluno da escola, e surgiu um rumor de que o diretor tinha uma foto dele na sua mesa, e a usava para se masturbar". Outro show legal que vi foi do Arthur Brown. "Seu álbum *Kingdom come* tinha acabado de sair, e era sensacional. O melhor cantor que eu já tinha visto."

"Era sempre aquele tipo de música progressiva e conceitual. Esse era meu *input* musical. Mas, no tocante a álbuns, agarrei o primeiro do Sabbath, o *In rock*, do Deep Purple, *Aqualung*, do Jethro Tull, *Tarkus*, do Emerson, Lake And Palmer; além de qualquer coisa que conseguisse. Eu devia ser o sonho do cara de marketing, porque passei a comprar o disco de todas as bandas que via tocar ao vivo. Depois, ainda escutava as bandas que as haviam influenciado. Mas a minha favorita era, definitivamente, o Deep Purple. Eu achava *In rock* a melhor coisa já produzida!"

Tornar-se cantor ainda não passava por sua cabeça. Originalmente, Bruce cogitou ser baterista. "Ian Paice, do Deep Purple, era meu herói absoluto", confidencia. "Eu queria ser ele. Especificamente, queria ser o pé esquerdo do Ian Paice. Mas não tinha dinheiro para comprar o instrumento. Havia alguns moleques ricos da escola que tinham bateras e montaram um tipo de banda, sabe? Lembro-me de ficar observando o ensaio e pensar: 'Tenho certeza de que posso fazer melhor do que isso'. De vez em quando, eles deixavam que eu brincasse na bateria, e eu era inútil, mas, mesmo assim, sabia que poderia me dar melhor do que qualquer um deles. Eu conseguia escutar dentro da minha cabeça. Até criava um kit de batera para mim, com meus livros e apetrechos em cima da minha escrivaninha. Como não tinha baquetas, usava dois bastões de madeira retangulares e, às vezes, espancava minha cama às sete da manhã."

Mais tarde, Bruce caiu nas graças de um grupo ao "pegar emprestado permanentemente" um par de bongôs da sala de música da escola. "Eu me sentava em um canto e tocava com a banda sem pedir permissão. Fiquei amigo do vocalista, um cara chamado Mike Jordan, com quem fiz aqueles jogos de guerra. Ele ganhou um monte de prêmios por seu estilo grave de cantar – aquela cantoria clássica, sabe? Mas o estilo do cantor, e mesmo o daquele grupo, era algo meio doloroso. Não tinha nada de rock 'n' roll."

"Daí, tentei aprender 'Let it be". Como ela tinha dois ou três acordes, todo mundo a tocava. Lá estava no meu canto, querendo soar como John Bonham em um par de bongôs, mas foi diabólico. Uma sonoridade

Run to the hills

terrível! Fiquei com as mãos vermelhas de tanto bater, dando dor de cabeça em todo mundo. O som parecia um cavalo atropelando um monte de caixas; o pobre e velho Mike não conseguia chegar às notas altas, e comecei a encorajá-lo, cantando junto. A diferença é que eu alcançava as notas. Sempre achei que poderia cantar. Na verdade, durante um ensaio no coral da escola, alguém veio me elogiar: 'Você tem uma voz muito boa'. Dei de ombros na hora, sabe como é? Mas aquilo me fez pensar."

Em busca de sua voz, Bruce resolveu deixar a percussão de lado. "Falei que gostaria de fazer uma tentativa como vocalista, dar um tempo com os bongôs e ajudar Mike nas notas altas de 'Let it be'. Foi o que fiz, e todo mundo falou: 'Cacete! Que voz é essa?'. Infelizmente, a banda se separou no mesmo dia. Mas havia outro garoto, também bastante impopular, que curtia umas coisas do estilo B.B. King e estava aprendendo violão. Seu nome era Nick Bertram. Como ele tinha um *songbook* do B.B. King, costumávamos fazer todos aqueles blues, ele tocando violão e eu cantando. Mas, então, fui expulso da escola por embebedar o jantar do diretor."

Ah, sim, você quer saber como foi isso? Então, por questão de registro...

"O diretor, o diretor adjunto, o coordenador de ensino e todas as autoridades relevantes da escola participariam de um jantar para comemorar a abertura de uma nova ala nos fundos da instituição. A comida estava sendo feita pelos chefes de turma da escola. O óleo acabou, e quiseram pegar emprestado o da nossa ala; eu e outro garoto pensamos em, bem, ajudá-los. Acho que colocamos um pouco de álcool, não muito, só um xícara de chá. Havia um mezanino lá em cima, e começamos a tomar cerveja e nos matar de rir, porque conseguíamos ver as silhuetas de todo mundo comendo. Alguém perguntou por que nós dois estávamos rindo, e contamos o que tinha acontecido. Na manhã seguinte, tudo estava acabado. A escola inteira sabia. A pior coisa de ser expulso é esperar seu pai vir buscá-lo de carro. Meus pais, porém, não falaram nada sobre o assunto, reagiram da mesma forma de quando roubei o carrinho da loja de departamentos. Só me apanharam e não perguntaram nada sobre a expulsão, nem jamais tornaram a mencionar o caso. Eu pensei: 'Mas que droga!' Eles não vão falar nada?'. Mas a verdade é que eu saí de lá, e os seis meses seguintes foram bastante úteis."

De volta a Sheffield, Bruce foi matriculado em uma nova escola. "Eu adorei. Era ótimo. Todo mundo parecia normal. Não havia abusos lá, e tinha garotas, que, no começo, me intimidaram um pouco. Do tipo: 'Puta merda. Espero que elas falem comigo!'. Logo nas minhas primeiras semanas, lembro-me de ouvir dois garotos, no fundo da sala, conversando. Um disse para o outro: 'Como vai ser o ensaio desta noite? O cantor saiu. O que vamos fazer?'. Eu pensei: 'Nossa, que legal!'. Mas fiquei em dúvida se deveria dizer que era um vocalista, porque só havia ficado no quarto do internato, cantando coisas acústicas com aquele cara no violão. Mas decidi falar com eles: 'Eu posso cantar com vocês, se quiserem'. Eles adoraram e disseram que eu estava dentro. Fui até o ensaio e reconheci o baterista, que era um garoto com quem eu tinha estudado. A banda tocava na garagem do pai dele. Havia bateria, baixo e duas guitarras, além de bastante Wishbone Ash; tanto, que eles já tinham tirado o *Argus* inteiro, nota por nota. Quando comecei a aprender as músicas, eles disseram: 'Caramba! Você sabe mesmo cantar! Putz, nós temos um vocalista!'. Então, pensei que precisava conseguir um microfone..."

Bruce conta como foi sua experiência ao adquirir o primeiro microfone: "Eu me senti como um velho sujo comprando uma revista pornográfica, porque foi realmente estranho. Se alguém me perguntasse: 'Então, você é um cantor?', eu diria que não. Definitivamente não! E teria corrido para fora da loja. Tinha tanto medo de bancar o bobo. Não queria dizer que era um vocalista, a não ser que conseguisse cantar como Ian Gillan, e ainda não sabia se algum dia conseguiria". Ele estava prestes a descobrir.

"O primeiro show que fizemos foi na taverna Broad Fall, em Sheffield, um lugar que promove shows até hoje. A banda se chamava Paradox, e eu disse: 'Esse nome é uma bosta. Por que vocês não chamam de algo grande e mítico, como Styx?'. Daí, como eles acharam legal minha sugestão e concordaram comigo, mudamos o nome para Styx. Não sabíamos que já existia uma grande banda americana que se chamava assim. Éramos completamente ignorantes. Mas, sei lá por que, pouco tempo depois, a banda se separou; então, pronto, fiquei sozinho de novo. Mas,

RUN TO THE HILLS

agora, eu tinha um microfone e um amplificador, que eram meus, e pensei: 'Bom, sempre poderei utilizá-los com outras pessoas'."

Ele saiu da escola aos 18 anos, com nota A em Inglês, História e Economia. De início, Bruce brincou com a ideia de seguir a carreira militar do seu pai, e, alguns meses antes, até se alistara para o Territorial Army.[15] O pai gostava dessa proposta de servir o Exército, por considerar uma carreira apropriada para o filho.

"Eu não sabia bem o que queria fazer", confessa Bruce. "Mas fui para casa e pensei: 'Que se dane. Vou entrar para o TA durante seis meses'. Foi uma boa época, mas percebi que minha fantasia de que seria meio como Rambo, e *bang, bang, bang*, era tudo besteira. Havia tantos idiotas no Exército, bem mais do que nos outros lugares. Mas os caras com quem eu andava eram bem legais. Nós saíamos para explorar a mata, cavávamos buracos, ficávamos na chuva e, nas folgas, tomávamos uns tragos e voltávamos para o quartel totalmente embriagados. Eu nunca tinha visto como os caras ficam assim tão bêbados e fazem tantas coisas horríveis. Decerto, também nunca tinha visto mulheres tão oferecidas, embora eu não quisesse nada com elas. Não tinha ideia do que fazer! Uma noite, lembro-me de uma garota ficar dando em cima de mim, mas tudo o que fiz foi jogar dardos. No fundo, também não sabia como lidar com o serviço militar. No fim, pensei: 'Essa não é uma verdadeira opção de carreira. É como uma fantasia'. Foi uma boa rota de fuga durante um tempo, porque não sabia o que mais gostaria de fazer, mas será que queria mesmo ser cantor de rock? Se isso também não é uma fantasia, então, o que é?"

Após interromper a carreira militar, ele se inscreveu na universidade e começou a cursar História no Queen Mary College, no East End de Londres. "Foi a primeira vez que fui para Londres", ele diz. "Meus pais perguntaram o que eu iria fazer quando terminasse o curso. Respondi que ainda pretendia voltar para o Exército, mas queria obter meu diploma primeiro. Como era isso que eles queriam escutar, foi essa a história que contei. Então, quando cheguei lá, comecei imediatamente a procurar bandas para tocar. Conheci um cara chamado Noddy White,

---

15 Segmento do Exército inglês em que voluntários atuam em regime de meio período. (N. T.)

que se parecia exatamente com o Noddy Holder, do Slade. Ele era de Southend. Além de guitarrista, também tocava baixo e teclados, e era compositor. Fazia um pouco de tudo, sabe? E tinha muito equipamento, inclusive um PA, o pacote inteiro. Pensei: 'Minha nossa! Vamos formar uma banda!'."

Os dois batizaram a banda de Speed. "Mas não tinha nada a ver com usar *speed*. A gente não curtia drogas. Simplesmente, tocávamos tudo ridiculamente rápido!" A banda ensaiava quando Bruce conseguia convencer Noddy a montar seu equipamento.

"Pedi que Noddy me desse aulas de guitarra e, quando ele me mostrou três acordes, comecei a compor algumas coisas de imediato. Na época, o punk estava rolando forte e, ali no East End, você estava bem no meio do bochicho. Na faculdade, me envolvi com o comitê de entretenimento; por isso, um dia, era *roadie* do The Jam e, no seguinte, estava colocando o pano de fundo para o Stonehenge ou algo assim. Lembro-me do Ian Dury e The Blockheads terem tocado lá, e também do Sex Pistols ter feito alguns shows secretos para os estudantes."

"Então, começamos a fazer shows. Uma vez, pedimos o miniônibus da faculdade emprestado, dizendo que íamos precisar do veículo para algum curso externo. Daí, tiramos os assentos, para empilhar a aparelhagem, e fomos direto para o pub Green Man, em Plumstead. Fizemos uma apresentação bem legal. Foi assim que tive minhas primeiras experiências de palco, gostando de ficar diante do público e cantar. Foi uma daquelas coisas de faculdade que não duram para sempre, mas que foi bom enquanto durou."

Mas não o suficiente. Disposto a expandir seu repertório, Bruce viu um anúncio na *Melody Maker*: "Procura-se cantor para completar projeto de gravação". Apesar de nunca ter chegado nem perto de um estúdio, respondeu de imediato e acabou convidado a enviar uma fita com uma gravação da sua voz. "Gemi, uivei, gritei e fiz muitos barulhos em um cassete", ele conta, lembrando-se de que, com a fita, também enviou um bilhete que dizia: "Aliás, se você achar a voz uma merda, do outro lado tem algumas coisas gravadas do John Cleese que talvez goste".

A resposta não demorou. "Quando a fita voltou, um cara me disse que achou minha voz bastante interessante e me chamou para ir até o estúdio. Eu fui e gravei uma música chamada 'Dracula'. A faixa era para um banda obscura, a Shots, formada basicamente por esse cara, Phil Shots, e seu irmão Doug. Sabe-se lá Deus o que foi feito disso, mas Doug estava pirando no estúdio, porque gravamos várias pistas para a voz, harmonizando quatro vozes. E ele ficava falando: 'Tem certeza de que nunca fez isso na sua vida?'. Então, começamos a conversar, e ele me perguntou sobre que tipo de música eu gostava, e, claro, comecei a falar de 'Ian Gillan, Ian Anderson, Arthur Brown'. No ato, Doug me disse: 'É isso aí! Arthur Brown, cara! Sua voz parece bastante com a dele! Nós temos que formar uma banda'. Só respondi: 'Puta merda!'. Aquele cara tinha um estúdio e queria formar uma banda comigo. Claro que disse sim!"

Bruce começou a fazer shows com os irmãos Shots, "principalmente em pubs, mas ninguém do público parecia interessado". Uma noite, em um rompante de irritação, ele parou de cantar e, falando sério, começou a dar um sermão na clientela por não prestar atenção. A resposta foi tão boa que Bruce repetiu isso em outras noites, até que se tornou algo rotineiro.

"Tocávamos nos pubs para poucas pessoas, dando nosso melhor, mas ninguém prestava atenção", ele conta. "Daí, comecei a infernizar as pessoas. Eu parava a canção no meio e escolhia um cara do público, dizendo: 'Ei, você! Sim, você, seu gordo bastardo! Todo mundo, olhe para ele. Estão olhando? Ótimo! Qual é o seu nome? Você tem nome?'. De repente, todos estavam prestando atenção, porque podiam ser os próximos. Mas, antes que o cara tivesse chance de responder, passávamos para a música seguinte; só que agora com todo mundo escutando. Depois da primeira vez que fiz isso, o dono do pub nos cumprimentou: 'Excelente show, rapazes! Vejo vocês na semana que vem'. Então, passamos a incluir esse ato no show. E foi quando comecei a pegar a manha de ser um *frontman*, em vez de apenas um cantor. Descobri, mais tarde, que muitos podem cantar, mas, se pedir para que empunhem o microfone e lidem com uma multidão, não conseguem. Não saberiam como. Isso foi uma coisa importante que comecei a perceber sobre esse trabalho em cima do palco."

O momento da virada para Bruce ocorreu quando, uma noite, os membros do Samson fizeram uma visita inesperada a um show do Shots, na Maidstone, em 1978. Constituído em torno das músicas do guitarrista Paul Samson, nascido em Sidcup, o grupo tinha gravado um álbum,

Survivors, pelo selo independente Lazer, e atraído um bom interesse por parte da imprensa, ganhando destaque – ao lado do Iron Maiden, Saxon e Angel Witch – na então emergente cena NWOBHM. Entretanto, o principal fator que impulsionou a banda para a fama foi a máscara sadomasoquista usada por seu baterista, Thunderstick (nome artístico de Barry Purkis, o mesmo adorador do Kiss que um dia chegou a tocar com o Maiden).

"Eles viram nosso show, e batemos um papo depois. Quando me perguntaram sobre o tipo de som que eu gostava, citei Purple, Sabbath e Tull, dizendo que realmente gostaria de fazer coisas nesse estilo, porque o Shots se tornara quase um ato cômico de heavy metal. O discurso havia substituído a música por completo. Mas o Thunderstick, que curtia bastante o Heavy Metal Kidz, falou que gostava de ver o jovem Gary Holton (cantor do Kidz) subir no palco, tirar um barato das pessoas e se divertir à custa delas. Então, eu disse: 'Ok, posso fazer isso, mas acho que deve haver algo mais no show'. Em resumo, Paul Samson me deu seu número de telefone e disse que o álbum da banda sairia em breve: "Mas precisamos de um cantor novo, e gostaríamos que fosse você'. Eu disse que adoraria entrar na banda, mas, como ainda teria de fazer meus exames finais no curso de História, pedi que me dessem duas semanas de prazo: 'Depois de concluir as provas, sou todo de vocês'".

Na verdade, obter seu diploma nunca parecera ter importância para Bruce. Pelo menos, até ele perceber que poderia não ter nem mesmo a chance de fazer os exames se não deixasse suas atividades extracurriculares de lado, durante um tempinho.

"Eu fiquei, nos dois últimos anos, dormindo na faculdade", admite Bruce. "Não fazia porra nenhuma, bebia o tempo todo, trepava e, de forma geral, me divertia. Até tentaram me expulsar por não pagar o aluguel, porque gastara todo meu crédito estudantil na compra de um PA para a banda. Por isso, costumava me esconder quando o inspetor do dormitório aparecia. Fora isso, também levei bomba nos exames semestrais. Em suma, eles tinham bons motivos para se livrar de mim. Mas, como eu era delegado da União dos Estudantes e, naquela época, isso tinha algum peso, eles cederam e permitiram que fizesse os exames de graduação. Então, pensei: 'Foda-se. Cheguei até aqui e vou até o fim. Parecia uma vergonha não ir até a biblioteca e abrir os livros indicados

RUN TO THE HILLS

para os exames. Portanto, resolvi descobrir sobre o que a História tratava de fato. No final, foram duas semanas para estudar todas as matérias, as quais qualquer pessoa levaria seis meses para fazer, mas, enfim, obtive boas notas."

Bruce estudou como louco nas duas últimas semanas e conseguiu tirar a nota necessária para se graduar. Entretanto, sair direto dos exames finais para ensaiar com o Samson foi um contraste demasiado acentuado até mesmo para o infatigável Bruce. "Na verdade, meus primeiros ensaios com o Samson estabeleceram o clima para toda a minha estadia na banda", afirma ele, lembrando-se dos seus dias de "vamos-usar-drogas", como hoje se refere àquela época. "Nunca curti drogas; só bebia bastante. Mas, quando fui até lá, o baixista estava fazendo carreiras de sulfato atrás dos amplificadores, Paul fumava um enorme baseado e o baterista tinha usado um monte de *mandies*.[16] Como fui até o pub logo depois de ter concluído meus exames, você pode imaginar a algazarra que foi aquele primeiro ensaio. Thunderstick caiu do banquinho da sua bateria porque estava cheio de *mandie* na cabeça, mas felizmente havia uma parede, onde o encostamos, e ele conseguiu continuar tocando. Eu não tinha ideia do que estava acontecendo. Só segui com a maré. Thunderstick obviamente adorava o Kiss, dava para ver, e Paul curtia Leslie West, Mountain e ZZ Top, enquanto eu era louco por Deep Purple. Como se vê, era uma combinação e tanto."

Incerto sobre sua postura, Bruce decidiu que a melhor política seria "cair de cabeça" e extrair o melhor daquela experiência. "Deixei minha namorada, com quem estava havia três anos, ao sair da universidade. Disse-lhe que iria me transformar em um completo imbecil. Francamente, achei que era o melhor a fazer, para tentar me comunicar com o pessoal da banda, que, por sua vez, não era nada do que eu esperava. Na minha ingenuidade, pensei que músicos de rock eram grandes artistas, e foi um choque enorme perceber que não. É claro que havia gente que aspirava ser artista, mas o Samson tinha pavor dessa ideia. Eles queriam apenas se divertir, tomar uns drinques, ter uma boa transa e usar drogas. Por isso, achei muito difícil me relacionar com a banda, mas, como

---

16 Calmantes fortes, bastante populares entre os músicos do final dos anos 1970. Fonte: http://www.urbandictionary.com/define.php?term=mandies. Acesso em: 2/4/2013. (N. E.)

aceitei trabalhar com os caras, decidi: 'Se vamos fazer música juntos, é melhor eu cair de cabeça e descobrir o que é todo esse negócio de drogas e putaria'."

Bruce nunca curtiu as coisas mais pesadas. No que diz respeito a substâncias ilegais, maconha foi o máximo que usou. "Já tinha fumado na faculdade quando me ofereciam uma porção de erva. Achava bastante estranho. Mas até curti, sabe? No Samson, porém, era uma rotina. Paul acendia um baseado atrás do outro, todos os dias, e descobri rápido que, se fosse careta, não conseguiria me comunicar com eles. Seria impossível. Então, achei que também deveria fumar ou, do contrário, não conseguiria compor nada com a banda. E foi assim que rolou. Eu me resignei, tentando me tornar uma pessoa que não sou. Durante dois ou três anos, entende? Porque eu queria ser um vocalista, e isso fazia parte do preço a ser pago. Para ser sincero, acreditava que tudo o que fiz seria mais um passo em direção à minha meta de ser cantor de uma banda de rock'n'roll. É necessário ter esse tipo de crença. Ou, pelo menos, eu a tenho."

Bruce teve que engolir muito sapo na sua tentativa de chegar ao estrelato. Até aceitou um nome tolo, e, durante seu período com o Samson, foi conhecido como Bruce Bruce, um eco terrível de uma piada antiga do Monty Python. "Os empresários deles ficavam preenchendo cheques falsos só para me encher", ele explica. "Faziam o cheque nominal a Bruce Bruce, como na piada do Monty Python. E acabou pegando. Eu não gostava nada daquilo, mas, tudo bem, achei que era um nome artístico."

Escrevendo a maior parte das canções com Paul, Bruce Bruce gravou dois álbuns com o Samson: *Head on*, lançado em 1980 pelo selo Gem, e *Shock tactics*, que saiu pela RCA, após o Gem falir, em 1981. Nenhum dos dois mostra de fato o talento vocal de Bruce – como ficaria comprovado nos trabalhos posteriores com o Maiden –, mas, para os padrões do início dos anos 1980, ambos eram bons e sólidos discos de rock. Não foram grandes destaques das paradas, mas também não eram lançamentos de grandes gravadoras, como ocorrera com o Iron Maiden. Parecia que o Samson tinha o talento, mas, talvez, não a sorte.

"O álbum *Head on* poderia ter sido muito bom", diz ele. "Gostaria que tivéssemos um bom produtor, pois havia canções legais ali. E, embora pareça engraçado, ao conversar depois com Rod Smallwood, ele até comentou que a única banda que tinha alguma chance de fazer

RUN TO THE HILLS

frente ao Maiden era o Samson. Ele também admitiu que, deliberadamente, o Maiden bateu no Samson até levá-lo à lona. Porque, antes de eu me juntar à banda, o Samson zombara do Maiden, com escárnio, em alguma passagem de som ou algo assim, e Rod nunca os perdoou por aquilo. Sem dúvida, havia muitos egos explodindo no ar naqueles dias."

Após entrar na cena NWOBHM, não demorou para Bruce e o Samson dividirem apresentações com bandas conhecidas como o Praying Mantis, Angel Witch e, inevitavelmente, o Iron Maiden. "Havia um negócio chamado Crusade For Heavy Metal, do qual o Maiden fazia parte. Basicamente, eram bandas que tocavam na Music Machine, em Camden, toda semana", diz Bruce.

"Os empresários do Samson defendiam que aquilo tinha sido ideia deles; por isso, o grupo estava sempre presente no evento, assim como o Saxon e o Angel Witch – bandas que fizeram parte da coletânea *Metal for muthas*, da EMI. Para o bem ou para o mal, era algo que existia em Londres. Essa foi minha experiência inicial com a ideia de que ocorria algum tipo de... movimento. Até então, eu não tinha conhecimento disso; mas assisti ao Maiden pela primeira vez... Acho que foi na Music Machine, por volta de 1980. Na verdade, nós éramos a banda principal, mas eles apareceram com uma galera do Ruskin Arms, e o local ficou lotado de gente que pirou ao escutá-los tocar. Eu me recordo de estar no fundo, assistindo, assimilando toda aquela *vibe* que rolava no show, e pensei: 'Isso é Purple!'. Foi a primeira coisa que me veio à mente, aquilo era o mais puro estilo Deep Purple. Lá estava Davey Murray, obviamente influenciado por Ritchie Blackmore – ele tinha a Strat e os cabelos compridos –, e a bateria soava como Ian Paice. Digo, havia uma semelhança. Não reparei no baixista naquela primeira vez, mas vi o vocalista, Paul, e questionei: 'Hummm... Não estou entendendo por que ele está aí'."

"Fiquei assistindo, e eles eram bons, realmente muito bons. Naquele momento, lembro-me de ter pensado: 'Gostaria de cantar nessa banda. Quer saber, eu *vou* cantar nessa banda! Eu *sei* que *vou* cantar nessa banda!'. E não foi só uma coisa de tentar abrir meu caminho para isso. Foi algo que senti como sendo inevitável. Recordo-me de pensar o que poderia fazer cantando com aquela banda, porque sempre fui fã do Deep Purple e via o Maiden como outro Purple – não idêntico, musicalmente, mas causando o mesmo tipo de arrepio na espinha. Concluí que aquilo ali era para mim, e não o Samson."

"O próprio Paul debochava deles, um pouco por ciúmes, e um pouco com humor genuíno. Não gostava da banda nem queria se relacionar com eles. Lembro-me de que havia uma *groupie*, chamada Flannel Tits, que estava saindo com os caras do Maiden– ela também fazia um truque conosco esfregando seus peitos na extremidade das nossas tarraxas. Um dia, ela apareceu com uma fita do Maiden, gravada diretamente da mesa de edição, e a colocou para tocar. No ato, eu disse: 'Minha nossa! Isso é uma loucura!'. O som do Samson parecia uma piada em comparação com o do Maiden. A precisão do nosso andamento nunca foi boa, mas a do Maiden era perfeita."

"A direção que eles estavam seguindo", mais do que o próprio material em si, era o que Bruce achava mais excitante no Iron Maiden. "De início, não escutei muito os álbuns. Foi apenas quando vi eles tocarem ao vivo que me causou aquela impressão. Quer dizer, claro que ouvi os discos, e algumas coisas, como 'Prodigal son' e 'Remember tomorrow', eram ótimas." E quanto ao seu predecessor na banda? "Paul sempre soava bem nas gravações", diz Bruce. "Mas, quando o negócio era de verdade, com a banda detonando no palco, ele tinha que assumir o controle e dominar tudo, o que não acontecia."

Seu próximo encontro com a banda, que no futuro o deixaria famoso, ocorreu quase um ano depois, quando o Samson estava gravando *Shock Tactics* em um estúdio adjacente ao que o Maiden produzia *Killers*.

"Havia um bar no Morgan Studios onde todos se encontravam", ele conta. "Martin Birch estava fazendo o álbum, e Martin era o meu herói, porque tinha feito todos os meus discos favoritos; por isso, só de olhar para ele fiquei extasiado. E, claro, Clive Burr – a quem conhecia porque fizera parte do Samson antes de eu entrar – também estava lá, aparecia na nossa vizinhança, e nos encontrávamos. Uma noite, quando eles acabaram de fazer a mixagem, Clive me chamou: 'Venha escutar', ligou os alto-falantes no talo e ficou nos fundos da sala, tomando uma cerveja. Após ter escutado aquela coisa, acho que era 'Murders in the Rue Morgue', eu falei: 'Uau! Isso está sensacional!'. E realmente estava. Já tinha escutado o primeiro álbum do Maiden, e o som não era bom, mas, quando escutei *Killers*, aquilo era o que eu gostava. Aquilo iria

RUN TO THE HILLS

fazer com que eles arrebentassem. E, claro, *Killers* foi o álbum que a imprensa decidiu pegar no pé, mas todo o resto do mundo disse: 'Espere um pouco. Isso aqui é sério!'."

Ironicamente, o Samson estava agendado para ser banda de apoio do Maiden em algumas datas da turnê europeia de 1981, que culminaria na decisão de despedir Paul do grupo. "Nos programas da turnê do *Killers*, havia até mesmo um anúncio do *Shock tactics* na parte de trás, mas isso foi retirado no último minuto porque a gravadora não quis pagar a turnê de apoio ou algo assim. Até hoje, não sei bem ao certo qual foi o motivo, mas, qualquer que tenha sido, foi uma decisão de última hora. Assim, o Samson nunca fez um show comigo fora do Reino Unido. Nunca."

Foi o começo do fim para Bruce Bruce e o Samson. A Gem, o selo do grupo, saiu do negócio e entregou *Shock tactics* à RCA. "Esta gravadora não dava a mínima para aquela banda desconhecida da Inglaterra. Eles pensaram: 'Vamos só lançá-lo e pronto. Quem se importa?'." Desiludido com a atuação, aparentemente incapaz, da equipe dos empresários, o Samson a despediu, e logo se viu em uma situação ainda pior. "Agimos da maneira errada, provavelmente porque vivíamos chapados o tempo todo." Surpreendida por uma liminar, que, gradualmente, apreendeu todo o equipamento deles, a banda – que, de fato, não estava em turnê – ficou impossibilitada de fazer seus shows. "Foi o fim da estrada, literalmente, mas nos recusamos a aceitar", diz Bruce.

Então, veio a oferta de tentar redimir seu enfraquecido perfil público com uma aparição de relativo destaque no Reading Festival daquele ano. "Agarramos a chance com ambas as mãos e torcemos pelo melhor. Era a segunda vez que fazíamos o Reading, e nos saímos muito bem. Recebemos boas críticas e tudo o mais. Na verdade, até existe um álbum ao vivo (*Live at Reading, '81*) daquele show. Mas, àquela altura, a energia na banda estava muito estranha. Paul queria sair e fazer mais coisas no estilo ZZ Top, que foi o que fez imediatamente depois. Com um novo empresário na época, Paul falou com a A&M sobre um novo contrato para a banda. De fato, chegamos a fazer fotos publicitárias para a A&M, mas, aí, eu já tinha decidido sair."

O que convenceu Bruce foi a presença, no show do Reading, de um certo grandalhão robusto de Yorkshire. "Paul ainda estava na banda, mas todos sabiam que havia problemas", relata Bruce. "Quando saí do palco no Reading, todos comentavam que algo estava rolando. Por mais estranho que pareça, havia até rumores de que eu entraria para o Rainbow. Recebi uma estranha ligação, no meio da noite, de alguém que disse ser *roadie* do Ritchie, perguntando-me se eu estava disponível. É claro que respondi que sim, porque Ritchie era meu guitarrista favorito. Mas nunca mais escutei nada sobre o assunto. No caso do Maiden, a primeira coisa que ouvi falar foi que Rod e Steve estavam vagando no *backstage* do Reading. Descobri que, naquele dia, ambos tinham vindo do sul da França especificamente para assistir ao Samson. Eu ainda não sabia o que rolava de fato, também não sabia que Rod estava inseguro. Parece que Steve lhe disse que eu tinha uma grande voz, mas Rod respondeu: 'Não me importa a voz que ele tem. Bruce está no Samson, e eles zoaram com a gente'. Mas, depois, Rod veio bater um papo comigo."

"No Reading Festival, existia um quadrilátero de barracas de cerveja e coisas assim. Bem no meio, havia um grande poste, com arcos cheios de luzes. Nós dois estávamos sob os holofotes, e senti todo mundo nos encarando. Então, olhei para Rod e disse: 'Você realmente quer falar sobre isso aqui?'. Mas Rod ignorou meu comentário, sabe? Ele cortou a lenga-lenga e foi direto ao ponto: 'Queremos que você faça o trabalho'. Na verdade, foi algo mais parecido com: 'Queremos lhe dar a chance de fazer uma audição'. E respondi que tudo bem. Mas, como era bem confiante na época, provoquei: 'Mas, quando cantar para vocês, vou conseguir o emprego; daí, vamos ter de falar sobre o que vai acontecer quando eu entrar na banda'. Rod respondeu: 'É melhor você voltar conosco para o hotel'."

"Nunca gostei muito do Samson, mas sempre achei que eles tinham um bom vocalista", diz Steve Harris. "Como havia problemas com Paul desde o começo, ficava de olho em cantores. Eu tinha um sentimento sorrateiro de que Paul nos desapontaria um dia e, por isso, teríamos de trazer outra pessoa. Depois de ver Bruce no Samson algumas vezes, pensei: 'Pois é. O cara tem uma voz realmente boa e sabe como lidar com o público'. Na verdade, ele tinha um timbre meio parecido com o do Ian Gillan. Então, quando Paul jogou merda no ventilador, Bruce foi uma das primeiras pessoas em quem pensei. Rod não gostou muito – ele nunca perdoou o Samson –, mas eu não me importava. Simplesmente, achava que a voz dele era fantástica e falei: 'Foda-se! Eu quero que ele entre na banda!'. Assim, fomos até o Reading para dar uma olhada e ver se ele estava interessado."

No dia seguinte, a audição de Bruce com a banda ocorreu em uma sala de ensaios no Hackney. "Assim que entrei, percebi que seria algo totalmente diferente de tudo o que já tinha vivido até ali", diz o cantor hoje. "Eles tinham *roadies* profissionais, além de um sistema de monitores adequados e vários carros parados na porta. Tinham tudo. Eu pensei: 'Certo. Não vai ter erva rolando direto no fundo do ônibus durante a turnê'. Claro que houve um monte disso depois, mas, quero dizer, foi uma *vibe* completamente diferente do Samson ou de qualquer outra banda com a qual toquei. Ponderei: 'Agora, como vou tocar com gente grande, preciso aprender as regras de gente grande'. E, para mim, tudo bem. Já tinha trombado com Steve algumas vezes, batido papo com ele, mas nada que me causasse maior impacto. Eu não achava que ele era o Messias, como algumas pessoas diziam, nem o ogro que tantas outras afirmavam. Ele era um cara legal. Bem amigável, sabe? Mas toda a estrutura que cercava o Maiden criava uma atmosfera tão intensa... que, para ser sincero, achei um pouco sufocante. Até pensei: 'Será que tudo isso é mesmo necessário?'. Mas, claro que sim, é importante criar esse clima à sua volta, para atrair o público como se fosse um imã; são os fãs e pessoas que lhe dão apoio no negócio. Você obtém respeito porque é exigente. E isso era o que eles tinham."

"Então, comecei a cantar, e fizemos 'Prowler', 'Sanctuary', 'Running free' e 'Remember tomorrow'. Depois, mandamos 'Murders in the Rue Morgue' e algumas outras coisas, mas acho que todos já sabiam o resultado logo de cara. É verdade, foi algo que todos reconheceram de imediato. A seguir, veio o convite para gravar no estúdio e ver como minha voz soava. Steve telefonou para Rod e disse: 'Quando temos de ir para a Escandinávia? Vamos passar o som no estúdio hoje a tarde'. Ele se virou para mim e disse: 'O que você acha disso?'. Eu respondi: 'Foda-se! Vamos nessa, colega! O que você quiser a gente faz agora'. Seguimos para o estúdio, onde cantei quatro faixas, e houve uma confabulação geral, em que pude ver o Rod em um canto falando: 'Vocês têm certeza? Vocês têm certeza?'. Mas todos os demais, em coro, disseram: 'Cale a boca, porra!'. E foi isso. Saímos juntos do estúdio, ficamos terrivelmente bêbados, e eu estava dentro do Iron Maiden."

11 *Nicko*

A notícia sobre a "chocante dispensa" de Paul Di'Anno do Iron Maiden quando a banda voltou da sua primeira turnê mundial, em outubro de 1981, irrompeu na mídia. A *Sounds* entrevistou um porta-voz do departamento de comunicação da EMI, que confirmou a saída, dizendo que a decisão fora tomada "em uma base completamente amigável" por causa de "posturas amplamente diferentes em relação à música e às excursões". Recusando-se a chutar quem já está no chão, a banda optou por não tornar público os reais motivos por trás da demissão de Paul. "Sempre dizemos algo como 'diferenças musicais' quando alguém sai", explica Steve Harris. 'É mais para a proteção deles do que para a nossa. Já é o bastante que estejam fora da banda. Não é necessário pisar neles."

Mas esses sentimentos não impediram a *Sounds* de especular sobre outros "fatores mais explicitamente rock'n'roll envolvidos" na dispensa de Di'Anno. Sabiamente, o Maiden não deu tempo aos seus fãs de alimentarem qualquer catástrofe. Determinada a mostrar que isso era apenas um revés temporário, a banda apressou-se em anunciar a primeira performance na Inglaterra com seu novo vocalista, Bruce Dickinson, que faria sua estreia no Reino Unido com o Maiden na Rainbow, em Londres, no dia 15 de novembro. Para permitir que Bruce se familiarizasse com as novas alturas que estava ascendendo, a banda fez cinco shows na Itália na última semana de outubro: Bolonha, Roma, Florência, Udine e Milão. Os fãs italianos, se ficaram perturbados pela perda de Paul, não demonstraram. Os ingressos para os cinco shows se esgotaram rapidamente, e a reação do público foi extasiante em todas as noites.

RUN TO THE HILLS

De sua parte, Bruce diz ter ficado surpreso com tamanha facilidade para se enquadrar. "Eu me senti em casa logo de cara", diz. "O Maiden parecia uma grande família, da qual repentinamente passei a fazer parte." O restante da banda ficou igualmente satisfeita com a escolha feita. Enquanto Paul trazia riscos dentro e fora do palco, era certo que Bruce daria seu melhor desempenho noite após noite. Como Adrian Smith observou: "Se ele ficava nervoso, seguramente não demonstrava. Ele apenas subia no palco e cantava como se estivesse na banda desde o primeiro dia".

O teste definitivo veio com a aparição da banda, duas semanas depois, na Rainbow. Por ser o primeiro show em casa desde que Paul deixara a banda, até mesmo Bruce admitiu ter ficado nervoso. "Senti que já havia provado, na Itália, que as coisas para o meu lado estavam bem definidas. Faltava só saber se os fãs me aceitariam. Não era culpa minha se Paul não estava mais na banda, mas parecia inevitável que, na multidão, qualquer sentimento ruim se dirigisse contra mim."

Ele não precisava ter essa preocupação. No meio do público, até houve alguns grupinhos sectários naquela noite que não resistiram e começaram a gritar: "Tragam Paul de volta!". Mas o alarido gradualmente morreu quando ficou claro que Bruce não era um mero substituto de Di'Anno. Claramente, ele tinha uma voz melhor e mais forte que a do seu predecessor (nada de "vocês fazem as notas agudas e eu as graves" entre o público e Bruce). Além disso, também comandava as performances no palco de uma maneira que o sorumbático Di'Anno nunca tinha conseguido fazer.

O público estava acostumado a ver Steve Harris rodopiar no palco, carregando seu baixo como uma metralhadora, e disparar acordes na multidão, ou batendo o pé sobre os monitores, enquanto olhava para todo mundo como se estivesse prestes a saltar no mar de gente à sua frente. Agora, com Bruce, havia uma presença atlética para competir com o baixista, já que ele literalmente galopava por todo o espaço da boca de cena, escalando os alambrados em um momento, correndo até a beirada do palco no próximo instante. Se houvesse um lustre em algum lugar, pode ter certeza de que Bruce se balançaria nele. Era uma performance radiante e energética que bania qualquer dúvida sobre o futuro da banda. "Ele realmente sabia como lidar com a multidão", reflete Dave Murray. "Dava tudo de si de uma forma que Paul jamais fez.

NICKO

Quando estava cantando, Paul era ótimo, mas ficava meio perdido no palco durante o resto do tempo. Bruce nunca parava de se mover, quer estivesse cantando ou não."

O show na Rainbow foi um triunfo, uma reprimenda perfeita aos críticos que, tão fartos, pululavam na mídia, apontando a saída de Di'Anno como prova de que os dias da banda estavam contados no cenário musical. Como ficou demonstrado pelos fatos, eles não poderiam estar mais errados. A banda terminou o ano em grande estilo, ao comandar o evento natalino de caridade no Ruskin Arms. Foi a primeira reaparição – depois de quase dois anos – no mesmo local onde haviam construído as fundações para seu sucesso atual. O pub estava absolutamente lotado de gente horas antes de a banda chegar. Com todos os lucros destinados ao Hospital Barnardo's Children's, de Londres, o show no Ruskin também serviu ao propósito de permitir que Davey recebesse seu primeiro bolo de aniversário decente no palco.

É uma tradição do Maiden fazer uma boa celebração para qualquer membro cujo aniversário aconteça na noite do show, e Davey, nascido em 23 de dezembro, sempre tinha escapado até então. Contudo, não conseguiu mais. Foi uma forma deliciosamente calorosa de dar adeus a um ano de incríveis altos e baixos, doze meses nos quais eles haviam perdido e ganhado um guitarrista e um vocalista; completado (ou quase) sua primeira turnê mundial, incluindo sua primeira viagem aos Estados Unidos; visto seu segundo álbum ser demolido pela imprensa britânica e, ainda assim, chegar ao *Top 20* das paradas inglesas, canadenses, francesas, alemãs, japonesas, suecas e belgas. No fim desse processo, ainda receberam um disco de ouro pelas notáveis vendas no Reino Unido, Canadá, Japão e na França. Era fácil de ler nas entrelinhas: agora, com Bruce na banda, o futuro do Iron Maiden na estrada do sucesso nunca tinha parecido tão certo.

Malcolm Dome diz: "A maioria das pessoas pensava que Paul Di'Anno era um grande *frontman*, mas, quando ele foi despedido, assumiu-se que o Maiden estaria em um hiato. Então, com a entrada de Bruce, tudo deu uma guinada imediata. Ele era a peça final perfeita do quebra-cabeças que os transformaria em uma banda internacional enorme. Se Paul ficasse no grupo, ou Bruce não tivesse chegado, acho que eles teriam de lutar muito para conseguir ir além dos anos 1980. Eles precisavam de algo a mais, e Bruce foi esse combustível. Mas é preciso dar crédito a Steve e Rod por perceberem a situação e fazerem a escolha certa na época. Teria sido fácil foder com tudo, como fez a maior parte das bandas da cena NWOBHM, de uma forma ou de outra, mas não foi o que aconteceu com o Maiden. Eles se concentraram no que estavam fazendo até acertarem a mão; então, depois disso, nada mais poderia detê-los".

"Eu não planejava o que fazer quando subia no palco com eles", admite Bruce. "Deixava tudo acontecer espontaneamente. Só tinha certeza de uma coisa: eu não tentaria ser um clone do Paul Di'Anno, nem vocal, nem visualmente, nem de qualquer outra forma. Quando falei com Rod pela primeira vez sobre o emprego, lá no Reading, disse: 'Não sei qual seu ponto de vista, mas eu tenho algumas ideias bem fortes sobre o que não devo fazer. Por isso, não farei o que o cara antes de mim estava fazendo'. E avisei: 'Se você quiser que eu faça algo parecido com aquilo, então é melhor arrumar outra pessoa agora, porque não vale a pena discutir a respeito disso'. O comportamento de Paul na zona leste de Londres não tinha nada a ver comigo. Eu não achava que era interessante. Talvez, funcionasse quando eles tocavam na Inglaterra, onde as pessoas o entendiam, mas seria um desperdício de tempo em todo o resto do mundo. Para mim, a banda era algo maior do que aquilo."

"Bruce era um dos únicos caras que realmente poderiam ter feito isso", declara Adrian Smith. "Ele tinha o alcance vocal e a experiência necessários. Achávamos que ele era um talento nato, que apresentava condições de assumir a tarefa. Mas não sabíamos ao certo até ele fazer os primeiros shows com a banda, tanto na Itália como na Rainbow, que serviram para que todos ficássemos confortáveis antes de voltar ao estúdio. Essa foi a prova final de que fizemos a coisa certa. Vocalmente, ele se encaixava com perfeição, mas sua personalidade era totalmente diferente da de Paul. Menos suburbano e mais cosmopolita, se entende o que quero dizer. Em qualquer lugar que tocássemos, Bruce sempre tentava falar com o público na língua local, mesmo que fosse só um pouquinho, apenas para que os fãs soubessem como estávamos nos esforçando, e a plateia adorava. Foi uma grande mudança em relação ao comportamento usual de Paul, que só repetia: 'É isso aí!' e 'Como estão vocês?'. Depois disso, fazer o álbum deixou de ser tão preocupante. Na verdade, ficamos ainda mais empolgados para entrar no estúdio e mostrar o que poderíamos fazer juntos."

Mas, antes que eles começassem a gravar o primeiro álbum do Maiden da era Bruce Dickinson, teriam de escrever novas músicas. Depois de utilizar o material acumulado durante os anos iniciais, o Maiden se viu, pela primeira vez, com a obrigação de fazer um disco a partir do zero. Com efeito, havia o prazo de três meses para completar a tarefa, juntos, trabalhando consistentemente as ideias no mesmo estúdio de ensaios em Clapton, onde Bruce fizera sua audição, o Hollywood Studios. Foi um raro período de tempo fora da estrada para a banda que vivia dias tão intensos. Mas aquelas eram circunstâncias incomuns.

"Foi mero acaso termos tanto tempo para compor juntos", explica Bruce. "Eu era o novato, e tudo estava meio no ar. Mas isso acabou sendo bom, pois ainda não havia novas músicas prontas. A banda já utilizara todo o material reserva, e estava na estrada desde então. Então, nesse sentido, foi bem legal. Ninguém me pediu que cantasse letras escritas por Paul ou canções feitas por Steve tendo ele em mente. Era tudo novo para uma nova formação, o que é um dos motivos para aquele álbum ser tão bom. Tivemos tempo de pensar nas músicas novas."

Eles decidiram chamar o álbum de *Number of the Beast*. A decisão veio após ouvirem a faixa título, uma das melhores composições já feitas por Steve Harris. Essa canção – a inconfundível "Number of the Beast" – é, para muitas pessoas que acompanhavam o Maiden desde o início, o ponto de inflexão em que a banda começou a assumir sua identidade como músicos de estúdio. Durante muito tempo, eles foram considerados uma banda ao vivo de notável capacidade, mas, apesar da ovação que o primeiro álbum recebeu e das vendas ainda maiores do segundo, as dúvidas persistiam quanto à sua capacidade criativa para ir além de dois álbuns.

O disco *Number of the Beast* dirimiu quaisquer dúvidas. Trazendo oito faixas brilhantes, a diferença mais óbvia, é claro, está na voz. O vocal bem mais completo de Bruce oferecia novas opções a Steve como compositor e a Martin Birch como produtor. O cantor viria a se tornar o fio condutor por meio do qual o Maiden gravaria seu material mais complexo e ambicioso. O estilo quase lírico de Bruce – cheio de vibratos, com floreios de notas violentos e perfeitos – soava como se tivesse

RUN TO THE HILLS

sido especialmente criado em laboratório para a música de Steve. Seu grande mérito era ser capaz de transformar a letra mais convoluta em algo sexy, algo que qualquer um pudesse cantarolar. (Preste atenção na primeira linha do álbum, com a canção "Invaders" – *Longboats have been sighted, the evidence of war has begun/ Many Nordic fighting men, their swords and shields all gleam in the sun* –, e me diga quem poderia tê-la abordado melhor.)

"Embora a participação de Di'Anno seja excelente nos álbuns da banda e tenha sido ideal por um tempo, sempre consegui enxergar o Maiden indo além do que Paul era capaz", diz o produtor Martin Birch. "Do meu ponto de vista, não achava que ele teria capacidade para fazer vocais mais complicados nas direções que Steve queria explorar. Eu podia trabalhar muito mais facilmente com a voz de Bruce. Ele tinha um alcance bem maior e podia criar melodias que Paul não conseguiria. Então, com a entrada de Bruce, as possibilidades do novo álbum foram tremendamente expandidas. Paul simplesmente não daria conta do que Bruce fez e, por esse motivo, *Number of the Beast* foi a virada para o Iron Maiden. É o que eu penso. Foi o álbum que me fez perceber que eles poderiam ser o que eu tinha esperança que fossem. Lembro-me de lhes ter dito, assim que acabou a gravação: 'Este será um álbum muito grande. Vai transformar sua carreira'. O disco trazia todos os ingredientes mágicos: sentimento, ideias, energia, execução. E a indagação da banda foi: 'Você acha mesmo?'. E eu insisti: 'É claro que sim. Não tenho dúvida alguma!'. Acho que, no fundo do seu coração, o Maiden tinha tal esperança, mas eu já sabia! Ainda no meio das gravações, conseguia sentir aquilo. Lembro-me de quanto tempo foi necessário para repassar a introdução vocal na faixa título. Fizemos repetidamente sem parar, até que Bruce falou: 'Minha cabeça está explodindo! Podemos fazer outra coisa e depois voltamos a isso?'. Mas não deixei ele fazer mais nada até acertar a mão naquilo perfeitamente. Depois, ele entendeu o que eu queria dizer, mas, no começo, dava para perceber que estava lutando para acertar. Esse é o negócio com Bruce. Ele é um lutador."

Quanto ao material para gravação, cabe dizer que foi um benefício eles não terem nenhuma sobra dos outros discos. Como resultado, as canções ganharam maturidade, nova rítmica e grande profundidade melódica em comparação às primeiras favoritas do público, como "Charlotte the harlot" ou até mesmo "Running free". Com os novos miniépicos de Harris, como "Hallowed be thy name" (a reflexão de um condenado a caminho da forca) e a faixa que batiza o álbum, "Number of the Beast" (inspirada no filme *A Profecia II*), o Maiden adentrou novo território criativo. A banda começava a se arriscar, e os benefícios compensaram.

Steve, que sempre preferiu compor sozinho, trouxe "Run to the hills", "Invaders", "Children of the damned", "Number of the Beast" e "Hallowed Be Thy Name". A recente adição de Bruce ao Maiden também encorajou Adrian a se envolver mais no processo autoral: das três faixas restantes, "Gangland" foi feita por Adrian, em parceria com Clive; "The prisoner", por Steve e Adrian; e "22 Acacia Avenue", como já vimos, era uma antiga composição dos dias de Adrian no Evil Ways, ressuscitada aqui com alguma ajuda de Steve como o último capítulo da carreira da banda da amada Charlotte.

Em álbuns posteriores, Bruce viria a contribuir com parte do mais memorável material do Maiden, mas não teve chance de escrever nesse álbum, já que, involuntariamente, ainda estava enredado nas dificuldades jurídicas decorrentes do fim de carreira do Samson.

"Só foi no álbum seguinte que eu e Bruce começamos a gravitar, um ao lado do outro, como compositores", explica Adrian. "Steve preferia compor sozinho. Já trazia suas canções trabalhadas, até mesmo onde haveria cada pausa de guitarra e quem faria a retomada. Ele também sabia como seria o vocal e como a coisa toda deveria soar. Foi quando Bruce e eu começamos a andar juntos e escrever o que achássemos legal. Bruce sempre teve muita energia e entusiasmo para desenvolver novas ideias; então, nos juntamos. Mas isso só aconteceu de fato após a produção de *Number of the Beast*."

Para Adrian, "*Number of the Beast* foi sem dúvida o melhor disco do Maiden até aquela altura, com canções incríveis e o som bem mais gordo". Mas Steve Harris não tem tanta certeza: "Adorei *Number of the Beast*, mas não foi nosso melhor álbum na época, e ainda não acho que seja. Há duas faixas que não considero tão boas, e uma delas foi escrita por mim!". As músicas citadas por Steve são "Gangland", da dupla Adrian e Clive, e "Invaders", que o próprio Steve compôs. O baixista explica que "Gangland" foi a primeira tentativa de composição de Clive: "Mas eu devia ter batido o pé e dito 'isso é um lado B', porque não passava

RUN TO THE HILLS

disso mesmo". Steve diz que gostaria de ter substituído "Gangland" por uma faixa que ele e Davey haviam escrito (também com ajuda de Clive), chamada "Total eclipse", música que saiu no lado B de *Run to the hills*, o primeiro *single* do álbum.

"O que aconteceu foi consequência da decisão de produzir um *single* rápido, porque tínhamos um novo vocalista e a turnê inglesa estava agendada. Como parecia que o álbum não ficaria pronto a tempo, o *single* devia ser lançado para cobrir nossos traseiros", conta Steve. "Mas escolhemos a faixa errada para ser o lado B. Se 'Total eclipse' estivesse no álbum, em vez de 'Gangland', teria sido bem melhor. Também acho que 'Invaders' poderia ter sido substituída por algo melhor, mas, na época, não tínhamos mais nada para usar. O tempo foi suficiente apenas para fazer o que fizemos, e deu nisso."

Infelizmente, como conta Bruce, a urgência cobrou seu preço. "O que ganhamos na preparação perdemos na finalização. Daí, quando chegou a hora de gravar, tudo foi feito com uma pressa enlouquecedora." Na verdade, por causa do tempo que levou para escrever todo o material, o Maiden produziu o álbum no Battery Studios em apenas cinco semanas. Tal prazo incluiu uma pausa, logo após a primeira semana, para gravar e mixar as duas faixas – "Run to the hills" e "Total eclipse" – lançadas no *single*, antes de eles voltarem às sessões e completarem o resto das gravações o mais rapidamente possível.

"Tivemos de escolher o *single* antes de gravar tudo, por causa do cronograma", prossegue Bruce. "Como nenhuma faixa estava finalizada, dissemos: 'Droga! Como saber qual dará um bom *single*?'. As canções eram todas tão matadoras em *Number of the Beast*, que poderíamos facilmente ter escolhido a faixa errada. Mas o cronograma exigia preparar um *single*. Então, quando perguntamos o que Martin achava, ele sugeriu 'Run to the hills'. Foi a que fizemos, e, graças aos ouvidos de ouro do Martin, aquela era mesmo a escolha certa."

De fato, assim que foi lançado, o *single Run to the hills* entrou nas paradas britânicas na sétima posição, sendo o primeiro compacto do Maiden a chegar ao *Top 10* no Reino Unido. Um novo vídeo – preparado pelo diretor David Mallet a partir de filmagens ao vivo entrecortadas por extratos cômicos de antigos filmes do Buster Keaton (embora o próprio Buster não apareça, por problemas de direitos autorais) – foi exibido no *Top of the pops*, além de aparecer na programação da então recém-lançada MTV, tornando-se um bônus que ajudaria a atrair mais fãs para a banda nos Estados Unidos. E, claro, havia a nova capa do Eddie, mostrando nosso abominável herói no topo de uma colina (entenderam?), em um combate corpo a corpo com o próprio Belzebu.

De volta ao estúdio, com a nova turnê inglesa marcada para começar em 25 de fevereiro, Martin Birch lutava contra o tempo para terminar as mixagens dentro do prazo. "Rod ficou do lado de fora do estúdio, literalmente com a capa e o rótulo, só esperando para prensar o álbum", brinca Martin hoje. Entretanto, na sua pressa para vencer o relógio, ele quase aniquilou o disco inteiro. "Nós apressamos o álbum um pouquinho demais. Lembro-me de que ainda estava na sala de edição quando Rod agendou uma recepção para alguns executivos da EMI o escutarem. Eu já tinha ficado a noite inteira acordado, mas as mixagens estavam longe do ideal. Só consegui fazer um bom trabalho para a faixa 'Number of the Beast', enquanto 'Run to the hills" já estava pronta. Para as outras seis músicas, tive de correr e deixá-las o melhor possível. Na festa, logo depois de tocarem o álbum, Steve veio até mim e falou que algumas das mixagens não se igualavam à que eu tinha feito para a 'Number...'. Quando ele me perguntou o motivo, eu me desculpei, dizendo que não tivera tempo suficiente. Steve ficou tremendamente insatisfeito e, após uma grande discussão com Rod, bateu o pé, insistindo que eu recebesse mais tempo para completar as mixagens da maneira apropriada. E foi o que aconteceu. Levamos as fitas de volta ao estúdio e mixamos o resto do álbum de novo. Foi uma coisa totalmente de última hora, mas, se Steve não enfrentasse a gravadora, não conseguiríamos nem mesmo essa oportunidade. Dessa vez, tive mais tempo para remixar tudo. Rod foi banido do estúdio depois disso. Quando ele perguntava se podia entrar, a resposta era sempre a mesma: 'Não!'. Até colocamos uma placa – 'Proibida a entrada de empresários!' – na porta da sala."

Martin diz que, em meio à tensão e à fúria para terminar a tempo a produção de *Number Of The Beast*, o álbum – como qualquer outro do Maiden – também teve seus momentos mais leves. O mais memorável ocorreu durante uma noite em que Rod se sentou para telefonar e pedir que o ator Patrick McGoohan desse permissão para utilizar uma gravação da sua voz no álbum. Com seu título tirado do nome de uma série

RUN TO THE HILLS

de tevê *cult* dos anos 1960, a banda gostou da ideia de abrir "The prisoner" com McGoohan (o intérprete do personagem principal, conhecido apenas como número Seis) utilizando sua famosa frase de efeito: *I am not a number! I am a free man!* (Não sou um número! Sou um homem livre!) Foi o DJ Tommy Vance quem lhes emprestou uma gravação original da citação do programa, mas eles ainda precisavam da permissão de McGoohan antes de seguir em frente.

Steve se lembra de como, daquela vez, seu implacável empresário confessou estar aterrorizado enquanto discava o telefone. "Oh, droga", Rod murmurou. "Tudo bem lidar com todos esses astros do rock meio idiotas, mas esse cara é realmente um superator." O resto da banda assistiu à cena e riu. Rod relutantemente explicava os detalhes para o ator, que falava de sua casa, em Los Angeles. "Qual é mesmo o nome da banda?", ele perguntou. "Iron Maiden", Rod respondeu. "Uma banda de rock, você disse", maravilhou-se McGoohan, lançando o veredito de uma forma imperiosa, tal qual seu personagem televisivo: "Pode fazer!". E desligou o telefone. Então, eles fizeram

Lançado na Inglaterra em 22 de março de 1982, dois dias depois de terminar a turnê britânica, na Hammersmith Odeon, o disco *Number of the Beast* foi direto para o número 1 das paradas. Quando ouviu a notícia, a banda estava passando pelos Alpes suíços, indo para Paris, mas ninguém teve tempo de celebrar, já que o ônibus havia quebrado, e todos estavam do lado de fora, na neve, empurrando-o. O *tour manager*, Tony Wiggins, olhava assombrado: "Os cinco caras, cujo disco acabara de chegar ao topo das paradas na Inglaterra, empurravam o ônibus para fazê-lo pegar, e ninguém fez corpo mole. Eles não eram fanfarrões, astros da moda. Depois, entraram no veículo, e continuamos o caminho como se nada tivesse acontecido".

Para provar que não era acaso, o primeiro número 1 do Maiden também permaneceu no topo do Reino Unido durante a segunda semana. Ainda mais impressionante, o álbum foi um sucesso *Top 10* em quase todos os lugares do mundo, vendendo mais de 1 milhão de cópias nos primeiros meses e, posteriormente, chegando a mais de 6 milhões. Nos Estados Unidos, onde o título do álbum provocou uma tempestade de protestos da chamada "maioridade moral", grupos políticos de direita acusaram ridiculamente o Maiden de ser adorador do demônio e de "tentar perverter nossas crianças". Como diz Steve: "Foi uma loucura. Eles entenderam tudo completamente errado. Era evidente que ninguém leu as letras. Só queriam acreditar em toda aquela merda sobre nós sermos satanistas". Apesar de tudo, a publicidade resultante da polêmica manteve o nome do disco nos noticiários em todas as cidades que o Maiden visitou naquele ano. Jovens de todos os lugares ficaram desesperados para ver por conta própria aquela banda que, aos olhos dos seus pais, estava causando o temor de Deus. Será que eles eram tão bons assim?

Sim! O próximo capítulo traz uma imagem mais completa do dia a dia do Maiden na estrada durante esse período, mas basta dizer que a turnê mundial do *Number of the Beast* foi a mais bem-sucedida e ambiciosa de Rod e da banda até então, compreendendo 180 shows – completamente abarrotados – em 18 países, ao longo de 10 meses. Essa turnê estabeleceu um padrão que eles seguiriam e expandiriam pelo resto da década, quando cada álbum superava as vendas do anterior, e cada turnê crescia ainda mais, até o Maiden ser reconhecido como a maior e mais influente banda de heavy metal do mundo.

"Sem dúvida, 1982 foi o nosso ano", lembra-se Bruce. "Obviamente, a banda havia criado uma enorme legião de fãs antes de eu entrar, mas o álbum *Number of the Beast* levou tudo muito além." Até mesmo a *NME* – publicação seminal britânica que defendia as virtudes *indie* e era inimiga jurada de qualquer coisa ligada à palavra "metal" – colocou o Maiden na capa em 1982.

Mais precisamente, eles colocaram um Eddie rosnando na capa de abril, quando a revista enviou o jornalista Paul Morley para entrevistá--los. Antecipando o cinismo previsível de Morley, Rod insistiu que só haveria entrevista se a revista concordasse em fazer a matéria no formato de "pergunta e resposta", evitando assim a possibilidade de citações fora do contexto ou, como o empresário diz, "a banda ser enganada". Apesar de relutante, a *NME* concordou com a condição, e o resultado foi um incrível equilíbrio entre os pronunciamentos severos de Morley – sobre "a complacência moral e intelectual" da banda – e as respostas de Bruce e Steve, que eram bem mais inteligentes do que ele esperava. "Morley obviamente estava bem nervoso", recorda-se Bruce, "porque ficou completamente bêbado e tentou roubar uma garrafa de uísque".

Com a fama crescente e a aprovação da crítica, veio o sucesso em uma escala até então desconhecida para a banda. Eles foram a apresentação principal em todos os lugares que estiveram, exceto nos Estados Unidos, e mesmo lá puderam contar com uma base de fãs que beirava a marca do milhão. *Number of the Beast* foi o primeiro álbum do Maiden a receber o disco de ouro nos Estados Unidos (com vendas registradas de pelo menos 500 mil cópias). Também pela primeira vez na carreira, a banda começou a ganhar dinheiro. De verdade. Bruce Dickinson lembra-se do tempo em que se juntou à banda em 1981: "Recebia cem libras por semana, o suficiente para eu deixar de dormir no chão e mudar para um pequeno *flat* com minha namorada". Mas 12 meses depois, quando retornaram do último braço da turnê no Japão, Bruce e os demais tornaram-se jovens extremamente ricos. "Quando voltamos para casa depois daquela turnê, cada um ganhou um grande bônus", conta Dave Murray. "Não éramos milionários, mas, de repente, todos nós tínhamos dinheiro. Algo na casa dos seis dígitos. Digamos que o valor era tanto que nem sabíamos o que fazer."

"Estávamos tão acostumados a não ter nada por tanto tempo que, no começo, nem parecia real", diz Adrian Smith. "Mas percebemos que as coisas estavam ficando maiores quando nos disseram que já vendíamos mais camisetas que as bandas paras as quais abrimos o show nos Estados Unidos. As pessoas curtiam o Eddie e piravam com qualquer coisa que tivesse sua cara. Foi ótimo, porque, não importa quem você seja, se os Rolling Stones ou qualquer outro, ninguém ganha dinheiro excursionando. Você dá sorte se empatar. Vender boa quantidade de *merchandise*, contudo, permitiu que a banda ficasse na estrada e seguisse em frente, mais do que seria possível de outro modo, por causa do dinheiro extra."

Essa injeção de grana veio quando a EMI concordou em renegociar o contrato do Maiden. Na ocasião, Rod já estava trabalhando com seu antigo colega de Cambridge, Andy Taylor. Assim, com o considerável *advance* que teriam para receber da EMI, os dois se dedicaram a assegurar o futuro da banda, pensando em longo prazo. Eles não confiariam mais na entrada do dinheiro dos próprios *royalties* para manter o Maiden rolando. Andy afirma: "Daquele ponto em diante, a banda nunca mais ficou no vermelho".

"Andy chegou ao estafe da banda na época do *Number of the Beast*", explica Rod. "Começávamos a nos dar bem, mas a coisa crescia muito rápido, e eu precisava de alguém como ele para lidar com o lado dos negócios. Em uma banda de rock, o primeiro problema é como ganhar dinheiro. Então, quando você consegue, o problema seguinte é o que fazer com essa grana. Até então, fizera tudo por conta própria. Era só eu. Keith Wilfort, que passou a tomar conta do fã-clube em 1980, ficava sempre feliz de responder às cartas e os telefonemas, ajudando da melhor forma que podia. Mas, após *Number of the Beast*, simplesmente não deu mais, em especial porque eu estava sempre na estrada com a banda. Sempre planejei trazer Andy a bordo; então, quando chegou a hora, foi o que fiz. Antes, era preciso reinvestir tudo na banda, mas, àquela altura, as coisas tinham mudado."

"Até onde sei, o Maiden nunca ficou acima de 100 mil libras no vermelho com a EMI", diz Andy Taylor. "Quando renegociamos, zerou tudo, e isso permitiu que todo mundo comprasse uma casa. Antes do novo contrato, acho que todos recebiam por volta de cem libras por semana. Mas, na nova fase, o importante era cuidar do dinheiro que tínhamos. Fizemos uma promessa para a banda, garantimos que ninguém, nunca mais, bateria na porta da gravadora cobrando uma conta vencida. Dissemos para os músicos: 'Vocês nunca mais terão problemas com crédito ou com impostos. O que ganharem será de vocês, para poupar ou não, e não haverá chance de perder!'. E foi assim que seguimos em frente. Hoje em dia, é uma situação bem maior novamente. Mas isso por causa do cuidadoso planejamento que Rod e eu fizemos para a entrada do dinheiro. Gostamos de nos divertir, mas não brincamos em serviço."

Pela primeira vez na vida, os cinco integrantes do Iron Maiden – todos vindos de famílias pobres da classe trabalhadora – gozaram de um tipo de segurança financeira que seus pais lhes não puderam dar. Era algo muito além do que jamais tinham sonhado. Como Andy explica, cada membro do grupo foi encorajado a investir sua nova bolada em propriedades. Com exceção dos notavelmente indolentes Clive e Adrian, que tinham motivos bem diferentes para segurar seu dinheiro, todos os outros fizeram isso, aumentando seu patrimônio, assim que voltaram da turnê naquele ano.

"Não me recordo o que fiz com o dinheiro que ganhamos após a turnê do *Beast*", diz Adrian. "Sempre me acusaram de ser pão-duro, porque nunca gastava nada. Contanto que eu tivesse dinheiro suficiente para um drinque e cigarros, não me importava. Aluguei um *flat* bem legal em Fulham, que é um dos melhores bairros de Londres, e me lembro de sair para comer em ótimos restaurantes, mas não tinha plano financeiro ou algo assim. Não comprei carro nem casa. Só deixei o dinheiro ali. Como, na maior parte do tempo, trabalhávamos longe de casa, os empresários tomavam conta de tudo."

Mas uma coisa que os empresários não podiam controlar por completo era a vida pessoal dos integrantes, e, mais uma vez, a única coisa que ameaçava a prosperidade do Iron Maiden era a própria banda. Surpreendentemente, Steve revela que sua maior preocupação ao retornar da turnê mundial era se Bruce ficaria bem.

"Era tão estranho que, a princípio, eu pensei que imaginava coisas, mas havia noites, durante a primeira parte da turnê, em que Bruce tentava me atropelar no palco. Era tudo feito de forma divertida, só que, às vezes, dava para dizer que acontecia algo além disso. Parecia uma coisa de ego, e isso me fez questionar se ele era o cara certo para a banda. Não sei se Bruce pensou que precisava demarcar seu território, ou seja lá o que fosse, mas não era necessário. Nós fazíamos pressão para ele ser um *frontman* mais ativo que Paul, sabe? Queríamos que Bruce estivesse lá, à nossa frente, mas, por algum motivo, ele não se sentia de fato parte da coisa nos primeiros meses. Acho que a situação só se acomodou após o álbum seguinte, quando ele começou a compor conosco."

Mas, se a banda teve de suportar um período de latência com seu novo vocalista, havia um problema muito mais sério apontando no horizonte. Desta vez, era com Clive Burr.

"Clive era um grande baterista, um estilo Ian Paice de tocar, firme e consistente, e com um bom *feeling* para tudo", diz Adrian. "Mas o problema não era seu estilo como baterista, mas sim como se detonava quando tinha uma noite de folga. Com o passar do tempo, ele se excedeu cada vez mais, particularmente na última turnê pelos Estados Unidos."

"Para algumas pessoas", Adrian explica, "excursionar pelos Estados Unidos pode ser bom demais para ser verdade". Com seus clubes abertos a noite inteira e uma atmosfera pulsante 24 horas por dia, sete dias por semana – especialmente em comparação com aquela época pré-satélites, em que só havia três canais de televisão na Inglaterra e tudo fechava aos domingos –, a fascinação de fazer uma turnê no território norte--americano ainda estava ligada a uma grande festa na cabeça deles. Steve pontua: "Os Estados Unidos não são exatamente o lugar mais fácil do mundo para se resistir a tentações, ainda mais se você for integrante de uma banda em turnê, cujo álbum está em todas as paradas".

Na verdade, como veremos no próximo capítulo, ninguém no Maiden – com exceção de Steve – foi capaz de resistir às tentações na turnê americana de 1982. O sucesso do Maiden passou a atrair toda a atenção, mas ainda era uma banda de apoio, obrigada a fazer um mero *set*, apertado, em 45 minutos. Assim, todas as noites, os músicos gozaram de muito tempo livre para gastar, cheios de amigos americanos, que jamais tinham visto, dispostos a mostrar tudo para eles. Infelizmente, Clive – que, sem dúvida, não era o pior dos criminosos – foi o único que permitiu que tais baladas afetassem sua performance no palco e, como Paul Di'Anno já havia descoberto, isso é um grave pecado para a concepção de Steve, algo que o baixista não perdoa.

Mais de 15 anos depois, Steve ainda franze a testa e balança a cabeça ao se lembrar da noite em que Clive "passou a maior parte do show vomitando em um balde" ao lado da sua bateria. "A coisa que mais me preocupava na época era conseguir terminar a turnê. Pensei assim: 'Bom, se temos problemas com um *set* de 45 minutos, como será quando fizermos nosso próprio show de duas horas?'. Era isso o que mais me incomodava em Clive. Nos Estados Unidos, cheguei ao ponto de ir até Rod e dizer: 'Não dá mais para continuar assim'. Na sequência, ele teve de me esbofetear e me convencer a seguir em frente. Para mim, não é típico me entregar, mas eu sentia que aquilo era errado, que estava enganando as pessoas por não sermos tão bons quanto poderíamos ser. Isso pode parecer besteira, mas eu acho que, com o Maiden, mesmo quando não estamos no nosso melhor, ainda somos muito bons aos olhos das pessoas. Para mim, porém, isso não basta. Fico desapontado se não dermos tudo, mas, naquela turnê, precisamos batalhar demais em algumas noites porque Clive não conseguia se segurar em pé. E não foi só eu que fiquei puto com Clive. Todos estavam putos com ele."

RUN TO THE HILLS

"No final, aquilo atingiu todo mundo", concorda Adrian. "Quando se está no assento do motorista em uma banda, como é o caso do baterista, toda a pressão cai em cima dele. É a peça-chave. Então, se começar a foder com tudo, fode também com todo o resto. Em especial, o baixo. Por isso, Steve discutia muito com Clive. Sempre que recebia um aviso, ele ficava dizendo: 'Desculpe-me, cara. Não percebi que estava tão mal. Isso não vai acontecer de novo'. Daí, tudo ficava bem durante alguns shows, mas logo os problemas recomeçavam. Clive é um bom baterista e um cara legal, mas, assim como ocorreu com Paul, após um tempo não havia mais qualquer dúvida sobre o que aconteceria."

Infelizmente, Clive Burr não respondeu às numerosas solicitações que fiz, usando intermediários, para saber se estaria interessado em contar seu lado da história neste livro. Clive não se recusou a falar, mas também não concordou. Apenas não respondeu. Para ser justo, seria errado tentar interpretar qualquer coisa a partir do seu silêncio, mas, ainda assim, é uma pena, porque Clive ainda é lembrado com bastante carinho pelos membros da banda que o conheceram naqueles dias. "Ainda acho que ele é o melhor baterista que a banda já teve", confidencia Bruce. "Não estou desmerecendo Nicko (o baterista atual). Tecnicamente, Nicko é um batera bem mais competente que o Clive. Mas Clive tinha um *feeling* insuperável, e isso é algo que não se aprende. Sinto muito por ele não ter conseguido mais tempo pra tentar se endireitar."

Mas, durante a travessia dos anos 1980, tempo era algo de que o Maiden não dispunha. Adrian, que era mais próximo de Clive do que os demais membros da banda, resume o desapontamento e a tristeza da demissão do baterista: "Infelizmente, eu não mantive contato com ele após sua saída, algo do qual me arrependo até hoje. A verdade é que estávamos fora o tempo todo, mas ainda assim havia aquelas ocasiões em que eu poderia pegar o telefone e discar. Mas, no fundo, não saberia o que dizer. No dia em que tivemos de dispensá-lo, Dave e eu tomamos uns drinques antes da reunião, porque sabíamos que seria terrível. E foi mesmo uma situação horrível, que me afetou mais do que percebi na época. Clive e eu gostávamos de sair juntos e bagunçar o tempo todo, mas havia uma parte de mim que ficava pensando: 'Como ele pôde ter pisado tanto na bola?'. Até achava que o próximo pudesse ser eu, sabe? Que é provavelmente outro motivo pelo qual comecei a levar as coisas mais a sério na turnê seguinte. Ainda me divertia, mas comecei a cortar qualquer excesso na véspera dos grandes shows. Além disso, também já estava cansado de subir no palco com dor de cabeça".

Por ironia, o baterista escolhido pelo Maiden para substituir Clive é um dos maiores festeiros do cenário musical: Nicko McBrain, ou o Senhor Excesso em Todos os Lugares, como ele, rindo, descreve a si mesmo. Seria, de fato, uma escolha incongruente, considerando a natureza da demissão de Clive? Por fora, talvez, mas há certa metodologia na loucura do Maiden.

"O negócio com Nicko é que ele tem essa... Não sei como chamar, mas é uma reserva de energia em algum lugar", diz Steve. "Ele sempre teve isso, e, não importa o que esteja fazendo, nunca afeta sua performance. Como já disse, não me importo com o que as pessoas fazem, embora elas, de vez em quando, se sintam intimidadas comigo, porque sempre estou sóbrio e nunca tomei drogas. Mas realmente não ligo. Nunca julgo as pessoas por isso, a não ser que foda com o show, quer estejam na banda ou trabalhando para o Maiden. E Nick jamais deixou que qualquer coisa o impedisse de dar mais que cem por cento no palco. Para mim, como baixista, isso é sensacional. Significa que nunca fiz um show ruim porque o batera me deixou na mão, exatamente o que acontecia demais com Clive. Então, apesar de Nick ser considerado o Senhor Festeiro, nunca me incomodou, e ainda não incomoda. Sei que no instante em que subirmos no palco, ele vai mandar ver, e isso não tem preço."

A maior parte da banda conheceu Nicko McBrain quando ele era baterista do Trust, grupo que abriu vários shows do Maiden em 1981. "Eles eram franceses, e Nicko tão inglês quanto batatas assadas", recorda-se Davey. "Ele ficava direto com a gente quando o conhecemos." Steve, porém, se lembra de que Nicko chamou sua atenção por causa de uma performance em 1979, quando o baterista ainda tocava no trio McKitty, que participou, com o Maiden, de um festival na Bélgica. "Foi nosso primeiro show no exterior e, na época, ainda éramos semiprofissionais", diz Steve. "A banda do Gillan fecharia a noite, e Nicko estava tocando com Donovan McKitty, que era um ótimo guitarrista no estilo Hendrix, e Charlie Tumahai no baixo, que fazia parte do Be-Bop Deluxe, e a quem eu adorava. Para fazer seu *set*, o trio enfrentou vários problemas – por exemplo, a guitarra do Donovan McKitty deu pau, e Nick e Charlie

RUN TO THE HILLS

ficaram improvisando enquanto ele tentava consertar. Nicko, porém, foi simplesmente espetacular! Solos de bateria, em geral, são um saco, mas assisti-lo fazendo aquilo foi melhor do que todo o resto do *set*."

"Eu me lembrava da sua performance na Bélgica e, quando Clive saiu, ele foi uma das primeiras pessoas em quem pensei. Nicko sempre foi um maluco, mas sabia que seria o cara certo para o trabalho. Foi engraçado quando, anos depois, Blaze entrou para a banda, e Nick veio falar comigo: 'Olha, ouvi dizer que esse sujeito é um animal festeiro. Tem certeza de que estamos fazendo a coisa certa?'. No ato, respondi: 'Nick, espere um pouco. Nós contratamos você!'. Ele parou para pensar e emendou: 'Sim, é verdade'. Então, nós dois caímos na risada. Nicko ganhou sua reputação de Mister Excesso, diga-se de passagem, justificadamente, por todas as histórias que as pessoas contavam. Você nunca sabe qual Nick irá encontrar, pois ele tende a mudar de show para show. Uma noite, ele é o Senhor Festeiro; no dia seguinte, o Senhor Depressão; esse é o jeito dele, mas nunca afetou nenhuma apresentação da banda. Se por acaso tivesse acontecido, nós teríamos lhe dado uns tabefes e posto para fora com o rabinho entre as pernas. Mas Nick nunca nos deu esse tipo de problema."

Michael Henry McBrain nasceu em Hackney, na zona leste de Londres, em 5 de junho de 1952. Ainda criança, ele recebeu o apelido de Nick, nome do seu ursinho de pelúcia, o que é difícil de acreditar agora, quando você olha para ele e repara no rosto desgastado, vivido, e no braço coberto de tatuagens. É o próprio Michael Henry quem confessa alegremente: "Eu era muito apegado ao meu ursinho, e o levava para todo lugar; então, minha família começou a me chamar de Nicky só por diversão. A não ser na hora da encrenca; aí, era Michael mesmo".

Ele sempre quis ser um baterista. Ninguém na família tinha experiência musical, mas seu pai era grande fã de jazz. O maior herói do garoto Nicky foi Joe Morella, descoberto por ele no começo dos anos 1960, quando viu na tevê o grande jazzista fazendo uma longa performance durante uma apresentação do pianista Dave Brubeck.

"Quando eu tinha uns dez anos, juntava todos os potes, panelas e latinhas de biscoitos da minha mãe ou qualquer outra coisa em que conseguisse colocar as mãos para fazer um bom barulho. Então, pegava um par de agulhas de tricô dela e descia a lenha", conta Nick. "Costumava fingir que era Joe Morella acertando os tambores. Ou ia até a cozinha, pegava duas facas e ficava batucando no fogão – um negócio grande, velho e esmaltado. Claro, quando toda a pintura começou a descascar, minha mãe ficou maluca."

Enfim, para poupar os utensílios de cozinha da mãe, seu pai comprou o primeiro *kit* do batera Nicko. "Eu devia ter 11 ou 12 anos quando ganhei o chamado *kit* John Gray Broadway, formado basicamente por uma caixa, um tom-tom, um chimbal, duas baquetas e um par de vassourinhas", recorda-se. "Eu não ligava para as vassouras, só queria bater nas coisas, mas meu pai fez com que eu aprendesse a tocar com elas tanto quanto com as baquetas. Ele me disse: 'Você precisa saber tocar de tudo se quiser ser baterista profissional'. Claro, ele estava certíssimo. Então, obrigado por isso, pai! E eu adorava tudo. Era que nem um porquinho na merda!".

Inevitavelmente, não demorou para Nick ter seus serviços requisitados. Era difícil encontrar bateristas entre a molecada. Desde que entrou para sua primeira banda na escola, ele se divertiu muito com a atenção que lhe era dispensada. "Costumávamos tocar todos os sábados pela manhã", revela Nicko. "Era mágico! Ainda consigo me lembrar. Sempre fazendo *covers*, sabe? Ainda não éramos bons o bastante para compor. Só fazíamos canções do começo da carreira dos Stones e dos Beatles."

Musicalmente, além da extensa coleção de jazz do seu pai, Nicky começou a procurar sons de bandas mais contemporâneas dos anos 1960, como The Animals, The Shadows e, óbvio, The Rolling Stones e The Beatles. Entretanto, apesar de bizarras, suas primeiras experiências no palco foram como membro da Russell Vale School of Dancing, em Wood Green, onde fazia dança de salão todo sábado a tarde. "Era especialista em chá-chá-chá e samba", Nick gargalha, desdenhando de si mesmo, mas, na verdade, ele era um bom dançarino, que representou sua escola em várias competições. "Mas isso tudo rodou quando me tornei baterista em tempo integral."

Aos 14 anos, já tocava regularmente em "pubs e casamentos, com equipamento semiprofissional". Conforme ficou mais velho e mais experiente, tornou-se capaz de tocar não apenas pop, mas também os estilos mais complicados de jazz. Assim, passou a conseguir trabalhos

RUN TO THE HILLS

regulares como músico contratado, uma espécie de instrumentista muito em voga naqueles dias pré-Tin Pan Alley, nos anos 1960. Ele colocava todo seu equipamento no pequeno Morris Minor 1000 do seu pai e saía noite adentro.

"Eu era um velho bastardo", confessa. "Fazia qualquer coisa: discos pop, folk, religioso ou coisas voltadas para o rock. Não me importava. Conseguia tocar qualquer estilo, mas não sabia ler música; então, costumava pender para um som mais pop. Trabalhei bastante para um selo chamado Young Blood Records e também para um cara da EMI. Havia um baixista chamado Brian Belshaw, com quem formei uma equipe, dona de uma sessão rítmica portátil, e foi uma grande experiência. A maioria das pessoas em bandas é meio *blasé* ao falar de seus trabalhos de estúdio, como se fosse a coisa mais chata do mundo, mas eu gostava demais. É duro para um batera sentar-se em casa e simplesmente tocar por conta própria. É diferente de ser um guitarrista. Então, eu adorava ir para o estúdio, porque me permitia sair para as ruas e tocar com todos os tipos de bandas. E, como também fazia bem para meu bolso, veio a calhar."

Com o trabalho em estúdios, apesar de pagar seu aluguel, Nicky sabia que jamais ficaria rico e famoso. "Depois de um tempo, você quer fazer algo que traga significado pessoal, e isso não dá para ser feito nas sessões. É preciso que esteja na sua própria banda para extrair satisfação com sua própria música, e era isso o que eu queria fazer." Sua primeira banda "de verdade" se chamava The 18th Fairfield Walk, que, mais tarde ficou conhecida como Peyton Bond. Era uma banda de pub boa e divertida, que se especializou em *covers* de Otis Redding, Beatles e Who. "Foi bom enquanto durou", ele afirma. "Mas eu não ia chegar a lugar algum fazendo apenas *covers*." Então, ele deu "pulos de alegria" quando teve a oportunidade de se juntar ao grupo londrino mais ambicioso chamado The Wells Street Blues Band. "Ainda era para tocar *covers* na maior parte do tempo, mas o repertório incluía coisas bem mais interessantes, como um material mais hardcore e improvisações de puro blues." Era o final dos anos 1960, uma época em que as proezas de uma banda poderiam aparentemente ser medidas pelo peso do seu som, e foi mera questão de tempo antes de The Wells Street Blues Band evoluir para o blues bem mais progressivo do The Axe, que foi como o conjunto se renomeou em 1969.

"The Axe foi um grupo típico da década de 1960. Éramos influenciados por John Mayall's Bluesbreakers e por tudo o que Eric Clapton, Jeff Beck, Jimmy Page e Peter Green fizeram com aquele som. Nós também nos enxergávamos daquele modo, mas a coisa nunca decolou. Até pensei que estouraríamos quando ganhamos uma competição de talentos, cujo prêmio era um contrato de gravação com a Apple Records, o selo dos Beatles, ou, pelo menos, foi o que nos disseram! Mas nada parecia resultar dali. Era só um monte de merda."

O The Axe começou a inserir material próprio em parte do *set* de apresentação, mas, a seguir, houve uma grande discussão entre o vocalista e o guitarrista, e tudo foi pelos ares. "Eu gostava da banda, mas havia um exagero: três guitarristas solo em uma sala de ensaios é um pouco demais para qualquer um." Abatido, mas não derrotado, Nicky tentou de novo, dessa vez se juntando a um cantor e tecladista chamado Billy Day e a seu parceiro de composição, o guitarrista Michael "Mickey" Lesley. "Isso aconteceu por volta de 1971, e lembro-me muito bem, porque foi a primeira vez que recebi honorários. Eram 50 paus por semana, o que me fez pensar: 'Ei, isso é ótimo! Estou começando a dar certo'. Mas as incumbências incluíam a tarefa de dirigir a van, já que não tínhamos *roadies*, e eu era o único que tinha carteira de motorista – Billy perdera sua habilitação por dirigir embriagado. Outra vantagem é que deveria levar a van para minha casa à noite e, claro, achava aquilo demais. Lá estava eu, sendo pago para tocar em uma banda e ainda tinha um carro da empresa!", ele ri.

Também foi durante seu tempo com Billy Day que Nicky, de repente, virou Nicko. "Os rapazes tinham um acordo com a April Music que, entre uma coisa e outra, virou um contrato com a CBS Records. Então, fomos para o estúdio da CBS, na Whitfield Street, em Londres, gravar o que seria nosso primeiro álbum. No meio das sessões, certo dia, o diretor da CBS, Dick Asher, decidiu fazer uma visita inesperada. E lá estávamos todos, mandando ver, quando ele entrou acompanhado por Maurice Oberstein. Foi pouco antes de Obie assumir a CBS na Inglaterra, e acho que Dick estava mostrando tudo para ele."

"Dick entrou e, como já conhecia Billy, pediu que ele nos apresentasse. Como sempre, Billy estava maluco – ele adorava um drinque –, e decidiu que seria divertido me apresentar como Neeko. Ele se aproximou de Dick e Obi e falou: 'Quero apresentar-lhes meu baterista italiano. Este é Neeko'. Pensei, mas não falei: 'Puta merda, Billy. Nessa você exagerou'. Tentei contar a verdade, mas aí Obie começou a me chamar de Neeko, e a coisa foi longe demais. Então, deu nisso. Pegou a partir dali. Na verdade, até que gostei, só que mudei para Nicko, porque soava melhor em inglês."

Um nome novo foi o presente mais duradouro que resultou da associação entre Nicko e Billy Day. A banda finalmente se cansou dos métodos de trabalho inebriantes do vocalista, como Nicko explica: "O problema de ser um baterista é que você, com muita frequência, é deixado de lado e fica só esperando. Esperando que as pessoas na banda, que deveriam trazer as músicas e apontar o direcionamento, movam suas bundas e mandem ver. Dá para sentir bem rápido quando algo não está rolando, e, pobre Billy... Ele era um cara bacana, ótimo músico, e aprendi muito tocando com ele, só que a banda não estava indo a lugar algum. Então, depois de um tempo, pensei 'isso já deu o que tinha que dar', e saí".

Houve mais uma ou duas curtas tentativas de tirar uma banda própria do papel, mas a primeira vez que os holofotes realmente se acenderam sobre o nome Nicko McBrain foi em 1975, quando ele entrou para a Streetwalkers, uma banda formada pelo vocalista Roger Chapman e o guitarrista Charlie Whitney, que já haviam alcançado certa fama como os protagonistas do Family, responsáveis por álbuns respeitados e seminais, como *Music in a doll's house* (1968) e *Bandstand* (1972).

"É aqui que começa a complicar", narra Nicko. "Basicamente, existia uma banda chamada The Blossom Toes, que parecia estar prestes a fechar um grande contrato, mas – surpresa, surpresa – fodeu tudo no último minuto. O guitarrista do The Blossom Toes, um sujeito chamado Jim Cregan, decidiu fundar o Family quando as coisas deram errado. Isso foi por volta de 1973. Aí, o Family se separou em 1974, e Jim saiu para formar o Cockney Rebel. Mas, antes disso, ele deve ter falado bem de mim porque logo recebi um telefonema de um cara perguntando se estaria interessado em fazer um teste na nova banda do Roger e do Charlie.

Respondi que sim, claro! Eu era um grande fã do Family, e achava *Music in a doll's house* um álbum fantástico; então, fiquei animadíssimo. Eles já tinham feito seu primeiro disco, *Streetwalkers*, mas seu baterista, Ian Wallace, saiu quando a data do início da turnê já estava chegando. Por isso, eu estava dentro!"

Por força do destino, uma das primeiras turnês de Nicko com a Streetwalkers envolveu uma viagem para Nova York, onde a banda participou do mesmo show que os colegas britânicos do Cockney Rebel, na época empresariado por um ex-aluno de Cambridge chamado Rod Smallwood.

"Foi a primeira vez que me encontrei com Rod, e jamais vou esquecer. Estávamos tocando em um clube de Nova York, o Bottom Line, nós e o Cockney Rebel, e me recordo de um sujeito grande, com jeito nortista de Huddersfield, entrar e dar um belo *Ah!*, como eles costumam dizer. Mas, quando comecei a conversar com ele, descobri que era um cara gentil, que adorava tomar uns drinques e se divertir. Houve uma grande festa após o show, claro, e lembro-me de todos, já bêbados, gritando uns com os outros. Acho que ninguém ali conhecia os Estados Unidos, e foi como uma excursão de férias para garotos britânicos. Umas férias bem rock'n'roll. Para falar a verdade, a gente se encontrou em uma despensa de cozinha. Foi esse tipo de festa..."

"Encontrei Nick pela primeira vez em Nova York e. como primeira impressão, achei o cara adorável e completamente maluco!", recorda-se Rod. "E minha opinião sobre ele não mudou desde então. Baterista brilhante, cara adorável, totalmente insano! Até mesmo ele lhe diria isso!"

Quando os dois voltaram a se cruzar, no começo dos anos 1980, o Streetwalkers – que se separou logo depois de Roger Chapman seguir para carreira solo – era uma memória distante, e Nicko vinha se virando como podia, primeiro como batera do The Pat Travers Band (que ele contribuiu com a base rítmica para a guitarra de Pat no álbum *Making magic*) e, depois, com os roqueiros franceses sociopolíticos do Trust. "Tinha muita política na música deles, mas era tudo em francês", afirma o baterista sorrindo. "Então, não me pergunte o que queria dizer."

Nicko diz que já sabia das dificuldades que o Maiden vivenciava com Clive Burr bem antes de lhe oferecerem o emprego. "Eu conhecia Clive, pois nós excursionamos juntos quando tocava no Trust. Certa noite, ele me telefonou dos Estados Unidos, dizendo que tinha escutado

RUN TO THE HILLS

a galera da banda falar que ele seria substituído por mim. Fui honesto com o cara e falei de imediato: 'Clive, eles não vão me oferecer nada se você juntar seus cacos'. Lembro-me de que, na época, estava ainda com minha primeira esposa, que me deu uma bronca. Ela disse: 'Por que você resolveu falar aquilo? Se ele tomar jeito e continuar na banda, não vai sobrar nada para você'. Mas eu não via as coisas assim. Não queria roubar o emprego de ninguém. Ele telefonou para pedir a minha opinião, e eu o ajudei da melhor forma que pude. O resto cabia a ele."

Apesar disso, quando ninguém mais aguentou os vacilos do Clive e o Maiden acabou oferecendo o posto a Nicko, ele admite: "Fiquei muito satisfeito! Acho que é correto dizer que fiz uma pequena festinha de bebedeiras para celebrar tamanha novidade. Quer dizer, eu estava sem trabalho, e aquilo salvou minha vida. Mas, ainda melhor que isso, eu realmente gostava da música. Era bem a minha praia, como dizem. Sempre fui capaz de tocar com potência, mas, com o Maiden, subi um degrau no meu estilo. Foi uma experiência sensacional por causa da qualidade dos músicos. Não dá para ficar melhor. Dentro do que faz, o Maiden é o melhor que existe, simples assim! Quando Steve compõe uma música, sempre me pede uma batida que eu ignorava por completo ou sugere algo que nunca havia pensado antes. E o cara não é nem mesmo baterista! Mas isso é a beleza da música, há muitas formas diferentes de representá-la. Mas, como autor das canções, Steve sabe melhor do que ninguém como elas têm de soar e o sentimento que devem conter. Então, sempre o escuto e tento contribuir com algo meu, algo que ele ainda não tenha pensado. Assim, tudo funciona muito bem!".

"Conheço outros bateristas que fizeram teste para o Maiden e não conseguiram o trampo", diz Adrian Smith. "Você precisa ser meio atleta, e Nicko é um baterista incrivelmente atlético. Ele sempre teve a técnica e o groove, mas, com o Maiden, estourou pra valer; tanto, que muitas das coisas que fizemos após sua entrada foram fundamentadas na maneira de Nicko tocar. São todos aqueles padrões fodidos que ele cria, sempre mostrando uma tremenda técnica. Pode soar besta agora, mas quando ele entrou para a banda achei que talvez fosse *funky* demais para nós. Nicko, porém, pode tocar qualquer coisa. Ele é preciso, exato. Realmente assume a bronca, e Steve adora tocar com ele. Steve e Nicko ficavam horas trabalhando, repassando as frases de baixo e bateria. Regras convencionais não se aplicam nem a Nicko McBrain nem ao Iron Maiden, motivo pelo qual ambos se destacaram."

A primeira coisa que Nicko fez com a banda foi um programa de tevê na Alemanha. As notícias sobre a saída de Clive ainda não haviam chegado ao público, e Nicko fez o show usando uma máscara do Eddie. Alguns dizem que, metaforicamente falando, ele ainda precisa tirá-la...

12 *Tio Sam*

Os cinco anos seguintes tornaram-se uma época de sucesso desenfreado e de prosperidade para o Iron Maiden. Após sobreviver ao fenômeno NWOBHM, eles passaram a ser tratados como a realeza do rock onde quer que fossem. Lançaram quatro álbuns de estúdio – *Piece of mind* (1983), *Powerslave* (1984), *Somewhere in time* (1986) e *Seventh son of a seventh son* (1988) – e o primeiro álbum ao vivo, o duplo *Live after death* (1985). Todos os cinco, com vendas na casa dos milhões, trazem o que hoje é nostalgicamente chamado pelos críticos de "a formação clássica Harris/Murray/Smith/ Dickinson/McBrain". Em todas essas ocasiões, Martin Birch foi o produtor. Também é justo dizer que, como todos os bons capitães, Steve Harris se manteve fiel à sua equipe vencedora, reunida meticulosamente. Por volta do final dos anos 1980, a sala de troféus do Maiden estava cheia, com mais de cem discos de ouro e de platina do mundo inteiro.

A banda vivia seu zênite comercial em 1985, e o Iron Maiden era a maior banda de rock para o público dos Estados Unidos. Astros enormes, capazes de encher arenas de 13 mil lugares, como a Long Beach Arena, no sul da Califórnia, por quatro noites seguidas, ou teatros de 7 mil lugares, como o suntuoso Radio City Hall, em Nova York, por cinco noites consecutivas – só para citar dois exemplos de lugares que fizeram parte da turnê daquele ano. Enquanto isso, em casa, na velha Inglaterra, seus álbuns rotineiramente entravam para o *Top 5*, e o sucesso de uma dúzia de outros *hits* tornaram seu nome tão afamado, que substituiu o Purple e o Sabbath como os rostos mais conhecidos do heavy metal, até mesmo para as pessoas que pouco entendiam de música. Assim, o Maiden se transformou em referência para todas as bandas de rock pesado que viriam a surgir posteriormente.

"Na época, eu já editava a *Kerrang!*, que se tornara uma grande revista", diz Geoff Barton. "Para os nossos leitores, o Maiden era a maior banda do mundo. Venceu em todas as categorias, de acordo com as pesquisas anuais com nossos leitores, entre 1983 e 1988. Foi uma daquelas bandas que simplesmente não cansavam de ganhar capas. Quanto mais Iron Maiden havia na revista, mais os leitores gostavam. Por um longo período, eles não deram um passo em falso."

A banda, criativamente, também estava no auge, e algumas das canções mais adoradas datam dessa época: "Run to the hills", "Number of the beast", "Hallowed Be Thy Name", "The trooper", "Revelation", "Flight of Icarus", "Aces high", "Two minutes to midnight", "Rime of the ancient mariner", "Wasted years", "Stranger in a strange land", "Heaven can wait", "Can I play with madness", "The evil that men do"... A lista é enorme e impressionante, com pelo menos meia dúzia que até hoje faz parte do show do Maiden. Isso não significa que absolutamente tudo o que eles gravaram naqueles dias foi *top* de linha, claro. Foi alucinante a velocidade com que o Maiden compôs e gravou a maioria dos álbuns (só para efeito de comparação: o Def Leppard, os únicos sobreviventes daqueles dias, agora esquecidos da cena NWOBHM, produziu apenas dois álbuns no mesmo período de cinco anos). Inevitavelmente, algumas faixas saíram melhores do que outras (mas é difícil imaginar o Maiden hoje produzindo um álbum que contenha um instrumental de segunda categoria como "Losfer words", tal qual a banda fez em *Powerslave*). É importante destacar, porém, que essa época foi marcada pelo lançamento de dois dos melhores álbuns da carreira do Maiden: *Piece of mind* e *Seventh son of a seventh son*.

Este último é a melhor e mais imaginativa obra realizada pela "formação clássica" do Maiden (o disco será discutido em detalhes no próximo capítulo). É o trabalho que a maioria dos puristas citaria como sendo a gravação definitiva desse prolífico período. Já *Piece of mind*, primeiro álbum do grupo a trazer Nicko, começa com um floreio de bateria, como se anunciasse a chegada do Louco McBrain ao meio deles. Como já havia acontecido no caso de Bruce em relação a Paul, se analisarmos em termos de técnica, Nicko era um instrumentista muito superior ao seu

RUN TO THE HILLS

predecessor, e sua chegada às fileiras permitiu à banda uma capacidade ainda maior de adornar o que é hoje reconhecida como a quintessência do som do Maiden: vocais matadores, guitarras combativas, baterias de artilharia e a sempre presente cadeia rítmica do baixo maníaco de Steve, pulsando como uma veia ao fundo. A pura força do material de *Piece of mind* reflete o fato de que, com mestres da técnica como Bruce, Adrian e Nicko, aliados à energia assustadora e à emoção de Steve e Davey, o Maiden passou a ter todas as ferramentas necessárias para criar suas primeiras obras-primas.

"Para mim, *Piece of mind* foi certamente o melhor álbum que fizemos até então", opina Steve. "E continuei achando isso até o *Seventh son*, que veio cinco anos depois. Não estou dizendo que os dois álbuns que fizemos no meio desse período – *Powerslave* e *Somewhere in time* – não eram bons; em ambos existe muita coisa que que está entre o melhor que já produzimos. Mas, repito, *Piece of mind* foi especial. Sempre dá para apontar uma ou outra coisa que faria diferente hoje, mas ainda o acho muito bom da forma como ele é. Foi o primeiro álbum do Nicko. A gente se sentia como se estivesse nas alturas, e dá para perceber essa atmosfera ouvindo o álbum. Acima de tudo, temos as canções. Cá entre nós, daquela vez nós realmente criamos coisas especiais."

Sim, eles de fato fizeram um álbum especial. Como de costume, um conjunto de composições de Harris dá o tom do disco, incluindo "Where eagles dare", um hino elevado de autorrealização e força interior; "The trooper", o conto de um pelotão de guerra; "Quest for fire", inspirado pelo provocador filme homônimo lançado em 1982; e "To tame a land", um épico com letras compreensíveis somente para os leitores de *Duna*, livro de Frank Herbert, um labiríntico romance espacial de política, amor e guerra. Originalmente, a banda havia planejado chamar a faixa de "Dune" e incluir a narração de uma passagem do livro como introdução. Mas Herbert se recusou a dar permissão, conforme lhes foi dito pelo agente do escritor, que ainda acrescentou: "Frank Herbert não gosta de grupos de rock, particularmente de rock pesado, e, em especial, bandas como o Iron Maiden". Ai! Rod ficou perplexo: "Ele assumiu que, pelo fato de sermos uma banda de rock, devemos ser um bando de imbecis, o que, no mínimo, é uma atitude de quem tem uma visão bem estreita".

TIO SAM

Há mais cinco faixas em *Piece of mind*: "Flight of Icarus" e "Sun and steel" vieram de Bruce e Adrian; "Still life" foi composta por Steve e Davey; "Die with your boots on" foi uma ideia de Bruce e Adrian, desenvolvida com a ajuda de Steve; e "Revelations", uma canção que Bruce criou sozinho. Todas eram soberbas, porém duas, "Flight of Icarus" e "Revelations", merecem menção especial. A primeira, uma obra encadeada que, de repente, explode em espetacular coral de vozes saído diretamente do catálogo da Speedwagon, foi o controverso primeiro *single* do álbum. Uma inacreditável e elegante peça de trabalho ou, dependendo do ponto de vista, só incrivelmente pegajosa, apesar de chegar ao número 11 nas paradas do Reino Unido, em abril de 1983. *Flight of Icarus* também foi o nome do primeiro *single* do Maiden lançado nos Estados Unidos (onde, diferente da Inglaterra, os compactos, em geral, não são lançados, a menos que a gravadora esteja totalmente convencida de ter nas mãos uma gravação de sucesso). A composição dividiu a opinião da crítica e, de certo modo, até da própria banda. "Não existe algo de errado com 'Flight of Icarus' como música, embora gostaria de ter tido mais tempo para executá-la ao vivo antes de gravá-la", diz Steve. "Ela era bem mais poderosa ao vivo, mais rápida e pesada." Bruce tem outra opinião: "Steve nunca gostou dela por achar que era muito lenta, mas eu queria que ela tivesse um tipo de batida mais estável. Sabia que tocaria nas rádios dos Estados Unidos se a mantivéssemos assim, e eu estava certo".

É verdade, Bruce acertou. "Flight of Icarus" foi a única faixa do Iron Maiden a entrar na programação de rádios norte-americanas, chegando ao número 12 das paradas em 1983. O sucesso do *single*, somado à realização da turnê, levou a banda a conquistar o primeiro álbum de platina nos Estados Unidos. Entretanto, é do tempestuoso *single* seguinte, "The trooper", que a maior parte dos fãs do Maiden se lembra primeiro quando alguém menciona o álbum *Piece of mind*.

No território norte-americano, as únicas pessoas que detestaram "Revelations", composição de Bruce, foram as que realmente não deveriam ter gostado, ou seja, os grupos neofundamentalistas religiosos, que ainda acusavam o Maiden de satanismo. Ironicamente, o que mais pareceu ofendê-los, dessa vez, foi o uso espirituoso na capa de uma citação bíblica do livro *Apocalipse*, capítulo 14, primeiro verso, que diz: "E Deus enxugará

243

RUN TO THE HILLS

as lágrimas de seus olhos; e não haverá mais morte. Nem tristeza ou choro. Não haverá mais dor; pois todas essas coisas terão passado".

Apesar de as escrituras dizerem "dor" (*pain*, em inglês), a banda inseriu a palavra "cérebro" (*brain*, em inglês) para fazer um trocadilho com o título do álbum – cuja capa, , estampando outra brincadeira, trazia o Eddie pós-lobotomizado, acorrentado em uma cela acolchoada, com o topo do crânio serrado. Foi uma provocação deliberada, que funcionou bem demais; e não demorou muito para que várias famílias, em todo o sul dos Estados Unidos, começassem a queimar os discos do Iron Maiden comprados por seus filhos adolescentes.

A banda achou a situação tão absurda que não resistiu em tirar uma onda; no último minuto, inseriu a gravação de algumas palavras ditas de trás para a frente entre as faixas "The trooper" e "Still life", como uma piada para despertar a paranoia em qualquer um que fosse ingênuo para acreditar em histórias de bandas, como o Maiden e o Led Zeppelin, acusadas de inserir mensagens diabólicas nas suas gravações. Mas, ao tocar a curta mensagem invertida do Maiden em *Piece of mind*, o ouvinte descobriria um tipo de diabrura bem diferente: "Era só a minha famosa imitação de Idi Amin", conta Nicko McBrain, que gravou a tal "mensagem" tremendamente bêbado. Até hoje, ele ainda ri quando se lembra da história.

"Cansamos de ser rotulados de adoradores do demônio e atacados por tanta besteira disparada por aqueles imbecis nos Estados Unidos", Nicko explica. "Então, pensamos: 'Beleza, vocês querem encher nosso saco? Vamos mostrar como se enche o saco!'. Assim, certa noite, os caras gravaram uma imitação do Idi Amin que eu costumava fazer depois de alguns drinques a mais. Recordo-me de que ela terminava com as seguintes palavras: 'Não mexa com coisas que você não compreende'. Pensamos que, se as pessoas eram idiotas com relação àquele tipo de coisa, podíamos dar a elas algo para serem realmente idiotas, entende?"

O álbum foi gravado no Compass Point Studios, na bela ilha de Nassau, nas Bahamas, em janeiro de 1983, tornando-se a terceira gravação do Maiden fora da Inglaterra. Além da relaxante atmosfera de praia, a escolha do estúdio em Nassau levou em conta a questão financeira como principal motivo. Rod explica: "Foi por causa dos impostos. Ainda tentávamos poupar até o último centavo. O problema de administrar uma banda de rock é um dilema: ou você está ganhando muito dinheiro ou não está ganhando nada. E, mesmo que esteja indo bem em um ano, nunca se sabe o que acontecerá no seguinte. Não é um negócio convencional em que se pode prever com certa segurança quais serão os números dos próximos dois ou três anos; no ramo da música, o artista só é tão bom quanto seu último disco. Particularmente no início, quando ainda tenta consolidar sua reputação, uma banda não pode simplesmente achar que fará tanto sucesso quanto seu último lançamento".

Rod nunca duvidou que o Maiden continuaria a crescer, mas, como relembra seu sempre astuto parceiro, Andy Taylor, era preciso poupar. "Não dá para equilibrar os livros-caixas inteiramente em sonhos; por isso, não queríamos acabar com uma enorme conta de impostos e sem nenhum dinheiro para pagá-la", diz Andy. "Poupar o máximo de grana para um possível dia chuvoso é o trabalho de qualquer empresário responsável, em especial nos dias de sol, quando ninguém mais quer pensar sobre a volta de tempos difíceis. Portanto, recomendamos que o álbum seguinte da banda fosse gravado fora da Inglaterra."

Martin Birch comenta como foi a escolha do estúdio. "Rod me disse: 'Nós temos que gravar o disco fora da Inglaterra. Para onde podemos ir?'. As opções eram o Air Studios, na Antígua, que depois foi destruído por um tornado, ou o Compass Point, em Nassau. Avaliei os dois e gostei mais do Compass Point, então fomos para lá", diz o produtor. "Eu preferiria ter ido ao Record Plant, em Nova York, ou para algum lugar em Los Angeles. Teria sido mais fácil, e os resultados técnicos seriam melhores. Tudo era muito cru nas Bahamas, mas os dias eram ensolarados, e nós gostamos. Como o estúdio estava disponível, decidimos fazer a gravação lá e, depois, mixar em Nova York."

Lançado na Inglaterra em 16 de maio de 1983, *Piece of mind* estreou em 3ª lugar nas paradas britânicas, mas a resposta da crítica no Reino Unido foi morna em comparação ao lançamento de *Number of the beast*. Apesar de vender mais que os discos anteriores do Maiden, o novo álbum jamais chegaria à 1ª posição das paradas e, até hoje, permanece subestimado pelos críticos. Apenas os leitores da revista *Kerrang!* pareceram entendê-lo, votando nele como o "álbum número 1 de todos os tempos" nas pesquisas de fim do ano, com o *Number of the beast* logo atrás, na 2ª posição.

RUN TO THE HILLS

Sem uma faixa título em evidência, o nome do álbum foi concebido em torno da ideia de Rod e Steve para a estampar da capa. Enquanto o Maiden ainda gravava o material, Derek Riggs chegou a voar para Nassau para pintar sua nova obra, mostrando o grotesco Eddie literalmente sem a tampa da cabeça. "Decidimos fazer uma lobotomia nele", explica Rod. "Originalmente, o disco se chamaria *Food for thought*. Um dia, conversando sobre o título em um pub, em Jersey, antes de seguir para o estúdio, um de nós – nunca lembramos quem porque estávamos bêbados na ocasião – sugeriu *Piece of mind*. No ato, todos disseram: 'Sim! É isso aí! Rápido, alguém liga para o Derek!'. E foi o que fizemos."

No rastro do álbum, a turnê mundial percorreu um caminho ainda maior que o da temporada com o *Number of the beast*. Quando começou a turnê, em Hull, em 2 de maio, a banda foi recebida nos palcos britânicos como heróis conquistadores. Muitos dos seus fãs eram novos e mal tinham ouvido falar de Paul Di'Anno, quanto mais de Dennis Stratton, e Bruce fez jus ao seu apelido: "a sirene de ataque aéreo". Com toda a confiança de ser um membro importante e reconhecido da "família", ele arrasou. Mas foi nos Estados Unidos que a banda aumentou seu cacife. Contra os conselhos de todo mundo – exceto de Rod, que lhes disse para mandar a precaução à merda, "ir lá e quebrar tudo" –, a banda liderou sua própria turnê no território norte-americano pela primeira vez em 1983. A aposta compensou incrivelmente, e eles viram, pasmos, *Piece of mind* subir para o *Top 20* das paradas, posteriormente estabilizando na posição 14ª, e vender mais de 1 milhão de cópias nos Estados Unidos, o que deu ao Maiden seu primeiro disco de platina no país.

Com a banda ainda tida como novata, a mídia nos Estados Unidos percebeu *Piece of mind* como um sucesso da noite para o dia, mas as sementes do êxito foram plantadas bem antes de o Maiden colocar os pés no país. Rupert Perry, que, na época, era vice-presidente de A&R na Capitol Records (braço da EMI na América do Norte) e, depois, se tornou diretor de marketing da EMI na Inglaterra, se recorda de como "Rod fez algo bastante incomum" antes do início da turnê. "Foi algo que ajudou terrivelmente a banda nos Estados Unidos, mas a maioria dos empresários nunca pensaria em fazer. Naqueles dias, nós tínhamos em torno de 12 ou 13 diferentes distritos de venda no país, com equipes de venda e pessoal para promoção que tomavam conta do mercado específico da sua região. É um país muito grande, com diferentes zonas e leis estaduais. Assim, não existe outra maneira de tocar uma operação desse tamanho sem fragmentar o gerenciamento. E o que Rod fez? Ele foi aos Estados Unidos para visitar cada um dos escritórios e se apresentar a qualquer um que o recebesse. E isso aconteceu meses antes da primeira grande temporada deles no país. Foi uma coisa maravilhosamente astuta, porque aquelas pessoas não conheciam o Iron Maiden. Dá para imaginar, por exemplo, a reação do gerente distrital de vendas de Detroit, porque não há muitos empresários que lhe telefonarão para dizer: 'Oi, você não me conhece, mas minha banda está no seu selo; então, como estou em Detroit, gostaria de conversar com você sobre ela'. Rod visitou cada um dos escritórios e conversou com as pessoas relevantes, incluindo o gerente de vendas e o pessoal de promoção, explicando-lhes o que era o Maiden, além de lhes dar uma camiseta e, provavelmente, levá-las para sair e ficar bêbadas... Foi uma grande estratégia, pois, desde o início, ele fez com que todos na empresa ficassem do lado do Maiden, realmente ajudando a banda a se projetar. Ele criou um relacionamento que a banda jamais teria sob outras circunstâncias. É como eu digo, dá para não se apaixonar por Rod Smallwood?"

Com as bases firmemente estabelecidas, o Maiden foi capaz de utilizar o tapete estendido pela Capitol para transmitir sua mensagem da melhor forma possível em uma incansável turnê. Apesar do bom apoio do braço norte-americano da gravadora, foi – como era de se esperar – por meio das performances ao vivo que a banda realmente ganhou amigos. Os Estados Unidos sempre gostaram de hard rock e heavy metal britânico; por isso, Zeppelin, Sabbath, Purple, Priest e UFO obtiveram enorme sucesso nos palcos norte-americanos durante todos os anos 1970, e, cabe registrar, o Def Leppard também se deu bem por lá na década seguinte. Recebendo exposição suficiente, parecia apenas questão de tempo ocorrer a mesma coisa com o Iron Maiden. Mas isso não significa que seria fácil. Estourar nos Estados Unidos é o derradeiro desafio para qualquer banda de rock inglesa – basta perguntar ao Oasis – e, como veremos, o sucesso tem um preço. "Excursionar nos Estados Unidos é como fazer uma turnê mundial dentro de uma turnê mundial", diz Steve. "Não só é o maior lugar do planeta, como também o mais estranho."

RUN TO THE HILLS

A primeira vez que a banda excursionou pelo país foi no verão de 1981, quando abriu mais uma vez para o Judas Priest. Fazer uma turnê nos Estados Unidos era a realização de um sonho para os cinco inexperientes integrantes da banda, que descobriram o que todos os visitantes ingleses acabam sabendo: a realidade americana ultrapassa até mesmo as expectativas mais selvagens.

"Chegamos a Los Angeles, onde teríamos alguns dias de folga antes do início da turnê, e o primeiro lugar ao qual nos levaram foi ao Rainbow, na Sunset Boulevard, um famoso clube de rock, do qual todos nós já ouvíramos falar", conta Adrian. "Sabíamos que o Led Zeppelin costumava ir lá nos anos 1970, o que era sensacional. E quem estava lá quando chegamos? Jimmy Page! O lugar estava cheio de músicos de bandas famosas, além de várias *groupies* de Los Angeles. Quer saber a verdade? Foi um pouco entorpecedor para um garoto do East End. Logo na primeira noite, fui apresentado a Pat Travers e Pat Thrall, dois guitarristas norte-americanos entre os meus prediletos de todos os tempos. Também conheci Jimmy Page, que ficou conversando comigo, simplesmente como um cara de uma banda fala com um cara de outra. Fiquei lá, em pé, pensando em todos aqueles discos do Led Zeppelin que tinha em casa. Era como se a gente estivesse no mesmo patamar. Foi uma viagem. No clube, o Maiden era a 'banda da Inglaterra' naquela semana, e fomos cercados de garotas por todos os lados. Não consegui nem terminar minha pizza."

O primeiro show da turnê ocorreu em Las Vegas, no fabulosamente incongruente Aladdin's Hotel. "Aquilo foi inacreditável", afirma Adrian. "Foi do sublime ao ridículo. Ao chegar ao saguão do hotel, havia caça-níqueis por todos os lados, e você ficava cercado por todo aquele esplendor. Se não me engano, Wayne Newton estava tocando naquela noite. Então, você ia para seu quarto, com papel de parede roxo e colcha dourada. Chegava a dar dor de cabeça. Mas o show foi de arrebentar. Eu não acreditava no que via: a molecada que lotou o lugar realmente conhecia as músicas. Não esperava aquele tipo de reação do público em nossa primeira turnê. Depois, um garoto veio conversar comigo e disse: 'Você foi *fooooooda* esta noite, cara!'. Na vida real, nunca ouvira ninguém falar daquele jeito antes, e pensei: 'Putz, eles realmente gostam da gente'."

Os dois shows em Los Angeles, nos quais eles abriram para o UFO, encerraram a primeira turnê norte-americana do Maiden, que havia durado quase dois meses, mas foi o bastante para o álbum *Killers* atingir o número 78 do *Hot 100* da *Billboard* (a parada nacionalmente reconhecida) e vender quase 200 mil cópias – nada mal para uma banda que fazia sua primeira curta visita aos Estados Unidos.

No ano seguinte, quando o grupo voltou ao país, *Number of the beast* chegou ao número 33, ascendendo rápido para receber o disco de ouro, e os integrantes do Maiden começaram a ser tratados como astros. Ainda excursionando como banda de apoio, eles ficaram seis meses zanzando de uma turnê para outra, abrindo para bandas, como Judas Priest (de novo), Rainbow, .38 Special e The Scorpions, além de fazer dois grandes shows em estádios com o Loverboy e o Foreigner, sempre apresentando o Eddie – agora, um monstro com movimentos e 3,60 metros de altura – para um público cada vez mais alucinado. Outro monstro que ninguém poderia domar naquela turnê era o "Senhor Animal Festeiro", como ironizou Bruce. "Todos se transformaram nele em algum momento. Eu fazia o tipo penetra naquele ano. Se havia uma festa, lá estava eu, em algum canto, aprontando algo. Na verdade, fiz isso bastante no início do Maiden."

"Na maioria das vezes, era uma longa viagem até o próximo show – e algumas duravam até 16 horas –, de forma que gostávamos de sair logo após nossa apresentação", explica Dave Murray. "Mas, nove de cada dez vezes, ficávamos para assistir à banda principal, tomar umas cervejas e tentar arrastar algumas meninas, esse tipo de coisa. Era bem divertido, muito legal, porque, como banda de apoio, não havia grandes responsabilidades. Você saía do palco antes das nove, ou algo assim, e tinha a noite inteira para fazer o que quisesse. Todo mundo estava curtindo suas próprias coisas naquela turnê, e o negócio começou a sair do controle, especialmente no caso de Clive."

Os fãs americanos pareciam selvagens. Gangues de aficionados pelo Maiden viajavam em comboio de show para show, cobrindo centenas de quilômetros durante semanas a fio, só para estar com a banda. Um grupo particularmente notório, porém divertido, batizou a si mesmo de Chicago Mutants.

RUN TO THE HILLS

"Era quase impossível descansar, porque alguns fãs eram incessantes", lembra-se Adrian. "Eles descobriam onde a banda estava hospedada e apareciam por lá. Os Chicago Mutants eram os melhores nisso. Sempre se hospedavam no nosso hotel, e dezenas deles ficavam em frente à nossa porta à uma da manhã... Uma vez, em um motel no meio do nada, meu quarto, que era no térreo, dava de frente para o estacionamento. Lembro-me de ter saído da cama de manhã e, ao abrir as cortinas, vi o estacionamento lotado de garotos. Centenas deles! E havia carros com pinturas do Eddie, jovens com bizarras tatuagens do Maiden, e muita coisa esquisita acontecendo. Eles se aproximavam da janela e diziam: 'Venha aqui fora! Venha ver meu carro!'. Insistiam sem parar, pedindo que eu saísse do quarto e ficasse com eles. Foi insano."

Conforme a máquina do Maiden cresceu cada vez mais, as loucuras fora do palco diminuíram. Os shows tinham agora duas horas de duração todas as noites, e eles não eram mais iniciantes; como banda principal, aumentaram as responsabilidades – tanto para si mesmos com para os novos fãs – de apresentar o melhor concerto possível.

"A turnê do *Piece of mind* foi o início da sensibilização da banda", reflete Adrian. "Antes disso, excursionar pelos Estados Unidos tinha sido muito fácil. Nós fazíamos nosso ato logo cedo e passávamos o resto da noite curtindo. Agora, como banda principal, não podíamos nos dar ao luxo de fazer cagadas. As pessoas diziam que era um erro tentarmos encabeçar nossa própria turnê nos Estados Unidos tão cedo. Diziam que ainda não estávamos prontos nem daríamos conta; então, queríamos mostrar que todo mundo estava enganado, sabe? Tínhamos algo a provar. Acho que todos levaram aquilo um pouco mais a sério."

Mas Nicko, que excursionava com o Maiden pela primeira vez, lembra-se das coisas de um jeito diferente: "Quando entrei para a banda, todo mundo, com exceção de Steve e Bruce, era completamente pirado! Ficávamos totalmente malucos com qualquer coisa que caísse em nossas mãos. Nove vezes em dez era com bebida, sabe? A gente tinha um pouquinho de tabu aqui e ali, um restinho de pó de disco, ou como você quiser chamar, e ficava torto a noite inteira. Nunca em dia de show, mas, ainda assim, chegava ao camarim pensando: 'Ah, merda. Devia ter ficado bêbado na noite passada!'".

"Mas era estranho, porque alguns dos nossos melhores shows ocorreram quando estávamos de ressaca. Mas tenho de dizer que, nessa banda, nunca soube de alguém que tenha feito uso de drogas ou ficado bêbado antes de um show. Nenhuma vez. E não é porque existia uma lei no Maiden dizendo que você não podia se chapar – é só uma coisa que a galera não faz antes de tocar. Na verdade, você pode fazer a merda que quiser, contanto que toque decentemente. Houve apenas uma ocasião na turnê do *Piece of mind*, que bebemos um pouco antes de entrar em cena, mas isso foi uma celebração pela última noite da turnê norte-americana. Foi bem depois disso, na turnê do *Powerslave*, que as coisas ficaram mais sérias."

Qualquer que tenha sido a ocasião em que o Maiden deixou de ser um grupo de jovens alucinados para se tornar um coletivo de profissionais sérios, não há dúvidas de que seu quinto álbum, adequadamente chamado de *Powerslave*, foi um divisor de águas na carreira da banda: o momento em que, prontos ou não, os garotos foram forçados a virar homens. Gravado mais uma vez no Compass Point Studios e lançado em setembro de 1984, *Powerslave* tornou-se o segundo álbum do Maiden com vendas acima de 1 milhão de cópias nos Estados Unidos, onde chegou à 12ª posição (no Reino Unido, só foi privado do 1º lugar por causa de uma coletânea, que, hoje em dia, sequer chegaria às paradas). Também foi anunciado o começo da maior e mais bem-sucedida turnê mundial do Maiden: a *Slavery*, com 13 meses consecutivos na estrada, fazendo quase 300 shows em nada menos que 28 países. Entre os muitos destaques, vale registrar a primeira visita deles a grandes cidades da Europa Oriental, que ainda era conhecida como Cortina de Ferro, e uma aparição, juntamente com o Queen, diante de mais de 250 mil pessoas no primeiro Rock in Rio, festival realizado em 1985 no Brasil. Foi uma jornada memorável.

Entretanto, o extenso roteiro e o cronograma apertado castigaram todo mundo, provocando enorme exaustão física e emocional ao fim da temporada. "Foi a melhor turnê que fizemos, e também a pior", diz Bruce hoje. "Quase nos sepultou."

O álbum *Powerslave* foi uma gloriosa coleção de material, embora um pouco desigual. Das suas oito faixas, somente três merecem figurar

RUN TO THE HILLS

entre as melhores produções do grupo: "Aces high", "Rime of the ancient mariner" e "Two minutes to midnight".

Esta última foi o melhor exemplo – até então – da crescente parceria entre Bruce e Adrian, como compositores da banda, e a maior mistura de groove com agressividade que o Maiden lançou desde *Sanctuary*. Também foi o primeiro *single* do álbum, arrebentando nas paradas britânicas na 12ª posição, em agosto, e ampliando ainda mais a legião de fãs do conjunto. "Eu podia criar coisas como aquela o dia inteiro", vangloria-se Adrian. "Mas nem sempre se enquadravam no tipo de proposta de horror e fantasia seguida pelo Maiden. No início, precisava de Bruce para me ajudar a dar uma forma mais adequada de acordo com o que Maiden queria. 'Two minutes to midnight' é um exemplo perfeito disso. Eu tinha o *riff* certo, e Bruce, as palavras certas."

As duas outras faixas que se destacam são composições de Steve Harris. A primeira, "Aces high", é um profundo chamado às armas na tradição de "Where eagles dare", só que mais forte, mais agressiva, com o *rat-a-tat-tat* das guitarras e os vocais arrebatadores de Bruce, sinistros como uma rinha de cães. A segunda, "Rime of the ancient mariner", é – na opinião deste autor e de muitos dos fãs do Maiden – a mais completa de todas as composições épicas de Steve. Vieram outras após a concepção desta (como "Seventh son of a seventh son" e "Sign of the cross" que chegam perto), assim como já existia exemplos anteriores ("Phantom of the opera" e "To tame a land"), mas nenhuma capturou tão assustadoramente ou com tanta acurácia o estranho "outro mundo" que Steve convocou em "Rime of the ancient mariner". Inspirada no famoso poema homônimo do século XVIII, de Samuel Taylor Coleridge, e com quase 14 minutos de duração, é uma evocação soberba de uma obra complicada e taciturna, que se tornaria o marco dos shows do Maiden durante muitos anos.

Das cinco faixas restantes, somente a autobiográfica e mordaz "Powerslave", de Bruce, e uma canção fanfarrona de Steve, chamada "The duellists", cumprem as expectativas, conforme o padrão estabelecido pela banda. "Flash of the blade", de Bruce, quase se qualifica também, mas uma canção sobre lutas de espadas por álbum é o bastante, não? Decerto, nenhum fã do Maiden se sentiria prejudicado por não ter conhecido a histriônica "Back in the village", de Bruce e Adrian, ou a instrumental lamentavelmente vazia de Steve, "Losfer words" (grande urra!), porque as duas não passam de enchimento de linguiça.

"Ainda acho que é um álbum bastante forte", insiste Steve. "Há quatro faixas de destaque que continuamos a fazer ao vivo, 'Rime of the ancient mariner', 'Two minutes to midnight', a própria 'Powerslave' e 'Aces high'. Das outras faixas presentes lá... algumas são boas. Ainda gosto da 'The duellists', que tem uma interessante musicalidade. Mas se for comparar 'The duellists' com 'Rime of the ancient mariner' e 'Two minutes to midnight'... Bom, aí não tem como! Mas aquelas não eram músicas só para preencher o álbum nem nada assim. Para mim, essas quatro canções citadas são particularmente fortes."

Impressionante foi o tema do Antigo Egito que serviu de base para o trabalho na capa do álbum *Powerslave* e também para o cenário do show. A faixa título de Bruce sobre luxúria e poder em meio às pirâmides inspirou Derek Riggs a criar sua arte mais sofisticada até então, com a horrenda fisionomia imortal do Eddie substituindo a de um faraó, que, como a Esfinge, se senta em um enorme trono de areia, um monumento à megalomania e ao egoísmo. No palco, foi apenas uma questão de dar tridimensionalidade à ilustração da capa, com um Eddie mumificado de 9 metros de altura e olhos disparando fogo, para fechar o show. É como Steve diz: "Poderia ter sido totalmente piegas, porque você pensa no Egito e nas pirâmides e, para dizer a verdade, como retratar aquilo sem que se pareça com o Hawkwind?[17] Mas o *set* ficou ótimo, fantástico, e é provável que tenha sido o melhor show que já montamos".

"Também acredito que é o melhor show feito pelo Maiden", concorda Bruce. "Foi a combinação certa de coisas épicas, mas sem exagero, e também não era limitado pelo tipo de tecnologia, com o material hidráulico e inflável que veio depois, coisas que porventura podem foder tudo em um nível Spinal Tap.[18] Praticamente tudo na turnê mundial *Slavery* – o *set* inteiro, tirando as luzes – foi feito em um estilo de *music hall*. Eram

---

17 Hawkwind foi um dos primeiros grupos britânicos de space rock. Fonte: http://pt.wikipedia. org/wiki/Hawkwind. Acesso em: 2/4/2013. (N. E.)

18 *This is Spinal Tap* é um documentário sobre uma banda fictícia chamada Spinal Tap, lançado em 1984, satirizando o comportamento e as ambições dos grupos de hard rock e heavy metal da época. Fonte: http://pt.wikipedia.org/wiki/This_Is_Spinal_Tap. Acesso em: 2/4/2013. (N. E.)

caixas e cordas, com dois caras puxando os niveladores. Era tão simples, quase uma pantomima. Você podia montá-lo em pequenos teatros ou em grandes arenas que o resultado sempre era fantástico."

Uma olhadela em *Live after death*, o filme clássico dirigido por Jim Yukich que captura a banda ao vivo nos Estados Unidos, em 1985, confirmará essa opinião. Surgiram palcos maiores e mais elaborados com Eddie no decorrer dos anos, mas nunca mais haveria algo que chamasse tanto a atenção ou tão adequado para o momento. Bruce afirma: "A música 'Powerslave' não se refere apenas ao Antigo Egito; ela também é sobre nós, tanto em termos musicais como na busca pelo sucesso. Procurávamos ambos. Em especial naquela turnê. Nunca achei que ela fosse chegar ao fim".

Após *Piece of mind*, que entrara para o *Top 20* pela primeira vez nos Estados Unidos, *Powerslave* foi o disco que, de acordo com Bruce, "todos precisavam ter, mesmo se você nunca mais comprasse nenhum outro disco" do grupo. O Iron Maiden era a banda do momento, e o braço norte-americano da turnê *Slavery* tornou-se o evento de rock obrigatório do verão. Por conseguinte, datas foram continuamente sendo somadas ao itinerário, até que a banda – em reação liderada por Bruce – disse a Rod que ele teria de pôr fim ao processo de agendar novos shows. "Caso contrário, eu ia espanar", diz o vocalista. "Foi a primeira vez que realmente considerei sair. Não digo só do Iron Maiden, mas da música como um todo, porque me sentia um lixo no final daquela turnê. Como eu *não* queria sofrer daquela maneira, pensei: 'Nada vale a pena se for para se sentir assim'. Comecei a ter a sensação de que era mera peça de uma máquina, só mais um holofote da plataforma."

"Fico realmente surpreso de termos sobrevivido àquela turnê", afirma Nicko. "Foi a turnê com a agenda mais pesada que já fiz até hoje. Era só vai, vai, vai, vai, vai, vai, vai, pois a banda estava no auge do sucesso, em especial nos Estados Unidos. Fazíamos quatro shows na sequência, com apenas um dia de folga; depois, mais quatro, e outro dia de folga... Às vezes, até fizemos cinco shows na sequência. Era insano! Lembro-me de que, depois de rodar tanto, entramos no piloto automático no meio do caminho, um tipo de terra de ninguém. No final, estávamos completamente exauridos. E Bruce, ainda mais que todos, prestes a desistir de cantar e voltar para casa. Quando você chega nesse estágio, tudo perde a graça, virando um enorme tédio, uma grave perturbação emocional. Quase destruiu a banda."

"Na época, pareceu algo sem fim", confirma Adrian. "Seis meses? Beleza. Nove meses? Beleza... Mas aí a turnê foi se estendendo, e se estendendo, enquanto fomos nos acabando. Hoje em dia, quando as bandas ficam 14 meses em turnês mundiais, elas inserem lacunas para recuperação, mas não houve nenhum *break* naquela excursão, nenhum intervalo de verdade, somente um dia de folga, e pronto. Estávamos todos esgotados no final, para ser bem honesto. Um ano se arrastando, e toda sua vida transcorre por uma janela. Quanto a manter relacionamentos de longa duração – seja com amigos, amantes ou quem quer que fosse –, esqueça! Sei que isso faz parte do pacote, mas foi duro demais. No fim, não sabia mais como me comportar adequadamente nem o que fazer. Recordo-me de ter ido visitar meus pais, mas, quando cheguei à rua deles, bati na porta da casa errada. É verdade!"

"O que você precisa se lembrar, é que Rod é um ex-agente, e não me refiro a um agente secreto", diz Steve. "Sabe como é, ele não gosta de ver um dia vazio no calendário. Mas aquela turnê foi como pegar todos os dardos e arremessá-los no alvo, e pronto. Era para lá que você iria logo a seguir. Como empresário, ele queria manter as coisas fervendo, mas, no final, tivemos de lhe dizer que não daria mais para continuar daquele jeito. Só seria possível conseguir chegar até o final da turnê, mas, de jeito nenhum, emendar outros, digamos, três ou quatro meses. Não dá para prever o que poderia acontecer. Seria a gota d'água, porque Bruce ficou muito mal. Depois que a excursão terminou, ele virou meio ermitão."

Gravado em duas das quatro noites que eles encabeçaram o show na Long Beach Arena, na Califórnia, em março de 1985, *Live after death* foi uma coisa rara e exótica: um álbum ao vivo verdadeiramente indispensável. Antes, ocasionais ocorreram gravações ao vivo, incluindo os lados B dos *singles* e também o EP de quatro faixas *Maiden Japan*, com Paul Di'Anno, em 1980 (originalmente, um lançamento exclusivo para o Japão que depois foi também distribuído no Reino Unido), mas nada tão pródigo quanto esse álbum. São 12 faixas que, além de reproduzir fielmente o frenesi e a excitação da então mais recente turnê da banda nos Estados Unidos, também ultrapassam de longe os *templates* já gravados por eles. Lançado em novembro de 1985, mostrando na capa o

RUN TO THE HILLS

cadáver em chamas de um desafiador Eddie levantando-se do túmulo, *Live after death* foi direto para a posição 4 no Reino Unido, e tornou--se o terceiro álbum da banda a vender mais de 1 milhão de cópias no mercado norte-americano.

"Queríamos fazer um álbum ao vivo da forma certa, porque tocar para o público sempre foi nosso negócio", diz Steve. "Sempre tivemos alguns problemas em estúdio – e ainda temos em certos aspectos – para tentar recriar o que fazemos ao vivo. Quando você escuta um registro ao vivo de alguma das nossas músicas, nove de cada dez vezes são muito melhores do que a versão original gravada. É muito difícil replicar a mesma atmosfera quando entramos no estúdio. Eu até brincava que devíamos pegar um monte de cartolinas recortadas, com imagens de uma multidão, e colocá-las lá para nos fazer pensar que estávamos no show, só para termos a vibração certa."

Eles seguramente encontraram a *vibe* certa no *Live after death*. Tocando para mais de 52 mil pessoas ao longo das quatro noites na Long Beach Arena, de algum modo o Maiden conseguiu o maravilhoso truque de "transformar aquele som feito para um espaço enorme em um show de clube", como diz Steve. "Só gravamos duas das quatro noites. Pensamos que, se fizéssemos besteira em um show, poderíamos usar coisas do outro, mas acabamos perdendo quase tudo de uma das noites. Ainda gravamos duas noites para fazer o vídeo; o objetivo era ter o máximo de tomadas possível e, depois, editar as melhores cenas para dar uma ideia de verdade do que estava acontecendo. Mas o material prensado no álbum, basicamente, é o do show de uma noite em particular. Nada de *overdubs*. Ainda estávamos em turnê quando Martin mixou as gravações. Ele nos enviava umas duas faixas por vez e esperava nosso aval, de forma que não dava para adicionar coisa alguma, mesmo se quiséssemos. De qualquer modo, a gente era contra esse tipo de coisa. O disco tem de ser totalmente ao vivo, sabe?"

O sucesso do vídeo e do álbum *Live after death* deu à banda um tempo necessário para se recuperar – antes de dar início à árdua tarefa de criar uma sequência crível para seus quatro discos mais bem-sucedidos até então. Seria a primeira pausa de verdade desde que eles assinaram com a EMI, cinco anos antes.

"Deveríamos ter seis meses de folga, que logo caíram para quatro", diz Bruce. "Eu estava à toa e, gradualmente, comecei a recuperar o bom-senso: tudo bem ir para a estrada, contanto que a gente não fizesse mais uma turnê tão louca. Assim, eu poderia aceitar e ver o que aconteceria. Para mim, porém, aquele negócio de excursionar não era mais o bastante. Sair e tocar para 10 mil pessoas? É ótimo, mas não foi exclusivamente por isso que ingressei na música. Eu entrei nessa para contar histórias, explorar o interior da minha cabeça e me comunicar com as pessoas. Então, pensei: 'Bem, o único trabalho que conseguiria me animar para fazer outra turnê de 12 meses seria gravar mais um disco fodido, que sentíssemos como outro divisor de águas'. Algo do tipo, onde está a nossa 'Kashmir'? Onde está nossa 'Starway to heaven'? Então, mergulhei no mundo acústico e procurei fazer quase um álbum do gênero para o Maiden, mas isso aconteceu anos antes de a MTV começar a fazer programas nesse estilo e lançar discos *unplugged*."

Somewhere in time, seu sexto álbum de estúdio, pode não ser o melhor disco do Iron Maiden de todos os tempos, mas foi, sem dúvida, o mais caro. "Ficamos malucos", diz Steve, balançando a cabeça. "Gravamos o baixo e a batera lá em Nassau, no Compass Point, mas depois fomos à Holanda – no Wisseloord Studios, em Hilversum – para fazer as guitarras e a voz. Em seguida, Martin levou tudo para Nova York e realizou as mixagens no Electric Lady Studios. Foi uma loucura, mas estávamos desesperados, tentando acertar a mão. Não queríamos apressar uma mudança, mas aprendemos com os erros."

Sem dúvida, foi o álbum mais ambicioso, tecnicamente falando. Steve, Adrian e Davey fizeram experimentalismo usando, pela primeira vez, a mais nova geração de guitarras sintetizadas recém-chegadas ao mercado. Isso garantiu novas texturas ao som do Maiden, algo entre as camadas calorosas que um tecladista poderia trazer e a extrema crueldade de uma guitarra com o som tecnologicamente potencializado. Assim, o trabalho já épico da banda recebeu uma qualidade panorâmica ainda maior.

Mas, além de ter sido o álbum mais caro, *Somewhere in time* também alcançou o maior sucesso, chegando ao número 3 das paradas na Inglaterra ao ser lançado em outubro de 1986, e tornou-se o primeiro disco da banda a vender mais de 2 milhões de cópias nos Estados Unidos.

Run to the hills

Também contou com uma das melhores capas de todos os álbuns: Eddie – no seu hoje infame disfarce – é a mistura de uma cria mutante do Arnold Schwarzenegger, em O *exterminador do futuro*, com um dos Cybermen do *Doctor Who*, fazendo o papel de um policial futurista, meio alienígena, meio humano, empunhando uma arma fumegante e portando outra no coldre. A cena é de um mundo extremo, no qual o Ruskin Arms encontra a *USS Enterprise* (e quem olhasse de perto vê que o West Ham parece estar dando uma surra de 7 a 3 no Arsenal, um sinal de que esta não é a Terra que conhecemos!).

O tema, caso você ainda não tenha notado, explora os conceitos de espaço e tempo. Diversas faixas – como "Wasted years", "Heaven can wait", "Deja-vu", "The loneliness of the long distance runner" e a rampante faixa título, "Caught somewhere in time" – refletem diferentes pontos de vista sobre a brutal marcha do tempo, e como ele faz de todos nós suas vítimas. *Somewhere in time* pode ser descrito como o primeiro álbum conceitual do Maiden – embora não tenha sido concebido para ser algo do gênero. Como Steve admite, esboçando um sorriso: "Foi apenas uma maneira de compreender as canções após elas terem sido compostas. Decerto, nunca entramos lá e dissemos: 'Vamos escrever um monte de músicas temáticas sobre o tempo'". Adrian, por sua vez, também dá sua opinião: "Ao pensar no que fizéramos e onde estávamos, talvez não fosse tão estranho perceber que a maioria das canções abordasse a relação entre espaço e tempo, tanto o tempo perdido quanto o usado no aprendizado, os custos e benfícios. Está tudo lá se você ler nas entrelinhas".

Steve dá sua cota individual de material pesado: "Caught somewhere in time", a faixa de abertura incendiária; "Heaven can wait", outro *opus* de sete minutos destinado a se tornar mais um favorito dos palcos, com seu canto de torcida de futebol e mensagem atual até hoje; "The loneliness of the long distance runner", que, para este autor, é um dos momentos mais fracos do álbum, uma canção trabalhada em demasia, que fica longe da qualidade de qualquer outra faixa que Steve fez para o disco; e "Alexander the Great" (356-323 bC), música que fecha o disco. Não no mesmo nível de "Rime of the ancient mariner", mas tentando desesperadamente chegar lá, é um fechamento ambivalente para um álbum que é quase muito bom.

Há quatro faixas restantes. "Deja-vu", com seu coral altivo, é outro petardo padrão escrito por Steve e Davey, se bem que são as outras três músicas que chamam a atenção dos *connoisseurs*: "Wasted years", o primeiro *single* glorioso e movimentado (leia-se "pegajoso"); "Sea of madness", uma peça angular de sangue e entranhas cheia de andamentos sinuosos; e "Stranger in a strange land", o segundo *single* do álbum, encadeando maravilhosamente a história paranoica e o título inspirados no clássico romance homônimo de Robert A Heinlein. Todas as três eram boas faixas, escritas por Adrian sozinho. Talvez, a característica mais flagrante (podemos chamar de omissão?) do álbum *Somewhere in time* seja a ausência de um crédito sequer para Bruce Dickinson em qualquer uma das canções.

O fato foi algo surpreendente para o autor deste livro quando o disco foi lançado. Eu passara uma noite conversando com Bruce, algumas semanas antes do início das gravações, que me deu uma previsão furtiva de que fizera ao menos três músicas recentes para o álbum. Ele até as cantou para mim, enquanto tocava violão, e recordo-me de ficar surpreso pelo tanto que elas soavam folk, mais como algo feito para o terceiro álbum semiacústico do Led Zeppelin do que qualquer coisa do período oitentista do Maiden. Mas, como Bruce diz hoje: "Se fosse do meu jeito, o álbum seria muito diferente. *Powerslave*, para mim, foi uma continuação natural do *Piece of mind* e *Number of the beast*, seguindo o mesmo padrão. Lembro-me de, ao escutá-lo, pensar: 'Hummm... Isso é ótimo, mas não sei quantos discos mais conseguiremos fazer que apresente um som com essa veia'. Sentia que a gente teria de criar o nosso *Physical graffiti* ou nosso *Led Zeppelin IV*, ou qualquer coisa que nos levasse a outro nível, senão a gente iria estagnar e afundar. Não era tanto a necessidade de ser acústico; eu só achava que devíamos estar liderando, e não seguindo o mesmo padrão. Sentia que estávamos bem ali, naquele ponto em que o mundo inteiro fica aos nossos pés, esperando pela nossa criação seguinte. Eu sabia que, se trouxéssemos mais do mesmo, as pessoas iriam aceitar e comprar, mas pensava que, se fosse comigo... Bem, haveria um certo desapontamento também, sabe? Mas era a hora certa para a gente fazer algo audacioso, grande e desafiador. Não fizemos isso com *Somewhere in time*. Foi apenas mais um disco do Iron Maiden".

RUN TO THE HILLS

Com base no seu material mais simples e folk já trabalhado em casa, Bruce sugeriu que o Maiden criasse um álbum com perfil mais acústico, mas a proposta – incluindo suas músicas acústicas e o som de um violão – foi rejeitada de antemão pelos outros, em especial por Steve. "Ele estava viajando na maionese", diz o baixista. "Bruce estava meio fora de si na época. Não percebemos isso no princípio, mas ele ficou mais desnorteado do que qualquer um de nós no final da última turnê. Então, quando voltamos para fazer o álbum seguinte, ele não conseguia se recompor. Bruce trouxe algumas ideias que não se encaixavam. Não por serem acústicas ou mesmo algo completamente diferente; só não achamos que fosse bom o bastante. E deu para notar que ele se sentiu mal com a rejeição de suas canções, mas, ao mesmo tempo, pareceu aceitar tudo prontamente na ocasião, pois percebeu que estava... não em um planeta diferente, mas titubeando no seu caminho. Por se sentir tão estranho, ele deixou que nós assumíssemos a dianteira. Por sorte, Adrian trouxe um material bastante forte, e foi isso que aconteceu."

Adrian afirma que foi uma triste coincidência ter recomeçado a compor canções completas, com letras de sua autoria, bem quando as músicas de Bruce pareciam desencontradas e tão distantes do direcionamento da banda. "Demos um tempo, e Bruce não ficou por perto durante um período", diz Adrian. "Ele tinha ideias muito bem definidas sobre o que queria compor a seguir. Então, fiquei por conta própria, e as músicas foram criadas já com as letras. Isso não significava que eu e Bruce não voltaríamos a compor juntos. Na ocasião, quando ele trouxe suas canções, poderiam ter sido elas as escolhidas, e quem não teria nada no álbum seria eu; então, de fato, acho que ele não deve ter nada do que reclamar. Mas o problema foi a forma como ele descobriu... Disso eu me arrependo. Ninguém chegou a dizer algo para ele diretamente."

Ninguém, exceto Martin, que, uma tarde, deu a notícia a Bruce no Compass Point. "Sempre tive uma sensação de perigo por causa do demasiado *input* de Bruce e Adrian, porque eles estavam sempre arriscando, distanciando-se da essência do Maiden", conta Martin. "Algumas músicas deles não se enquadravam. Um exemplo foi 'Reach out', um lance no estilo Bryan Adams, que Adrian criou, típico rock de estádio norte-americano que não tinha nada a ver com o Maiden. A banda acabou usando aquilo como um lado B, mas colocar algo assim no álbum

260

teria afastado o Iron Maiden completamente da sua essência. Para Steve e eu, não havia dúvida sobre o que a banda era. As outras canções que Adrian fez para o disco, como 'Wasted years', eram ótimas, mas, na minha opinião, mesmo elas quase cruzavam a linha. Quanto às músicas do Bruce, elas eram todas acústicas e não se encaixavam. Precisavam ser descartadas. Não por serem acústicas, mas por não ser a coisa certa. Mas não fizemos uma grande tempestade por causa disso. Bruce compôs grandes canções para o Maiden, e sabíamos que ele faria outras. Só que, aquelas, não eram as certas."

Mas, apesar das certezas do produtor, Bruce não aceitou bem a notícia. Como lhe era habitual desde criança, deu seu melhor para esconder que estava ferido, e manteve-se ocupado, trabalhando nas canções que a banda queria que cantasse. Mas, conforme ele mesmo conta, o sentimento de rejeição bateu fundo durante um bom tempo. "Aquilo me deixou muito magoado. Nas Bahamas, senti-me esmagado como uma mosca quando estávamos gravando o álbum e Martin me disse que os outros não tinham gostado das minhas músicas. Então, fui embora e pensei: 'Bem, o que vou fazer aqui? Será que devo fazer uma cena, empacotar minhas coisas e ir embora?'. Mas, como já estava distante daquele estado mental do final da turnê do *Powerslave*, disse somente: 'Bem, quem sabe? Talvez, eles tenham razão. Talvez isso seja um lixo'. Então, me convenci de que devia singrar com a maré. Enquanto isso, sentia que, cada vez mais, tirava a responsabilidade de cima dos meus ombros."

Mas a semente do descontentamento foi plantada. Na turnê de 1986-1987 – uma das mais bem-sucedidas do Maiden e livre de complicações estressantes –, alguns observadores (este autor entre eles) repararam pela primeira vez que, certas noites, Bruce parecia estar desacelerando no palco ou, simplesmente, não se esforçando tanto. Não acontecia todas as noites, apenas em algumas. Acredito que, na época, tal observação de corpo mole até parecia fruto da imaginação. Todas as expectativas foram aumentadas por causa das edições velozes do vídeo *Live after death*, ainda fresco em nossas mentes. Mas a verdade é que não estávamos imaginando coisa alguma. A banda podia não ter mudado radicalmente desde a última vez em que a vira na turnê do *Powerslave*, mas Bruce certamente tinha.

13 Janick

Musicalmente, *Seventh son of a seventh son*, o sétimo disco do Iron Maiden, excedeu de longe até mesmo as expectativas da banda. Para muitos fãs, foi e continua sendo o melhor álbum que eles já lançaram. Seguramente, é o melhor que essa formação clássica do Maiden fez, mas ninguém adivinharia que seria também o último dela.

Gravado no Musiclands Studios, em Munique, durante fevereiro e março de 1988, o álbum foi lançado em maio no Reino Unido. Pela primeira vez nos últimos cinco anos, ou seja, desde *Number of the beast*, o Maiden chegou ao topo das paradas, produzindo nada menos de quatro *singles* no *Top 10* ao longo do caminho. De fato, foi o álbum de maior vendagem em todo o mundo, exceto nos Estados Unidos. Lá, as vendas inesperadamente caíram do patamar de 2 milhões, registradas por *Somewhere in time*, para a marca ainda altamente respeitável de 1,2 milhão. Tal resultado deu à banda seu sexto disco de platina na sequência, pois, desde *Number of the beast*, as vendas no mercado norte-americano superaram a casa de 1 milhão de unidades. Steve Harris admite que ficou desapontado: "Não tanto pelas vendas, porque não dá para discutir quando se recebe um disco de platina, mas pelo fato de eles não terem compreendido o disco".

De imediato, os Estados Unidos não abraçaram o som mais refinado que o Maiden apresentou ao mundo em *Seventh son of a seventh son*. Na ocasião, o país entrou em uma nova onda de bandas superpesadas capitaneada por grupos como Metallica, Megadeth, Slayer e Anthrax, que se inspiraram no Maiden, mas agora já tentavam cumprir a verdadeira tarefa dos aprendizes, que é a de superar seus mestres. Esse novo material americano passou a ser chamado pela imprensa de thrash metal, "e fez com que o nosso som parecesse quase comercial", diz Steve. O Maiden foi até criticado pela mídia dos Estados Unidos pelo crescente uso de sintetizadores no novo álbum. A principal acusação era de que tinham amolecido.

"Foi o melhor álbum que fizemos desde *Piece of mind*", confidencia Steve. "Eu o adorei por ser mais progressivo. Os teclados se encaixaram com brilhantismo, pois esta foi a influência com a qual cresci, e fiquei puto com os estadunidenses porque eles pareciam não aceitar aquilo. O *Somewhere in time* vendeu bem melhor, mas você não pode se guiar só pelas vendas. As pessoas podem comprar o álbum e não gostar do material; talvez, alguns fãs que compraram *Somewhere in time* não tenham gostado dele e, portanto, não compraram o disco seguinte. Não sei. Quem pode dizer qual foi o verdadeiro motivo? Mas não fomos bem nos Estados Unidos, e eu não compreendia aquilo, pois realmente achava um ótimo álbum. Depois, todo mundo falou que tinha uma sonoridade muito europeia, mas não estou certo disso. O que é uma sonoridade europeia? Para mim, era só uma sonoridade no estilo Maiden. É tudo o que o álbum é. Daí, pensei: 'Bom, se eles não curtiram, fodam-se; não me importo!'. De verdade, pois não há outra forma de encarar isso, se os desgraçados não nos entendem. E, claro, os chamei de 'americanos filhos da puta!'."

Mas as qualidades que devem ter confundido os fãs norte-americanos encantaram todos os demais. Aquela ainda era a quintessência do som do Maiden, executada com todas as cores do arco-íris tecnológico, e foi algo incrível de se contemplar. A arte da capa também refletia a abordagem mais plena da banda, com Derek Riggs criando um esplêndido Eddie da era do gelo, visto somente do torso para cima: a parte inferior do corpo se dissolve em frágeis ossos de gelo e chamas saem do seu cérebro, exposto ao sol pálido e distante. Era uma imagem etérea e assustadora que estava a 1 milhão de quilômetros de distância da criatura sombria de jaqueta de couro dos primeiros lançamentos.

Também havia um conceito relativo no álbum, embora Steve seja honesto o bastante para admitir que isso foi, de novo, mais acidental do que projetado: "Era nosso sétimo álbum de estúdio, e eu não tinha título ou ideias. Então, li uma história sobre o sétimo filho de um sétimo filho, uma figura mítica que deveria ter vários dons paranormais, como clarividência e coisas assim. No começo, era só um bom título para o sétimo álbum, sabe? Mas, depois que telefonei para o Bruce e contei minha ideia, ela simplesmente cresceu".

"Lembro-me do telefonema de Steve, para me contar a ideia que tivera para o próximo álbum, sobre o sétimo filho de um sétimo filho", confirma Bruce, que considerou a ideia genial e brilhante. "Claro, também fiquei bem entusiasmado porque ele me telefonou, na verdade, para saber se eu tinha novas músicas que poderiam se enquadrar no tema. Eu disse: 'Bem, ainda não, mas dá um tempo que vou ver o que posso fazer'."

Diferente de *Somewhere in time*, em que as canções foram praticamente divididas entre Steve e Adrian, em *Seventh son...* a banda nunca pareceu tão integrada em termos de composição. Das oito faixas presentes no álbum, apenas três foram feitas por Steve sozinho: "Infinite dreams", com sua guitarra espacial no estilo Hendrix, e o súbito galope saltando repentinamente para uma demência mental metaleira; a faixa título do disco, a mais épica dessa soberba coleção, com quase 10 minutos de duração e uma inesperada, porém digna, sucessora de "Rime of the ancient mariner", o mais comovente *opus* de Steve até então; e "The clairvoyant", um irreverente passeio pelo mundo espiritual, destinado a se tornar o terceiro *single Top 10* do álbum.

Das cinco faixas restantes, duas foram creditadas a Bruce, Adrian e Steve: a excêntrica "Can I play with madness" e a esmagadoramente compulsiva "The evil that men do". Além de serem as melhores do álbum, ambas se tornaram os dois maiores *singles* já feitos pelo Maiden até aquela altura. As outras três faixas são: a crescente "Moonchild", composta por Bruce e Adrian; "The prophecy", uma canção de Steve e Davey, que representa a melhor contribuição do guitarrista desde "Charlotte the harlot"; e um número final de Steve e Bruce, "Only the good die young", uma das mais bem- acabadas peças de sangue e suor que os dois criariam juntos. Foi um adequado final não somente para o álbum, mas também para toda aquela década "faça-ou-morra" da qual a banda e seus criadores emergiram.

Com sua harmonia vocal e os versos indiscutivelmente pegajosos, "Can I play with madness" foi o primeiro *single*; lançado em abril, espantou a todos ao pular diretamente para a 3ª posição das paradas, onde permaneceu por incríveis três semanas. Como afirma Adrian: "Foi nosso primeiro *single* de verdade. 'Can I play with madness' começou como uma balada na qual eu vinha trabalhando, chamada 'On the wings of eagles'. Então, Bruce tinha um verso para ela, mas queria mudar o título para 'Can I play with madness'. Admito que soou bem melhor assim. Nós o acolhemos, e Steve gostou também. Foi Steve quem criou a mudança de andamento no meio, além da passagem instrumental que lhe deu aquele necessário crescimento. Fiquei surpreso quando ela se tornou um *hit* tão grande. Já tivemos *singles* nas paradas, mas, em geral, eles apareciam e, logo depois, saíam. Mas esse ficou séculos por lá. E até tocou nas paradas do *Radio 1* da BBC em um domingo à tarde, que é algo que nunca havia acontecido antes, nunca mesmo. No palco, a canção também funcionava muito bem. As pessoas ficaram maravilhadas ao nos verem cantando a abertura, pois não éramos exatamente notórios pelas harmonias. Se eu sugerisse fazer esse tipo de coisa quando me juntei à banda, teria sido espancado até a morte, mas Bruce, Steve e eu cantamos as harmonias ao vivo. Na verdade, elas eram bem simples, mas eficientes, e o público adorou – os fãs pulavam do início ao fim. A despeito do título e de todo o resto que Bruce queria passar com a letra, a canção tornou-se uma das favoritas da banda e um verdadeiro destaque naquela turnê".

Seventh tour of a seventh tour, como a turnê foi inevitavelmente nomeada, também quebrou a tradição de maneiras interessantes. Pela primeira vez, haveria teclados sendo tocados ao vivo em certas canções. Apelidado de Conde por causa da caricata capa negra que fizera para essas ocasiões, o músico estadunidense Michael Kenney – que, desde 1979, era técnico de baixo de Steve – assumiu o posto. As notícias sobre a inclusão de Kenney nas fileiras – mesmo em poucos números – causaram agito suficiente para encorajar a banda a tirar fotografias ao lado de seu novo colega. Também pela primeira vez não houve um Eddie humanoide correndo pelo palco no final de cada show. Em vez disso, ele foi representado por uma imagem ainda mais gigantesca, erguendo-se da parte de trás do palco glacial: um gigante de gelo com olhos chamejantes e sua boca torta escancarada. Era uma forma mais ameaçadora do que um mero fulano correndo atrás das pessoas, se bem que talvez não tão divertida.

Run to the hills

A diversão da banda fora do palco também ficou mais madura. *Seventh tour of a seventh tour* cruzou 25 países em sete meses, e eles aprenderam com seus próprios erros. Daquele ponto em diante, todas as suas turnês seriam encadeadas com maior sensibilidade.

Steve, que se casara com sua namorada Lorraine, em 1983, e já era pai orgulhoso de duas filhas pequenas, levou sua família para a estrada, viajando pelos Estados Unidos no próprio ônibus, enquanto o resto da banda voava ou usava um ônibus separado. "Eu pensei que não daria para levar minhas filhas para a estrada e ter crianças berrando no meio da noite. Teria sido muito egoísta da minha parte dizer: 'Olha, caras, posso levar minha família?'. Então, decidi pegar meu próprio ônibus, que era caro pra diabo, mas, no final das contas, ou era aquilo ou não veria minhas filhas crescerem. Assim, atravessamos os Estados Unidos, mas, tudo bem, já que não gosto de voar mesmo. Então, pudemos fazer um monte de coisas diferentes, algo que não se faz normalmente durante uma turnê com a banda. Por exemplo, no Texas, em vez de ficar preso no centro da cidade em algum grande hotel, nós preferimos ficar em um rancho nos arredores, porque lá as crianças teriam atividades legais para fazer. Por causa disso, consegui ver mais coisas do que apenas o maldito hotel e os shows."

Como resultado, Steve diz que "as línguas começaram a se mexer", sugerindo que havia uma crescente fenda entre o capitão e seu pelotão. "Mas isso era tudo besteira. Todo mundo começou a se meter com suas próprias coisas, para conseguir continuar são." Bruce se inscreveu em competições de esgrima, marcadas em torno do cronograma da turnê; Nicko aprendia a pilotar, voando com seu próprio jato Cessna de turbina dupla; e o golfe começou a substituir a bebida e as mulheres como atividade principal nos dias de folga da banda, os quais, agora, eram em número bem maior. Aqueles anos em que havia seis shows por semana ficaram para trás.

"Sempre curti voar em aeroplanos", diz Nicko. "Era minha extravagância. Isso e o golfe. Nunca me envolvera com nada disso antes. Mas também não tinha dinheiro para clubes de golfe e pagar lições de voo antes. Foi ótimo, porque foi essa a estabilidade financeira que atingimos com a banda na época. Era nossa quarta grande turnê nos Estados Unidos, e, apesar de *Somewhere in time* ter sido maior, *Seventh son* foi nosso maior álbum em todo o mundo. Em suma, aprendemos com a experiência do *Powerslave* e com todas as turnês anteriores, que era preciso deixar um pouco de espaço para nós mesmos, para dar uma escapada por um ou dois dias e fazer algo totalmente diferente. Steve tinha a sua feiticeira, e Adrian gostava de ir pescar... Teve bastante escapismo naquela turnê."

O Maiden também surpreendeu seus fãs ao anunciar uma turnê mundial que, daquela vez, começaria pelos Estados Unidos e depois se estenderia para o resto do mundo, até chegar à Inglaterra, em vez do sentido oposto, que era a maneira como sempre tinham feito antes. Mas havia método na insanidade. A banda planejou algo especial para o Reino Unido: sua primeira aparição como banda principal no Castle Donington.

No papel, era o show dos sonhos. Em 1988, o Maiden e o Donington pareciam distantes um do outro. O festival havia substituído o Reading como o maior e mais prestigioso evento de rock aberto da Inglaterra, um mostruário anual para as maiores bandas de heavy metal do mundo, então no seu oitavo ano. Castle Donington atraía regularmente multidões de mais de 50 mil fãs, tendo sido, posteriormente, imitado em todo o mundo (em 1988, mais de uma dúzia de países, incluindo os Estados Unidos, estavam sediando festivais que plagiavam o mesmo tema: Monsters of rock). Àquela altura, o Maiden era a maior banda de heavy metal do mundo, e também inspirava sua fatia de imitadores. Somente o AC/DC já havia encabeçado o Donington sem antes ter tocado como banda de apoio. "O Maiden recebeu a oferta do Donington muitas vezes", recorda-se o agente John Jackson. "Rod sempre quis aceitar, mas recusávamos porque queríamos esperar até o Maiden ser a banda principal. Queríamos que a primeira vez fosse algo especial, e também garantir que juntassem o melhor *cast* possível, o que conseguimos fazer na minha opinião. Queríamos que fosse o maior de todos os tempos. E foi!"

Sem dúvida foi, e ainda é tido como o melhor *cast* a dar as graças no Donington. Como apoio para o Maiden naquele dia, havia alguns dos maiores nomes dos anos 1980 – de cima para baixo: Kiss, David Lee Roth, Megadeth, Guns N' Roses e Helloween.

"Maurice Jones, o promotor, estava no nosso pé já fazia tempo, mas, como John disse, sabíamos que eventualmente o faríamos; era só uma

RUN TO THE HILLS

questão de escolher o ano certo", diz Rod. "Como tudo o mais com o Maiden, queríamos esperar até ser a hora certa, e 1988 foi o momento, sem sombra de dúvida. Grandes bandas, grande público... Deveria ter sido a coroação da glória."

E, de várias formas, foi mesmo. Com o sucesso da música "The evil that men do", lançada como *single* pouco tempo antes do show, e o segundo do álbum a chegar ao *Top 5*, mais de 100 mil pessoas foram ao Donington naquele dia. Foi o maior público do evento em todos os tempos. O Maiden tocou um explosivo *set* de quase duas horas, com massivos fogos de artifício no clímax, que mantiveram a multidão encantada por uma boa meia hora após a banda ter deixado o palco. Como Rod disse, deveria ter sido o momento de maior orgulho. Em vez disso, ao retornarem para o camarim, descobriram que o maior dia das suas vidas também tinha sido o pior. Foi Rod quem deu a notícia. Mais cedo, naquela tarde, dois fãs foram esmagados pela multidão, na frente do palco, e morreram. Havia chovido o dia inteiro, e a área frontral do campo inclinado, onde o palco do Donington era armado, tornou-se um enorme lamaçal.

Durante a excitação, somada aos empurrões frenéticos para garantir uma boa posição, que se seguiu ao show do Guns N' Roses, às 14 horas, dois jovens – Alan Dick, de 18 anos, de Rhu, em Dumbartonshire, e Landon Siggers, de 20 anos – perderam o equilíbrio e caíram na lama, onde foram pisoteados. O pessoal da segurança percebeu que havia algo de errado e, rapidamente, fez um sinal para que o Guns N'Roses interrompesse seu *set*, enquanto uma equipe trabalhava para retirar os corpos do lamaçal. Quando os dois rapazes foram transportados para o ambulatório debaixo do palco, já era tarde demais. Foi um horrível acidente. De fato, a culpa não foi de ninguém, mas isso não impediu que todos buscassem um bode expiatório. Em uma carta para a *Kerrang!*, Maurice Jones, chefe dos promotores do festival, insistiu que o tamanho da multidão, naquele dia, não teve nada a ver com o incidente, pontuando que o local estava com menos da metade do público quando o acidente ocorreu. "Esse incidente poderia ter ocorrido com um público de 5 ou 10 mil pessoas", ele escreveu. "E pode acontecer novamente, a não ser que as pessoas tenham respeito pelo seu próximo." Jones reconhece que, "talvez, 40 ou 50 pessoas tenham criado o problema", no meio de toda a multidão. "Eram as mesmas pessoas que destruíram os banheiros, mais de cem metros de cerca do campo e também acabaram com diversas árvores, depois de termos gasto 5 mil libras em reflorestamento?", ele indagou de forma acusatória.

A verdade é que ninguém sabe. Nenhuma banda soube da tragédia até que o Maiden tivesse saído do palco, mais de oito horas depois. Em retrospecto, uma pergunta mais pertinente poderia ser: o festival deveria ter continuado, uma vez que as mortes chegaram ao conhecimento dos organizadores?

"Quando fizemos o Donington naquele ano, senti como se fosse o auge das nossas conquistas", afirma Adrian. "Mas minhas principais memórias agora são bem trágicas, porque a morte daqueles dois garotos ofuscou todo o resto. Mas ninguém nos disse nada antes do show; então, me recordo de que foi um espetáculo fantástico. A pressão chegou a um nível quase insuportável nos dias que antecederam o evento. Estávamos na Inglaterra, e a única pergunta que ouvíamos era: 'O que vocês acham do Donington?'. Imagino que seja a mesma coisa que jogar uma final da Copa do Mundo. Pouco antes de entrarmos em cena, começou a chover de novo, e o palco ficou bastante escorregadio. Daí, eu pensei que tocaria no maior show da minha vida e cair de bunda no chão. Mas, de algum jeito, mantive-me em pé. Durante os primeiros 20 minutos, de tão nervoso, não me recordo de nada, exceto do medo. Mas as coisas acomodaram-se, e as canções foram chegando, de modo que, mais para o final, nós estávamos realmente nos divertindo, curtindo mesmo. O público foi inacreditável. Acendemos as luzes no meio do show, e até onde dava para ver tinha gente. Todos fãs do Maiden. Foi uma coisa impressionante. Depois do show, nos deram um tempinho para recuperar o fôlego; então, alguém entrou e deu a notícia trágica."

"O louco é que mais cedo, naquele dia, eu estava na lateral do palco, assistindo ao David Lee Roth, e me lembro de os seguranças tentarem chamar a atenção dele porque havia gente com problemas lá na frente", conta Steve. "Um cara da segurança, na verdade, entrou no palco para falar com Roth, mas ele ficou maluco, berrando: 'Dá o fora do meu palco!'. Obviamente, ele não prestou atenção no que estava rolando, e eu pensei: 'Que merda. Alguém vai se machucar ali'. Fui procurar Stuart, que era o assistente do promotor, e lhe disse: 'Você precisa pedir

RUN TO THE HILLS

que o Roth faça um anúncio ou algo assim, porque alguém vai acabar se machucando'. Então, quando nos disseram depois do show que dois garotos tinham morrido, achei que tivesse acontecido durante o show do Roth. Mas foi mais cedo, durante a apresentação do Guns N' Roses. Mas, quem sabe? Eu tentei fazer algo na hora; também poderia ter sido ainda pior. Não sei."

John Jackson estava ao lado do palco durante o show do Guns N' Roses quando o acidente aconteceu. "Dava para dizer na hora que um grande problema estava rolando", ele conta. "Quando uma banda está no palco, há sempre tumulto. Como havia muita lama, os garotos perderam o equilíbrio e caíram. Era impossível ver aquilo do palco, perceber que as pessoas estavam no chão, mas eu sabia que alguma coisa estava acontecendo. A segurança tinha identificado algo e avisou imediatamente a equipe no *backstage*, que passou a mensagem para o pessoal do GN'R, que foi incrível. Eles já estavam no palco há 15 minutos, tocando um *set* tempestuoso, a segunda banda do evento; então, quando lhes disseram para parar, fizeram isso. Eles não tinham ideia do que acontecia, mas esfriaram os ânimos completamente. Eles pararam e, a seguir, fizeram um som lento e arrastado, estilo blues, para acalmar o público e, com efeito, arruinaram o próprio show. Mas, graças a Deus, fizeram aquilo."

"Os garotos foram levados de ambulância para o hospital St. John, mas percebi de imediato que estavam mortos", diz John Jackson. "Não me recordo exatamente de quando confirmaram o fato, mas foi pouco depois. Poucas pessoas perceberam a extensão da tragédia naquele momento; então, não foi discutido o cancelamento do show, até porque o público já estava lá, e não queríamos causar mais problemas. Tenho uma foto aérea do público, tirada mais ou menos na hora do acidente, e havia muito espaço vazio no local. Ainda dava para ver pessoas vindo da rua e passando pela catraca. Não houve excesso de lotação, mas sim gente perdendo o equilíbrio por causa da lama."

Mas ele ou Maurice Jones chegaram a considerar o cancelamento do resto do show? "Acho que não", John Jackson responde. "Teria sido muito difícil dizer para tanta gente que o show seria cancelado. Poderia ter causado um problema ainda maior na multidão. Mais de 100 mil pessoas apareceram lá naquele dia; na hora da tragédia, metade delas estava a caminho. O recorde anterior de público tinha sido de 66,5 mil para o AC/DC, em 1984. A multidão era tão enorme que mais de 35 mil pessoas apareceram no dia querendo comprar ingressos. Rod sabia, mas decidimos que o Maiden não deveria saber antes do show. Acredito que as bandas tiveram conhecimento do fato só depois de saírem do palco. Quando contamos ao pessoal do Maiden, pude ver o martírio nos olhos deles. A atmosfera após a apresentação foi horrível, realmente podre. Não houve festa após o show, nem poderia. A maioria de nós apenas deu um tempo por lá, e cada um foi embora separadamente. Depois do que aconteceu com aqueles dois jovens, ou do que suas famílias deviam estar sentindo, não havia o que dizer em uma situação como essa, não?"

Os tabloides ingleses, claro, se esbaldaram no dia seguinte à tragédia, clamando que não só o Donington, mas todos os grandes festivais abertos de música deveriam ser banidos – uma ideia ridícula. Mas aquela foi a última vez em que se pôde aparecer no dia do show e comprar um ingresso para o Donington. Daquele ponto em diante, o limite de público, estabelecido por lei, foi de 72,5 mil pessoas. John afirma: "Se algum bem pode ter advindo da morte desses garotos foi que a organização passou a ser muito mais cuidadosa. As pessoas sempre irão a festivais. Eles podem ser grandes dias para todos. Basta ver quantos são feitos anualmente na Inglaterra e quantas pessoas vão. Sempre há poucos problemas. Você pode argumentar que é só música, mas é importante para as pessoas; é algo que tem um lugar especial na vida delas. Andar de moto é perigoso, mas você chega aonde quer ir. Outro garoto, que foi tirado da lama e ficou em coma por um tempo, voltou no show seguinte. Acho que ele foi um dos sortudos. Mas nós o trouxemos ao *backstage* na Sheffield City Hall, na turnê que fizemos naquele inverno, e fomos bastante solícitos com ele. Graças a Deus que ele, pelo menos, sobreviveu".

O Maiden foi a banda principal do Monsters of rock em toda a Europa nos meses de agosto e setembro. Depois, após um breve hiato em outubro, realizou uma pequena turnê de agradecimento na Inglaterra, no final de novembro, em dez datas, fazendo suas primeiras aparições como banda principal nos maiores estádios do país, como o Birmingham NEC e oWembley Arena, nos quais tocaram duas noites. Os shows no NEC foram filmados para um novo vídeo, que seria codirigido e editado por Steve. A turnê chegou ao fim em 12 de dezembro, quando eles voltaram ao seu adorado Hammersmith Odeon, que nos anos 1980 testemunhou tantos triunfos da banda. De repente, era um adeus a tudo aquilo. Embora na época ninguém soubesse, também seria o último show de Adrian como integrante, e outra virada na carreira do Maiden estava prestes a ocorrer.

Rod e a banda decidiram tornar 1989 um ano oficialmente livre de atividades para o Maiden, mas certos eventos acabaram com o plano deles. Com Steve trancado em uma sala de edição pelos primeiros seis meses do ano, trabalhando a filmagem ao vivo, que, posteriormente, viria a ser o vídeo *Maiden England*, e Dave ocupado com a montagem de sua nova casa no Havaí, ao lado de sua esposa, Tamar, nascida nos Estados Unidos, o resto da banda não ficou ociosa por muito tempo.

Adrian foi o primeiro a quebrar o silêncio, anunciando que iria lançar um álbum solo, o ASAP (abreviação para Adrian Smith Album Project). "A ideia surgiu dois anos atrás, quando tive um bom tempo de folga antes de começar o álbum *Somewhere in time*", disse ele na época. "Começou quando Nicko ficou entediado e decidiu alugar uma pequena sala de ensaios para ter algum lugar aonde ir e espancar a bateria. Não é o tipo de coisa que você possa fazer sozinho, então ele me ligou do nada e perguntou se eu queria ir lá fazer uma *jam*, só para praticar algumas coisas. Eu disse: 'Claro. E se eu levar alguns colegas comigo?'. Mas dê uma sala de ensaios para um bando de músicos por 10 minutos e, antes que perceba, eles transformam tudo em um show, e foi mais ou menos o que aconteceu."

O resultado foi um projeto *nonsense* que Adrian e Nicko batizaram de The entire population of Hackney. Além dos dois, também participavam do projeto Andy Barnett – que mais tarde tocaria no FM – e outro guitarrista chamado Dave Caldwell, que tocou no Bad Company. "Então, ambos chamaram um amigo comum, Richard Young, para os teclados", diz Adrian. "Basicamente, fizemos alguns shows para nos divertir, em um pub em Gravesend chamado Red Lion e no Marquee, onde dezenas de fãs do Maiden apareceram. Escrevemos algumas canções juntos, e eu cantei a maioria das coisas. Foi bastante divertido. Mas, no começo, era só isso!"

Ironicamente, a primeira vez que Adrian se sentiu encorajado para levar sua ideia adiante foi quando o Maiden pegou duas canções que havia feito com o The Entire Population of Hackney – "Juanita" e "Reach out" – e as usou como lado B dos *singles* de *Somewhere in time*. "Foi quando comecei a fazer *demos* das músicas que o Maiden poderia não ter interesse", explica Adrian. "Até então, eu tendia a descartar ideias, a não ser que fossem funcionar para o Maiden." Dois anos depois, o estoque de coisas que "o Maiden poderia não ter interesse" se tornara um enorme catálogo de canções inacabadas e diferentes conceitos. E assim elas poderiam ter permanecido, não fosse – pela ironia das ironias – Rod ter expressado enorme entusiasmo por várias das *demos* que escutara.

"Elas soavam um pouco como Bruce Springsteen ou Bryan Adams", Rod explica hoje. "Eu não as via como rivais para o Maiden, porque era algo totalmente diferente do que a banda fazia. Também desafiei Adrian a confessar algumas das suas inclinações mais comerciais." De fato, hoje Adrian diz que Rod pensou que a possibilidade de o guitarrista ter um *single* de sucesso nos Estados Unidos se refletiria bem para o próprio *status* do Maiden. "Ele disse que seria ótimo se tivéssemos um *hit*, porque ajudaria a jogar os holofotes de volta ao Maiden nos Estados Unidos", confirma Adrian.

Entretanto, apesar de ter recebido "um monte de dinheiro da EMI", o ASAP fracassou retumbantemente, não teve impacto algum nos dois lados do Atlântico. Gravado em Londres, com o produtor Steven Stewart Short, que fez trabalhos para o Queen e David Bowie, o disco foi lançado em setembro de 1989; um trabalho desbotado, cujo material não chegou nem perto das alturas das composições mais disciplinadas de Adrian para o Maiden. Houve uma pequena turnê do ASAP por um circuito de clubes no Reino Unido, com Zak Starkey (filho de Ringo Starr) no lugar de Nicko na bateria. Adrian também passou duas semanas promovendo o álbum, dando entrevistas nos Estados Unidos, mas tudo em vão. Hoje, Adrian culpa a falta de sucesso do disco pelo fato de "não ser metal o suficiente para os fãs do Maiden": "E também porque o Maiden não respalda um novo mercado em potencial. Basicamente, do ponto de vista comercial, ele nunca teve chance. Ficou lá fora totalmente por conta própria".

A banda fez uma breve reunião em novembro de 1989 para o lançamento do vídeo *Maiden England*, talvez uma reconstrução bem mais fiel da experiência ao vivo do Maiden do que *Live after death*, lançado quatro anos antes. Saem os cortes relâmpagos e a edição vigorosa, e entra o olhar mais firme de um verdadeiro *connoisseur*: neste caso, o próprio Steve, que dirigiu e editou o corte final. A EMI e a Sanctuary fizeram uma festa de lançamento generosa, com um forte tema britânico. O saguão estava decorado com várias unidades de Union Jack,[19] e os convidados da mídia se serviram de culinárias tipicamente inglesas: peixe e batatas, com cerveja escura quente. O lançamento foi um grande sucesso, e *Maiden England* tornou-se um dos vídeos de melhor vendagem no ano na Inglaterra.

Após ter passado os últimos seis meses trabalhando, Steve pretendia reservar um tempo para si e curtir a família, recuperando-se na casa de campo em Portugal, que ele comprara "quando a banda ganhou um pouco de dinheiro". Bruce, enquanto isso, estava prestes a ficar bastante ocupado. Como Adrian, ele diz hoje que nunca havia considerado seriamente a ideia de fazer um álbum solo, até que um conjunto de circunstâncias não planejadas prevaleceu. Em retrospecto, era um passo praticamente inevitável para o ambicioso cantor. Diferente da fraca aventura de Adrian, contudo, as repercussões da empreitada solo de Bruce iriam mudar a cara do Maiden para sempre.

Foi Rod quem telefonou para ele, dizendo que a Zomba estava procurando alguém para fazer uma faixa para o filme *A hora do pesadelo 5*. Havia um orçamento, um estúdio e um produtor, que era o Chris Tzangarides. "Quando Rod me perguntou se eu tinha alguma coisa na manga, respondi: 'Sim, definitivamente!'. Mas estava mentindo, sabe?" Na sequência, Bruce telefonou para seu colega Janick Gers, um antigo guitarrista da banda solo do vocalista do Deep Purple, Ian Gillan, que voltara à faculdade para conseguir sua graduação quando a banda se dissolveu em 1983.

"Jan era um antigo amigo, que já não fazia alguma coisa há um tempo, e estava ficando tão deprimido que me disse que venderia seu equipamento", diz Bruce. "Isso me deixou bem contrariado, pois ele era um grande guitarrista. Só que, na época, ele estava sem sorte. Então, quando Rod me telefonou, falei que Jan e eu iríamos fazer. Então, liguei

---

19 Expressão usada para se referir à bandeira do Reino Unido. (N. E.)

para ele e disse: 'Você não pode vender a porra do equipamento agora. Tenho um negócio para você'."

Janick Robert Gers nasceu em Hartlepool, em 27 de janeiro de 1957, o mais velho de três filhos (ele tem um irmão caçula e uma irmã). "Meu pai era da Marinha da Polônia, que foi como ele veio parar na Inglaterra, onde conheceu a minha mãe", diz Janick, comentando que muitos poloneses viviam na área de Hartlepool, onde havia um grande cais. "Após sair sua transferência para a Marinha Real Britânica, ele se casou com minha mãe. Depois disso, meu pai ainda trabalhou na marinha mercante. Quando nasci, ele ainda estava no mar, o que durou mais de um ano. Depois, parou e teve de voltar."

Durante a infância, as atividades favoritas de Jan eram "natação, futebol e música", nessa ordem. "Sempre gostei de jogar bola, e ainda gosto, mas nadar era minha paixão quando criança. Costumava treinar todos os dias. Mas tudo isso simplesmente acabou quando descobri a música. Eu não tocava, mas adorava posar na frente do espelho do quarto com uma guitarra de plástico dos Beatles que meus pais me deram. No ensino fundamental, quando havia uma peça escolar, alguns amigos e eu sempre éramos a banda. Costumávamos criar guitarras de papelão, recortadas e coloridas, púnhamos uma roupa legal e fingíamos estar no *Top of the pops*, dublando os discos. Mantivemos essa banda imaginária por um tempo. Eu devia ter uns 9 anos, era o guitarrista e queria ser John Lennon. Quando tinha 11 anos, consegui o primeiro instrumento de verdade, um velho violão. Foi terrível! Era difícil demais de tocar!"

Aos 13 anos, colocou as mãos em uma guitarra pela primeira vez, a "pequena Woolworth", e imediatamente descartou o violão. "Mas foi só aos 18 que pus as mãos em um negócio pra valer", diz Jan, referindo-se à sua Gibson Fender Stratocaster branca. "Essa foi minha primeira guitarra elétrica adequada, e é a que eu ainda uso até hoje. Eu a comprei de segunda mão de um cara em Darlington por 200 mangos. Poupei a maior parte da grana quando entregava jornais. Então, como meu aniversário de 18 anos estava chegando, minha mãe me deu algum dinheiro para ajudar. Senti-me incrível no momento em que a coloquei sobre o ombro. Lembro-me de ter pensado: 'Uau, isso é do caralho!'. Claro, depois que peguei a Strat, pude entrar para uma banda de verdade. Fazíamos *covers*. Em nosso primeiro show na escola, houve uma enorme briga antes de entrarmos, porque tínhamos de vestir o uniforme do colégio, mas dissemos que não o usaríamos. Como os professores não nos deixariam tocar com nossas roupas legais, fomos transigentes e colocamos nossas gravatas."

Depois dos Beatles, Janick caiu pesado em cima do rock. Eram os anos 1970, e adorava "visual de cabelos longos e guitarras selvagens". Também começou a colecionar álbuns e ler revistas de músicas. "Adorava Deep Purple, Rory Gallagher, T Rex", diz ele. "Coisas *folk* também, como Lindisfarne. Depois, passei a curtir mais Led Zeppelin. No começo, não conseguia sacar a voz de Robert Plant – era aguda demais para mim; eu achava que ele soava que nem uma menina –, mas realmente idolatrava Ian Gillan, porque ele tinha aquele grito. Por meio dele, eu conseguia sentir tudo, toda a agressividade que existia, e me identificava com aquilo. Por causa disso, me apaixonei pelo modo de tocar do Ritchie Blackmore, e essa foi minha iniciação. O negócio é que eu só fazia solos por não conseguir tocar acordes. Não sou daqueles que pensam antes de fazer. Decerto, ainda mais tocando ao vivo. Meu *timing* não é particularmente brilhante, mas, para mim, a música não é matemática; é para ser feita com o coração e da forma como você está se sentindo. E na hora dos solos, pode dizer 'foda-se o *timing*', e simplesmente se expressar. Às vezes, os erros são melhores do que algo que você teria tentado criar."

"Eu costumava apenas sentar e tocar o tempo todo", diz Jan, lembrando-se de sua guitarra elétrica e do amplificador permanentemente ligados no quarto. "Devo ter enlouquecido todo mundo. A outra coisa que fazia era jogar futebol, mas nunca fui um bom boleiro."

Então, ele respondeu a um anúncio no *The Hartlepool Mail*. "Dizia apenas 'procura-se guitarrista', mas entrei em contato. Tocamos 'Strange kind of woman', do Purple, no salão de uma igreja, em um um sábado à tarde, quando uma mulher, com bobs no cabelo, berrou: 'Vocês querem parar com essa algazarra?'. Eu respondi: 'Com licença, mas isso não é algazarra. É a nossa música!'."

Era o White Spirit, um quinteto que se juntou pela primeira vez no verão de 1975, bem quando Janick estava estudando para seus exames de graduação. Com duas guitarras, teclado e harmonias com os *backing vocals*, as raízes da banda estavam no eixo formado por Deep Purple, Uriah Heep e Rush, uma mistura esplêndida de hard rock e sintetizadores progressivos que, mais tarde, renderia um contrato com o selo independente Neat Records, que lançou seu *single* de estreia, *Back to the grind*, em 1978.

"Foi um grande acordo, mas só o aproveitamos por pouco tempo", diz Jan. "Saímos em uma pequena turnê e ganhamos algum dinheiro, que deu para nos manter. Todos recebíamos seguro-desemprego. Depois, quando fizemos o álbum, alguém do escritório nos telefonou e disse: 'Vamos lá. Vocês devem estar ganhando uma fortuna'. Mas não estávamos. É incrível como você pode sobreviver com tão pouco quando é jovem e desesperado para continuar tocando."

Escolhido para um grande contrato com a MCA, o álbum de estreia do White Spirit foi produzido pelo baixista do Gillan, John McCoy, e distribuído (sem muito alarde) em 1980, o mesmo ano em que o Maiden lançou seu álbum de estreia. "Aquele negócio todo da NWOBHM simplesmente passou por nós", reflete o guitarrista. (Nota histórica: o primeiro *single* do White Spirit, "Midnight Chaser", tem uma notável semelhança com "Two minutes to midnight". Janick sorri: "Quando eu o toquei para Steve, ele não conseguia acreditar, mas o *single* foi o número 1 das paradas do Neal Kay na Bandwagon por um bom tempo. Não estou dizendo que Adrian tenha escutado nossa música e copiado, apenas que ela ficou enterrada no subconsciente dele, em algum lugar".)

"Eu me lembro de que havia páginas e páginas na *Sounds* sobre a Bandwagon, citando Samson, Iron Maiden e outros, fazendo parecer que era uma verdadeira cena acontecendo", narra ele. "Mas não era nada tão grande quanto se possa imaginar. A gente fazia parte daquilo, mas nunca foi registrado por escrito. Só depois, quando as pessoas olharam para trás, nos incluíram com o resto no cenário. A gente só estava tocando a mesma coisa que já fazíamos nos últimos cinco anos, e tenho certeza de que com o Maiden era igual."

A banda recebeu a chance de abrir os shows para Ian Gillan em algumas das 46 datas da turnê britânica do cantor naquele ano. Assim, Janick conheceu seu herói, na abertura da temporada, em Derby. "Foi como encontrar o Papai Noel quando se é criança", brinca ele. Mas aquele Noel lhe traria um presente. Alguns meses depois, Janick recebeu um telefonema da equipe de Gillan, perguntando se gostaria de se juntar à banda. "Pensei que alguém estava zoando comigo. Algo do tipo: 'Ian Gillan quer que eu seja seu novo guitarrista? Ah, qual é'."

RUN TO THE HILLS

Mas é verdade. O guitarrista do Gillan, Bernie Tormé, fez as malas e deixou a banda no meio da turnê, durante a passagem pela Alemanha. O próprio Gillan explica: "Janick foi o primeiro cara em quem pensei. Realmente, gostei dele tocando no White Spirit quando a banda excursionou conosco. Era óbvio, só de conversar com ele, que o cara adorava minha música. Então, decidi telefonar para ele e ver se estava fazendo alguma coisa". Com a carreira do White Spirit eclipsada pelas novas bandas britânicas mais faladas, como Maiden, Saxon e Def Leppard, Janick agarrou a oportunidade com as duas mãos.

"Tive muita sorte na minha carreira", ele admite. "Nunca pretendi fazer parte do Gillan ou do Iron Maiden. Juro de pés juntos. Cheguei a pensar em tocar com Bruce, mas nunca sequer cogitei me juntar ao Iron Maiden. Eles tinham Adrian e Dave. Para que iriam querer três guitarristas? Era assim que eu pensava, até que me foi dito o oposto."

Janick gravou dois álbuns com a Gillan Band: o ao vivo *Double Trouble*, um sucesso que chegou ao *Top 10* da Inglaterra em 1981; e *Magic*, no ano seguinte, outra incursão ao *Top 10*. A banda se separou logo depois, quando o interesse do cantor em seguir a carreira solo diminuiu bastante, a ponto de aceitar um convite para se juntar ao Black Sabbath, que na época ainda era a maior banda nos Estados Unidos e com quem gravou o disco *Born again* em 1983. Mas Gillan não repetiu o sucesso que alcançara dez anos antes, quando saíra do Deep Purple. Àquela altura, o jovem guitarrista que ele deixou para trás admite: "Provavelmente, eu mesmo teria deixado a banda mais cedo ou mais tarde". Janick, então um jovem roqueiro, queria mandar ver com os seus *riffs*, enquanto Gillan era o *frontman* veterano, "que já chegara ao topo e tinha feito de tudo". Cansado de guerra, o vocalista estava mais interessado em gravar *covers* de material improvável, como a canção "Living for the city", de Stevie Wonder, e "Cathy's clown", do The Everly Brothers.

"Lembro-me da primeira vez que ouvi *Number of the beast* na televisão e arrastei Ian para assistir", conta Janick. "No ato, eu lhe disse: 'Isso é o que a gente devia fazer. É o que quero fazer. Isso é rock'n'roll!'. Mas Ian respondeu: 'É, eu sei, mas já fiz isso'. E ele tinha razão. Já fizera aquilo. Mas eu fiquei pensando que queria aquela iluminação. Eu queria aquele gelo seco!"

278

Quando o fim da banda chegou, Janick se viu desempregado, embora consideravelmente enriquecido pela experiência. Incerto sobre o que fazer a seguir, e com o telefone ameaçadoramente silencioso, decidiu voltar à faculdade e tirar seu diploma na área de Humanas. "Nunca desisti de tocar. Ainda guardava todo meu equipamento, mas demorou um longo período até que eu engrenasse de novo." Para voltar à ativa, ocorreram diversas tentativas de reinício. Em 1986, o ex-vocalista do Twisted Sister, Dee Snider, que partiu para a carreira solo, convidou-o para se juntar à sua nova banda, que também trazia Clive Burr na bateria. "Ele me telefonou e conversamos, mas lembro-me de ter dito: 'Não existe a menor chance de eu usar maquiagem ou algo do gênero. Não curto essa merda'. Apesar disso, batemos um bom papo, e Dee me pareceu um cara bem legal, mas nunca mais escutei falar dele."

Depois, houve uma ocasião em que Jan uniu forças, durante um breve período, com Paul Di'Anno, em um grupo que tinha o ridículo nome de Gog Magog. "Do nada, recebi um telefonema do produtor Jonathan King, que me deu uma prévia sobre um tipo de conceito que queria vender bem caro nos Estados Unidos, uma banda de heavy metal chamada Gog Magog. Parece que o nome foi tirado da Bíblia; Gog e Magog eram as duas feras que ficavam em frente aos portões do inferno. Basicamente, King queria montar um conjunto com pessoas que já tivessem participado de grandes bandas. Ele me disse: 'Já tenho Clive Burr e Paul Di'Anno, do Iron Maiden, além de Pete Willis, do Def Leppard, e Neil Murray, do Whitesnake; agora, queremos completar o time com você'. Eu curti a ideia, e respondi que topava fazer. Depois de alguns ensaios, King arrumou um período de gravação, quando todos nos reunimos e nos divertimos bastante. Pete Willis era um cara adorável. Eu já conhecia Neil de antes, assim como Clive, com quem já me encontrara. E Paul foi sensacional; o cara tinha um botão de autodestruição que gostava de apertar com muita frequência, mas era um sujeito bem legal."

Em 1987, Janick aceitou um convite que iria mudar sua vida. Tudo começou com uma aparição em um show do Marillion, no Wembley Arena, no concerto Prince's Trust, que se tornou um chamado para ajudar Bruce Dickinson a gravar seu primeiro álbum solo.

"Já conhecia Bruce desde os dias do Samson, e sempre fomos bem amigos", ele diz. "Morávamos próximos um do outro, em Chiswick. De

RUN TO THE HILLS

vez em quando, íamos juntos a shows ou a festas, e ambos conhecíamos o Fish e os rapazes do Marillion. Sempre achei o Marillion uma banda brilhante. Como Bruce e eu, Fish também era um velho fã do Deep Purple e de Ian Gillan; portanto, havia coisas em comum. Fomos convidados para tocar com eles no show Prince's Trust. Bruce topou na hora, mas eu tive minhas dúvidas. Já fazia tempo desde a última vez que tinha tocado ao vivo. Na verdade, desde as apresentações com o Gillan. Mas nós participamos, e foi espantoso. Fizemos três músicas, todas *covers*: "All the young dudes", do Mott The Hoople, "The boys are back in town", do Thin Lizzy, e "With a little kelp" (from my friends), seguindo a versão do Joe Cocker."

Quando saiu do Marillion pouco depois, o vocalista Fish convidou Janick para ir até sua fazenda, em Edinburgo, para ver se os dois podiam compor juntos. Aconteceu uma parceria destinada ao curto prazo, mas Janick coescreveu e tocou guitarra em "View from a hill", a melhor faixa do primeiro disco solo de Fish, *Vigil in the wilderness of mirrors*, lançado em 1989. "Fui nocauteado logo na primeira vez em que a escutei", conta Bruce. "Até pensei: 'Fish pirou de perder esse cara, porque ele sabe compor e tocar muito bem'."

"Bruce me telefonou e fui vê-lo. Ele me mostrou algumas canções com a sonoridade meio parecida com AC/DC", diz Janick. "Em uma delas, eu lhe disse que poderia ser diferente e inseri alguns acordes, enquanto ele fez o refrão. Como ele queria se afastar do som do Maiden, estava aberto a novas ideias. Seguimos em frente e gravamos em um ou dois dias, sei lá, e ficou ótima. Eu realmente gostei, sabe?" O nome da música: "Bring your daughter to the slaughter".

"Eu a escrevi em três minutos", conta Bruce. "Não sei de onde veio o título, mas simplesmente brotou na minha cabeça. 'Bring your daughter to the slaughter' parecia ter saído direto do AC/DC! e pensei que serviria perfeitamente para o filme *A Hora do Pesadelo*. A Zomba ficou maluca. Eles não paravam de dizer que aquilo era genial. Quando um cara ligou para o escritório, perguntando se eu tinha 'mais coisas assim', eu respondi: 'É claro que sim, porra!'. Então liguei para Jan e falei: 'Você não pode vender a porra do equipamento agora, seu bastardo. Nós vamos gravar um álbum'."

JANICK

Bruce diz que sua intenção não era muito diferente da de Adrian. "Queria fazer alguma coisa que não fosse estilo Maiden. Senão, para que serviria fazer o novo trabalho?" Só que aquele disco solo estava prestes a ser uma combustão espontânea de canções, e não algo trabalhado meticulosamente durante meses, como ocorreu no caso de Adrian. O álbum *Tattooed millionaire* foi inteiramente escrito e gravado em apenas 15 dias. "Foram as duas semanas mais rápidas da minha vida", brinca Janick. Uma mistura dos temperos originais de Bruce e Janick, adicionada com alguns *covers*, fez de *Tattooed Millionaire*, sem dúvida, um álbum bem mais divertido e digno de ser ouvido do que o ASAP. Havia a canção estilo blues, meio Bad Company, "Son Of A Gun"; a poderosa versão de "All the young dudes" (uma reencenação mais potente da performance ao vivo do Prince's Trust, que também foi o primeiro *single* solo de Bruce, no verão de 1990); e, juntando otimismo e certa arrogância, a faixa título, que chegou ao *Top 20* nas paradas do Reino Unido. Assim, Bruce provou – para si mesmo, pelo menos – que poderia viver sem o Maiden. Ele até conseguiu espremer uma turnê de quatro semanas nos Estados Unidos com sua própria banda, formada por Janick na guitarra, Andy Carr no baixo, e Fabio del Rio na bateria. "Não tocamos nenhuma música do Maiden", recorda-se Bruce. Todas as noites, eles davam o bis com "Black knight", do Purple, e "Sin city", do AC/DC.

Ironicamente, a canção de Bruce e Janick que não entrou em *Tattooed millionaire* foi a que causou toda essa agitação, e acabou mudando a sorte do guitarrista. Steve explica: "Não tinha como eu fazer qualquer coisa a mais porque estava ocupadíssimo terminando o vídeo *Maiden England*; então, Rod pediu que Bruce fizesse a trilha sonora do filme. Quando, logo depois, ele trouxe 'Bring your daughter to the slaughter', eu disse: 'Puta que o pariu! Essa música é fenomenal! Seria ótima para o Maiden. Não a coloque no seu disco solo. Podemos usá-la no Maiden'. E Bruce ficou feliz por eu dizer aquilo e satisfeito de ter escrito uma canção que poderíamos utilizar no repertório da banda".

Bruce confirma que ficou feliz: "Steve escutou a faixa antes de eu colocá-la no álbum, e ficou dizendo: 'Eu quero essa música!'. Então, respondi: 'Beleza. Ótimo'. Minha gravação original – que só saiu no disco norte-americano da trilha sonora do filme – é substancialmente diferente da versão do Iron Maiden. Os arranjos são idênticos, mas a minha é meio... furtiva. O Maiden realmente vai pras cabeças. Fiquei feliz em ver que o Steve gostou tanto assim dela. Na verdade, voltei ao Maiden para começar o novo álbum como um duendezinho bastante feliz e sortudo. Àquela altura, não tinha intenção nenhuma de sair da banda. A alegria de gravar meu próprio álbum me fez perceber que eu era feliz onde estava".

No prayer for the dying é o primeiro disco do Iron Maiden no raiar da década de 1990 e também o primeiro a ser produzido em solo britânico desde *Number of the beast*, lançado sete anos antes. Foi gravado no estúdio móvel dos Rolling Stones, em um celeiro convertido para as sessões nos arredores da mansão de Steve, em Essex, no começo de 1990. Antes de gravar a primeira nota, contudo, ficou claro que nem tudo eram rosas. O espinho na banda, dessa vez, era Adrian, que logo demonstrou não estar feliz. Compor para o álbum foi, como sempre, rápido. Steve – único compositor prolífico da banda a não gravar um disco solo nos anos entre *Seventh son...* e *No prayer...* – tinha um número grande de peças que gostaria de trabalhar com a banda. Quando o Maiden estava prestes a chamar o estúdio dos Rolling Stones, Adrian percebeu que ele próprio só contribuíra com uma faixa: "Hooks in you", uma parceria dele e Bruce que acabou entrando no álbum, mas com Janick tocando as linhas de guitarra que caberiam a Adrian.

"O plano era passar três meses na casa de Steve, para escrever e compor o material do novo disco, mantendo uma boa vibração e levando o tempo que fosse preciso", diz Adrian. "Então, depois de poucas semanas, decidiu-se repentinamente que as gravações começariam, e fui pego de surpresa. Queria mais tempo para terminar algumas canções. Eu tinha ficado um tempo com o ASAP e, quem sabe, usado a minha energia criativa naquilo, mas também acho que o ASAP chocou várias pessoas. Talvez, de algum modo, tenha mandado os sinais errados para a banda, o que tos eria deixado preocupados, pensando que eu não quisesse mais tocar metal."

Adrian também estava relutante em adotar a abordagem mais "crua" que Steve estava planejando para o novo álbum. "A *vibe* era 'vamos voltar a fazer músicas com sonoridade bem crua, como no álbum *Killers*', e eu não queria fazer aquilo. Achava que estávamos na direção certa com os dois últimos discos, e, para mim, a banda daria um passo atrás ao abandonar tudo aquilo. Sentia que a gente devia continuar seguindo em frente e, portanto, aquela abordagem não me parecia correta. Minha postura, porém, não foi: 'Beleza! Eu tô saindo!'. Eu só não estava cem por cento seguro das coisas. E foi isso. Mas, quando expressei minhas dúvidas, Steve disse: 'Você parece não querer continuar na banda. Se estiver cem e dez por cento seguro dentro dela, beleza, podemos ir em frente. Mas não se esqueça de que terá de encarar mais um ano na estrada. Tem certeza de que quer fazer isso?'. Aí, quanto mais pensava a respeito, mais percebia que ele tinha feito a pergunta certa. Não dá para encarar tudo aquilo se você não estiver cem por cento seguro do que quer e feliz com sua opção. Caso contrário, o resultado seria desastroso, e até injusto para com todos."

Steve diz que Adrian já estava infeliz fazia um bom tempo. "Sempre havia alguma coisa errada. Às vezes, quando abaixava a cabeça, ficávamos fazendo caretas para ele – tentando animá-lo, sabe? –, mas não funcionava. Por isso, ainda antes de começar o *Seventh Son...*, eu lhe perguntei: 'Você quer participar do álbum?'. Ele respondeu que sim, 'claro que quero'. Então, eu lhe dei uma força: 'Só queria escutá-lo dizer isso. Era só'. Fizemos o *Seventh Son...* e a turnê, e ele pareceu se animar um pouco. Mas, no final da excursão, quando íamos para o álbum seguinte, Adrian ficou completamente negativo em relação a um monte de coisas. A paixão parecia tê-lo abandonado; então, mais uma vez saiu a pergunta de 6 milhões de dólares: 'Você quer continuar com a banda ou não?'. Dessa vez, ele respondeu: 'Bem, eu não sei. Não tive tempo de pensar nisso'. Então, refleti: 'Espere um pouco, que merda é essa?'. Porque tudo o que eu queria escutar dele era: 'Lógico que eu quero, seu imbecil'. Era esse o tipo de resposta que todos nós queríamos. Sei que Adrian é bastante indeciso, para dizer o mínimo – seu apelido nas turnês era Willie Orwontee –, mas aquilo era sério."

Ficou decidido que haveria uma reunião da banda. Adrian conta: "Foi principalmente Steve quem falou. Ele disse: 'Você não parece feliz nem envolvido com o trabalho'. Então, respirei fundo e falei por mais de uma hora, dizendo tudo o que sentia. Expliquei que tinha feito um álbum, no qual realmente me expressara, e ficado muito feliz de tocar e cantar. Sabia que o Maiden era algo à parte e estava feliz de contribuir com a banda, mas não parecia que eu teria muita oportunidade de fazer aquilo no álbum seguinte. Sentia que precisávamos de mais tempo para as canções novas, mas, quando o estúdio chegou, eu não tinha composto nada; por isso, a situação não me agradava em nada".

Steve descreve como a situação se tornou horrível. "Nós dissemos: 'Ok, quem sabe, o melhor seja tomar a decisão por você'. Se você não está cem por cento na banda, não pode ir em frente. Ele deu de ombros e respondeu: 'Esperava que não precisasse ser assim'. Adrian tinha esperança de que nós ainda o quiséssemos. Mas, em primeiro lugar, era ele quem precisava querer. Foi horrível para mim, pois eu o adorava. No nível pessoal, é provável que fosse mais próximo de Adrian do que de qualquer um dos outros, e aquilo me corroeu. O que mais me corroeu foi o fato de ele não querer mais estar conosco, mas pensei: 'Temos de ser fortes. Não podemos manter alguém na banda como um cabide."

"Eu gostaria de poder apenas ter entrado lá e dito: 'Maravilha', sabe?", confidencia Adrian. "Mas a vida não é só branco ou preto. Sempre existem dúvidas, especialmente quando você fica mais velho, e as coisas aconteceram no decorrer de alguns dias bem sofridos. Tivemos longas conversas telefônicas, e tudo foi bastante emocional. O Maiden tinha sido minha vida durante dez anos. Tornou-se uma família para mim. De início, senti-me estranho, devo admitir – eu não tinha mais aquele envolvimento diário que vivera durante tanto tempo –, mas, ao mesmo tempo, tirei um baita peso dos meus ombros. A verdade é que eu estava infeliz. Sentia-me sufocado após ter feito meu próprio álbum, e me fez mal voltar à banda sem ter ideias novas... Isso me pegou no final."

Era necessário encontrar um substituto, e rápido. "Bruce nunca mencionaria o que estava acontecendo", diz Janick. "Eu gostava de Davey e Adrian e, embora já conhecesse todo mundo da banda, não sabia o que estava prestes a acontecer. Então, certa tarde, recebi um telefonema do Bruce, que queria saber se eu aprenderia algumas músicas do Maiden. Primeiro, eu disse que não, porque concordamos que não faríamos nenhuma canção do Maiden em nossa turnê, mas, em seguida, perguntei por que ele queria que eu tirasse músicas do Maiden. Daí, Bruce respondeu: 'Bem, alguém está saindo, e gostaríamos que você viesse fazer um ensaio com a banda. Quando perguntei quem era, e ele disse o nome do Adrian, espantei-me: 'O quê? Repita isso!'. Fiquei realmente chocado.

Minha namorada disse que eu estava mais branco que papel ao desligar o telefone. Ela até achou que alguém tinha morrido."

Três dias depois, Janick fez um teste com a banda no celeiro de Steve, convertido em estúdio para as sessões de gravação. "Eles me perguntaram qual eu queria tocar primeiro, e respondi que gostaria de fazer 'The trooper'. Pensei: 'Vamos fazer essa. Ela é rápida e furiosa, e tudo vai dar certo. Então, eu e Davey começamos a tocar juntos, e funcionou maravilhosamente bem. Foi tudo bem simples. O negócio decolou. Quando terminamos, eu tremia por causa da adrenalina, e lembro-me de Bruce dizer: 'Porra! Isso foi demais!'. Daí, fizemos mais uma, que deve ter sido 'Iron maiden'; na sequência 'The prisoner', e outras coisas que já nem lembro bem. Depois, eles se amontoaram em um canto para conversar. A seguir, Steve veio e me disse: 'Você está dentro. E começamos a gravar amanhã!'. Só deu tempo de eu dizer: 'O quê?'."

Então, eles começaram a trabalhar no dia seguinte, ensaiando o material com seu novo guitarrista pela manhã e gravando à tarde. Martin Birch foi novamente o produtor, e tudo foi feito em menos de três semanas. Musicalmente, os resultados foram, é justo dizer agora, misturados. Como anunciado, o som é distintamente grave em comparação com o entusiasmo brilhante dos dois álbuns anteriores. Os conceitos e sintetizadores desapareceram, substituídos pelo sibilo caloroso de guitarras fervorosas. Entretanto, se a produção é comedida, a parte instrumental é qualquer coisa, menos isso.

A banda nunca tinha soado tão *ao vivo* no estúdio. Em certas partes, o álbum parece quase uma *demo* bem gravada. Há dez faixas no total, incluindo três canções exclusivas de Steve: a melancólica faixa título, "No prayer for the dying", uma obra mais madura e reflexiva do que qualquer coisa que ele fez antes; "The assassin", bem mais introspectiva do que seu título de horror sugere; e "Mother Russia", que fecha o disco e, por não ser um dos épicos mais convincentes de Steve, deixa uma ligeira sensação de desapontamento. É interessante notar que parte do material mais forte foi feito por Steve e Bruce: a vociferante "Tailgunner", que abre o disco em alto estilo; "Holy smoke", o primeiro *single* do álbum, que foi direto para o *Top 10* da Inglaterra, em setembro de 1990; e "Run silent, run deep", um melodrama pomposo que se inspira diretamente na música do Zeppelin, "Kashmir".

RUN TO THE HILLS

As faixas restantes incluem a canção de Bruce e Adrian, "Hooks in you", que, comparada aos primeiros clássicos da parceria de Smith e Dickinson, como "Two minutes to midnight", é de segunda categoria. Outras duas obras são: "Public enema number one", de Bruce e Dave, que, apesar do seu título desagradável, tece uma crítica social; e a canção de Steve e Davey, "Fates warning", com uma forte atmosfera que traz as letras mais provocantes que Steve já fez. E, finalmente, claro, a maravilhosamente burlesca composição de Bruce e Janick: "Bring your daughter to the slaughter", talvez a melhor faixa que Alice Cooper nunca gravou.

Lançado em 1º de novembro de 1990, *No prayer for the dying* foi direto para a 2ª posição na Inglaterra, e repetiu seu sucesso no resto do mundo, menos nos Estados Unidos, onde, embora tenha sido disco de ouro, suas vendas de 500 mil unidades apresentaram uma queda considerável em comparação com os outros discos de platina da banda. Afinal, os gostos da opinião pública se viraram não somente contra o Iron Maiden, mas também contra todos os gênios oitentistas do metal, substituídos – ao menos temporariamente – por uma nova forma mais autoconsciente de rock pesado: o grunge. Mas os Estados Unidos – assim como o céu – poderiam esperar.

O segundo *single* do álbum, com a faixa "Bring your daughter to the slaughter", foi lançado em janeiro de 1991 e tornou-se o número 1 nas paradas do Reino Unido, permanecendo no topo, admiravelmente, durante três semanas, um feito incrível, ainda mais depois da postura grosseira da BBC que se recusou a tocá-lo na Radio 1 e mal exibiu 90 segundos do videoclipe ao vivo no programa *Top of the pops*.

"Nunca gostei muito de *singles*", relata Steve. "Mas, ver 'Bring your daughter' chegar ao *Top 1*, devo admitir, me deixou orgulhoso. Mesmo depois de tanto tempo de carreira, me fez ficar animado novamente, como se realmente valesse a pena, como se fosse uma reafirmação de que estávamos fazendo alguma coisa certa. Musicalmente, nós seguramos um pouco a produção, tentando fazer o álbum soar do jeito mais ao vivo possível, pois gostávamos da sonoridade no celeiro como nossa sala de ensaios. Então, pensamos: 'Bom, não dá para ser mais ao vivo do que isso, não é? Vamos trazer o estúdio móvel e manter tudo o mais cru possível'. Para mim, não funcionou tanto assim. Se tivéssemos o som do público, teria feito uma diferença dos infernos. Era isso que a gente devia ter feito. Mas, dependendo da pessoa com quem você conversa, há aqueles que dizem que esse é o nosso melhor álbum, mas também há quem diga que é o pior. Não o considero nosso melhor, mas, sem dúvida, não é o pior. Há canções muito boas lá. Dá para dizer isso pela forma como o público reagia quando tocávamos ao vivo coisas como 'Holy Smoke' e 'Tailgunner'."

Após ficar praticamente dois anos sem dar as caras, o Maiden voltou aos palcos com a turnê *No prayer on the road*, que começou com um show "secreto" na Milton Keynes, em 19 de setembro de 1990. Depois das produções mastodônticas criadas para as excursões anteriores, a temporada atual – tal qual o novo álbum – trazia uma abordagem que apregoava um retorno ao básico, com um mínimo de iluminação e efeitos especiais. Entretanto, com Janick – um verdadeiro turbilhão em cena –, eles não precisavam de efeito algum. As performances de alto nível contagiaram a todos, principalmente Davey, que, de repente, começou a rodopiar por áreas do palco que ele já se esquecera que existiam.

"Achamos que o palco no show do *Seventh son...* era meio fora de mão", reflete Steve. "Eddie e os efeitos de fundo eram incríveis, mas acredito que as outras coisas, como *icebergs* gigantes, pareciam meio estúpidas. Por isso, queríamos nos livrar de tudo aquilo para transformar o show em uma apresentação de pub bem poderosa, e foi o que realmente conseguimos fazer. E ter Janick no Maiden ao nosso lado deu um tremendo chute na bunda de todo mundo, porque ele, como estreante na banda, tinha um profundo entusiasmo por tudo. A turnê nos fez abrir os olhos e enxergar as coisas de uma nova maneira."

Isso foi ótimo, pois os anos 1990 mal tinham começado, uma nova década que não mais lhes pertenceria, mas àqueles que viriam após o Maiden, e logo a banda teria de encarar o maior desafio da sua carreira.

14 Blaze

O novo Iron Maiden sem firulas, que coincidiu com a chegada de Janick Gers, não foi recebido de braços abertos nos Estados Unidos, e perdeu público por lá. Apesar do disco de ouro, *No Prayer...* foi seu álbum menos bem-sucedido no país desde que tinham emplacado *Number of the beast* no *Top 40*, sete anos antes. Foi um período de grande convulsão no rock norte-americano, cuja própria cultura mudou tanto, até quase não ser mais reconhecida em termos de música e de fãs, ambos componentes de nichos cada vez mais específicos. Por um lado, o Maiden viu seu apelo ser ameaçado pelo sucesso competitivo de ícones do thrash metal, como Metallica, Megadeth (ambos gozando da coroa de louros de seus primeiros álbuns no *Top 1* em pleno início dos anos 1990) e Slayer. Por outro, havia um oponente completamente imprevisto: os anos 1990, propriamente ditos. Sai o modelo dos grandes concertos e cabelos compridos dos anos 1980 e entra a conversão para performances de palco taciturnas e minimalistas, com roupas de brechó e outros acessórios, além de hinos que retratam o desespero da geração X,[20] criados por astros emergentes como Nirvana, Pearl Jam e Soundgarden, que começaram a redefinir a forma como o hard rock e o heavy metal eram percebidos e apresentados.

Os críticos, como sempre, tinham um nome para aquilo: grunge. Embora o próprio Maiden tenho feito um retorno a valores de produção mais

---

20 Geração que compreende os nascidos após o chamado *Baby boom* – o aumento importante na taxa de natalidade dos Estados Unidos após a Segunda Guerra – e se refere às pessoas nascidas de 1960 ao final dos anos 1970, considerando também os nascidos até 1982, no máximo. Fonte: http://infoescola.com/sociedade/geracaox. Acesso em: 2/4/2013. (N. E.)

BLAZE

pés no chão, a banda era um dos muitos gigantes dos anos 1980 a serem derrubados comercialmente nos Estados Unidos por essa nova realidade.

Mas, no restante do mundo – em especial na Inglaterra, onde o grunge também era a nova paixão dominante –, a estrela do Maiden continuava a subir aparentemente inabalada, e seu álbum seguinte, o nono, *Fear of the dark*, se tornaria um dos mais vendidos do cenário musical.

Sua chegada às lojas foi precedida pelo excelente *single* "Be quick or be dead", que chegou à 2ª posição das paradas inglesas. Essa música, tão maníaca e acelerada, é a faixa de abertura de *Fear of the dark*, que se tornou o terceiro álbum do Maiden a conquistar o 1º lugar no Reino Unido quando foi lançado em maio de 1992.

Apesar da turbulência que pairava no ar, a ênfase musical do álbum foi positiva. Para assinalar seu comprometimento com a nova década, o Maiden deu um passo sem precedentes ao convidar outros artistas, além de Derek Riggs, para contribuir com ideias para a capa do novo disco. "Queríamos dar uma repaginada no Eddie para a década de 1990", explica Rod. "Tirar aquela imagem de personagem de quadrinhos de terror, e torná-lo algo mais direto, de forma que ficasse ainda mais ameaçador." Posteriormente, o personagem campeão foi selecionado a partir de um desenho apresentado pelo até então desconhecido Melvyn Grant. Ele criou um novo Eddie, fundindo as imagens de uma árvore com um vampiro sob a luz do luar. Na verdade, é difícil perceber alguma diferença em estilo ou até mesmo o conteúdo de qualquer outro *design* anterior do Eddie, exceto que este carecia dos velhos toques familiares (pois nenhuma mensagem secreta para Charlotte foi incorporada à ilustração) e não exibia o senso de humor deformado de Riggs. "Foi só uma tentativa nossa de fazer algo novo", Steve dá de ombros.

Felizmente, o material do álbum trazia tudo o que o público esperava, em 12 faixas gravadas no recém-instalado estúdio na casa de Steve, em Essex. Apesar da fatia usual de épicos melancólicos, *Fear of the dark* foi o disco mais divertido do Maiden desde sua estreia em vinil, 12 anos antes. Para início de conversa, havia cinquenta por cento mais faixas do que em qualquer lançamento anterior, e a banda respondia às exigências da nova era do CD ao produzir uma gama maior de estilos como jamais fizera antes. A seguir, seis exemplos de tal diversidade: a canção meio blues com refrão pegajoso de Steve, "From here to eternity", passando pela composição de Bruce e Davey, "Chains of misery", até o esquema grandioso meio Zeppelin de Bruce e Janick em "Fear is the key", ou a afiada "Be quick or be dead", chegando ao poema ermo de Steve sobre a Guerra do Golfo, "Afraid to shoot strangers", além da vívida e galopante faixa título do álbum. Sem dúvida, é possível encontrar alguma coisa para fãs do Maiden de todas as eras.

Das seis faixas restantes, "Childhood's end" e "The fugitive" são canções acima da média de Steve. "The apparition" e "Weekend warrior", como esforços combinados de Steve e Janick, apresentam resultado mais válido do que memorável. "Judas be my guide" é uma obra de título lamentável tramada por Bruce e Davey, enquanto "Wasting love" – uma cantiga de Bruce e Janick que datava do álbum solo do vocalista – ecoa uma banalidade apelativa, contendo o seguinte verso autobiográfico: *Maybe one day I'll be an honest man/ Up till now I'm doing the best I can* (Talvez um dia eu seja um homem honesto/ Até agora tenho feito o melhor que posso). Bruce, ao que parece, começava a colocar as cartas na mesa. Se, para o mundo exterior, *Fear of the dark* parecia um retorno em grande estilo da banda, internamente também se mostraria outro balde de água fria na carreira do Maiden; o último álbum dessa fase que fariam com seu vocalista. Embora, olhando em retrospecto, não fosse algo inesperado.

"Em 1990, quando Bruce voltou da sua turnê solo, percebi que ele não tinha mais o mesmo fogo no palco durante as apresentações no Maiden em comparação com o que demonstrara na sua própria banda", diz Steve. "Ele até parecia meio forçado. Então, fui lhe perguntar se estava feliz. E Bruce me assegurou que estava cem por cento conosco, o que, realmente, acho que era verdade no álbum *Fear of the dark*. Ironicamente, na ocasião, senti que ele estava mais envolvido novamente; na primeira parte da turnê, naquele ano, suas performances foram melhores do que nunca. Ele parecia ter retomado aquela *vibe*, com as composições e tudo o mais. Devo admitir que fiquei preocupado quando ele fez seu primeiro trabalho solo. Pensei, na época, que ele poderia sair, mas isso não aconteceu; então, achei que tinha voltado com tudo."

A turnê do *Fear of the dark* começou na Escandinávia, em maio, e abriu caminho para o restante do continente europeu ao longo do verão. Vários shows foram gravados, pois a banda pretendia lançar um álbum ao vivo no meio da excursão. O destaque da temporada foi a segunda

BLAZE

aparição do Maiden como banda principal no Castle Donington, em agosto. O *cast*, dessa vez, carecia da sedução dos seus predecessores de quatro anos antes: lendas como o Kiss, David Lee Roth e Guns N' Roses foram substituídas por novos rostos menos ilustres, como o Skid Row, Sepultura e Thunder. O Maiden, porém, surpreendeu a todos, inclusive eles mesmos, com uma performance explosiva e ainda mais forte do que a apresentação em 1988. Como já sabiam o que esperar, foram bem menos afetados pelo nervosismo. O show inteiro foi filmado para mais um álbum e vídeo ao vivo, ambos lançados no ano seguinte.

O público foi menor que o de 1988 devido às novas restrições impostas pelas autoridades locais aos promotores do evento após os trágicos acontecimentos de quatro anos antes. Mas, proporcionalmente, a segunda aparição do Maiden em 1992 continua sendo o segundo maior público do festival Donington de todos os tempos.

"Depois do que aconteceu em 1988, eles estabeleceram um limite de 72,5 mil pessoas e impediram a venda de ingressos no dia", relata Steve. "Fizemos algo em torno de 68,5 mil em vendas antecipadas. Faltaram 4 mil para esgotar os ingressos. Desde aquele nosso segundo Donington, mais nenhum filho da puta conseguiu fazer isso. Nenhum. E, musicalmente, o show foi bem melhor que o primeiro. Tanto a reação como todo o resto. Não esperávamos aquilo, para ser honesto; até pensamos: 'Não será tão bom quanto a primeira vez'. Talvez estivéssemos mais relaxados; só sei que foi melhor. O *cast* ainda era bom e forte, embora menos que o anterior; ainda tentamos trazer o Van Halen, mas disseram que não podiam participar, pois estavam preparando sua própria turnê europeia."

Havia uma pessoa no público, naquele dia, que tinha sentimentos adversos em relação ao desempenho do Maiden: era Adrian Smith, que subiu no palco com a banda para fazer o bis. "A primeira vez que vi a banda tocar após minha saída foi em Donington, em 1992, e ela foi tão boa que me senti mal de verdade", ele admite. "Provavelmente, escolhi o show errado para ir. Foi muito duro ver as canções que eu costumava tocar, que tinha escrito, serem executadas sem que eu estivesse no palco. Eu me senti despedaçado. Parte de mim sempre estará na banda, contanto que eles continuem tocando minhas canções. Resolvi ir ao festival porque Steve insistiu: 'Apareça por lá para fazer uma *jam* e tocar 'Running free' com a gente no bis'. Então, eu fui, e foi ótimo. Tudo correu muito bem e mostrou que não havia ressentimentos entre nós. Também foi uma chance de dizer adeus aos fãs, o que eu ainda não tinha feito por causa da maneira como as coisas aconteceram."

O primeiro braço da turnê terminou em 4 de novembro, no Japão. O plano era fazer uma pausa de dois meses durante a qual Steve supervisionaria a mixagem do disco a vivo e o prepararia para ser lançado a tempo da segunda parte da excursão, marcada para começar no Ano-Novo.

"A turnê do *The fear of the dark* tinha de ser em duas partes, porque queríamos gravar o álbum ao vivo de uma forma diferente", explica Steve. "Queríamos fazer shows diferentes, escolher as melhores canções e também ter vários públicos distintos no álbum. A única coisa que eu não gostei em *Live after death* foi perceber que o público não estava alto o suficiente – digo, em termos de amplidão do som, quando penso na quantidade de pessoas que havia ali. Eles eram muito barulhentos em Long Beach, mas não foram mixados no volume certo. E eu queria que a plateia aparecesse bastante. Ao visitar todos aqueles lugares diferentes, seria legal que vários fãs pudessem dizer: 'Uau! Este é o show em que eu estive!'. Essa era a ideia."

Mas, enquanto Steve mixava o álbum, Bruce estava ocupado traçando seus próprios planos. "Eu sempre me vi como algo mais do que apenas o cantor do Iron Maiden", ele afirma. Indubitavelmente, no começo dos anos 1990, essa era uma afirmação sustentável; afinal, Bruce já lançara dois livros (com as histórias de um personagem disparatado, chamado Lord Iffy Boatrace, mostrando certa influência do estilo de Tom Sharpe),[21] e fizera diversos trabalhos no rádio e na televisão, como apresentador convidado na MTV e o anfitrião de um programa de documentários da BBC. Em seu tempo livre, ele continuava a disputar – e até vencer – competições de esgrima em todo o mundo, como também, tal qual Nicko, estava tirando brevê de piloto. E agora? Com o sucesso do seu álbum solo na bagagem, começou a pensar em si mesmo como senhor do próprio destino e, lentamente, ele passou a se ressentir de "ficar confinado, tentando se conformar à rotina do Maiden já estabelecida".

---

21 Autor de romances com um humor corrosivo, Thomas Ridley Sharpe, mais conhecido como Tom Sharpe, nasceu em Londres, em 1928, e ganhou o Grande Prêmio de Humor Negro em 1986. Fonte: http://en.wikipedia.org/wiki/Tom_Sharpe. Acesso em: 2/4/2013. (N. E.)

Apesar do sucesso de *Fear of the dark* e do triunfo de Donington, Bruce estava "entediado e procurando desesperadamente outras coisas para fazer". No meio da pausa forçada – para o lançamento das gravações ao vivo do Maiden –, antes de reiniciar a turnê, a Sony perguntou se ele teria interesse em fazer uma sequência para *Tattooed millionaire*. E não foi preciso perguntar duas vezes.

"A Sony, meu selo nos Estados Unidos, me procurou para dizer que queria fazer mais um álbum", ele conta. "Haveria uma grande lacuna no meio da turnê enquanto o disco ao vivo do Maiden seria mixado. Como eu estava compondo um monte de coisas, peguei o Skin emprestado para ser a banda de apoio. Chegamos a fazer várias faixas secundárias, até que Rod me chamou de lado e disse: 'Olha, se você vai fazer um novo trabalho, não faça apenas um disco solo. Faça um disco fodido de tão bom!'. Foi quando percebi que só seguia com a maré, criando minhas coisas da mesma maneira que estávamos conduzindo o Maiden. Então, parei com tudo! E cancelei a coisa toda."

Bruce ainda pretendia fazer seu disco solo, mas "queria fazer algo incomum e insano". Ele voou até Los Angeles, onde começou a trabalhar com o produtor Keith Olsen, na época bastante requisitado após o arrebatador sucesso milionário do álbum *Whitesnake 1987*, produzido por ele.

"Um dos meus discos favoritos era o terceiro do Peter Gabriel, que trazia faixas como 'Intruder' e 'Self Control'", conta Bruce. "De uma forma engraçada, achava o álbum bastante pesado, bem intenso, e queria fazer aquele tipo de coisa: algo que fosse tão sombrio e intenso. Afinal, Keith não era o cara certo, pois não compreendeu o que eu queria, mas, apesar de tudo, seguimos em frente e fizemos várias gravações juntos. Criamos uma série de conceitos que eu jamais tocaria para ninguém, mas também saíram coisas muito interessantes. Soava quase como Bowie."

Uma faixa em particular, chamada "Original sin", fala sobre o relacionamento de Bruce com seu pai. "Tornou-se um marco para mim como artista", diz ele. "De repente, saquei que foi a coisa mais honesta que já fiz em um disco. Àquela altura, percebi que tinha atingido uma encruzilhada criativa, sabe? Pensei: 'Se quiser, posso continuar com o Maiden, mas as coisas não vão mudar'. Ou, então, eu poderia me arriscar e fazer alguma coisa diferente. Sabia que poderia encarar o risco do esquecimento comercial, o que não me assustava, porque já tivera uma carreira sensacional com o Maiden, que é mais do que qualquer um pode querer. Daí, ponderei: 'Se isso é o máximo nesta vida, se é tudo o que estou destinado a fazer, tudo bem'. Mas eu queria ir além e descobrir. Percebi que havia muitas outras coisas que poderia estar fazendo na vida e, portanto, decidi que era hora de sair. Teria de dizer às pessoas agora, e, depois, decidiria o que diabos eu faria, caso ninguém compreendesse."

Após tamanha busca interior, Bruce deu duas notícias a Rod quando foi visitá-lo no estúdio, em Los Angeles. "Eu fiz um buraco no chão da cozinha, passando horas e mais horas pensando em tudo aquilo", Bruce admite. "Embora tentasse bancar o advogado do diabo comigo mesmo, voltava sempre à mesma ideia: 'O que *realmente* quero fazer?'. Eu tinha de parar, porque, para mim, estava ficando falso. Era um sonho que não partilhava mais. Então, Rod voou para Los Angeles e, quando lhe mostrei parte do material gravado, deu para ver a expressão no seu rosto. Sentamos juntos em um canto da sala, e eu disse: 'Como você pôde escutar, é bem diferente. Essa é a boa notícia. A má é que vou deixar a banda'. Ele replicou: 'Acho que você já deve ter pensado bastante nisso'. Respondi que sim, que tinha pensado demais e que aquela era a minha decisão. Rod não falou muito mais depois disso. Eu ainda afirmei: 'Posso acabar me dando bem ou me fodendo, problema meu. Mas estou fazendo isso porque não consigo mais continuar. É um sentimento que tenho. Quero fazer algo diferente'."

Bruce estava decidido. Mas, no curto prazo, essa bomba deixaria ele e a banda com outra difícil decisão a ser tomada. Eles deveriam terminar a turnê ou cancelá-la? "Eu lhes dei a opção", ele diz. "Minhas exatas palavras foram: 'entendo que isso deixa todo mundo em situação embaraçosa, mas vou ser completamente honesto e, se você quiser, eu falo com Steve'. Rod descartou a sugestão: 'Não, não, não. O que quer que você faça, não ligue para Steve. Deixe que eu conto para ele'. Ainda perguntei se ele queria que eu telefonasse para Janick, mas Rod repetiu: 'Não, não, não. Não ligue para ninguém'. Foi Rod quem contou para todo mundo. Mas eu disse que faria a turnê, porque não havia nenhum tipo de rixa entre nós, insistindo que poderia fazer exatamente o que eles quisessem. Se quisessem fazer a turnê, eu faria. Se quisessem gravar um último álbum de estúdio, eu faria. E se quisessem cancelar tudo de imediato, eu também concordaria. Eu toparia cumprir qualquer decisão deles de boa-fé. Foi o que eu disse a Rod."

"Quando demos uma pausa, Bruce foi para Los Angeles fazer seu próximo disco solo", recorda-se Steve. "Duas ou três semanas antes de começar a segunda parte da turnê do *Fear of the dark*, eu estava terminando a mixagem do álbum ao vivo e fui a Portugal por uma semana para descansar antes de retomar os ensaios. De repente, Rod apareceu por lá também. Eu pensei: 'Isso é um pouco esquisito. Por que Rod viria até aqui para me ver'. Sabia que tinha algo rolando. Então, ele me contou que Bruce queria sair. Para ser justo com Bruce, registre-se que foi Rod quem lhe disse para não me telefonar. Não sei o motivo, pois eu teria preferido ouvir isso do próprio Bruce, mas foi o que Rod lhe pediu. Ele próprio queria nos contar. E isso não me incomodou, mesmo. Não fiquei totalmente surpreso pela saída dele, para ser honesto. Todos sabiam os motivos. Obviamente, eram os álbuns solo e o envolvimento de Bruce com qualquer outra coisa que você pudesse imaginar, seus livros, o negócio na tevê e todo o resto. Portanto, sabíamos que, mais cedo ou mais tarde, algo teria de ser sacrificado."

Mas o irritante foi o *timing*: no meio da turnê, as datas vendidas com semanas de antecedência e um álbum ao vivo prestes a ser lançado. Para Steve, isso era um problema gravíssimo, um golpe fatal contra a integridade do grupo. "Pensei: 'Que merda! O que vamos fazer com essa turnê?'. A maioria dos shows estava esgotada. E Rod disse: 'Bem, ele concordou em fazer a turnê e disse que vai tocar com um puta tesão'. Mas, em primeiro lugar, eu lhe perguntei como seria possível sair em turnê, olhar as pessoas nos olhos, sabendo que alguém que está ali não quer mais ficar na banda. Rod respondeu que Bruce poderia fazer a turnê e só sair no final, o que seria um bom fechamento. Então, concordei, dizendo que, se fosse daquele modo, tudo bem. Claro que hoje me arrependo amargamente."

Na verdade, foi uma época bastante ruim para a vida pessoal de Steve. "Eu passava por um divórcio, e, mentalmente, já estava bem para baixo. E pensava: 'Que bosta. Os outros vão me procurar em busca de forças para seguir em frente e, no momento, eu não as tenho'. Pode até chamar de autopiedade, se preferir. Falei com Davey ao telefone e fiquei em dúvida se devia ou não seguir em frente. Porque eu estava mal.

RUN TO THE HILLS

Normalmente, teria dado de ombros e dito: 'Foda-se ele! Vamos chamar outra pessoa'. Mas, naquela ocasião em particular, eu estava muito deprimido. Não tinha forças para enfrentar o problema naquele momento."

A virada veio após algumas rodadas de cervejas. Durante um ensaio feito sem Bruce, em que teve mais bebida do que música, Dave – que, de todos os envolvidos, é quem sempre manteve a cabeça baixa – finalmente falou o que devia ser dito. "Estávamos todos muito abatidos, Steve em especial, e discutimos até mesmo a possibilidade de encerrar", conta o guitarrista. "Mas, depois de algumas cervejas, sabe como é, vem à tona aquela velha fanfarronice. Estávamos todos sentados, debatendo o assunto, e foi provavelmente a primeira longa conversa séria que tivemos em muito tempo. Não me lembro do que estava sendo dito, mas, de repente, fiquei de saco cheio de tudo aquilo e falei: 'Olha, por que diabos a gente deveria desistir só por causa disso? Que se foda. Por que a gente tem que parar de tocar?'. Não tinha planejado dizer aquilo, apenas saiu. Mas todo mundo concordou. Disseram: 'Sim, foda-se isso. Não temos de parar. Por que deveríamos?'. Então, o humor mudou por completo. Tomamos mais alguns drinques, começamos a nos divertir e rir de novo."

"Davey foi quem me deu forças para acreditar que não podíamos desistir", conta Steve. "Pensei até que tinha sido muito besta por sequer considerar o cancelamento da turnê. Em nenhum momento decidi terminar com tudo, mas achei que não teria forças para seguir em frente na época. No final, a força veio do Davey. Depois que ele se pronunciou, dissemos: 'Sim, Bruce está indo embora. E daí? Vamos seguir em frente sem ele'. Desse ponto em diante, tudo ficou bem."

O bom humor deles, contundo, não duraria muito. "No começo foi ok", explica Steve, referindo-se à volta de Bruce para reiniciar a turnê na primavera de 1993. "Fizemos as coletivas de imprensa, nos demos bem, e tudo deu certo. Mas, quando saímos para a turnê... Quer dizer... Eu não esperava que ele cantasse com paixão de verdade, afinal, estava saindo. Sabia que não ia acontecer. Não esperava que ele pegasse o microfone, olhasse o público nos olhos e detonasse, sabe? Mas esperava que ele fosse profissional e cantasse. E tenho de ser honesto com você, todos nós achamos que havia algo muito errado, porque ele não fazia isso. E o pior era que, se ele estivesse fodendo com a turnê inteira, daria para entender até certo ponto, mas isso acontecia em ocasiões específicas.

Foi algo calculado, sabe? Eu realmente queria matá-lo. Droga! Tivemos uma reunião, e eu disse: 'Não queremos brigar, discutir, nem nada dessas besteiras, porque, se acontecer, a turnê estará acabada, e temos de pensar nos fãs. Precisamos ir lá e terminar o que começamos, e ser fortes'. Em Paris, por exemplo, onde a imprensa fica em cima e o show ganha evidência, a performance dele foi muito boa, sabe? Mas, quando tocamos em Nice ou Montpelier ou algum lugar assim, sem grande notoriedade, ele era terrível. Fodidamente terrível. Bruce ficava murmurando, mal cantando coisa alguma. Certa noite, fui até o monitor e disse: 'Que porra tá acontecendo? Nem eu tô conseguindo escutá-lo!'. E o cara da mesa empurrou o volume até o máximo e disse: 'Olha, não tem problema algum aqui. Ele é que fica murmurando no microfone'. Não é brincadeira. Pode perguntar a qualquer um dos outros sobre isso."

"Sei que Steve pensou que eu não estava nem aí", defende-se Bruce. "Minha postura, em todo aquele negócio, foi clara: não seria problema, antes de sair, fazer alguns shows. Podia ser ótimo, gerar uma boa vibração e tudo isso, mas não foi nada legal. A vibração negativa não vinha necessariamente da banda, mas, quando entrávamos, o palco parecia um necrotério. Os fãs do Maiden sabiam que eu ia sair, sabiam que aqueles seriam os últimos shows. De repente, percebi que, como *frontman*, minha situação era terrível. Se dissesse: 'Uau! Esta noite está espetacular', todos pensariam: 'Que idiota. Ele está saindo. Como pode ser espetacular?'. Ou podia dizer: 'Olha, sinto muito... Não quero estragar a noite por estar me despedindo'. De repente, percebi que não tinha saída. Nem a menor ideia de como me comportar diante do público, que também deve ter se sentido ambivalente quanto a tudo aquilo, assim como eu e a própria banda. Acho que eles assumiram que a gente simplesmente daria um grande show... De certo modo, na minha opinião, toda essa coisa foi sintomática, sabe?"

"Bruce diz que não conseguia dar conta, mas ele nunca teve problemas em grandes shows, como Londres e Paris", insiste Steve. "Quando toda a imprensa estava lá, a história era diferente. Ele não tinha dificuldade de mostrar um desempenho exemplar. Repito, nenhum de nós esperava que ele fosse dar cem por cento, ele não poderia; do contrário, não estaria saindo, certo? Mas juro que, em algumas noites, só o que ele fazia era murmurar em meio às canções. Não dava nem para

RUN TO THE HILLS

escutá-lo. Então, poderia nem ter se dado ao trabalho de aparecer. Por isso começamos a ficar putos. Não porque ele estava saindo da banda, mas por detonar o resto da turnê ao não dar tudo de si, o que prometeu que faria."

Bruce vê de forma diferente: "Isso é besteira. É uma completa besteira. O vocal era sempre muito, muito bom. O que eu fiz durante os shows foi decidir que não seria o Sr. Cara Feliz se a *vibe* não estivesse boa. Qual teria sido o ponto de tentar me mostrar indispensável se não estaria mais lá dali a seis meses? Eu percebi isso quando recomeçamos a turnê, percebi onde tinha me metido. Fui ingênuo por me colocar em uma situação dessas, mas minha resposta a tudo é: sim, eu estava tentando de verdade. Estava tentando o máximo que conseguia, todas as noites. Mas, por mais que tentasse, era impossível em certas noites. Um show de rock deve ser uma celebração, e não uma vigília".

Para ficar registrado nos autos: com exceção de Janick, que manteve um bom relacionamento pessoal com o cantor, todos os demais membros do Maiden insistiram que Bruce foi uma vergonha naquela última fase da turnê de 1993, recompondo-se no palco somente nas datas mais prestigiosas e importantes, e emendando performances incoerentes, sem coração e vacilantes durante o resto do tempo. São acusações que Bruce refuta com veemência e, sem dúvida, continuará a fazê-lo até o dia da sua morte.

Em busca de uma visão um pouco mais imparcial sobre o que realmente aconteceu naqueles shows, recorri ao *tour manager* e associado de longa data do Maiden, Dickie Bell, que manifestou suas impressões. "Quando Bruce mandava bem, ele era muito, muito bom. Mas, quando ia mal, era uma porra, um desastre completo. Até onde dava para perceber, em algumas noites, ele nem se importava com o vocal. Mas eu tentava ficar fora daquilo. Ficou óbvio para todo mundo que eles não estavam se entendendo. Bruce era sempre o último a chegar para o show, e, todas as noites, o último a sair do camarim para entrar no palco, o que, na minha experiência com bandas, sempre é um mau sinal. Bruce faz jogos mentais; ele age como se realmente não soubesse o que acontece à sua volta na maior parte do tempo, mas nunca deixa passar nada. Na verdade, tinha chegado a hora de ele sair. Aquela situação não fazia bem para nenhum dos lados."

A última performance pública de Bruce Dickinson com o Iron Maiden está no vídeo *Raising hell*, filmado no Elstree Studios, em agosto de 1993. Foi um "concerto de música e magia" transmitido ao vivo pela MTV para todo o mundo, na modalidade *pay-per-view*. Assim, o último show da banda com Bruce foi finalizado com as palhaçadas do mágico inglês Simon Drake.

"Eu gostei desse show, mas não me lembro de ter dito adeus", diz Bruce. "Foi uma forma bem esquisita de partir. Após o show, tomei algumas cervejas e fui para casa dormir. Como era no Pinewood Studios, tive a sensação de que estava em um *set* de cinema; eu saí às três da manhã da festa, e tudo estava escuro e solitário. Foi algo bastante melancólico."

Steve, após o término do show, ficou inevitavelmente amargurado com os eventos mais recentes, e ainda hoje suas memórias são tingidas de sentimentos acres, partilhados por Nicko e Davey. "Todo mundo dizia quão aquilo tudo era triste, mas, para ser brutalmente honesto com você, àquela altura a gente não via a hora de se livrar dele", conta o baterista. "Só queríamos acabar logo com aquilo. Foi um bom show, e Bruce estava no seu auge, completamente. Claro que estava. As câmeras estavam todas nele! Acho que depois nós ficamos bêbados. Não lembro muito bem. Não foi exatamente a última noite de turnê mais feliz que tivemos."

Na coletiva de imprensa, convocada no início do segundo braço da turnê, em março, eles mencionaram a velha desculpa das "diferenças musicais". Mas, agora, imediatamente após o rompimento, houve uma séria troca de farpas na mídia, em particular por parte de Bruce, que parecia determinado a se distanciar por completo da banda.

"Ok, eu sei como é dar entrevistas e ser citado fora do contexto", diz Steve. "Entendo isso tudo. Mas estava acontecendo em todos os lugares. Nossa atitude foi não morder a isca, não íamos entrar nesse tipo de disputa. Nós só estamos falando sobre isso agora porque é para este livro, e é importante fazer o registro adequado. No final das contas, ele estava fodendo com tudo. Basicamente, eram os fãs do Maiden que estaria insultando também se decidisse entrar em guerra com a banda. Ele estava tentando diminuir seu passado."

"Sim, teve um pouco disso de ambos os lados", confirma Bruce. "Provavelmente, foi o padrão. Mas, independente dos meus sentimentos quanto a Steve, eu sei que ele é quem é: um cara extremamente talentoso e muito honesto. Isso é algo que pode ser dito sobre Steve. Acho que não existe sequer um único desvio nele. Mas ninguém é perfeito, graças a Deus. Eu tenho as minhas culpas, minhas doideiras, e às vezes saí pela tangente, além de tudo o mais que as pessoas me acusam de ter feito. Todos têm seus próprios esqueletos no armário, mas todo mundo no Iron Maiden é gente muito decente. Foi só um desgaste depois de tanto tempo, algo comum em uma banda. Afinal, ficamos juntos por 12 anos. De vez em quando, porém, acho que eu deveria ter saído em 1986, antes de *Somewhere in time*, sabe? Mas tudo isso ficou para trás."

No meio de tantas farpas, surgiram boas novas para os fãs do Maiden. A banda disponibilizou dois excelentes discos ao vivo: *A real live one*, lançado em 22 de março de 1993, e seu companheiro no inferno, *A real dead one*, em 18 de outubro. Ambos chegaram ao *Top 10* da Inglaterra. Como anunciado, os registros da banda em ação no palco foram amplamente melhorados em relação ao seu predecessor, lançado oito anos antes. Todo o calor do público e o entusiasmo – que caíram fora de *Live after death* em prol de mais potência e velocidade – foram capturados com primor e receberam destaque nas duas mais recentes ofertas do Maiden ao vivo. Enquanto *A real live one* trazia 11 dos momentos mais favoritos do público datados do período pós-1985, as 12 faixas de *A real dead one* escavavam fundo os primórdios da banda. Gravados durante a primeira metade da turnê mundial do *Fear of the dark* no verão de 1992, Bruce soa magnífico, e a banda nunca pareceu tão coesa. Um ouvinte jamais poderia adivinhar o que estaria prestes a acontecer.

Outra mudança que os novos discos ao vivo do Maiden trouxeram foi a saída do produtor Martin Birch, que tinha decidido se aposentar. "Eu já tomara minha decisão quando Bruce anunciou sua saída; então, as duas coisas não têm relação", ele diz. "Com *Fear of the dark*, achei que a banda tinha voltado aos trilhos. No começo, até julgava que fosse hora de eles mudarem de produtor. Mas, quando começamos a trabalhar, fiquei totalmente imerso, e adorei cada minuto. É um álbum espetacular. Depois, fui conversar com Steve de novo, e lhe perguntei se não era hora de a banda mudar de produtor. Ele olhou para mim, surpreso, mas era o que eu sentia. Afinal, estávamos juntos havia bastante tempo. Àquela altura, eu estava cansado de fazer discos e, pouco depois, parei de trabalhar. Se, de fato, eu não queria mais ir para o estúdio, não seria justo continuar. Não queria nada que fosse menos de cem por cento para Steve e o Maiden. Fizemos discos juntos durante muitos anos, mas chega uma hora em que você precisa seguir em frente." Daquele ponto em diante, Steve, que sempre trabalhara muito próximo de Martin no estúdio, passou a supervisionar a produção de todos os álbuns do Maiden com a ajuda de Nigel Green, engenheiro de som de longa data, que se tornou o produtor da banda.

"Martin decidiu se aposentar", confirma Steve. "Ele vinha fazendo um álbum atrás do outro nos últimos 25 anos, sabe? Foi direto do nosso disco para o do Whitesnake ou algo assim. A lista de pessoas com quem ele trabalhou é maior que meu braço, e acho que ele chegou a um ponto em que queria cuidar das suas coisas e jogar golfe. Foi quando mixei o material ao vivo, os dois *singles* ao vivo e, desde então, venho produzindo todas as nossas coisas ao lado do Nigel Green. Para dizer a verdade, coproduzi os últimos discos do Maiden com Martin; então, sabia o que estava fazendo. Foi uma progressão natural."

Claro, a questão mais urgente para o Maiden era encontrar um novo cantor. Eles fizeram um anúncio, procurando um substituto para Bruce em março, quando o *frontman* confirmou sua saída. Posteriormente, o escritório foi inundado por milhares de fitas, CDs e vídeos de esperançosos aspirantes a vocalistas do Maiden de todo o mundo. Com a turnê concluída, era hora de sentar e analisar a montanha de gravações que se empilhavam. Seria uma tarefa hercúlea, que levaria meses a fio até ser completada.

"Nós escutamos todos os cantores das fitas que recebemos", conta Steve, enchendo as bochechas e bufando. "Foi uma das tarefas mais difíceis que já fizemos. Havia muita gente excelente, mas ninguém que fosse cem por cento certo para o Maiden. Havia um cara que soava igualzinho ao Geoff Tate, do Queensrÿche, que tinha ótima voz, mas não queríamos uma sonoridade parecida. Outro cara parecia o Ronnie James Dio, ex-vocalista do Rainbow e do Black Sabbath, em um lado da sua fita, mas, do outro, era igual ao ex-vocalista do Deep Purple Glenn Hughes. Os dois são cantores fantásticos, mas eu disse ao cara: 'Não quero escutar Ronnie James Dio ou Glenn Hughes. Quero escutar você'."

Finalmente, foi anunciado em janeiro de 1994 que o sucessor de Bruce Dickinson no Maiden seria Blaze Bayley, até então vocalista do

RUN TO THE HILLS

Wolfsbane, uma banda de punk metal com base em Birmingham. Poucos fãs íntimos do Maiden ficaram surpresos. É como Dave Ling, jornalista da *Metal Hammer* e renomado arquivista do Maiden, diz: "Não precisava ser nenhum Nostradamus para prever a saída do Bruce. Nem foi um grande choque quando Blaze o substituiu, já que Steve nunca fez segredo da sua admiração por ele". A banda tinha conhecido seu futuro vocalista quando o Wolfsbane abriu para o Maiden na turnê britânica de 1990. Blaze – que até mesmo tem uma forte semelhança física com este, nos dias em que Bruce ainda tinha cabelos compridos – causou boa impressão imediatamente em Steve e Nicko, embora por motivos diferentes.

"Eu costumava escutá-lo praticando, aquecendo sua voz antes do show, e dava para dizer que, como cantor, ele era capaz de bem mais do que fazia no Wolfsbane", diz Steve. "Eu só achava que ele era um animal festeiro", diz Nicko.

Na verdade, Blaze era ambos, e muito mais, e, como tal, sempre foi o favorito para conseguir o emprego. De fato, Blaze foi um dos primeiros candidatos que Steve contatou pessoalmente. Isso ocorreu logo nas primeiras semanas que se seguiram ao choque do anúncio de Bruce, mas, com o Wolfsbane prestes a lançar seu álbum ao vivo e embarcar em turnê pela Inglaterra, Blaze relutantemente declinou da oferta. Ele ficou lisonjeado, mas o *timing* era péssimo. Steve entendeu perfeitamente – lealdade à banda é uma qualidade que ele sempre teve em alta estima.

Mas o que ele só soube muito mais tarde foi que Blaze mudou de ideia. "Quase no mesmo momento em que desliguei o telefone", conta o vocalista. Lealdade é uma coisa, mas ser fiel, além do necessário, era outra. Blaze já sabia, no seu coração, que o "Wolfsbane jamais chegaria lá". Foram três discos de estúdio, um álbum ao vivo, um miniálbum e um punhado de *singles* dos quais ninguém se lembrava, embora sempre tivessem boas críticas. Assim, como Blaze diz, "o Wolfsbane tinha queimado todos os seus cartuchos". Apesar disso, agarrou-se àquela última turnê e, somente quando a banda começou a discutir material para seu próximo disco de estúdio, ele percebeu que a busca por novas ideias estava sem direção: "A banda estava se afastando do verdadeiro heavy metal, e o som que ela fazia já não se encaixava mais na minha voz". Então, ele pegou o telefone.

"Passaram-se alguns meses desde o primeiro contato. Nós fizemos a turnê e deveríamos começar a compor para o álbum seguinte, mas decidi que não queria fazer aquilo", confidencia ele. "Então, telefonei para Steve e disse: 'Já encontraram alguém? Porque eu gostaria de fazer uma audição com a banda. Realmente, quero cantar com vocês'."

"Blaze era o cara que eu tinha em mente para testar de verdade", diz Steve. "Mas ele ainda estava com o Wolfsbane e, como a gente tinha tempo e não planejava fazer um álbum tão já, decidi que levaríamos o tempo que fosse necessário, até ter certeza de fazer a escolha certa. Mas sempre senti que Blaze poderia ser o cara. Para ser honesto, outros, dentro da banda, não tinham essa certeza. Reconheciam que ele mandava bem no palco e aceitavam todo o resto, mas não sabiam se sua voz seria adequada para o Maiden. Mas há uma qualidade vocal nele que eu tinha notado, uma riqueza que, de vez em quando, se perdia no Wolfsbane. Não me entenda mal, o Wolfsbane foi uma boa banda, mas era uma forma diferente de cantar, e eu achava que ele poderia ser bom para o Maiden. Além disso, ele era um cara legal. Durante a turnê, costumávamos andar juntos."

Quando Blaze ligou de volta, havia apenas um candidato sério para ameaçá-lo, um jovem vocalista britânico com "um soberbo conjunto de recursos", como se lembra Steve. O garoto esperançoso se chamava Dougie White. "Fizemos gravações dos dois cantando algumas faixas do Maiden, limando os vocais do Bruce. Quando toquei ambas as gravações para o resto do pessoal, Nicko bateu o martelo na hora. Todos concordaram que Dougie tinha uma voz excepcional, mas não havia certeza de que ele soava correto para a banda. Então, rodei a fita do Blaze, e Nicko falou no ato: 'Agora sim! Isso é Iron Maiden, não?'. E eu respondi: 'Sim. Parece que faz sentido. Se encaixa'." Depois dessa audição, o Maiden já sabia que tinha encontrado seu homem. Posteriormente, Dougie entraria para o Rainbow.

"Blaze pode não ser tecnicamente tão bom quanto Dougie White, mas ele fica em algum lugar entre, digamos, Paul e Bruce. Talvez, tenha sido por isso que se encaixou tão bem", explica Steve. "A única preocupação era que Blaze nunca tinha feito um *set* realmente longo na turnê. Seu show mais longo não passava de uma hora. Eu não sabia o que um *set* com duas horas de duração, todas as noites, faria com a voz dele. Ele também estava preocupado com isso. Mas só o que você pode fazer é seguir em frente para ver o que acontece. E, para nossa sorte, deu tudo certo. É ótimo tê-lo na banda, porque seu entusiasmo é inacreditável. Assim como o de Janick também, e Nicko é um maluco de qualquer jeito... É até bom que eu e Davey sejamos mais quietos; entende o que quero dizer?"

Havia similaridades óbvias entre Blaze e Bruce: quase a mesma altura, a compleição robusta e, como cantor, aquela intensidade maníaca. O sucessor, porém, inaugurou um novo tempo para o Maiden. Bruce podia ter mais qualidades vocais, mas é a voz do novo integrante que traz uma nova paixão. Se Bruce sempre deu a impressão de estar além do Maiden, sem mostrar disposição de ser contido, Blaze demonstra a confiança e a grandeza de um rei que esperou muito tempo para se sentar no trono.

Blaze Bayley – cujo nome verdadeiro é Bayley Cook – nasceu em Birmingham, em 19 de maio de 1963. "Eu costumo mentir minha idade", sorri ele. "Você só saberá a verdade se estiver lendo este livro! Blaze era meu apelido na escola; então, passei a usá-lo quando comecei na música. Eram bandas do estilo glam metal, como o Mötley Crüe, e a galera estava bastante envolvida naquela cena, tentando ser ultrajante e inventando nomes estúpidos, uns para os outros, que acabaram pegando. Não sei bem por que me chamavam de Blaze. O apelido do baixista era Slut Wrecker, o que é autoexplicativo. As pessoas sempre acharam que meu primeiro nome, na verdade, fosse meu sobrenome; por isso, achei que devia manter assim e comecei a ficar conhecido como Blaze. Até chamo a mim mesmo de Blaze até hoje."

Nas próprias palavras de Blaze, a família Cook "era uma zona". "Eu não tive irmãos até os 11 anos. Primeiro, pelo lado do meu pai, ganhei um irmão. E um tempo depois, pelo lado da minha mãe, mais outro e, depois, mais outra. Enquanto estava crescendo, eu vivia com minha mãe, hoje falecida. Tanto ela como meu pai se casaram novamente, com pessoas divorciadas e... Bom, isso é parte constituinte da minha personalidade, e da forma como sou. Acho que várias pessoas de... Não gosto de usar o termo "lares partidos", mas várias pessoas que vêm de famílias que não são completas ou normais – seja normal o que for – acabam fazendo coisas criativas. Isso lhes dá uma inclinação diferente. Sabe o que estou querendo dizer?" Sim, é claro, basta considerar a vida familiar dos seus predecessores, Bruce Dickinson e Paul Di'Anno, para ver o que ele quer dizer.

Como os dois cantores anteriores do Maiden, Blaze também cresceu sentindo-se um estranho no ninho. "Isso, sem dúvida, fez de mim um cara estranho, mas também moldou parte da minha ambição, e foi a origem de alguns dos meus demônios, com os quais tenho de lidar."

Na época em que Blaze nasceu, seus pais mal tinham completado 20 anos, e acharam a inesperada chegada de um bebê algo quase impossível de se lidar. "Meu pai estudava teatro na época e era muito jovem", ele explica. "Minha mãe devia ter 20 anos quando eu nasci. Quer dizer, sou bem mais velho do que os dois quando se casaram. Quando paro para pensar nos relacionamentos que tive e nas coisas que me aconteceram, penso: 'Meu Deus! Como deve ter sido a situação deles?'. Dois jovens com um bebê tentando construir uma vida juntos... Não consigo imaginar a dureza que foi."

Como resultado, o casamento não durou muito. Embora tenha mantido contato com o pai, Blaze viveu sozinho com a mãe até os 11 anos, quando ela se casou de novo. "Antes disso, meu avô tinha um terreno onde criava alguns patos e gansos, na frente de um rio. Minha mãe alugou um trailer, e ficamos vivendo lá", conta ele. "Éramos pobres. Não tivemos televisão até meus 9 anos, e só ouvíamos rádio. Éramos só nós dois, eu e minha mãe, mas tudo bem. Quando você é criança, não percebe que é pobre. Somente agora, quando olho para trás, vejo como éramos totalmente duros."

O que salvou a lavoura foi uma repentina e arrebatadora paixão pela música, em especial o punk rock, que dominou a cena musical britânica quando Blaze tinha 14 anos. "De repente, havia Blondie, Sex Pistols e The Damned and The Jam", ele sorri. "Tudo se fundiu em uma coisa só com minha adolescência. Tudo era cru. Tudo era vivo. Tudo tinha significado. Aquilo simplesmente fazia minha cabeça. Como não podia usar minha vitrola dentro de casa, por causa da pessoa com quem minha mãe se casou, costumava frequentar a casa dos meus amigos. E conheci todo o outro lado da música, porque fuçava a coleção de discos deles. Assim, escutei o primeiro disco do Black Sabbath e o *Led Zep IV*. Achei sensacional! Não conseguia acreditar no som daquelas bandas. Como explicar aquilo? E tudo isso tinha sido esmagado pela energia e atitude do punk. Mas, para mim, era tudo a mesma coisa. Não sentia que fosse preciso escolher. Apenas escutava tudo o que havia ao meu redor. Tudo que fosse alto."

Com um parquinho natural como cenário, não demorou muito para que o adolescente Blaze começasse a fantasiar, pensando ser cantor. "Sempre falava sobre entrar em uma banda, assim como todo mundo na escola. Aos 16 anos, pensei em ir morar com meu pai, porque a situação com meu padrasto ficava feia às vezes. Mas eu também não me dava muito bem com meu pai verdadeiro. Ele não era fácil de conversar, também não tinha interesse em música. Era soturno, de pavio curto, uma pessoa com muitas frustrações. Então, minha situação era muito... Foi isso que me fez pensar de formas diferentes."

Blaze saiu da escola em 1980 com boas notas em Arte (cerâmica e artesanato). "E uma péssima atitude", ele diz. Sem interesse por qualquer coisa a não ser virar cantor em tempo integral, começou sua vida fazendo pequenos serviços. Ele se inscreveu em um YTS (Youth Training Scheme),[22] e acabou "trabalhando em troca de centavos" no depósito de uma fábrica de móveis. "Foi horrível. Só trevas e dor. Passava o tempo todo empilhando peças de móveis na traseira dos caminhões, sendo abusado pelo capataz. Um trampo terrível."

Mas ele se deu bem quando começou a trabalhar como porteiro noturno em um hotel de Tamworth. "O serviço perfeito para alguém que não queria trabalhar. Após as duas da manhã, até as cinco, era o horário mágico. Tudo ficava em silêncio, e não havia absolutamente mais nada para fazer. Foi durante um desses momentos que pensei: 'Minha vida não está indo para lugar algum. Que porra!'. Como eu tinha de passar a noite inteira ali, ficava escutando música. Pegava fitas emprestadas e ouvia qualquer coisa que estivesse rolando. Tudo o que fosse rock. Depois de passar o aspirador no saguão, pegava as fitas e ficava cantando junto."

Seu cantor favorito era Ronnie James Dio, que foi vocalista do Rainbow e Black Sabbath e, posteriormente, seguiu carreira solo. "A maior voz do rock, sem a menor dúvida", diz. "Eu tinha tudo o que ele já gravara, desde seu primeiro grupo, o Elf. Encontrei-o uma vez, mas levei,

---

22 Antigo curso britânico de treinamento para jovens entre 16 e 17 anos. (N. T.)

sei lá, acho que uma hora até conseguir falar com ele. Mas era ótimo ouvir seus álbuns, e cantar junto. No meio da madrugada, lá no hotel, dava para se soltar. Não tinha ninguém por perto. Sempre adorei cantar; é uma coisa tão bela e natural. Depois, comecei a escrever um monte de poemas também. Ficava horas escutando música, escrevendo e cantando. Rodava a fita, com os discos gravados, e ficava ali, sozinho, escutando o som da minha voz em uma sala grande."

Mas um cantor precisa de uma banda e, nesse departamento, Blaze tinha sido espetacularmente malsucedido. "Fiz teste para diversas bandas, mas exagerava demais, era muito extremo, e isso assustava um pouco", ele admite. "Mas eu só estava tentando fazer o que qualquer astro do rock faz quando é jovem. Não sou uma pessoa muito quieta. Tenho meus momentos de quietude, mas, na maioria das vezes, sou bem maluquinho. Uma vez, consegui uma audição com a Child's Play, uma banda que tocava um som no estilo Thin Lizzy, e eles disseram: 'Vamos fazer um teste e ver como a coisa flui'. Nós fizemos alguns ensaios, mas, depois de um mês, falaram: 'Você não é o que estamos procurando. Queremos um tipo de voz diferente'."

Seu primeiro trampo de verdade, na área musical, veio por meio da sessão de anúncios de um jornal local, o *The Tamworth Herald*. "Eu reparei no nome, Wolfsbane", lembra-se Blaze. "Depois, descobri que é uma planta, de flores roxas, que só floresce à luz da Lua e é altamente venenosa, mas também tem propriedades medicinais. Claro, não sabia disso quando fiz o teste com eles. Só achava um nome bacana."

O Wolfsbane, um quarteto que chamou a atenção da imprensa musical em meados dos anos 1980, fazia um rock no estilo Van Halen. A banda prosperou participando de turnês e fazendo performances poderosas, que incitavam o público. O núcleo criativo da banda era formado pelo baixista Jeff Hately e o guitarrista Jason Edwards, com Blaze escrevendo a maioria das letras. Originalmente, a namorada de Blaze era baterista da banda, mas, em menos de um ano, ela decidiu sair e foi substituída por Steve Danger.

"O negócio é que eles não conseguiam outro vocalista, e eu não conseguia outra banda", sorri Blaze. "Nenhum de nós era bom o bastante para entrar na banda de outra pessoa, e foi isso que nos manteve juntos e que nos fez progredir tão rapidamente. Éramos uma banda ultrajante, que chocava, que abusava do público e tudo o mais. Nunca fomos processados, manufaturados ou digeridos. Fomos forjados pela peleja dos shows diários, em que tudo o que você tem é o que defende. Por causa disso, havia pessoas que gostavam de assistir aos shows e comprar nossos discos."

Em uma carreira de gravações diversas, o Wolfsbane nunca careceu de apoio da imprensa musical. Em 1988, Rick Rubin, do então recém-estabelecido selo Def American, assinou com eles. Na época, o Wolfsbane já aparecera nas capas das revistas *Kerrang!* e *Sounds*. Seu primeiro álbum para a Def American, *Live fast, die fast*, foi gravado em Los Angeles por insistência de Rubin, e lançado com grande burburinho na mídia no verão de 1989. Apesar da boa recepção da crítica, não subiu nas paradas. "O álbum não foi tão bem em termos de vendas", lamenta Blaze. "Deve ter vendido 25 mil cópias, o que não é ruim. Recebemos bom apoio da imprensa, mas, na verdade, foi por causa de todo o contexto: éramos uma banda perversa e ultrajante, além de estarmos com Rubin, que era tido como o guru do que é *cool*. Se estávamos naquele selo, então deveríamos ser *cool* também."

Em 1990, a banda lançou um miniálbum de seis faixas, *All hell's breaking loose at little Kathy Wilson's place*. Mais uma vez, a despeito de brilhantes resenhas, o disco não entrou para as paradas britânicas, embora o Wolfsbane tenha gozado de boa sorte quando conseguiu ser escolhido para ser o grupo de apoio da turnê britânica do Iron Maiden do *No prayer for the dying*.

"Foi um sonho realizado", conta Blaze. "Eu gostava do Maiden. Tinha alguns dos seus álbuns e visto o show deles duas ou três vezes. Achava uma grande banda. Naquele velho hotel em que trabalhava, eu sempre ouvia *Number of the beast* e *Piece of mind*. Eu tinha gravado os dois discos em cassete e costumava tocar as fitas o tempo todo. Naquela turnê, foi a primeira vez que conversei com Steve. Logo depois do show do Wolfsbane, ele me falou: 'É bom ter uma banda jovem que pode dar uma sacudida em nós'. Eu não esperava. Foi revigorante. E ele ainda diz isso até hoje, sempre que temos uma banda nova abrindo para o Maiden, ele fala: 'Ótimo. Vocês foram muito bem hoje. Agora temos algo para fazer'."

Blaze lembra-se da turnê com emoção. "Dávamos bis todas as noites, e foi a fase mais sensacional da minha vida até então', afirma o vocalista. "Quando chegamos ao Hammersmith Odeon, no último dia da temporada, foi horrível ter de voltar para casa depois. Eu não queria ir de jeito nenhum. Queria continuar abrindo para o Maiden em todos os lugares."

A turnê foi um grande sucesso para as duas bandas. Entretanto, isso não impediu que Blaze tentasse superar o cantor do show principal. "Noite após noite, a missão da minha vida era destruir Bruce Dickinson. Eu assistia cuidadosamente à performance dele, escutava o que dizia, observava a maneira como ele fazia as coisas e, no show da noite seguinte, tentava superá-lo. Bruce é um dos maiores vocalistas de todos os tempos, vamos começar dizendo justamente isso. Ele já esteve em todas as partes, tocou em alguns dos maiores shows de rock, liderou uma das melhores bandas e gravou alguns dos álbuns mais clássicos. Mas nós éramos arrogantes pra cacete. Não temíamos ninguém. Trabalhávamos para detonar com qualquer um. Então, eu pensei: 'Bom, se ele escala os monitores pela lateral, vou conseguir subir neles. Se ele coloca o pé sobre o monitor, eu vou tentar chegar até o público. Se ele trota pelo palco, eu vou correr'. Eu mergulhei nessa coisa de tentar derrotá-lo, o que é estranho se você considerar o que aconteceu depois."

Um segundo álbum completo do Wolfsbane, *Downfall of the good guys*, foi lançado em 1992, mas, então, até mesmo os críticos perderam a paciência com a consistente falta de sucesso da banda nas paradas. Quando eles não conseguiram melhorar a situação, Blaze soube: "Nosso destino estava traçado". Haveria apenas mais um disco, lançado em 1993, o ao vivo *Massive noise injection*. "Foi gravado durante um show no Marquee, e é um álbum ao vivo na melhor tradição do gênero: um caos completo!" Antes que eles pudessem começar a trabalhar no próximo álbum de estúdio, entretanto, Blaze se envolveu com o Maiden e anunciou sua saída da banda. Com efeito, enfatizando a fragilidade da situação que deixou para trás, o Wolfsbane se desintegrou imediatamente em seguida.

"Foi um inferno", ele diz hoje. "Todo mundo achava que eu era a pessoa mais óbvia para assumir o papel do Bruce no Maiden, exceto eu. Minha lealdade com o Wolfsbane era tanta, que nem ao menos conseguia considerar aquilo. O Wolfsbane permanecera junto, colados uns aos outros, por todos os períodos difíceis que enfrentamos, sempre juntos, mas, no final da nossa última turnê, eu soube que a banda jamais conseguiria chegar lá. Os negócios que Jeff e Jase estavam pensando em produzir era mais para o estilo tipo punk do Manic Street Preachers do que heavy metal de verdade, e simplesmente não se enquadrava na minha voz. Foi quando liguei para Steve."

Blaze não hesita em admitir: "Entrar para o Iron Maiden mudou minha vida por completo. Poucos dias antes do Natal de 1993, Steve ligou lá em casa e falou: 'Venha aqui para uma reunião comigo e Rod'. Ele não disse: 'Queremos você na banda'. Foi algo mais ou menos assim: 'Bem, se quiser, você está dentro'. O que é bem típico dele. E eu fiquei petrificado. Mesmo. Estava muito feliz porque tinha conseguido, mas petrifiquei. De repente, me vi de frente com uma vida completamente diferente. Eu mal tive qualquer outro tipo de vida fora de uma banda e da música. Até aquele ponto, era Blaze Bayley, do Wolfsbane. Mas, agora, eu seria Blaze Bayley, do Iron Maiden! Foi uma experiência estranha. Levou um tempão até que eu absorvesse tudo. Fiquei eufórico. Havia uma garrafa de champanhe, que eu deixava debaixo da pia, e a abri naquela noite. Tomei a champanhe inteira, sozinho, fiquei bêbado e comecei a olhar o *AutoMart* para saber quanto custava um Jaguar".

Em janeiro de 1994, começou o trabalho de composição para o primeiro álbum com Blaze como vocalista. Gravado no estúdio caseiro improvisado de Steve (hoje chamado Barnyard), o novo petardo levaria um ano até ser completado.

"Não queríamos escrever qualquer coisa até que tivéssemos o novo cantor", explica Steve. "Sabíamos que seria importante, quem quer que ele fosse, que se sentisse parte do processo de composição. Na verdade, Blaze nos disse: 'Qual direção vocês querem seguir?'. Demos risada. Explicamos que não seguíamos nenhum direcionamento; apenas escrevíamos as melhores canções que conseguíssemos. Não há direção. O que sair, saiu, e, se for bom, a gente usa. Se não, tentamos usar em um lado B ou descartamos. Ele não conseguia acreditar, e disse: 'Puta merda. Isso é incrível. Estar em uma banda e fazer exatamente o que se quer'. Eu respondi: 'Isso não é decorrência de uma situação em que podemos nos dar esse luxo. Sempre fizemos assim. Nunca nos importamos com o que qualquer bastardo diga'."

O que foi muito bom, em termos de preparação. O lançamento de *The x factor*, em outubro de 1995, foi recepcionado por resenhas mordazes e ataques contra a banda. Desde *Killers*, eles não recebiam críticas tão ferozmente pesadas, com os críticos metralhando tudo, em especial o novo cantor, que entendiam como sendo o "tom sombrio" do material (o que não era de todo sem razão).

Até mesmo fãs de longa data do Maiden, como Dave Ling, ficaram perplexos pela direção imprevista do novo álbum da banda. "Pessoalmente, pensei que era um grande erro, e ainda acho assim", ele fala. "Apesar de ser um dos críticos mais severos do Wolfsbane, me pediram gentilmente que escrevesse a resenha do *The x factor* quando me apresentaram três faixas, acredito que cuidadosamente selecionadas, na sala da diretoria da Sanctuary, o que fez com que eu engolisse minhas palavras. Saí de lá delirante. Até mesmo parabenizei Blaze por sua performance na festa de lançamento do álbum. Mas, após ter escutado o disco inteiro, a imensidão da tolice deles ficou clara."

Após passar um ano trabalhando duro, a banda ficou confusa e decepcionada pelas críticas que *The x factor* recebeu. Steve ainda afirma hoje: "É um dos três melhores álbuns que já fiz, sendo os outros dois *Piece Of Mind* e *Seventh son of a seventh son*". O que se tornou ainda mais difícil para eles entenderem, depois das terríveis resenhas na Inglaterra, foi o fato de que *The x factor* venceu o "prêmio de melhor disco do ano" tanto na França como na Alemanha, e revitalizou a carreira da banda nos Estados Unidos.

"Achei um álbum especial", insiste Steve. "Goste ou não, havia aquela pressão adicional de nos darmos bem por causa do novo cantor; então, realmente desviamos nosso caminho para tentar torná-lo o mais forte possível. Acabamos fazendo 14 canções, mas usamos só 11, o que é incomum para nós. Em geral, usamos tudo o que gravamos, sabe? Fizemos um álbum duplo digno do material, motivo pelo qual demorou tanto tempo. Para mim, é como se fosse uma extensão do *Seventh son...*, em termos do caráter progressivo entre esses dois discos. É um álbum bem sinistro, em parte por eu estar enfrentando tantos problemas pessoais na época. Sem a menor dúvida, isso se refletiu liricamente. Mas não sou só eu. Blaze tem um lado bem sombrio também. Ele pode ser o Senhor Festeiro, mas também tem aquela face de Senhor Homem das Sombras."

Não há dúvida de que *The x factor* foi o disco mais sombrio e direcionado para ouvintes adultos que o Iron Maiden já tinha produzido. Por isso, não foi surpresa quando muitos dos seus críticos na Inglaterra (bem mais jovens) demonstraram dificuldade de compreendê-lo. As histórias em quadrinhos de terror e os filmes de ficção científica da era Bruce saíram para dar lugar a reflexões mais verdadeiras das pessoas na casa dos 30 anos, com algo mais a dizer sobre a vida do que as vicissitudes de viagem no tempo ou questionamentos sobre as pirâmides.

Steve, por sua vez, tinha atravessado um doloroso divórcio. Seu casamento com a paixão da sua infância, Lorraine, terminara após 16 anos juntos. Havia quatro crianças para cuidar: Lauren na época com 10; Kerry, 8; Faye, 6; e George, 4. O baixista admite agora: "Foi o período mais difícil da minha vida". E a saída de Bruce exacerbou ainda mais a situação. "Achei bem difícil lidar com tudo aquilo. Como eu disse, se não fosse pela força do Davey e dos outros, não sei se teríamos sobrevivido."

Como resultado, das 11 faixas de *The x factor*, pelo menos dez podem ser compreendidas como diários desesperados do próprio inferno pessoal de Steve. Três das quatro faixas que ele compôs sozinho falam de rompimentos: "Sign of the cross", *opus* melancólico de 11 minutos que abre o álbum; "Fortunes of war" e "Judgement of heaven". Elas não são especificamente sobre o fim do seu casamento ou mesmo a saída de Bruce, mas sobre rupturas mais confusas e dolorosas que ocorreram dentro dele. Dúvidas que o cercavam como uma nuvem de moscas, descritas em versos como: *I've felt like suicide a dozen times or more/ But that's the easy way, the selfish way/ The hardest part is to get on with your life* (Tive vontade de me suicidar uma dúzia de vezes ou mais/ Mas este é o caminho fácil, o caminho egoísta/ A parte mais difícil é seguir com minha vida), na canção "Judgement of heaven". Outro exemplo: *Why then is God still protecting me/ Even when I don't deserve it?* (Por que Deus ainda está me protegendo/ Mesmo quando não mereço?), como ele escreve em "Sign of the cross". Mais pungente, sua quarta contribuição para o álbum, "Blood on the world's hands", revela seus medos em relação ao futuro dos filhos: *Somewhere there's someone starving/ Another savage raping/ Meanwhile there's someone laughing/ At us* (Em algum

BLAZE

lugar alguém está passando fome/ Outro estupro selvagem/ Enquanto isso, tem alguém rindo/ De nós).

É irônico. Logo quando Bruce Dickinson deixou a banda por sentir que ela jamais quebraria o nicho de metal cartunesco, ocupado durante anos com muito sucesso, Steve atravessa um ponto da sua vida em que descarrega os sentimentos e emoções, mudando drasticamente sua música, agora criada para o novo cantor. Até mesmo as faixas em que Steve é apenas o coescritor – "Look for the truth", "The aftermath", "The edge of darkness" e "2am", que ele fez com Blaze e Janick, além de "Lord of the flies" e "The unbeliever", que escreveu com Janick – parecem ser, após um exame mais apropriado, sobre a mesma coisa. Musicalmente, a banda também nunca tinha soado tão calma e estudada, liberando a verdadeira força do seu poder em vendavais sombrios que explodem apenas ocasionalmente, o perfeito contraponto sísmico à solidão e ao desespero das letras.

Talvez não seja coincidência que a faixa escolhida para primeiro *single* do álbum tenha sido "Man on the edge", de Blaze e Janick, única música da qual Steve não participou (e mais "para cima" em comparação com todo o material). Foi direto para o *Top 10* das paradas inglesas, e também promoveu o retorno da banda ao *Top of the pops* depois de 15 anos.

"Na época, o programa tinha mudado de verdade, e os novos produtores nos encorajaram a participar", diz Steve. A banda não tocaria ao vivo porque os engenheiros de som da BBC não conseguiam fazer justiça ao som do Maiden. Só Blaze cantou a música ao vivo, já que não há muito o que possa ser feito para destruir uma performance vocal.

The x factor só chegou à 8ª posição das paradas. Foi o primeiro álbum a ficar fora do *Top 5* desde *Killers*, 14 anos antes, um fato que ainda intriga o grupo. Steve diz: "O disco saiu na mesma semana que os trabalhos do Prince, da Madonna e de outros campeões de vendas contra os quais não podíamos competir". Mas Blaze comemora: "Alguns dos garotos ficaram desapontados porque o álbum ficou na 8ª posição, mas, para mim, foi fantástico. Número 8! Eu nunca tive um álbum *Top 10* antes; então, achei genial!".

Rod não foi a única voz próxima ao conjunto que considerou o álbum "sombrio demais" para ter apelo. Mas isso não era um problema na

313

RUN TO THE HILLS

agenda de Steven ou do Maiden. "São boas tais situações fortes, em que você precisa se esforçar, e não tem certeza se chegará ao outro lado", diz Steve. "Elas trazem certas emoções para fora de você. Lembro-me de que, anos atrás, alguém fez uma resenha do *Hermit of mink hollow*, álbum de Todd Rundgren, e disse que dava para sentir sua emoção saindo pelos sulcos do disco; Todd tinha se separado da esposa antes de gravar, e o crítico afirmou que talvez ele devesse se separar das pessoas com mais frequência, porque seu álbum era incrível. Esse tipo de coisa ocorreu comigo e com o *The x factor* – foi o resultado de muita dor pessoal. Acho que 'Man on the edge' é a única que dá para o público cantar junto, mas eu gosto da proposta de ter feito um disco que leva um tempo a mais até você compreendê-lo. Os melhores álbuns costumam ser assim."

O primeiro show na Inglaterra com a nova formação (Harris, Murray, McBrain, Gers e Bayley) ocorreu em Londres, na Brixton Academy, em novembro de 1995. "Foi um dos melhores shows que a banda já fez", descreve Steve hoje. O espetáculo na Brixton provou duas coisas: o Maiden tinha feito a escolha certa com Blaze, e a banda estava melhor do que antes da sua chegada. Bruce e Adrian eram dois desviantes que sempre procuravam colocar o Maiden na cola de um viés mais comercial, mas agora, depois da substituição de ambos por Blaze e Janick, que parecem monges na sua devoção pela causa tanto do Maiden quanto do heavy metal, do tipo ame-a ou deixe-a, a banda jamais soou tão coesa.

"Nós construímos o *set* ao vivo com base no que Blaze era capaz de fazer", explica Steve. "Havia algumas canções que preferíamos manter longe dele, como 'Bring your daughter to the slaughter', que era mais associada a Bruce, e 'Run to the hills', também por ter sido o primeiro grande *single* do Bruce conosco; então, deixamos as duas de lado. Mas, depois que Blaze já estava na banda havia algum tempo, depois que fizemos um álbum e uma turnê, as pessoas passaram a aceitá-lo melhor. Por isso, decidimos fazer qualquer música ao vivo. Como, por exemplo, 'Two minutes to midnight'. Rod achava que não devíamos tocá-la, pois, na sua opinião, está ainda mais associada a Bruce do que 'Bring Your Daughter'. Mas eu discordo. Podemos fazer qualquer coisa agora. Blaze quer que a gente faça 'Phantom of the opera", porque ele a adora; então, pode ser que a gente a toque na próxima turnê."

314

Tão longa quanto qualquer excursão feita no passado, a turnê do *The x factour*, dessa vez, tinha um escopo bem mais diverso, e levou o Maiden para tocar em novos territórios. "Sempre gostamos de visitar novos lugares", explica Rod, comentando a parceria com o agente John Jackson, a quem ele chama de JJ. "Em 1984, fizemos uma visita à Polônia, quando ainda era do lado socialista. Sempre pedimos a JJ para encontrar novos lugares para irmos e, em 1995, tínhamos um bom motivo. O que lhe dissemos foi: 'Queremos dar a Blaze uma oportunidade justa'. O metal estava no chão, e dava para escutar a mídia afiando suas lâminas. Queríamos alguns shows para amaciar a banda e para que Blaze conseguisse se acomodar. JJ fez exatamente o que pedimos."

"Manter a banda distante dos lugares de sempre foi um grande desafio", admite John Jackson. "Começamos com três shows na África do Sul, depois fomos para a Europa Oriental, tocando na Bulgária, Eslovênia e Tchecoslováquia. Foi a primeira vez que o Maiden visitou cada um desses países."

"Foi um batismo de fogo", recorda-se Blaze. "A primeira vez que subi no palco com o Maiden foi no *Top Of The Pops*, e a segunda, no show de abertura da *X Factour*, em Jerusalém. Abrir com 'Number of the beast' me deu arrepios na espinha!"

O Maiden tinha até planejado fazer shows em Beirute, mas o governo libanês retirou o visto deles na última hora. Mesmo após a intervenção de canais diplomáticos, as autoridades libanesas não mudaram de ideia. Como Blaze disse, a turnê começou em Jerusalém. No total, foram 139 shows em um ano. Entre o primeiro, realizado em 28 de setembro de 1995, e o último, em 7 de setembro de 1996, no México, a banda se apresentou no Chile (também pela primeira vez), na Argentina, no Brasil, em todos os países da Europa Ocidental e na maior parte da Oriental, no Japão e Canadá, além de fazer uma grande excursão pelos Estados Unidos.

"Minha experiência com turnês era passar três semanas cruzando a Inglaterra", admite Blaze. "O Wolfsbane nunca saiu do Reino Unido; então, para mim, fazer uma excursão ao redor do mundo foi algo bem diferente. Às vezes, eu achava que não conseguiria sobreviver. Em outras, queria que nunca mais acabasse. Foi uma experiência inesquecível."

"Em todos os lugares, os fãs foram muito gentis e generosos comigo. Eles sabiam que Bruce tinha catapultado a banda e saído, mas também que eu daria o meu melhor. Fico grato pelo apoio que me deram. Sem isso, eu jamais teria conseguido."

"Foi duro para Blaze", confirma Steve. "Era uma experiência nova, mas os fãs o acolheram. Ele é muito honesto, adora música e transmite isso para o público, motivo pelo qual eu o adoro."

"E fomos cuidadosos no planejamento da turnê", prossegue Steve. "Dependendo do território, o tamanho das casas de show e arenas era entre 2,5 mil e 9 mil lugares, exceto na América do Sul e nos Estados Unidos, e também em alguns festivais da Europa, em que fomos a banda principal no verão de 1996. Por isso, tocávamos em concertos esgotados todas as noites, e a atmosfera que os fãs geravam ajudava a todos. A precaução realmente compensou. Nos Estados Unidos, fizemos 35 shows, mas fomos ainda mais precavidos devido à condição do mercado; lá, preferimos pequenos teatros e grandes clubes, com 1,5 mil a 2 mil lugares, e vendemos quase cem por cento dos ingressos para os shows da turnê. Nada mal, ainda mais considerando tudo o que rolava. Na América do Sul, como sempre, arrebentamos, tocando para multidões que variavam de 15 mil até 55 mil pessoas."

Em um dos últimos shows, o Maiden foi a banda principal do Monsters of rock, em São Paulo. O baixista conta: "Tocamos para 55 mil pessoas no Estádio do Pacaembu. Abarrotado. Foi incrível. E a reação da plateia foi sensacional, de dar arrepios. Eu olhava para trás, lembrando-me das dificuldades que tive nos últimos anos, com a saída do Bruce, problemas pessoais, a busca para encontrar um novo vocalista, o ano inteiro que passei produzindo o álbum... Vou dizer uma coisa para você: são os shows que fazem tudo valer a pena. Tínhamos uma nova banda, tudo estava correndo bem, e eu pensei: 'Minha nossa! Ainda não acabou!'".

15 *Realidade virtual*

Após *The x factor* dividir a opinião da crítica, ficou mais fácil, pelo menos musicalmente, enquadrar a nova era Blaze na trajetória do Iron Maiden com o lançamento da coletânea com 27 faixas, *Best of the beast*, em novembro de 1996. A maior compilação do Maiden produzida até então tinha sido uma viagem que ia da maravilhosa versão de "Strange world", na *demo* do Spaceward cantada por Paul Di'Anno, até a vulcânica interpretação de Blaze para "Sign of the cross", passando pela era Bruce com canções implacáveis, como "Number of the beast", o que conferiu a tudo um sentido de evolução na linha do tempo.

A faixa mais polêmica de *Best of the beast* foi a nova "Virus", cáustica peça de seis minutos que Steve, Blaze, Davey e Janick cozinharam juntos no Barnyard, em setembro de 1996. Gravada após praticamente um ano excursionando, a energia e a potência da banda são palpáveis na canção, que retalia os críticos que tentaram derrubá-los, com Blaze cuspindo as palavras como pedaços de carne podre: *They want to sink the ship and leave/ The way they laugh at you and me/ You know it happens all the time* (Eles querem que eu afunde o navio e saia/ A maneira que eles riem de você e de mim/ Você sabe que acontece todo o tempo).

"Estamos aí para ser alvejados, mas algumas resenhas no correr dos anos foram bem maliciosas", reflete Steve. "Dava para dizer que eles já tinham se decidido sobre nós sem nem ao menos terem escutado o disco. Sempre digo que não me importa, mas nem sempre é verdade. Se você passou um tempão produzindo um álbum, dando o melhor de si, e alguém o descarta por completo... Bem, isso pode te arrebentar. 'Virus' é nossa desforra contra as pessoas que gostaram de nos colocar para baixo durante todos esses anos. Algo do tipo: 'Você já teve sua vez de falar. Agora é a nossa'."

Best of the beast devastou as paradas de todo o mundo no período de Natal, e os primeiros meses de 1997 se tornaram uma época e tanto para a banda. Só no final do verão eles finalmente voltaram a se reunir no estúdio de Steve, em Essex, para começar a trabalhar em um novo álbum. Sete meses depois, o enigma intitulado *Virtual XI* foi lançado. Na superfície, trata-se de uma coleção bem mais acessível do que seu predecessor, mas, lírica e musicalmente, o material ainda mantém a abordagem mais adulta que a era Blaze escancarou. Agora, quando as trevas tinham sido aliviadas, uma bem-vinda e contrastante luz refletia um novo tipo de otimismo. Embora faixas como a mordaz "The educated fool" tratem de um conhecimento que beira o mais profundo cinismo, outras, como o primeiro *single Angel and the gambler*, são cheias de entretenimento e travessura, apontando o dedo – e rindo – para onde anteriormente eles tinham feito caretas.

"Todo mundo falou quão mais brilhante era o som de *Virtual XI* em comparação com *The x factor*, mas não foi deliberado", diz Steve. "Como tudo o que já fizemos, refletia nosso momento. Com *The x factor*, havia tanta merda acontecendo na minha vida pessoal, além da saída do Bruce e da entrada do Blaze, que sentimos a pressão e tivemos de nos pôr à prova de novo. Havia muita raiva, além de medo do resultado. Dessa vez, ficamos todos bem felizes com o que fazíamos, menos preocupados, apenas singrando com a maré. Sem dúvida, fiquei mais feliz, e minhas canções se tornaram menos pessoais. Embora não todas."

O álbum tem oito faixas, analisadas a seguir conforme aparecem no disco. Steve comenta "Futureal": "Eu compus, e Blaze escreveu a letra. Basicamente, ele está falando sobre ser trancado em uma realidade virtual – seja em um jogo de computador ou na vida pessoal, você não sabe. Há mais de um significado para a expressão 'realidade virtual', se entende o que quero dizer. Musicalmente, é um foguete bem direto, feito no estilo Maiden".

Essa música seria a escolha óbvia para um *single*, mas Steve vetou o projeto, substituindo-a pela extravagantemente longa "Angel and the gambler". E foi com tal faixa que o *single* foi lançado no mundo inteiro, menos nos Estados Unidos. "Eu tive algumas discussões com Steve por

REALIDADE VIRTUAL

causa da 'Futureal', que eu achava bem melhor para um *single*", admite Rod. "Mas Steve bateu o pé."

"Angel and the gambler" foi escrita por Steve. "É a história de dois personagens", ele diz. "Um cara é meio vilão, irresponsável, em quem não se pode confiar, e o outro é um anjo enviado à Terra para tentar endireitá-lo, mas não está conseguindo. Depois de escrevê-la, alguém me disse que 'o anjo' é um termo para designar alguém que apoia um jogador, que lhe dá o dinheiro para jogar. Isso foi estranho. Musicalmente, a versão do álbum tem 10 minutos; então, tivemos de cortá-la para encaixar no *single*. Mas ainda tem seis minutos de duração. É um tipo de canção como 'Won't get fooled again', do The Who, um *single* épico."

A faixa seguinte, "Lightning strikes twice", foi composta por Steve e Davey. "É uma canção sem gênero", explica Steve. "Davey criou a lenta introdução, escreveu o refrão e as letras. Como ele gostou do título, o mantivemos. É uma canção bem positiva e esperançosa, que você pode compreender de várias maneiras."

A seguir, vem "The clansman". Com quase nove minutos de duração, é outro clássico patenteado de Harris. "Eu queria imaginar como seria estar nas *highlands* escocesas – a solidão, a atmosfera –, e tentei inserir raiva e agressão no resto da canção. É sobre como pertencer a uma comunidade construída por você. Mas, então, é preciso lutar para que ela não seja tirada de você. Musicalmente, é sobre luz e sombras."

"When two worlds collide", é uma canção para cima e cantante. "'Podia 'enxergá-la' indo muito bem ao vivo", diz Steve. Davey criou a introdução e Blaze escreveu a letra, enquanto Steve fez as sessões instrumentais e a melodia do refrão. "Liricamente, Blaze tenta escrever sobre os diferentes mundos em que viveu", sorri Steve. "Seu mundo mudou, e ele teve de se adaptar à realidade de ser o vocalista do Iron Maiden, tentando, ao mesmo tempo, manter os pés no chão e ser quem ele é. Blaze é uma pessoa bem sombria de vez em quando. Pode ser um cara distante e maluco e, no instante seguinte, ficar extremamente sério. E, quando bebe, vira Genghis Khan!"

Talvez, a faixa mais forte do álbum seja "The educated fool", outro esforço solo de Steve. "É sobre envelhecer, percebendo que outras coisas estão acontecendo", ele diz, e fica olhando para o nada antes de continuar. "Há também uma referência ao meu pai: *I want to meet*

RUN TO THE HILLS

my father beyond (Quero encontrar meu pai no além). Todos esperam que você seja mais sábio conforme envelhece. De algum modo, porém, quanto mais velho e quanto mais você sabe, menos respostas tem."

"Sempre fui o cara que pegou a banda pelas rédeas e a empurrou na direção que achava que ela devia ir. Assumi essa responsabilidade. Após um tempo, a banda se acostumou comigo lidando com tudo, e espera que eu faça isso. Não estou reclamando – quero ter essa responsabilidade –, mas isso não significa que seja sempre fácil ou que eu sempre esteja certo. Tenho três irmãs mais jovens, e elas tendem a procurar minha proteção cada vez mais, especialmente depois que meu pai morreu. E, claro, hoje também tenho quatro filhas.[23] Então, não deveria encarar isso dessa forma, mas, às vezes, *é* uma pressão, porque, lá no fundo, você sabe que na metade do tempo está sempre adivinhando."

"Don't look to the eyes of a stranger" é outra composição de Steve Harris. "Falo das minhas filhas e dos meus medos, e sobre o tipo de mundo que estamos criando para elas, onde qualquer estranho é uma ameaça em potencial", diz Steve. "Preciso ensiná-las a não confiar nas pessoas, o que é triste. Muito, muito triste. Eu sei disso. Quando era criança, sempre me diziam para não falar com estranhos, mas eu não tinha medo de pegar o ônibus sozinho para ver o West Ham jogar quando tinha 9 ou 10 anos, sabe? O mundo era mais seguro naquela época."

A última faixa, "Como estais amigos", foi uma ideia do vocalista. "Blaze escreveu a letra e Janick, a música", diz Steve. "É um lamento sobre a Guerra das Malvinas. Não só pelos soldados ingleses que morreram, mas também pelos argentinos. Quando excursionamos pela Argentina com Blaze pela primeira vez, ele ficou estupefato com a beleza do povo e a maravilha do lugar, de ver como eles são amigáveis e tudo o mais. É sobre a forma como as pessoas vivem seu cotidiano, e são pegas por esse tipo de coisa, sem querer."

"No final das contas, não importa o que eu digo sobre as canções. Espero que as músicas e nossa execução sejam suficientemente boas para que as pessoas façam suas próprias interpretações. Acho ótimo quando alguém extrai um significado próprio. Recebo cartas de fãs que

---

23 Harris foi casado duas vezes e tem seis filhos. Sua filha Lauren Harris é cantora, chegando a abrir shows do Iron Maiden, e seu filho George toca guitarra na banda Burn In Reason. Fonte: http://pt.wikipedia.org/wiki/Steve_Harris. Acesso em: 2/4/2013. (N. E.)

REALIDADE VIRTUAL

me relatam coisas tiradas de nossas músicas, e vejo que certas ideias jamais me ocorreram. Mas, quando eles as explicam, dá para perceber exatamente o que querem dizer; então, começo a encarar a canção de forma diferente. Isso é maravilhoso na música. Como ler um bom livro e deixar a imaginação correr solta para preencher todas as lacunas. Em geral, assistir ao filme adaptado de um livro não é tão bom quanto ler o original. Na verdade, o filme nunca será tão bom quanto o que você criou na sua mente."

Lançado em maio de 1998, o título do novo álbum, *Virtual XI*, também foi inspirado em dois eventos paralelos: o lançamento de um jogo de computador do Maiden, *Ed Hunter – the game*, e a Copa do Mundo da França, em junho, com a participação da seleção inglesa de futebol. Steven diz: "Nossos fãs são bem parecidos conosco, têm os mesmos interesses. Como 1998 era ano de Copa do Mundo, resolvemos envolver futebol no novo álbum. Também já estávamos trabalhando no jogo de computador na época; então, achamos legal juntar os dois elementos".

Para promover o lançamento do disco, eles fizeram uma série de partidas de futebol contra astros profissionais. "Foi insano", recorda-se Blaze, de olhos arregalados. "Na Espanha, cinco mil garotos apareceram só para nos ver jogar futebol. Precisamos de escolta policial para chegar até o campo."

"Dá para sentir arrepios de emoção ao ver os fãs levando bandeiras do West Ham em nossos shows na França, Alemanha e nos outros países", relata Steve. "O futebol é uma linguagem universal, uma paixão intensa e comum a tanta gente, em todos os lugares por onde viajamos. Quando estávamos na América do Sul em nossa última turnê, foi uma tremenda honra receber dos fãs um monte de camisetas dos mais diferentes clubes. Em Buenos Aires, vesti uma camiseta da seleção da Argentina, e a multidão enlouqueceu! Muitos fãs nos relacionam com o futebol, e todos sabem como gostamos disso, porque sempre colocamos algo do Ham em nossas capas. Então, me ocorreu a ideia: este é o nosso décimo primeiro álbum, e são 11 jogadores em um time... Perfeito! Vamos combinar duas das minhas maiores paixões."

Como parte do jogo, a banda também escalou o próprio time, reforçançando o Virtual XI, neste caso, uma equipe de futebol computadorizada especialmente projetada para o Maiden, com rostos famosos do esporte, como Paul Gascoigne, Ian Wright, Patrick Vieira e Marc Overmars – e, claro, vários jogadores do time do coração de 'Arry, o West Ham. "Alguns dos rapazes foram lá em casa após as filmagens e tomamos uns drinques", Steve ri, lembrando-se da performance de Steve Lomas, capitão do West Ham. "Ele acabou cantando uma música do Kenny Rogers no caraoquê. Foi hilário."

"Quanto ao *game*, foi a coisa mais incrível que já vi. Não costumo me surpreender com frequência, mas *Ed Hunter* ficou bom demais. É como mergulhar em uma versão 3D da capa do disco *Somewhere in time* e entrar no pub Ruskin Arms, só que cheio de alienígenas e coisas assim. Há hologramas tocando em um canto ou sentados à mesa, jogando cartas. Então, você entra no jogo de fato, que é uma grande caçada no tempo e no espaço para pegar o Eddie. É brilhante!"

Trechos do jogo aparecem no videoclipe da música "Angel and the gambler". "Deveria ser algo como o maior show do universo, e estamos em um asteroide tocando", sorri Steve. "Eddie é uma figura meio Clint Eastwood, que está em um bar no estilo *Star Wars*, ou algo bem parecido. E, com fogos de artifício, explode um planeta!". Com o *website* oficial do fã-clube da banda (http//www.ironmaiden.co.uk) tornando-se um dos principais *sites* sobre a banda na internet, *Virtual XI* também marcou a trajetória do Maiden como uma das primeiras bandas de metal a investir em jogos para computador.

Preparados para o que der e vier, e de olho no que o futuro trará, a turnê mundial do *Virtual XI* começou em Lille, na França, no final de abril de 1998, e continuou direto até o Natal. Passando pela Europa, América Central, América do Norte, Europa (parte dois), com escalas no Japão e na Austrália, seguindo para a América do Sul. Foi uma peregrinação do Maiden no velho estilo: vasta, espalhada, movida a adrenalina.

Steve conta: "Após dois anos fora da estrada, dizíamos: 'Vamos tomar o ônibus da turnê'. Eu adorei. Todos adoramos. Sabe como você se sente mais vivo dentro de uma banda? Tocando noite após noite para os fãs". Novas canções, como "The educated fool" e "The clansman", logo se destacaram no novo *set*. "A turnê começou muito bem na Europa", diz Blaze. "Obtivemos reações incríveis do público, algumas totalmente inesperadas. Era o início do fim do grunge. No lançamento do *The x factor*, diziam que o grunge tinha assumido o controle e matado todas

REALIDADE VIRTUAL

as bandas como o Maiden. Agora, três anos depois, as coisas estavam melhorando. Lembro-me de que esgotamos os ingressos em Estocolmo, onde o show foi realizado em uma enorme pista de gelo. O promotor disse que vendemos mais do que o Prince quando ele tocou lá da última vez. Eu sentia que as coisas seguiam uma direção bastante positiva."

No final do verão, quando a turnê chegou aos Estados Unidos, nuvens negras surgiram no horizonte. "Eu tive problemas vocais", admite Blaze. "Fiquei doente, e precisamos cancelar algumas datas, o que nunca é bom. Odeio cancelar shows." Uma recorrência do mesmo problema já experimentado na turnê anterior do Maiden pelos Estados Unidos: parecia que a voz de Blaze não aguentava os rigores de uma turnê completa com o grupo. "Ser o cantor do Maiden é muito difícil, muito mesmo, quando se trata dos shows", diz Steve. "Estamos falando de duas horas direto no microfone, cinco noites por semana, quatro meses sem parar. Cantar as coisas que fazemos é difícil pra cacete, e Blaze *realmente* achava difícil. Certas noites, ele era ótimo, mas, em outras... nem tanto."

"É um show duro para qualquer um", confessa Blaze. "Quero dizer, era duro, mas eu estava doente. Se você vai cantar pra valer, dar seu coração e sua alma todas as noites, sempre correrá o risco de acabar com sua voz. Você só precisa de descanso. O Maiden sempre teve um cronograma pedreira, com turnês extensas, que sempre foi uma das coisas que os fãs mais amavam. Mas, fazendo isso, crescem os riscos, em especial para o cantor – e eu não posso tirar minha voz e guardá-la em uma caixa no fim da noite."

Não eram só os problemas intermitentes com a voz de Blaze que preocupavam os outros integrantes da banda. O cantor foi aceito em boa parte da Europa – particularmente na França e Alemanha, onde *The x factor* fez grande sucesso –, e passou a ser adorado na América do Sul, onde o Maiden mal excursionara em sua encarnação anterior com Bruce. Mas, na Inglaterra e nos Estados Unidos, a opinião do público sobre o desempenho de Blaze sempre foi dividida, para dizer o mínimo. Não eram apenas os rigores da turnê que detonavam a sua garganta, mas também a força que ele fazia para tentar reproduzir canções compostas originalmente para Bruce. Tanto física quanto metaforicamente, a voz do Maiden começava a enfraquecer.

RUN TO THE HILLS

No final de 1998, com três datas para encerrar a turnê na América do Sul, Blaze diz que notou "um tipo de atmosfera se propagando". "Havia vibrações esquisitas no fim da turnê. Quando chegamos ao Brasil, fizemos o que eu achei ser um grande show no Rio, mas, por algum motivo, não demos o bis. Eu estava na lateral do palco, enquanto o resto dos rapazes foi para o camarim. Tudo pareceu um pouco litigioso. Não me pareceu certo."

No show seguinte, em São Paulo, o promotor local não tinha levantado uma barreira de segurança adequada, e o show foi cancelado. "O clima estava horrível", lembra-se Blaze. "Havia risco de acidentes ou de algo pior esperando para acontecer. Alguém poderia morrer, e não dava para ir em frente com o show de jeito nenhum. Os fãs ficaram bem aborrecidos, e aquilo também não pegou bem. Aí, o último show aconteceu na Argentina e... não sei explicar. Estava chovendo pesado de novo. De qualquer modo, mandamos muito bem, mas, logo depois, senti aquela estranha *vibe* outra vez. Na época, atribuí a sensação ao cansaço que bate no final de uma temporada."

Então, em que momento queimou o filme e a banda decidiu que precisava mudar o vocalista? Steve sempre se mostrou relutante em discutir a questão com maior profundidade nas várias entrevistas que a banda deu desde a saída de Blaze. "É uma situação bem delicada", como ele mesmo me disse em uma matéria para a revista *Classic Rock*, em abril de 1999. "Tenho bastante respeito por Blaze. Gosto muito dele, todos gostam, e é uma daquelas situações em que não queremos começar a dizer os motivos até que o próprio Blaze tenha a oportunidade de dar sua versão."

Dois anos se passaram após essa declaração. Agora, com a intenção de ser honesto a qualquer custo para este livro, Steve diz: "Deixar Blaze sair foi uma das coisas mais difíceis que tive de fazer desde que comecei a banda". Mas o Maiden teria substituído Blaze mesmo sem a perspectiva do retorno de Bruce?

"É uma pergunta complicada", suspira Steve. "Na minha cabeça, gostaria de dizer 'não', mas havia conversas e preocupações por causa da inconsistência de Blaze no palco. Daí, chegou a hora em que algo tinha de ser feito. Mas eu gostava de trabalhar com ele. Não faço discos para tentar ser o número 1; simplesmente faço o melhor álbum que posso.

REALIDADE VIRTUAL

Talvez as coisas não estivessem indo tão bem quanto nos anos 1980, mas, de qualquer modo, o metal tinha caído durante o período em que Blaze esteve na banda."

"O fato é que eu ainda defendo os álbuns que fizemos juntos, em particular *The x factor*, que considero um dos meus discos prediletos do Maiden. É uma pena que não tenha funcionado melhor na estrada", diz Steve, ao retomar o assunto da volta de Bruce: "Foi algo completamente não planejado, mas eu achava que teríamos de conseguir um novo vocalista".

Com a decisão tomada, como Blaze recebeu a notícia? "Na verdade, assimilou tudo muito bem", conta Steve. "Tivemos algumas discussões aqui e ali, o que comprova que não foi uma coisa saída do nada. Mas foi algo bastante difícil de ser feito."

Blaze, durante muitos meses após sua demissão, ficou compreensivelmente fora do radar. "Não queria falar nada, a não ser que tivesse algo positivo a ser dito", ele explica hoje. "Mas tudo o que eu tinha para dizer era: 'Não faço mais parte do Maiden'. Isso é uma coisa puramente negativa. Se eu pudesse dizer, 'tenho minha própria banda e meu álbum', seria algo importante sobre o que falar."

Agora ele também admite que sua demissão da banda foi um choque maior do que o percebido por Steve. Ao voltar para casa no final da turnê do *Virtual XI* a tempo de aproveitar a festa do Natal de 1998, Blaze insiste que estava "bem positivo e pensando no próximo álbum". "Tinha escrito 'When two worlds collide' com Davey, e pensava que deveríamos tentar fazer mais coisas juntos depois do Natal, acreditando que todo mundo voltaria a trabalhar após após o Ano-Novo. Em janeiro, recebi um telefonema para comparecer no escritório. Achei que fosse uma reunião comum da banda, mas, quando cheguei, todos já estavam lá. Havia uma *vibe* bem estranha rolando. Então, assim que me sentei, eles contaram."

Como Blaze se sentiu? "Oh, fiquei enervado no começo, muito aborrecido, como qualquer um se sentiria se tivesse de deixar algo do qual fizera parte por um longo período. Foram cinco anos, dois álbuns. Sempre dei cem por cento em tudo o que fiz com eles; das composições aos shows ao vivo, eu realmente amei tudo. Claro que me senti péssimo. Foi Rod quem disse: 'A banda quer fazer outra coisa, seguir outra direção, e continuar sem você'. Perguntei se aquilo significava que Bruce voltaria, mas eles disseram que não havia nada do gênero decidido – mas, uma semana depois, descobri que sim. Foi melhor do que escutar que eles estavam chamando algum desconhecido para meu lugar. Ainda gosto da banda e, por mais puto que estivesse naquela época, pensei: 'Ok, é aquele negócio da formação clássica do Maiden. Ao menos a banda iria continuar'. Também achei um jogada de gênio trazer Adrian de volta."

Ele diz que levou "alguns meses" até conseguir se recuperar. "Todo mundo dizia que não era nada pessoal, que só fizeram aquilo para o bem de toda a banda. No final, o que me ajudou a desencanar foi pegar meu caderno de letras e minhas fitas gravadas, onde eu guardava todas as minhas ideias para novas canções. Também recebi cartas de muitos fãs dizendo que iriam me apoiar, o que foi uma motivação sensacional. Assim, comecei a dar corpo às ideias e passei a enxergar o lado positivo de tudo o que vivi com o Maiden. Eu tinha visto o que era preciso fazer para uma banda ter um sucesso como aquele. Aprendi com eles a me manter focado. Antes, eu era incapaz de traduzir as minhas ideias para melhorar a qualidade de uma canção terminada, mas, como Steve é bom em fazer isso, aprendi muito com ele. Aprendi várias outras coisas, como ser um cantor melhor, um compositor melhor, como mostrar liderança."

Hoje, mais em paz consigo mesmo, ele tem sua própria banda e, na carreira solo, lançou um álbum altamente aclamado pela crítica, *Silicon messiah*. Ironicamente, sua reputação é cada vez maior como um grande *performer* ao vivo. Em 2001, a abordagem de Blaze em relação ao seu tempo no Maiden foi filosófica: "Não sei se há algo que eu teria feito de forma diferente, mas certamente aprendi bastante para saber quais coisas não repetiria. Quando Bruce deixou o Maiden, ele se manteve em evidência, estava em todos os lugares, enquanto eu não quis me importar e deixei tudo de lado. Uma coisa que eu poderia ter feito, no tempo em que era o novo cantor do Maiden, seria aproveitar melhor esse fato e elevar mais meu próprio nome. Mas não era isso que eu pensava na época; só estava feliz de fazer parte da banda".

"Sei que as pessoas nunca irão parar de falar comigo sobre o Iron Maiden. Há gente que ainda pergunta a eles sobre o Dennis Stratton. É como ter feito parte do Kiss ou algo assim. Os fãs curtem tanto a banda, que sempre irão querer saber, e eu me orgulho disso. Fizemos dois álbuns e um *single Top 10*, além do sucesso que jamais conheci antes; então, sou muito orgulhoso."

"O Blaze é ferozmente orgulhoso do que alcançou com o Maiden", diz Rod. "Não foi pouca coisa assumir o lugar do Bruce, não só no estúdio, onde Blaze foi muito bem, mas também no palco, onde começou a ter dificuldades nas longas turnês. Embora Steve leve tudo que envolva a banda para o lado pessoal, todo mundo que o conhece sabe que ele dá o sangue pelo Maiden e ainda é capaz de enxergar o quadro completo. Uma coisa que sempre partilhamos é a habilidade de tomar decisões que são para o bem do grupo, e não apenas para um indivíduo. A receita para manter o pique, evitando a briga de egos, é sempre colocar a banda em primeiro lugar. Isso é o que foi feito nessas décadas todas! Manter uma formação estável também é importante, não somente no caso específico da banda, mas, principalmente, em relação à experiência da equipe que está por trás dela. Alguns dos mais velhos colaboradores estão aqui desde o começo do Maiden – isso é a chave de tudo. Até os que chamamos de 'crianças' já estão conosco há mais de dez anos."

"Então, quando pedi que Steve considerasse a possibilidade da volta do Bruce, sabia o que estava fazendo. Não era algo para Steve decidir de imediato. Havia muito a se considerar e, por isso mesmo, ele não se comprometeu com coisa alguma até se sentar e conversar com Bruce de novo. Durante o encontro, ele ficou surpreso pelo jeito tão positivo de Bruce encarar a ideia. Em seguida, Steve foi capaz de enxergar com maior clareza como aquele retorno poderia beneficiar a banda."

Depois de ter trabalhado enfaticamente para se distanciar do heavy metal em geral e da sua ex-banda em particular, Bruce tinha jogado a toalha. Seus dois álbuns imediatamente pós-Maiden – *Balls to picasso* e *Skunkworks* – falharam em excitar um público novo ou antigo. Por isso, decidiu fazer uma reforma musical completa no seu disco solo seguinte, *Accident of birth*, aliando-se a Adrian Smith em 1997 para gravar seu material mais estridentemente metal desde seus dias com o Iron Maiden.

"Sempre falei de fazer um álbum com Bruce", explica Adrian. "Um dia, ele me telefonou e começou a me contar sobre as coisas que estava fazendo com Roy Z, entusiasmado por voltar ao metal. Eu disse para ele dar um pulo em casa. Quando apareceu lá, Bruce trouxe algumas *demos*. Eu gostei da orientação pesada das guitarras nas canções, mas também apresentei minhas ideias, como o *riff* de 'Into the pit', que era exatamente no estilo que ele vinha fazendo. A seguir, escrevemos 'Road to hell', e, a partir de então, tudo virou uma bola de neve."

Adrian admite que ficou feliz ao retomar a parceria. "Foi a desculpa perfeita para mover meu traseiro e criar alguma coisa. Não fiz nada nos dois primeiros anos depois que saí da banda." Mas isso não era problema algum; financeiramente, ele estava com a vida feita após sete anos ininterruptos de turnês e gravações. "Eu precisava apenas de uma mudança de cena total", conta o guitarrista, que se retirou para o interior da Inglaterra com Natalie, sua bela esposa canadense, e passou a curtir uma vida em família. "Nem mesmo olhei para minha guitarra durante um bom tempo", ele confessa.

Logo após ter subido no palco como convidado especial para dar o bis com o Maiden no segundo show do Castle Donington, em 1992, Adrian até pensara em voltar a tocar. Mas a vida caseira adiou o projeto por mais 18 meses. Foi somente depois desse prazo que ele passou a levar mais a sério tal ideia. Adrian formou sua própria banda, a Psycho Motel, e começou os ensaios para as sessões de gravação do seu álbum de estreia. Lançado no começo de 1996, o disco *Psycho Motel* foi resultado de um novo contrato que Rod negociou para ele com a Castle Communications, selo independente de Londres que também assinara com Bruce na fase pós-Maiden (e hoje é de propriedade do Sanctuary Group, do próprio Rod). Mas a banda de Adrian nunca chegou a pegar, apesar de abrir shows para o Maiden no braço britânico da turnê do *The x factor*; então, o guitarrista temporariamente se separou dela enquanto trabalhava com Bruce no álbum *Accident of birth*.

Para ilustrar a capa do disco, Bruce pediu que Derek Riggs criasse uma paródia do Eddie, que o vocalista sem a menor vergonha chamou de "Edison". "Fiz de propósito, claro", ele me disse com um sorriso sinistro, em seu depoimento para este livro. "Eu queria um Maiden que superasse o Maiden." A reação de Steve foi tipicamente estoica: "Bruce faria um disco de country se achasse que fosse vender".

Adrian sempre conservou a amizade com Steve e o resto da banda. "Acompanhei tudo o que eles fizeram desde minha saída. Em parte por curiosidade, mas também por causa de um estranho tipo de devoção. Ainda gosto de saber o que está rolando. Ainda me importo de uma maneira bem bizarra. Será sempre assim. Não dá para fugir disso." Ele disse que ficou "agradavelmente surpreso" com a forma que a banda fez a transição após a saída de Bruce: "Achei *The x factor* muito bom mesmo; é o tipo de coisa que o Maiden faria".

Exatamente o tipo de coisa que, na verdade, os críticos estavam dizendo agora sobre seu próprio trabalho ao lado de Bruce. É como Adrian pontua: "Não dava para evitar que o som fosse daquela maneira. Claro que ia soar como o Maiden. Roy Z era o verdadeiro elo entre Bruce e eu, e também com o que estava acontecendo lá fora. Roy conhecia muitos fãs do Maiden. Por estar mais em contato com esse lado da coisa, ele disse: 'Fãs de metal em Los Angeles querem que você e Bruce façam um novo álbum'. Então, pensamos no público: 'Vamos fazer um disco realmente bom para os fãs, vamos dar o que eles querem'".

Quando começaram a tocar uma seleção de canções do Maiden no *set* do seu show, não foi preciso ser um cientista de foguetes espaciais para prever a reação: não seria ótimo se ambos voltassem para a banda?

Adrian conta: "Quando estávamos preparando o *set*, tínhamos apenas dez músicas, das quais só sete davam para ser feitas ao vivo; então, o mais lógico seria incluir algumas canções do Iron Maiden. Pegamos coisas sido escritas por nós mesmos, como 'Two minutes to midnight', 'Flight of Icarus', 'Be quick or be dead'... Foi genial tocá-las. Ver a reação do público todas as noites foi realmente gratificante".

Na sequência, veio outro álbum psicótico e ainda mais cintilante com Bruce, *Chemical wedding*, lançado em 1997.

Adrian prossegue: "Em meio à turnê do segundo álbum, conversando bastante com as pessoas, todas diziam a mesma coisa: 'Por que vocês não se reúnem?'. Isso me fazia refletir, mas, ao mesmo tempo, costumava ficar irritado, porque era um insulto para com o Maiden e Blaze o fato de as pessoas acharem que nós poderíamos simplesmente voltar para a banda. Embora muita gente tenha dito que adoraria nos ver juntos, eu nunca, nem em 1 milhão de anos, achei que aconteceria".

Adrian não sabia que Rod, secretamente, vinha conversando com Steve para que considerasse a possibilidade de levar Bruce de volta à banda – e nem poderia imaginar as repercussões que isso causaria em sua própria carreira.

Run to the hills

"As coisas foram assim por algum tempo", diz Steve. "Bombastica-mente, Rod fazia o seu melhor para me importunar, pois sabia que eu não estava totalmente contente. Fora o que acontecia com sua voz, eu achava Blaze muito bom. Ao vivo, ele era inconsistente, o que eu real-mente gostaria de ter tentado resolver. Mas, se não foi possível, era pre-ciso repensar tudo. E Rod ficava falando sobre Bruce o tempo todo, mas eu não comprava a ideia. Não achava que pudesse funcionar, e também pensava que Bruce não estaria disposto. Ao mesmo tempo, havia muitos rumores de que ele queria voltar. A coisa parecia se remeter para nós, incessantemente, porque ele tinha voltado a tocar metal em seus discos."

Durante anos, Bruce se esquivou da questão. "Bem, o assunto surgiu em entrevistas todos os anos desde que eu saíra da banda", ele conta. "Não estou por dentro do que aconteceu com Blaze, mas é visível que alguma coisa na última turnê foi o gatilho de tudo. Quando começaram os rumores, as pessoas passaram a fazer mais perguntas. Devo dizer que, na época, tentei manter uma discreta distância de tudo, em particular da banda, mas ainda trombava com Janick. Nós dois íamos juntos a um pub e conversávamos sobre qualquer coisa, exceto uma reunião do Iron Maiden, pois não achávamos apropriado."

Em que ponto o retorno de Bruce se tornou uma ideia séria? "Quando Rod mencionou tal intenção da primeira vez, eu não gostei nada", afir-ma Steve. "Fiquei pensando por que ele iria querer voltar. Fora isso, de acordo com meu ponto de vista, não gosto de olhar para trás, porque sempre é mais importante olhar para a frente. Então, ponderei: 'Se a mudança tiver de acontecer, quem vamos escolher?'. O negócio é que já conhecíamos Bruce e sabíamos da sua capacidade. Se pensar bem, é melhor ter um diabo que você conhece... Digo, sempre nos demos bem profissionalmente durante, sei lá, onze anos; assim, após refletir por um tempo, percebi que não tinha problema algum com aquilo."

Por livre iniciativa, mas interessado no sucesso da empreitada, Rod perseguiu uma linha parecida de averiguação com Bruce. "Foi Rod quem me puxou de lado e perguntou o que eu acharia de voltar ao Maiden. Eu disse: 'Veja bem, há coisas que me preocupam, mas noventa por cento do tempo penso que existem grandes oportunidades por aí." O vocalista acrescenta: "O que me preocupava especificamente era se iríamos, de fato, fazer um disco honesto e ótimo, em vez de apenas um álbum de retorno.

REALIDADE VIRTUAL

Em outras palavras, se voltássemos, seria para, potencialmente, resgatar o título de melhor banda de heavy metal do mundo para o Iron Maiden, de novo; e eu não estava pronto para me comprometer com qualquer ideia diferente dessa".

Em janeiro de 1999, quando Steve concordou em, pelo menos, discutir a ideia com Bruce, foi agendada uma reunião secreta. "Os dois foram até a minha casa, em Brighton", revela Rod. "Tivemos que ser um pouco furtivos, pois não queríamos que ninguém soubesse. Era importante que os dois se sentissem confortáveis, sem ter a sensação de que os olhos dos outros, principalmente da mídia, estivessem sobre eles. Então, preparei a sala para uma reunião de lazer."

Foi a primeira vez que os dois se falaram desde 1993. Antes do início da conversa, "parecia algo estranho", diz Bruce. "Estávamos nervosos. Mas, depois que entramos na sala, demos um grande abraço um no outro, e tudo se evaporou. Literalmente, *puff!*, sumiu. E nós dois ficamos batendo papo!"

"Obviamente, a primeira pergunta que fiz a Bruce foi: 'Por que você quer voltar?'", diz Steve. "E a segunda: 'Quanto tempo pretende ficar?'. Para a banda, não adiantaria se ele fosse pular fora de novo após 18 meses. Eu queria me certificar de que Bruce ficaria conosco por longo tempo."

Hoje, Steve admite que estava cético até o momento em que entrou na sala. "Eu não falava com Bruce havia cinco anos ou mais. Achei que a reunião não daria certo. Sabia que nós dois tínhamos amadurecido, mas a conversa não passaria disso. Quando nos encontramos, porém, tudo mudou. O entusiasmo dele estava cem por cento; então, pensei: 'Quem sabe, a coisa certa a fazer seja deixar minhas preocupações pessoais de lado e tomar a melhor decisão para o futuro da banda como um todo'."

Bruce conta: "Ele estava reticente, do tipo: 'Ainda não sei muito bem por que você saiu'. Depois de repetir o comentário algumas vezes, Steve disse: 'Mas o que passou não interessa mais agora'. Eu falei que tinha saído por causa disso e daquilo. Não me lembro exatamente do que disse, mas, no final, perguntei: 'Isso faz algum sentido?'. Ele respondeu que sim". Foi nesse momento que ambos concordaram que estava tudo bem. "Mencionei também que nunca planejei fazer um álbum de música country", afirma Bruce, rindo, referindo-se ao comentário anterior de Steve. "Na verdade, lavamos a roupa suja. Foi como resolver problemas familiares na mesa do jantar. Então, claro, acabamos indo juntos para um pub. Uma coisa levou à outra e, no dia seguinte, acordamos de ressaca."

O vocalista sustenta que ainda virão outros álbuns solo. "Não deixarei de fazer discos com Roy Z ou Adrian. Talvez eu não possa fazer turnês e promovê-los em clubes, mas não me importo de abrir mão disso." Por ser um daqueles *performers* cuja personalidade e o carisma – combinados às suas notáveis qualidades atléticas – só se irradiam plenamente nos maiores palcos que existem, Bruce não guarda boas lembranças de alguns clubes e teatros onde se apresentava como artista solo. Sua descrição não deixa dúvidas: "Era como tocar em um pote de geleia. Você se sente uma vespa zangada". Espontaneamente, ele admite que a chance de voltar a tocar em grandes estádios pelo mundo afora representou grande parte da sua motivação para retomar a carreira com o Maiden. "Decerto, não era algo que tinha relação com dinheiro", ele afirma. "Se grana fosse a única motivação, provavelmente todos nós já teríamos nos aposentado anos atrás. Para o Maiden, nesta altura do campeonato, fazer shows não tem a ver com dinheiro, mas com viver o sonho mais uma vez." Se a banda ia se reunir, Bruce queria que todos enxergassem o acontecimento como "uma oportunidade enorme para o Maiden tomar a dianteira de novo". "O objetivo não era fazer um disco comercial ou algo terrível assim, mas sim produzir um álbum legítimo de heavy metal e explodir tudo ao redor. Ao vivo. Se essa fosse a meta – e todos concordaram com ela –, eu estava dentro. O que não queria de jeito nenhum era ver a banda acabar, gradualmente, caindo na complacência." Foi isso, em primeiro lugar, que forçara a saída de Bruce do Maiden.

"Com certeza!", ele confirma. "Mas, felizmente, quando conversei com a banda sobre o direcionamento, todo mundo tinha a mesma ideia. Steve estava realmente dentro da coisa também. Ele não queria ver aquilo como algum tipo de retorno promocional. Para ele, era o próximo passo do Iron Maiden, exatamente como deveria ser. Como é."

"Bruce veio e explicou por que tinha saído", lembra-se Rod. "Então, Steve falou o que pensava, perguntando basicamente: 'Por que você quer voltar?'. Bruce disse que estava cansado de tocar em clubes: 'Quero fazer coisas grandiosas de novo. Quero tocar para 20 mil pessoas, e não para

2 mil'. Ele garantiu que sempre amou a banda e que queria fazer um disco matador do Maiden. Então, fomos para o pub", o empresário sorri.

"Foi ótimo", recorda-se Steve. "Adrian era o único que não estava presente, mas telefonei para ele do meu celular para lhe contar a novidade. Lembro-me de estar em pé no estacionamento do pub e de colocar tudo em pratos limpos: 'Quero você de volta', eu disse. 'Musicalmente, isso levará o Maiden para outro patamar'. Então, no dia seguinte, Rod ligou para ele para confirmar tudo."

"Dois dias depois, todos juntos, fizeram a primeira sessão de fotos", Rod conta, irradiando alegria. Simples assim? "Sim e não, porque, na verdade, nada na vida é assim tão simples", ele responde. "O fato é que Bruce e Steve nunca serão do tipo que saem juntos para beber. Eles têm interesses diferentes – Bruce não gosta de futebol, Steve não gosta de aeronaves –, mas é essa diferença entre os dois que faz as faíscas criativas voarem mais alto, o que nos dá ótima vantagem."

Decisão tomada, a banda não demorou a começar a fazer planos. Grandes planos. Quando a notícia oficial saiu em março de 1999, os rumores tinham crescido tanto que só confirmaram o que muitos fãs esperavam escutar: Bruce está de volta ao Maiden. O que ninguém antecipara, porém, era a segunda parte do anúncio, informando que Adrian também tinha retornado ao grupo. No cabeçalho, o *press release* oficial dizia simplesmente "Bruce Dickinson e Adrian Smith estão de volta ao Iron Maiden", seguido por breves reticências – pela primeira vez, o Maiden teria uma formação regular com três guitarristas; eles excursionariam pela Europa e Estados Unidos de julho a setembro de 2000; e haveria um novo álbum de estúdio, seguido de uma portentosa turnê mundial. O lançamento de uma versão atualizada do *Ed Hunter* também estava a caminho.

"Quando Rod me falou sobre a história do Bruce, eu disse: 'Bom, se Bruce quer voltar, por que não chamamos Adrian também?'", recorda-se Steve. "Em seguida, quando ele me perguntou se isso significava que eu queria que Janick fosse embora, respondi que não: 'Não quero que Janick saia, eu o acho ótimo. Mas por que não termos três guitarristas?'. Muitos anos atrás, quando Davey se juntou à banda, nós tivemos três guitarristas. Aí, os outros dois saíram, e ficamos procurando um parceiro para Dave que pudesse fazer o trabalho de duas guitarras. Eu sempre valorizei Adrian como compositor. Quando ele saiu, nós perdemos

RUN TO THE HILLS

alguma coisa. 'Two minutes to midnight' é uma canção soberba, assim como 'Stranger in a strange land'. Ele dá uma dimensão diferente para a banda."

Steve também diz ter sido convencido pela lembrança de Adrian tocando como convidado da banda em Donington, no show de 1992. "Fizemos 'Running free', e foi ótimo. Acho bastante excitante não somente tê-lo de volta, mas todo esse peso de haver três guitarristas. Isso expande as possibilidades. Decerto, há linhas suficientes de guitarra nas músicas para comportar três músicos. E não é como se Adrian não as conhecesse, certo?"

Mas, como Dave e Janick assimilaram a notícia? "Dave adorou a ideia", diz Steve. "Nenhum tipo de problema. Ele e Adrian são colegas desde que eram crianças. No começo, porém, Janick ficou um pouco nervoso – não foi após a decisão ser tomada, mas enquanto estava sendo discutida. Mas eu disse a Janick que ele era uma parte muito importante da banda agora e que, se por acaso não desse certo, seria ele quem ficaria. Quando chegou o momento de subirmos juntos no palco, já tínhamos escrito algumas músicas, dado entrevistas, e tudo correu de forma bastante natural."

Adrian confessa que sofreu "uma violenta mistura de emoções" quando recebeu o telefonema de Steve. "A primeira coisa que imaginei foi: 'Se eu voltar, quem sai?'. Depois, supus que eu tocaria metade do *set* e Janick a outra. Em suma, teria ficado mais feliz se Janick não estivesse implicado nisso". Mas, quando Rod lhe disse que seria uma combinação de três guitarristas, Adrian ficou ainda mais inseguro. "Eu pensei: 'Três guitarras? Isso nunca vai funcionar!'. Então, refleti melhor sobre assunto e decidi: 'Por que não?'", conta o guitarrista. "Steve, cujo pensamento não é nada ortodoxo – e sempre foi a maior força do Maiden –, tinha sugerido aquilo; então, achei que o mínimo que podia fazer seria tentar."

A primeira vez que todos os seis se juntaram para um compromisso profissional ocorreu na sessão de fotos, realizada na casa de Rod, poucos dias depois do encontro de Steve e Bruce. "Todos fizeram piadas sobre as roupas de cada um", Adrian se diverte. "Estava tudo exatamente igual, como se eu tivesse saído da banda na semana anterior. Nicko ficava contando piadas, Steve estava quietão, assim como Davey. E Janick fazia das suas. Eu já o conhecia havia algum tempo – ele sempre foi amigo de

Bruce, e jogávamos bola juntos. Na verdade, a presença de Janick dava um novo ingrediente à banda. Se eu tivesse voltado e fossem apenas os mesmos cinco caras, haveria muita bagagem, mas ter Janick ali pareceu trazer frescor a tudo. Não era a velha banda; era uma coisa completamente nova, o que tornava o trabalho ótimo."

Também foi uma oportunidade para consertar algumas memórias. "Você sempre diz: 'Ah! Se eu soubesse antes o que sei agora'", prossegue Adrian. "Bem, aquela era a chance de voltar e fazer a coisa certa dessa vez. Ninguém mais estava preso a determinadas complicações, como no passado. Agora, a gente poderia apreciar tudo da forma que fosse."

Em abril de 1999, a banda foi para Portugal, preparada para compor, mas, na verdade, eles queriam, principalmente, passar um tempo juntos. "Cheguei lá, me acomodei, e comecei a compor imediatamente", diz Adrian. "A primeira coisa que montei foi a música 'The wicker man'. Tudo pareceu se encaixar." Havia uma grande expectativa no ar cercando as primeiras sessões. "Todos caímos de cabeça", conta Bruce. "Foi assim que surgiram 'Fallen angel' e 'Ghost of the navigator'."

Acomodados em um antigo hangar de aviões, eles escutaram as ideias, uns dos outros, para novas canções. "Eu toquei minha fita e fiquei realmente nervoso", lembra-se Adrian. "Era o *riff* de 'The Wicker Man'. Dez minutos depois, já estávamos mandando ver. Steve sugeriu algumas alterações no arranjo, mas foi só isso. Começamos a trabalhar como uma banda pra valer e, no final do dia, tínhamos uma versão bruta da nossa primeira nova música juntos."

Bruce conta que foi uma vitória psicológica, um obstáculo superado. "Tivemos um período de lua de mel em que todo mundo saltitava comemorando nosso retorno. Apesar de estarmos muito bem com o que acontecia, acho que, lá no fundo, sabíamos que o verdadeiro teste somente viria quando fôssemos tocar", ele diz. "Não chegamos a duvidar das nossas habilidades; mas só vencemos o desafio depois de tocarmos juntos pra valer em Portugal. Foi bom estarmos todos juntos de novo, uma sensação incrível, e percebemos que era a coisa certa."

A breve turnê de dois meses pelos Estados Unidos e Europa, que começaria em julho, foi planejada para ser, de acordo com Bruce, "o maior *set* de sucessos de todos os tempos". "A expectativa nos colocava sob pressão. Poderíamos cair na estrada e fazer os shows mais incríveis juntos, e as pessoas, espera-se, sairiam deles dizendo: 'Puta que o pariu!'. E isso nos daria uma *vibe* incrível, um grande estado mental positivo, para levar ao estúdio quando fôssemos gravar o álbum. O importante é que, nas reuniões iniciais – eu, Steve e a banda –, minha preocupação era: 'Como saberei se faremos um álbum espetacular?'. E Steve foi fundo: 'Precisamos de um produtor. E não podemos fazer no mesmo estúdio de antes. Temos que conseguir o estúdio mais *fodido*, o melhor de todos'. Àquela altura, você poderia me recolher do chão! Achei sensacional, porque minha única preocupação era reunir todo nosso esforço para criar o melhor álbum que a banda fosse capaz de fazer. Senti firmeza, fiquei confiante, porque estávamos naquele caminho. Era a atitude certa! Ainda tínhamos de encontrar um produtor, mas havia tempo. Não começaríamos as gravações até o final do ano."

Teria sido tentador convidar Martin Birch para voltar à produção, seria a cereja do bolo para os fãs de longa data, mas, de acordo com Rod, isso nunca foi uma opção. "Martin estava aposentado havia anos", ele diz. "Após ter passado a maior parte da vida enterrado dentro de um estúdio, ele estava gostando de fazer aulas de golfe. Por isso, nunca daria certo. Fora isso, a banda via aquele projeto como uma oportunidade para fazer algo novo. Todos concordaram que deveriam trazer um produtor de fora. Precisava ser alguém realmente forte, que entendesse a proposta deles, mas que também fosse novo e pudesse adicionar frescor a tudo."

Com um perfil básico definido, a tarefa era procurar o cara certo. Não parecia que estivessem sem opções. Bruce me disse, quando ainda estava em Portugal, que havia "diversos produtores", desde os mais modernos aos mais clássicos. "Mas tudo ainda é especulativo. Não há pressa, e não vamos tomar uma decisão precipitada, porque isso é uma escolha muito importante."

Aquilo era outra novidade. No passado, gravar um álbum do Maiden sempre foi algo rápido. "Decidimos que não será mais assim", disse Bruce. "Vamos trabalhar firme ao longo dos meses. O cronograma do próximo ano será muito apertado, muito atarefado mesmo, em termos de concertos em todo o mundo. Isso não chega a ser uma preocupação, mas ninguém quer tropeçar nos próprios pés enquanto prepara um álbum."

O cantor arrematou: "Não vamos fazer o tipo de álbum que será a tara da vez e venderá 15 milhões de cópias. Se vender 2 ou 3 milhões, mas for um disco fodidamente brilhante do Iron Maiden, é o que queremos!".

Bruce também procurou distanciar seu retorno e o de Adrian de todas as demais notícias que pipocavam na mídia, falando dos reagrupamentos que esquentavam a cena do rock na mesma época (por exemplo, do Black Sabbath e do Kiss, apenas para mencionar duas). "Eu não quero fazer parte de uma banda de rock clássica", ele disse na época. "Quero ser o líder da matilha. Existe uma geração inteira de fãs de rock que jamais viram essa formação. Por isso, eles vão querer nos ver, assistir aos novos shows e saber a razão de tanto barulho. Além disso, espero que também haja fãs antigos que tenham interesse na gente de novo. Nós vamos trazer de volta, em cada sessão, o público do Maiden, especialmente o que gosta do nosso som ao vivo. Nossos shows são lendários."

Bruce insiste: "A turnê de 2000 será o maior show que o Maiden já fez. Isso não tem a ver com nostalgia. É como dizem em *Sociedade dos poetas mortos*,[24] sabe? *Carpe diem* [aproveite o dia]. Já atraímos a imaginação de todo mundo, e essa é uma sensação bem bacana. Faz com que você sinta... Bem que queira aproveitar o dia!".

Embora bastante otimista, Steve não estava cantando de galo, como convém ao líder da equipe. Ele sabia que ainda havia muito a ser feito antes que aquela formação do Maiden estivesse pronta para se erguer e mostrar o seu melhor. "Há sempre dois lados da moeda", ele afirmou, curtindo a primavera de Portugal em 1999. "Claro que tem gente lá fora que está feliz pela volta do Bruce, mas também recebemos cartas de pessoas perguntando por que Blaze saiu. Você precisa fazer o que acha certo, e, no final das contas, essa parece ser a escolha certa até agora. Se continuará sendo assim daqui a dois anos, quem pode dizer? Mas temos que seguir nossa intuição. E não é apenas o retono de Bruce, mas também existem as três guitarras, o que nos dá um tipo de ângulo diferente, e isso pode nos levar a áreas diferentes. É com isso que estou animado: visitar novas regiões e tentar coisas novas."

---

24 *Dead poets society*, filme dirigido por Peter Weir, lançado em 1989 nos Estados Unidos. Fonte: https://en.wikipedia.org/wiki/Dead_Poets_Society. Acesso em: 2/4/2013. (N. E.)

Eles ainda tocariam algumas canções da era Blaze, assim como continuaram fazendo coisas da era Di'Anno quando Bruce entrou. "Ainda não sabemos quais músicas desses álbuns irão se encaixar na voz do Bruce", Steve explicou. "Mas estou certo de que faremos coisas como 'The clansman' e, quem sabe, 'Man on the edge'. Não é como se fosse uma reunião, em que nos separamos e nos juntamos de novo; nós temos nos mantido na ativa. É diferente da situação do Black Sabbath. Conosco, é mais como retomar de onde paramos, se preferir assim. Pensamos em dar uma chance e ver o que acontece."

Sempre há os cínicos que desacreditam de tudo. "Desde o começo eles estiveram lá", afirmou Steve. Mas, desde quando o Maiden se importou com os cínicos? Ele prossegue: "Disseram que a gente fez isso por dinheiro, mas não é verdade. As pessoas nos conhecem bem o suficiente para saber disso. Quer dizer, se estivermos recebendo algum tipo de bônus, claro que o pegaremos. Claro que sim. Mas, no final, estamos em uma situação em que, se nos aposentássemos agora, ainda estaríamos muito bem, sabe? Então, não precisamos fazer isso por causa da grana".

"Em suma, trata-se apenas de uma coisa: a música da banda. Isso sempre foi o mais importante, motivo pelo qual nunca nos vendemos, nunca nos comprometemos. Com relação a Bruce, estamos muito melhor do que antes. Nós sempre nos demos bem profissionalmente, mas, agora, temos nos envolvido bem mais em um nível pessoal também. Nós dois amadurecemos. Ele sempre foi muito profissional, mas agora está faminto de novo, pois, mais uma vez, ele está incrível, motivo pelo qual estou excitado quanto ao álbum que vamos fazer juntos. Se a combinação der certo e for natural, e eu acho que será, a faísca estará lá. Quando você olha para os integrantes da banda agora, não dá sequer para questionar isso. Vai ser algo bem forte. Basta colocar essas pessoas juntas, na mesma sala, para que tudo aconteça."

16 *Brave new world*

A turnê *Ed Hunter* começou no Canadá, em 13 de julho de 1999. O primeiro show ocorreu em Montreal, na Molson Center Amphitheater, e depois na L'Agora, em Quebec, na noite seguinte. A seguir, o Maiden, remodelado, foi para a Hammerstein Ballroom, em Nova York, para o que, inevitavelmente, seriam dois shows altamente observados. Os fãs e a mídia vieram de todas as partes do mundo para testemunhar uma apresentação seminal na longa carreira do Maiden.

"Em Nova York, estava cagando nas calças", revela Bruce Dickinson. "Em Montreal, na primeira noite da volta, foi a mesma coisa. Musicalmente, contudo, aconteceu o que todos esperavam. Foi divertido. Quando saímos do palco, havia sido tão bom como todos acharam que seria, ou até melhor. Na verdade, as únicas coisas das quais reclamamos foram as de sempre, como problemas com posicionamento, erros dos engenheiros de iluminação ou a diferença do som em relação à passagem. O público adorou, as pessoas estavam pirando. Mas foi em Nova York que as coisas realmente aconteceram!"

Este autor encontrou a banda em Milwaukee, nove datas turnê adentro, e, àquela altura, o Maiden tinha realmente acertado o passo. O show na Pine Knob Music Theater, em Detroit, não trouxe muitas novidades. Alguns meses antes, os fãs tinham selecionado o *set list* da turnê por meio de votação na internet, e os resultados compensaram. Mas, apesar da forma impressionante com que Dave, Adrian e Janick se portaram no palco e da escolha do material tocado, o que realmente impressionou foi a camaradagem dos integrantes do Maiden. Para as datas na América do Norte, Bruce se revelou no papel de piloto, levando Steve Harris, Nicko

McBrain, Rod Smallwood e o *tour manager* de cidade em cidade na sua aeronave de turbinas duplas, enquanto os três guitarristas optaram por viajar em voos domésticos ou no ônibus da turnê. Steve se sentava contente na traseira do avião, lendo e brincando, enquanto Nicko – ele próprio um experiente piloto – se juntava a Bruce no *cockpit* ou ficava com os demais passageiros.

Na tarde em que viajei com a banda *en route* para Detroit, foram as pequenas coisas que mais chamaram minha atenção, como Bruce se oferecendo para comprar um ursinho, trajado como piloto, para Nicko, e o inesperado calor pessoal de Steve para com seu vocalista recém-retornado. O voo de Milwaukee até Detroit foi curto, mas nuvens negras estavam se fechando, e todos a bordo ficaram aliviados quando Dickinson desceu a aeronave em segurança na pista antes que a tempestade irrompesse. Seguindo o tratamento completo de tapete vermelho, fomos transferidos para um micro-ônibus bem quando as primeiras gotas de chuva começavam a cair. Como disse Steve, reclinando-se confortavelmente em seu assento, era "a única maneira de viajar".

O show na Pine Knob deu tudo o que os fãs queriam, e mais. Embora o Maiden já tivesse composto material novo, a banda sentia que sair com todas suas armas fumegantes seria a melhor maneira de tirar as teias de aranha. "Aces high" (completa, incluindo na introdução a fala de Winston Churchill) e "Wrathchild" abriram a noite de forma magnífica, seguidas de "The trooper" e "Two minutes to midnight". As três guitarras funcionaram surpreendentemente bem, com o retorno de Adrian fornecendo uma vantagem melódica adicional para canções como "Two minutes to midnight", "The evil that men do" e "Wasted years". Enquanto isso, a interpretação de Bruce para as canções da era Blaze – como "Futureal", "Man on the edge" e, em especial, "The clansman" – trazia o carisma que os críticos diziam estar ausente em seu predecessor.

Repleto de canções antigas, o *set* incluiu "Killers" e a épica "Powerslave", e voltou ainda mais no tempo para "Phantom of the opera", do primeiro álbum, culminando com "Fear of the dark" e a perene última música, "Iron Maiden". A multidão não deixou o grupo ir embora sem um bis de três *hits*: "Number of the beast, "Hallowed be thy name" e "Run to the hills". E antes mesmo que as luzes do local fossem acesas, os músicos suados e sorridentes estavam de volta ao ônibus, em direção ao aeroporto.

No hotel em Milwaukee, após o voo de volta, Steve Harris mantinha a boca fechada em relação aos motivos da saída de Blaze. E como grande parte do que o baixista dizia na época causava polêmica, ter uma conversa franca era bastante difícil. Harris reconheceu que a atual situação do Maiden estava ligada à mudança da formação anterior, mas preferiu manter seu silêncio. Apenas insistia em dizer a todos que perguntavam: "Se Blaze não se pronunciou sobre isso, então também não o farei. Foi o que combinamos".

Apesar de saborear o roteiro da excursão, o baixista – para seu crédito – continuou sendo leal a Bayley. "Não vejo muita diferença entre a turnê norte-americana e a última com Blaze", insistiu. "Os shows foram com mais gente, mas as reações foram basicamente iguais. No verão passado, tocamos em uma casa para 8,5 mil pessoas. Hoje, temos mais de dez mil. É uma diferença, mas não tão grande."

No estágio inicial da turnê, Harris ainda parecia assimilar o choque dos fãs com a volta de Bruce e Adrian ao Maiden. "Bruce é um homem mudado", ele disse. "Grande parte disso tem a ver com ele ter resolvido sua vida pessoal e estar de volta à banda. Nós estamos na mesma onda desde o começo. A atitude dele tem sido exatamente a que eu gostaria. Minha única preocupação é ver se ele está agindo assim por saber que é o que queríamos escutar. Mas, com todo esse entusiasmo demonstrado no palco todas as noites, ele seria muito tolo se simplesmente saísse no final disso tudo."

Apesar de Rod Smallwood ser creditado como a força motora por trás do retorno de Bruce, parece que alguns membros da banda também tiveram a mesma ideia. Em Detroit, Nicko deu sua própria perspectiva, dizendo que, se Dickinson não voltasse, talvez a banda tivesse acabado no final da turnê do *Virtual XI*.

"Se a banda não tivesse conseguido Bruce de volta, existia a possibilidade de encerrar tudo, e eu não queria isso", ele disse. "Sabíamos que Bruce precisava da gente, e a gente dele; então, levei o assunto à tona com 'Arry. Precisei persuadi-lo um pouco, mas, no fundo, até ele já sabia disso. Da primeira vez, tinha sido como um casamento que vai embora pela descarga – se você para de se comunicar, as coisas dão errado –, mas agora Adrian e Bruce estão de volta, e temos a possibilidade de sentar e conversar, caso exista uma crise."

Harris se espanta com os comentários do baterista: "Nick realmente disse isso? Nããão. Mesmo se Blaze tivesse continuado na banda, nós ainda estaríamos excursionando durante o verão e fazendo o próximo álbum no exterior ou até buscando um produtor, porque Nigel Green não está disponíve".

Posteriormente, Steve resumiu a primeira parte da turnê da seguinte maneira: "Não sou o tipo de sujeito que sai gritando nos telhados das casas, falando sobre tudo. Eu prefiro dar um tempo e ver como as coisas fluem. Não fizemos muitos shows ainda, nem mesmo um álbum, mas esta formação tem o potencial de ser a melhor da história do Maiden".

Dickinson concordou. Quando eu – coletando material para este livro – lhe disse que fiquei genuinamente surpreso ao ver a atual formação tocar, todos juntos, após tanta conversa negativa dos anos anteriores, ele riu conscientemente. "Isso é ótimo, pois adiciona drama à coisa. Mas quero dizer o seguinte: 'Tudo está amadurecido, e temos trabalhado mais unidos agora do que em qualquer outro ponto da história da banda, talvez com exceção do disco *Number of the beast*. Realmente conversamos uns com os outros. Não é do tipo, 'oi, tudo bom?' ou 'você ficou bêbado na noite passada?', temos conversas de verdade sobre coisas que importam. É muito excitante."

Bruce também deu uma luz sobre a forma como a banda prepara o próximo álbum. "Nós temos montado o equipamento em um círculo, e todos fazem sugestões e testam as modificações naquilo que surge. Claro que, de vez em quando, tudo pode ficar vívido demais, mas argumentação construtiva é algo bom, pois mostra que as pessoas se importam. A *vibe* está rolando de verdade. Quase dá para tocá-la."

Quando perguntado se existiram muitos assuntos para ser resolvidos até que chegassem a tal estágio, ele deu de ombros: "Não. Para dizer a verdade, não". Mas ainda haveria coisas não ditas?

"Novamente, digo que não. Todas essas coisas se resolveram. São só mínimos detalhes, os quais podem ser facilmente passados a limpo. Muitas coisas mudaram. Nós nos divertimos juntos. Onde quer que estejamos tocando, eu falo para o público: 'Gritem para mim, Long Beach!' (o verso cunhado no duplo ao vivo *Live after death*). E as pessoas adoram, porque foi parte do seu crescimento."

Entretanto, Dickinson fica estressado com a mera menção da palavra *nostalgia*. "Isso é horrível pra caralho", ele sibilou. "Fico nervoso quando as pessoas se põem a falar do passado. Não foi por isso que voltei à banda. Eu só queria fazer um álbum fantástico. O motivo dessa turnê é chutar o saco de todo mundo. Não tem a ver com obrigar o Limp Bizkit e todas essas outras bandas a terem respeito pelo Iron Maiden por causa do que nós fomos e do que podemos ser."

A turnê passou pela América do Norte até chegar a Bronco Bowl, em Dallas, em 8 de agosto. Depois, após um mês de descanso, ela foi retomada a partir do Palais Omnisport de Bercy, em Paris, antes de passar pela Holanda, Alemanha, Finlândia, Suécia, Itália, Espanha e Grécia, finalizando no estádio de futebol Peristeri, em Atenas, em 1º de outubro de 1999. Os fãs ingleses ficaram compreensivelmente chateados por terem sido omitidos do itinerário do grupo, embora tenham recebido um raio de esperança, sinalizando que o Maiden poderia reviver o festival Castle Donington no ano seguinte. O saudoso evento acontecera pela última vez em 1996, encabeçado pelo Kiss, mas, se alguém poderia tê-lo trazido de volta, seria o Maiden. "Adoraria fazer o Donington de novo, porque era uma tradição que não deveria ter morrido", pontua Steve. "Mas é algo que terá de ser discutido."

"Para cada pessoa que quiser ver a reunião do Maiden, haverá um crítico reclamando em uma poltrona", afirma Bruce. "A Inglaterra não é um lugar amigável para o metal e, neste quesito, está bem longe de todo o resto do mundo. Mas, quem sabe? Quem sabe, até o próximo verão a gente possa organizar algo para os fãs ingleses. E não será um show no Reading!"

O show de Paris, em 9 de setembro, estava entre os mais acessíveis para os fãs ingleses do Maiden, e muitos ônibus rumaram para a capital francesa às vésperas da apresentação em Omnisport de Bercy, onde a banda seria apoiada pelo Megadeth. A capacidade de 17 mil lugares da casa se esgotou em seis semanas. Quando o Maiden subiu no palco naquela noite, a reação foi tão alta que parecia o estrondo de uma bomba. Como uma tempestade, o sexteto triunfou com seu *set* de 17 músicas, o mesmo tocado em Pine Knob, e até mesmo observadores de longa data, como eu mesmo, tiveram de admitir que o desempenho da banda estava tão bom quanto antes ou, talvez, até melhor.

RUN TO THE HILLS

No final do show, centenas de ingleses inebriados, em êxtase, marcharam pelo Champs Elysees, acenando seus estandartes Union Jack e bradando: "Maiden! Maiden! Maiden!". Não deu para saber o que os parisienses acharam da cena; portanto, só se pode especular.

Essas imagens de triunfo facilitaram a decisão de gravar o novo álbum em Paris. Em novembro, o sexteto foi para o estúdio Guillaume Tell com o firme propósito de que levaria o tempo que fosse necessário para criar o CD tão ansiosamente aguardado. Eles mantiveram em segredo a identidade do produtor por vários meses, mas espalhou-se a notícia de que seria Kevin Shirley, conhecido como "Caveman" (Homem das cavernas). Era uma escolha inspirada, já que os trabalhos anteriores de Shirley com The Black Crowes, Aerosmith, Dream Theater e Silverchair, entre outros, estabeleceram seu nome como o mais quente do cenário musical.

De todo modo, as sessões do que viria a ser o CD *Brave new world* foram tremendamente prazerosas. Shirley era rígido, mas justo, e mais do que disposto a escutar as sugestões de todos – e noites relaxantes foram viradas ao sabor de quantidades desordenadas de cerveja francesa.

Uma das maiores forças do álbum foi a diversidade do material produzida por diferentes autores. Steve criou duas de suas melhores canções, "Dream of mirrors" e "The nomad", feitas em parceria com Janick e Dave, respectivamente, além de escrever sozinho "Blood brothers". Os créditos do álbum *Brave new world*, porém, refletiam um *input* significativo de Bruce (que se envolveu em quatro canções), Janick (também envolvido em quatro faixas), Dave (em três) e Adrian (em duas). "Todos sabiam que haveria um pouco de toma lá dá cá. Tínhamos aquele ano muito bem planejado; então – a exemplo do que fazem os atletas –, entraríamos em estúdio no nosso auge. E, claro, quando gravamos as sessões, fizemos o álbum basicamente ao vivo."

Construída em torno de um *riff* tipicamente Maiden, a faixa de abertura do CD, "The wicker man", pegou seu nome emprestado de um filme homônimo, embora não tenha sido inspirada diretamente por tal película. A seguir, vêm "Ghost of the navigator", a primeira canção a mostrar o estilo progressivo cada vez mais presente no grupo, e a faixa título do álbum, que tem início furtivo antes de se elevar para um coral de arrebatar estádios.

BRAVE NEW WORLD

Há paralelos tênues entre a faixa seguinte, "Blood brothers", e "The clansman", gravada no disco anterior, já que as duas demonstram forte influência das *highlands*. O gentil tema de guitarra da primeira provou que o Maiden ainda conhecia os efeitos de luz e sombra; e, assim, o épico de sete minutos abre alas para a confessa admiração de Steve e Bruce pelo Jethro Tull. Brincando, Bruce revelou ter cantado a música em uma perna só, fazendo referência à famosa pose do flautista Ian Anderson, líder do Tull.

Três minutos mais concisa do que a canção anterior, "The mercenary" relata um conto sobre aqueles que matam em troca de dinheiro. Depois, foi descrita por Bruce como "um rock bastante convencional e melódico, comparável a 'Die with your boots on'".

Com 9 minutos e 21 segundos de duração, "Dream of mirrors" é, sem dúvida, a peça mais ambiciosa do disco. Ondulante como o mar, ela flui levando o ouvinte a vivenciar uma variedade de emoções, narrando os sentimentos de um homem aterrorizado demais para dormir. O refrão de Harris – *I only dream in black and white/ I only dream 'cause I'm alive/ I only dream in black and white/ To save me from myself* (Eu só sonho em preto e branco/ Eu só sonho porque estou vivo/ Eu só sonho em preto e branco/ Para me salvar de mim mesmo") – fez com que Bruce sorrisse: "O cara é um filho da puta torturado".

Adrian compôs a música e Steve fez a letra e a linha melódica da gostosa e ligeiramente sombria "The fallen angel", sobreposta por um enorme *riff* e intrincadas quebras. Então, o Maiden chuta o balde com "Nomad", obra com sabor oriental, um hino aos beduínos, a tribo de guerreiros do deserto. Outra canção com nove minutos de duração, "Nomad", permitiu que as três guitarras se alongassem um pouco mais e mostrassem a versatilidade que poderiam ter.

"Um bando de alienígenas destruiu o próprio planeta e agora está vindo até aqui para acabar com o nosso" – este foi o conceito que, segundo Bruce, inspirou "Out of the silent planet", uma canção de andamento médio que, mais uma vez, destaca a habilidade dos guitarristas de texturizar a base da melodia e priorizar seus afiados solos. "Thin line between love & hate", um hino rítmico e levemente soul, que evoca Phil Mogg e o UFO, antigos heróis de Steve, é a canção que fecha o álbum, com uma bela ação combinada entre a voz matadora de Dickinson e uma linha de guitarra etérea, antes de cair em uma *jam*. Saíram resenhas positivas em todos os lugares. Claramente, a nova formação do Iron Maiden superou as próprias expectativas e também às do público.

Para apresentações ao vivo, a banda estava determinada a aproveitar o momento e retornar com seu show mais repleto de ação. Contudo, ainda nada de Donington. Em vez disso, a banda anunciou que o braço britânico da turnê – chamada *Metal 2000* – começaria em 16 de junho em um estilo adequadamente gigantesco, no Earl's Court, cavernoso estádio de Londres e local de triunfos passados do Led Zeppelin, Pink Floyd e Genesis. Os 20 mil ingressos esgotaram-se em três dias, antes mesmo que o Maiden anunciasse que os shows de abertura seriam do Slayer e Entombed.

"Surgiu uma oferta para que fizéssemos o Donington", revelou Bruce. Mas seria no dia seguinte ao show da Earl's Court, no mesmo sábado que a Inglaterra jogaria contra a Alemanha na Euro 2000. "Foi o que nos pegou. Teria sido uma loucura tocar em um dia assim no Donington, onde só ficaríamos satisfeitos se esgotássemos todos os ingressos."

O show da *Metal 2000* é, em geral, tido como o melhor que o Maiden já fez desde que ocorreram as mudanças na sua formação. Agora, podendo tocar o novo material de estúdio, diversas canções antigas foram para escanteio, e todas as faixas de *Brave New World* – exceto três: "Nomad", "Out of the silent planet" e "Thin line between love & hate" – passaram a compor o *set*. Para deixar as coisas ainda mais interessantes, eles adicionaram "The sign of the cross", uma canção de Blaze da época do *The x factor*, em que um sorridente Bruce mandava ver no show, enquanto descia do teto usando um conjunto de asas angelicais. Com uma produção enorme, o espetáculo ainda enlouquecia a multidão quando Bruce queimava um grupo de virgens em uma jaula.

Das novas canções, "Dream of mirrors", "Ghost of the navigator" e "Blood brothers" eram especialmente inspiradoras, mas alguns reclamaram da falta de antigos petardos, como "Run to the hills", "Aces high" e até mesmo "Running free". A banda, por sua vez, foi audaz em face de tais críticas. "Se as pessoas quiserem escutar 'Run to the hills", tem um monte de bandas que são tributos ao Iron Maiden", afirmou Bruce. "Muita nostalgia iria obscurecer o que estamos fazendo agora."

Após o show de Earl's Court, o Maiden voltou sua atenção mais uma vez para os Estados Unidos. Com um contrato recém-assinado com a Sony Records para o álbum *Brave new world*, eles adoraram escutar que todos os 14 mil ingressos para o grande evento da turnê – a data em Nova York, no seu fabuloso Madison Square Garden – se esgotaram em apenas duas horas. As bandas Queensrÿche e Rob Halford foram escolhidas para abrir a noite.

Eu conversei com Nicko no dia do show, quando ele, todo orgulhoso, me contou sobre a aposta que eles nem tiveram tempo de levar adiante. "Rod ligou e pediu que adivinhássemos quantos ingressos foram vendidos na primeira hora", diz o baterista. "Chutamos uns 4 mil. Não acreditamos quando ele nos disse (neste momento explode o sotaque de Yorkshire): 'Nãããoooo. Seis mil e quinhentos!'. Então, começamos a apostar para ver quantos venderíamos no primeiro dia, mas ele ligou de volta e disse que as apostas estavam canceladas; os ingressos tinham se esgotado em duas horas. Achamos que ele estava curtindo com a nossa cara."

A atmosfera no grupo estava completamente diferente daquela do último show em Nova York com Blaze Bayley, em que o Maiden fora a banda principal na Roseland Ballroom. "Sem dúvida", concordou Nicko. "Fizemos duas boas turnês com Blaze, mas a última foi muito difícil. Mesmo assim fomos lá e demos a cara a tapa, como sempre fizemos no Maiden. Houve turnês geniais no passado, mas esta aqui supera todas. A *vibe* é tão positiva que não dá para acreditar, e todo mundo está se dando bem depois de tudo aquilo que aconteceu seis ou sete anos atrás. As pessoas cresceram. Mudaram. Claro, tínhamos alguma preocupação quanto às motivações do Bruce para querer voltar a bordo, mas ele está cem por cento dentro da banda de novo. Era algo que ele tinha de fazer."

A banda estava tão determinada a dispensar a nostalgia, que reteve bravamente o *set* apresentado no Reino Unido. "Sou a favor de manter essas novas canções no *set*", enfatizou Steve. "Bruce e Adrian estiveram fora, fazendo seus álbuns solo por anos, mas, para o resto de nós, é revigorante tocar algo novo, em vez de ficar vivendo no passado."

"É importante que a gente não se torne uma paródia de nós mesmos", afirmou Janick. "Vi isso acontecer com várias outras bandas. Adoro tocar as coisas antigas, mas, se você só se prender a elas, se tornará um velho. Não queremos virar a porra de uma banda de cabaré."

RUN TO THE HILLS

Após o espetáculo do Madison Square Garden, Steve demonstrou mais otimismo quanto à longevidade do Maiden. "Estou tão satisfeito quanto possível", ele afirmou. "Se eu parecia ter dúvidas, foi em parte porque ainda estávamos tocando a porra do *set Best of* (na turnê *Ed Hunter*), que dava a impressão de ser um pouco cabaré. Vou ser honesto, achei aquilo difícil. Mas, da forma como as coisas estão agora, todo mundo está curtindo. Então, como estamos nos dando muito bem, acredito, sim, que irá durar!"

Bruce, por sua vez, defende imediatamente a turnê *Ed Hunter*. "Eu adorei aquele show, porque foi o melhor de todos os mundos possíveis. Estávamos tocando um *set* descerebrado, matador, e dando a um público imenso exatamente o que ele queria. Não teve muito estresse, pois já tínhamos tocado aquilo centenas de vezes antes. Não houve discussões ou rancor dentro da banda, pois não restavam decisões a serem tomadas. Mais do que tudo, aquilo estabeleceu a base e a confiança para este álbum."

Em novembro, ciente de que muitos não conseguiram comparecer ao Earl's Court ou mesmo aos shows da turnê *Ed Hunter* na Europa, a banda voltou à Inglaterra para três novas datas em Glasgow, Manchester e Birmingham. De novo, Rob Halford abriu os shows.

Para Janick Gers, esse minirroteiro pela Inglaterra foi palco para os melhores concertos da turnê do *Brave new world*. "Apresentações como no Madison Square Garden tendem a ser supershows, mas eu venho do norte da Inglaterra, e ainda me lembro das vezes em que grandes bandas estrangeiras vinham tocar em Londres. Se tivesse sorte, poderia haver um show na Newcastle City Hall. Daí, você ia até lá, mas saía com a sensação de que eles não estavam interessados de fato, fazendo aquilo só por fazer. Como sei disso, levo esse sentimento comigo para onde quer que eu vá. Não importa onde esteja, sempre tento tornar aquilo algo especial para as pessoas que gastaram seu dinheiro. Todo show é tão importante quanto o do Earl's Court. Na verdade, apresentações como a do Earl's Court talvez sejam um pouco menos importantes para mim em comparação com o resto da banda."

Em novembro, após meses conjecturando, o Maiden finalmente concordou em ser a banda principal do festival Rock in Rio III, em 19 de janeiro. A oportunidade de uma vida, com um *cast* de estrelas internacionais, que incluía Britney Spears e o retorno do Guns N' Roses, e uma expectativa de público de 1,5 milhão de pessoas no curso do evento, além de transmissão mundial via satélite para uma audiência que, em números, excederia 1 bilhão. Antes de ir para a América do Sul, em janeiro de 2001, o Maiden aproveitou a oportunidade de fazer dois pequenos concertos no oeste de Londres, na Shepherd's Bush Empire. "Tocar em uma casa menor como essa, onde o público está bem na sua cara, irá nos incendiar antes de irmos para a América do Sul e para o Rock in Rio", Bruce explicou. "Alguns de nós viram o The Who tocar na Empire no começo do ano, e achamos a atmosfera fantástica."

Perto do período do Natal de 2000, com uma fornada final de shows em vista e um prospecto de um longo descanso no decorrer do ano seguinte, foi um momento lógico para que todo mundo se recostasse e desse um tempo. "Não paramos de trabalhar desde que voltei para a banda, e já faz quase dois anos e meio", ponderou Adrian Smith. "As turnês têm sido incessantes, além de um álbum entre elas. Mas, apesar de muito divertido, todo mundo está pronto para descansar um pouquinho agora. Planejamos voltar para o estúdio e começar a trabalhar no próximo álbum no final de 2001 ou começo de 2002. Não tenho planos definidos para meu ano de folga, mas estou certo de que vou acabar arrumando uma coisa ou outra para fazer."

"Por ter dado um tempo disso tudo durante um bom período, ainda é uma emoção enorme entrar no palco e ficar na frente de 10 ou 20 mil pessoas todas as noites", prossegue Adrian. "Mas o pessoal continuou fazendo muitas turnês antes da minha volta e do Bruce; então, entendo por que eles querem dar um tempo."

Para Janick, que desempenhou um papel primordial no álbum *Brave new world* e na turnê, a nova fase do Maiden vinha sendo uma experiência particularmente agradável. "Fiquei feliz de contribuir tanto dessa vez, e o álbum foi realmente um esforço conjunto. A entrada de um novo produtor foi uma lufada de ar fresco. Mas, para mim, tudo tem mais a ver com a química geral do grupo. Quando ouvi dizer que Adrian voltaria com Bruce, a única coisa que me preocupou – e estou certo de que Adrian sentiu o mesmo quanto a mim – foi como isso funcionaria, tendo três guitarras e seis pessoas na banda. Mas não poderia ser melhor. Viajamos juntos, saímos juntos, e o estilo de cada um dos três guitarristas se mesclou com o dos outros, da mesma forma que nossas personalidades."

Durante as apresentações, nenhuma ordem particular de escolha se materializou, diz Janick. Assim, um músico não fica propício a pedir um solo mais melódico, da mesma forma que outro não clama por ser adepto de sons mais pesados. Tudo é feito de acordo com o que parece ser adequado. "A gente acena bastante um para o outro, sinalizando para que alguém assuma", ele ri. "Adrian é muito rítmico, acredito que Davey seja mais blues e suave, enquanto eu sou um pouco fora do convencional, mas todos nós podemos tocar diferentes tipos de solos se for preciso. Não há regras estabelecidas quando se trata do Maiden. É como em todas as bandas em que estive: eu nunca sei o que vou fazer, até fazer!" Rod completa: "O motivo pelo qual três guitarras funcionam tão bem para nós, além de os três serem grandes instrumentistas, é que a briga de egos deles é igual a zero. Chamamos o trio de *Los tres amigos*[25] – eles viajam juntos, bebem juntos e se divertem juntos".

Falando nisso, Janick insiste que, apesar de todas as flutuações na formação, ele nunca sentiu o temor de perder seu emprego. "Eu não encaro as coisas dessa maneira. Nunca pedi para entrar no Iron Maiden; foram eles que me chamaram. Então, se me pedissem para sair, eu faria exatamente o que quisessem. Adoro tocar com a banda, porque são caras incríveis, mas, quando você começa a se preocupar sobre qual é o seu lugar no esquema das coisas, isso é perigoso. Nunca pensei na música dessa maneira. Enquanto a banda me quiser, estou mais do que feliz de estar aqui."

Entretanto, Janick admite que as personalidades no conjunto mudaram. "Todos ficaram mais maduros. Talvez tenha a ver com a idade. Não sou mais tão extremo quanto costumava ser, e Steve definitivamente é bem mais fácil de lidar do que no passado. Há seis personalidades bem fortes dentro da banda, mas todas amadureceram. É possível que, no passado, Bruce tivesse a tendência de ver as coisas do seu modo, mas, após seu retorno, isso também mudou."

Adrian concorda com Janick. Quando perguntado se o sucesso do Maiden revitalizado permitiu que ele deletasse da memória os motivos que o levaram a sair durante os anos 1980, o guitarrista afirma: "Não

---

25 *Three amigos* é um filme dirigido por John Landis, lançado nos Estados Unidos em 1986, estrelado por Steve Martin, Chevy Chase e Martin Short. Fonte: http://en.wikipedia.org/wiki/Three_Amigos. Acesso em: 2/4/2013. (N. E.)

esqueci por completo. Mas temos de olhar para a frente, e nenhum de nós quer olhar para o passado e desenterrar as pequenas coisas que ficaram para trás. Todo mundo está bem mais maduro agora, e temos a chance de nos expressar. É óbvio que grande parte do trabalho ainda é a visão do Steve, e eu compreendo isso um pouco mais hoje do que no passado, mas foi interessante observar a banda pelo lado de fora. Voltei com uma perspectiva diferente. Ainda acho correto ter me separado da banda quando o fiz. Provavelmente, essa nova fase deixaria de acontecer se eu não tivesse saído naquela época".

Ele admite que houve outros probleminhas no começo do sexteto. "Ocorreram discordâncias, mas que acabaram resultando em algo positivo. Opiniões diferentes sobre o andamento de certas canções, que, no passado, teríamos varrido para debaixo do tapete, mas, dessa vez, encaramos e resolvemos tudo. Todos ficam felizes, e ninguém vai amuado para um canto."

Bruce diz que foi importante, "no nível pessoal", passar a limpo suas diferenças com os colegas de banda com quem se indispôs ao sair do Maiden. "Teria sido idiota manter sentimentos ruins. As duas pessoas que ficaram mais aborrecidas comigo foram Nicko e Steve. E acho que descobri o senso de humor do Steve pela primeira vez. Mesmo. De certo modo, ele e eu somos mais parecidos do que ambos gostaríamos de admitir. As diferenças que existem entre nós são combustível para fervilhar as coisas, mas também já percebemos que, ao expressar nossa opinião, não estamos tentando colocar as outras pessoas para baixo. Eu tento fazer as coisas que acrescentarão à causa da banda. Se discordamos em algum ponto, pelo menos concordamos que todos têm a mesma meta em mente, o que já é muito bom."

"Também cresci bastante", ele acrescenta. "Ter uma carreira solo e construí-la peça por peça me ajudou a amadurecer. Existe uma flexibilidade contínua agora, e ela surgiu por meio da confiança. Sempre haverá um pedaço do Steve que tem a necessidade de ser paranoico, mas isso faz parte do pacote. Não sei ao certo se dá para deixar Steve completamente feliz, a não ser que ele esteja detonando em algum lugar. Esse é o jeito dele."

Confiante por ter colocado de lado todas as dúvidas que diziam respeito ao seu futuro envolvimento com o Iron Maiden, Bruce enfatiza seu atual estado de contentamento com a banda: "Se você pudesse voltar no tempo até a turnê do *Fear of the dark* e, quem sabe, até mais para trás, veria que a banda está tocando maravilhosamente bem, melhor até do que na época do *Live after death*. É incrível".

Bruce também afirma que está absolutamente satisfeito com as vendas acima de 1,5 milhão do álbum *Brave new world* em todo o mundo. "Existe um certo cinismo em relação ao Maiden. Algumas pessoas simplesmente não entendem a banda e, por causa disso, se recusam a acreditar que muita gente gosta de nós. Por conseguinte, escutam que vendemos um milhão e meio de cópias e assumem automaticamente que deve ser mentira. É incrível a quantidade de gente na indústria musical que nem ao menos sabe quantos álbuns o Maiden vendeu. Elas não acreditam nos números, mas nós temos os dados para comprovar."

"Embora seja verdade que existem diversas novas bandas de metal, que estão fazendo sucesso, o Maiden ainda está segurando a onda muito bem. Se você considerar que, em nosso auge, nos anos 1980 estávamos vendendo entre dois e três milhões em um mercado lotado desse tipo de metal, um milhão e meio é um número espetacular. E a melhor parte: grande parte do nosso público é composta de fãs mais jovens, em especial na Europa e América do Sul."

Enquanto discutíamos estatísticas, 250 mil fãs foram atraídos para o festival Rock in Rio, onde a banda gravou um DVD para ser lançado ainda em 2001. "O Rio foi uma experiência incrível", conta Bruce, lembrando-se de 1985, quando o Maiden se apresentara para 200 mil pessoas. "Foi bem melhor do que da primeira vez. Aquela tinha sido cheia de ira e insanidade, mas, dessa vez, fizemos um show espetacular. Havia tanta coisa acontecendo; teria sido fácil deixar a peteca cair, mas a banda fez um dos maiores shows da sua vida. E, claro, era a hora de fazer, já que estávamos gravando. O DVD será o show completo no Rio, e Kevin Shirley, que está mixando, disse que está fantástico. Ficamos lá durante três dias, e o lugar estava abarrotado de fãs e jornalistas. Fora algumas fotos em locações, eu basicamente me tranquei no quarto do hotel ou fiquei a maior parte do tempo na academia. Nas 24 ou 48 horas antes do show, ficava a maior parte do tempo deitado de costas, pensando nele."

BRAVE NEW WORLD

Em janeiro de 2001, o Maiden ficou entre chocado e ligeiramente espantado quando "The wicker man" foi indicada para o Grammy de melhor performance metal do ano. Era a segunda vez que a banda recebia tal distinção – em 1994, a versão ao vivo de "Fear of the dark", de *A Real Live One*, tinha sido escolhida para a mesma categoria. Dessa vez, "The wicker man" tinha como oponentes "Elite", do Deftones, "Astonishing panorama of the endtymes", do Marilyn Manson, "Revolution is my name", do Pantera, e "Wait and bleed", da Slipknot, uma banda de metal mascarada. Apesar de Adrian e Dave comparecerem à 43ª cerimônia anual, na Staples Center, em Los Angeles, foi o Deftones quem saiu de lá com o prêmio.

"É bacana ser indicado para o prêmio Grammy, mas senti que o *timing* era muito esquisito", questiona Bruce. "Algumas dessas categorias, do tipo 'melhor banda de metal em uma terça de manhã', são hilárias. Eu não compreendia como estávamos ao lado de companhias tão ecléticas. Ou aquilo foi feito por alguém que tem gostos muito diversos, ou por alguém que não tem a menor ideia do que está fazendo. As palavras 'Jethro' e 'Tull' brotaram na minha mente após o Metallica ter perdido seu prêmio para Ian Anderson."

O que significava bem mais para o Maiden era a conquista do galardão de "realização internacional" na cerimônia de premiação do Ivor Novello, em junho. "Os Ivors",[26] como são conhecidos, tornaram-se uma tradição britânica. As estatuetas são dadas em reconhecimento ao talento e à obra de compositores e letristas, em votação feita pelos próprios artistas. O prêmio do Maiden consagrou as vendas de álbuns que atingiram a incrível marca de 50 milhões de cópias em todo o mundo. Bruce, Adrian e Janick foram à cerimônia em Londres, no badalado Grosvenor Hotel, onde a lenda do tênis Pat Cash, amigo e fã de longa data da banda, foi o apresentador da solenidade. Cash contou à plateia, que incluía luminares como Pete Townshend, do The Who, Stevie Wonder, membros do The Clash e o compositor John Barry, como, nos dias em que jogava, ele saía voando dos maiores torneios de tênis do mundo apenas para chegar a tempo de ver o show do Maiden.

---

26 O prêmio é uma escultura em bronze de Euterpe, a musa grega da música. Mais de cem estatuetas foram atribuídas desde 1955. Fonte: http://en.wikipedia.org/wiki/Ivor_Novello_Awards. Acesso em: 2/4/2013. (N. E.)

Ao receber o prêmio, Bruce disse à multidão: "Sem os fãs, nada disso teria sido possível. Nunca tocaram o Maiden no rádio. Nós somos uma banda tradicional: tocamos nos shows, as pessoas escutam as músicas e, se gostam, elas compram. Esta é sem dúvida uma grande honra, e devemos tudo aos fãs".

O prêmio Ivor e o Rock in Rio fecharam com chave de ouro um período triunfante de três anos para o Iron Maiden. Eles não só tinham levado sua carreira a um novo e inacreditável patamar, como também desempenharam um papel fundamental na restauração do heavy metal no *mainstream*. "É ótimo que o Maiden tenha levado o metal de volta para os olhos do público", Bruce fala com orgulho. "O fato de existir um grupo como o Maiden, fazendo o que fazemos, dá um enorme encorajamento a várias outras bandas. Agora, algumas delas estão mais inclinadas a fazer o que realmente gostam, em oposição ao que a mídia acha que é apropriado. Ter um grupo como o Maiden por perto, que é bastante seguro do que faz, é uma coisa muito boa, porque dá às pessoas um ponto no qual focar. Mesmo se não soarem como o Maiden, ao menos podem observar a nossa atitude e perceber que elas não precisam abaixar a cabeça."

Então, o álbum de country ainda vai continuar na espera, certo?

"Sim, está na espera por um longo tempo", ele ri, "mas estou deixando o banjo guardado no armário".

Apesar de passar o ano 2001 recarregando as baterias, o Maiden não sairia dos holofotes. "Steve deixou bem claro que quer uma pausa completa de doze meses", revela Bruce. "Então, pode assumir que, uma vez terminado seu envolvimento com o álbum duplo ao vivo e o DVD *Rock in Rio*, haverá um ano de inatividade. Mas terá coisas acontecendo ao longo desse período – sairá uma nova caixa de coletâneas, e nosso catálogo será reimpresso por conta do aniversário de 25 anos da banda; portanto, não vamos rolar e nos fingir de morto. Vamos começar a compor para gravar um novo álbum de estúdio, e a próxima turnê mundial deve acontecer em 2003. Para mim, está tudo certo, porque farei meu próprio disco solo em setembro. Se eu fizer uma turnê para lançá-lo, ela terminará bem quando o Maiden voltar."

Quando pedi suas observações quanto ao mais recente estágio da carreira do Maiden, até para especular sobre o futuro em longo prazo do grupo, Bruce discorreu sobre as metas. "Como grupo, o Iron Maiden já fez concertos incríveis e fabulosos, e um álbum do qual a banda tem muito orgulho. Raramente soamos melhor do que agora, mas ainda há muita música dentro de nós. Para ser honesto, as pessoas não têm ideia do que esta banda ainda é capaz fazer, e é possível que até mesmo algumas pessoas dentro da própria banda não saibam o que podemos alcançar. Grande parte de tudo, infelizmente, fica a cargo do acaso. Se a Lua estiver na fase certa e os planetas ficarem alinhados, só Deus sabe o que pode acontecer. A banda sempre se sairá muito bem, mas ainda podemos explodir e atingir alturas inimagináveis no futuro, e não há como fabricar esse tipo de coisa."

17 Rock in Rio

Ao encabeçar o enorme festival Rock in Rio, em 19 de janeiro de 2001, o Maiden tocou diante de 250 mil fãs – a maior multidão para a qual já tinha se apresentado. O Rock in Rio é tão adorado pela nação brasileira, que passa ao vivo na tevê, além de ser transmitido para quase todos os países da América do Sul. Somando à tal audiência os direitos de retransmissão comprados por redes de televisão asiáticas, os organizadores do evento estimam que mais de 1 bilhão de pessoas assistam ao menos a uma performance dos seis shows principais que constituem o festival. Isso é muita gente!

O Maiden foi a banda principal da quarta noite, que, diferente dos eventos anteriores que corriam ao longo de uma semana, dessa vez ocorreu em dois fins de semana separados. Antes do Maiden, se apresentaram Rob Halford, cantor do Judas Priest e lenda do heavy metal, os heróis locais do Sepultura e os roqueiros ecléticos do Queens Of The Stone Age. Performances anteriores no festival incluíam a banda de garotos NSync, uma rara aparição ao vivo do reformado Guns N' Roses, Papa Roach, a rainha do pop Britney Spears, Sting, e os britânicos do Oasis. Na noite após o Maiden, foi a vez do Dave Matthews Band, seguido por Neil Young. No domingo, o festival foi encerrado pelo Red Hot Chili Peppers, com abertura do Silverchair e Deftones.

Se o Maiden buscava algo para concluir a maior turnê mundial da banda em anos, o Rock in Rio era perfeito. Diferente de outros festivais, este não é um evento anual ou mesmo bienal – você tem sorte se conseguir ver um por década! O festival anterior – apenas o segundo – tinha ocorrido dez anos antes, em 1991, no Estádio do Maracanã, e apresentado a formação original do Guns N' Roses. Por ter tocado no dia de abertura do primeiro Rock in Rio, em 1985, como parte da turnê mundial *Slavery* (abrindo para o Queen), o Maiden sabia muito bem o que esperar do intensamente apaixonado público brasileiro.

É desnecessário dizer que ofertas para encabeçar um festival como o Rock in Rio são raras. Assim que o show do Maiden foi confirmado, no outono do ano anterior, planos começaram a ser feitos para a gravação de um álbum ao vivo e do primeiro concerto do Iron Maiden em DVD, para celebrar o evento. Se alguém estava procurando uma exclamação tamanho família para sublinhar o legado do Iron Maiden em todo o mundo, é improvável que algo superasse um show desse porte!

"Para mim, o Rock in Rio foi a chance de mostrar quanto essa banda é boa", afirma Bruce, arregalando os olhos ao simples pensamento de tocar no festival. "Queríamos desesperadamente participar do festival, mas o nível de estresse é exponencial. Foi, sem dúvida, um dos shows mais intensos da minha vida por muitos motivos. O dia inteiro, antes de subir ao palco, e mesmo no anterior, eu me tranquei no quarto e simplesmente não saí. Fui até a academia, mas não festejei nem tomei banho de sol. Fechei as cortinas e vivi em uma caverna, pensando somente no show, assim como um campeão de boxe faz antes de uma luta pelo título, porque é o necessário para algo de tamanha proporção. Quando finalmente fizemos o show, foi como se o próprio inferno tivesse irrompido!"

"Recordo-me de estar excitado até não poder mais. Quando passei pela minha pequena passarela, a primeira coisa que vi foram aquelas malditas câmeras presas no maldito andaime que costumo escalar. Fiquei imediatamente puto com elas, e pensei: 'Foda-se essa porra!'. Arranquei todas e as joguei no canto do palco. Os cinegrafistas ficaram malucos! Mas aquele foi meu pequeno momento temperamental, e é preciso ter um de vez em quando, senão nunca parece real o bastante", ele dá um sorriso maroto.

"A energia que gastamos naquela noite foi incrível. Nunca fiquei tão exausto em toda minha vida, não apenas fisicamente – eu estava cansado, mas isso era fácil. Foi um cansaço emocional e mental tão intenso como se o tutano tivesse sido sugado dos meus ossos. Nunca me sentira daquela forma antes. Lembro-me de ficar sentado, às quatro da manhã, após

RUN TO THE HILLS

o show, profundamente deslumbrado. A banda inteira estava assim. Em geral, depois de sair do palco, vamos tomar umas cervejas e dizer: 'Que show incrível'. Mas, depois daquele, sentamos, absolutamente mudos, o que é raro de acontecer. Aliás, nunca vi o pessoal daquela maneira antes, nem tornei a ver desde então. Foi uma maneira espetacular de concluir a turnê."

Steve também tem memórias vívidas da pressão que a banda encarou ao fazer um show que daria ao Maiden seu primeiro DVD e um terceiro álbum ao vivo.

"Todos acharam que tocamos bem. Mas precisávamos mesmo. A pressão era enorme. Ao vivo na televisão para centenas de milhões, e gravando um DVD. Mas nós costumamos nos sair bem sob pressão", ele afirma com confiança. "Em geral, gostamos de olhar nos olhos das pessoas, mas, naquela noite, foi impossível. Lembro-me de correr até a beirada do palco para interagir com a multidão, mas o PA da lateral não estava funcionando; então, não dava para escutar porra nenhuma na frente, o que me obrigou a ficar firme na minha área durante a noite inteira", afirma ele, com frustração na voz. O tamanho da multidão exigiu respeito dos integrantes do Iron Maiden, mas Steve avalia que o número não afetou todos da mesma maneira.

"O tamanho da multidão provoca grande barulho na mídia. Nós voamos até lá de helicóptero, e deu para ver como um quarto de milhão é grande, mas – eu sei que isso irá soar estranho – não dá para diferenciar 100 mil pessoas de 250 mil, é só um puta monte de gente! E à noite, com os holofotes sobre elas, não dá para iluminar a multidão inteira; então, você simplesmente segue em frente. Dito isto, o público naquela noite foi impressionante e, sem dúvida, fez a diferença."

Apesar de Janick ter visitado o Rio antes com o Iron Maiden, aquela foi a primeira vez que tocou no Rock in Rio. Diferente de Steve, ele foi atingido por um grande comichão no estômago. Ele conta que, logo após ter subido, viu Jimmy Page na lateral do palco. "No ato, pensei: 'De todos os lugares onde ele poderia estar, tinha que ficar bem do meu lado esta noite!'", ele solta uma estridente gargalhada. "Todo mundo fica nervoso fazendo shows tão importantes, é uma tarefa hercúlea. São tantos milhares de fãs, em uma hora tão bizarra da noite. Por causa de todos os atrasos das equipes de gravação para o DVD, da transmissão da televisão e de nossas gravações para o disco ao vivo, acabamos subindo para tocar às duas da manhã ou algo assim. Todos ficam nervosos quando estão de frente para toda aquela aparelhagem, sabendo que qualquer erro seu será visto e ouvido por milhões e milhões de pessoas! Mas os fãs foram inacreditáveis naquela noite. Há tanto tipo diferente de música presente, que todos estão preparados para escutá-lo, e isso lhe dá a habilidade de tocar. Eles são fãs espetaculares."

"Voar por cima de uma multidão daquele tamanho fez toda a diferença para mim", admite Nicko. "Quando me sentei nos camarins, apreciei a verdadeira enormidade de tudo o que me cercava. Uma vez que começamos, segurei meus nervos, mas, lá no fundo, ficava pensando: 'Meu Deus, tem um quarto de milhão de pessoas aqui, não pisa na bola, cara!'"

Por mais tentador que seja encarar a apresentação do Maiden no Rock in Rio como um perfeito final para celebrar o retorno de Bruce ao grupo, Nicko afirma de forma veemente que essa visão não reflete quanto a banda estava unida àquela altura.

"Posso sentir-me tentado a enquadrar o evento como um fechamento perfeito para a volta do Bruce, mas, para mim, o grande momento acontecera dois anos antes", ele diz, citando a reunião de todos para fazer as fotos promocionais e o anúncio da nova formação, o planejamento da turnê do *Ed Hunter* e as sessões para gravação do *BNW*, como se refere ao *Brave New World*. "*BNW* foi um novo capítulo para o Maiden como um todo, e a gente sentia a coisa dessa exata maneira, incluindo Bruce. Eu me recordo de o Adrian virar-se para mim no Rio e dizer que tinha a sensação de estar de férias, e o comentário fez com que me sentisse bem, porque aquela era uma jornada vivida por todos nós e que, finalmente, estava terminando."

Depois de ter acompanhado praticamente todos os shows que a banda já fez na sua carreira, até mesmo o empresário casca-grossa do Maiden, Rod Smallwood, ficou comovido pelo momento sublime no Rio. "Os grandes shows ocorrem quando a banda se sente inspirada pela ocasião e pelo amor que emana do coração do público. O sentimento de identidade e lealdade na banda é inspirador. Aí, quando você tem esse monte de gente, e as coisas transcorrem com suavidade, a tendência é chegar a um estágio que você nunca conseguiria atingir em um estádio.

RUN TO THE HILLS

Donington, em 1988, tinha 107 mil pessoas; Rock Am Ring, em 2003, cerca de 75 mil; mas, no Rio, havia 250 mil pessoas! É estranho quando um público de tamanha envergadura se transforma em um único animal, quando todas as mãos são erguidas juntas para o alto e todos estão envolvidos. É um sentimento quase religioso!"

18 Rock in Rio: o álbum e o DVD

Em fevereiro de 2002, quando o DVD e o álbum duplo ao vivo *Rock in Rio* finalmente saíram, um ano depois do festival, eles se igualavam facilmente às gravações anteriores da banda em termos de performance. Contudo, com a ajuda da tecnologia digital 5.1, detonaram qualquer uma das demais gravações em áudio ou vídeo em termos sonoros e visuais.

Tanto o álbum como o DVD contêm 19 faixas que representam todas as eras históricas do Maiden, com nada menos do que seis números do disco *Brave new world*. Estão incluídos os primeiros clássicos, como "Sanctuary" e "Wrathchild", as favoritas do público, como "Two minutes to midnight", "The trooper" e "The evil that men do", e composições da fase Blaze, como "Sign of the cross" e "The clansman". De acordo com Bruce, a compilação do *Rock in Rio* valorizando o cânone do Maiden é ainda mais notável quando se leva em consideração a intensa pressão envolvida para atingir a plena perfeição em apenas um *take*.

"Se você pegar o show inteiro, sabendo que tem apenas uma chance de fazer o DVD e que ele será no Rio; tendo conhecimento de que tudo mais, como, por exemplo, o público e o cenário, será sensacional; ciente de que todas as coisas estão preparadas só para você, e que tudo o que precisa é dar um show extasiante, mas você só terá uma oportunidade; bem... então, sim, fico espantado de conseguir. O que mais posso dizer?", diz Bruce, exasperado.

Por melhor que tenha sido o desempenho naquela noite, todo o trabalho da banda poderia ter sido perdido devido às infelizes "decisões estilísticas" da empresa contratada para editar e produzir o DVD. Originalmente, agendada para uma gravação com 12 câmeras, o material de filmagem de duas câmeras misteriosamente não apareceu na sala de edição de Nova York, onde os vídeos deveriam ser trabalhados juntos. Infelizmente para Dave Murray, a maior parte da filmagem perdida era dele, embora a transmissão ao vivo da televisão tenha mostrado o guitarrista arrebentando em seus solos no palco do Rio. A mesma situação se repetiu em extensão menor com Adrian, que também viu grande parte dos seus solos ser perdida. Para ajudar na frustração, o material editado ficou péssimo. Isso só foi descoberto quando Steve Harris chegou a Nova York para se encontrar com o produtor Kevin Shirley, a fim de terminar o que a dupla acreditava que seriam as mixagens finais da trilha sonora do DVD. Para horror dos dois, ambos viram que nenhuma das chamadas "edições finais" era satisfatória. Decidindo que, sem uma condição aceitável, o projeto teria de ser adiado, Steve assumiu pessoalmente a edição do DVD. É ele quem relata:

"Quase morri! Estava totalmente exausto e queria tirar uma folga, mas aquilo tudo não parecia certo. As primeiras três canções que nos entregaram estavam horríveis; as mixagens nos deixaram aterrorizados. Algumas das tomadas eram bizarras também, feitas da plataforma de iluminação, completamente fora de foco. O negócio é que a transmissão ao vivo de tevê tinha utilizado 12 câmeras; então, se a equipe de produção tivesse partido daí e editado o material extra deles, tudo teria dado certo. Realmente não sei onde eles estavam com a cabeça."

O sacrifício de Steve em nome da preservação da qualidade do Maiden não passou despercebido para os outros. Bruce conta: "Não sou tão exigente quanto Steve com as coisas. Mas, se ele quer ser assim, para mim tudo bem. É o tempo dele, e que assim seja. Contanto que eu possa olhar para algo e sentir uma boa *vibe*, tento lidar com aquilo. Mas a trilha para o DVD estava terrível, e a edição já feita do material era horrorosa. Mesmo quando Steve a assumiu, ainda teve de fazer a transferência das fitas, e isso levou um tempão para ser resolvido. Além de passar bastante tempo editando o material, também gastou um tempão lidando com problemas de equipamento e merdas assim. No processo, ele aprendeu a editar por conta própria, operando sistemas digitais incrivelmente complexos. Aprendeu sozinho a mexer com *softwares* que as pessoas fazem cursos com anos de duração para conseguir; e, por causa disso tudo, dou a ele meu respeito total".

ROCK IN RIO: O ÁLBUM E O DVD

Não surpreende que Steve se arrepie ao pensar no tempo que passou trancafiado, montando o momento triunfante do Maiden na América do Sul: "Realmente, poderia ter perdido o DVD àquela altura, pois ele veio no final de um ciclo de três anos de trabalho. O motivo pelo qual não me oferecera para fazê-lo, em primeiro lugar, foi justamente porque não queria. Depois de ter editado as filmagens do *Maiden England* e *Donington 92*, eu queria um par de olhos descansados para o Maiden. Estava atrás do *input* de outra pessoa e de uma direção diferente do meu estilo. Disse a Rod que levaria seis ou sete meses para editar um show de duas horas e meia, mais os documentários. Quando se pensa a respeito, porra, isso é mais do que um filme; nós seguramente tínhamos mais cortes e edições do que um filme convencional".

Steve pediu todo o equipamento de edição necessário e o instalou no antigo estúdio do Maiden na sua casa. Essencialmente, o baixista se virou sozinho com a tecnologia digital de ponta, trabalhando com programas de edição e pacotes gráficos usados por editores de vídeo profissionais.

"Se você olhar para o trabalho como uma obra de edição, com seus mais de oito mil *takes* separados, verá que, de fato, é uma obra de arte", afirma Rod orgulhoso. "Tudo está exatamente como Steve queria, e cada tomada é espetacular. É a dedicação completa à causa. Veja bem, você gostaria de ficar seis meses sentado em uma salinha sozinho com o equipamento? É incrível!" Uma vez pronto e acabado, Steve pôde olhar o produto em suas mãos e dizer que ajudou a criar um marco para a história dos 25 anos do Maiden.

"Sem dúvida, o *Rock in Rio* é bem melhor que o *Live after death*", ele afirma. "Claro que as pessoas sempre gostam de celebrar a história do material anterior, porque ele tem o luxo do tempo para apoiá-lo. Mas, na minha opinião, a pegada do *Rock in Rio* é melhor, pois mostramos a evolução das nossas composições e o lado progressivo do Iron Maiden, que, definitivamente, está mais bem representado no trabalho atual."

19 *Clive Burr*

Em fevereiro de 2002, o Maiden organizou um evento para arrecadar fundos destinados a um músico que fez parte de sua história, e anunciou uma série de shows em Londres, na Brixton Academy, para auxiliar o ex-baterista Clive Burr.[27] Pouco antes, Clive tinha estado na mídia, em um documentário para tevê que traçava a história e o impacto do álbum *Number of the beast* (parte da aclamada série *Stories behind the album*).

Clive contatara os produtores do programa, pedindo que contassem aos telespectadores que ele sofria de esclerose múltipla, o que poderia explicar algumas hesitações físicas em suas respostas. Os produtores, por sua vez, informaram a administração do grupo Sanctuary. As notícias deixaram o círculo interno do Maiden em choque, pois os integrantes da banda não tinham a menor ideia da condição de Clive. O empresário Rod Smallwood narra a história:

"Nós perdemos contato, mas, ao menos, tentamos. A banda sempre está ocupada, e eu tenho quatro filhos que me mantinham ocupado também; então, foi inevitável que as coisas morressem. No dia em que soube da doença do Clive, contei para Steve, pois sabia que ele também nem imaginava. Obviamente, ficamos preocupados, porque Clive é um antigo membro perdido da nossa família, mas, ainda assim, parte da família Maiden. Por isso, Steve e eu decidimos que devíamos fazer algo para ajudá-lo."

---

27 Clive Burr, nascido em Londres em 8 de março de 1957, morreu em 12 de março de 2013. http://pt.wikipedia.org/wiki/Clive_Burr. Acesso em: 2/4/2013. (N. E.)

CLIVE BURR

No meio de um ano de folga, os membros do Iron Maiden estavam espalhados por diversos lugares do globo. Não seria uma mera questão de telefonar para eles e pedir que aparecessem para um show dali a algumas semanas. Também havia os valiosos membros da equipe para contatar, o pessoal da produção, e ensaios a serem considerados, além de agendar as casas com os promotores, informando agências de ingressos e toda a mídia. De fato, Steve mal concluíra sua odisseia para o DVD *Rock in Rio* e, ainda assim, estava determinado a empunhar o baixo para ajudar o antigo colega de banda. Da mesma maneira, o velho amigo Dave Murray, que estava em Maui, no Havaí, jamais desconsiderou a ideia de fazer um show beneficente.

"Recebi um *e-mail* do Rod explicando a seriedade da situação, concordei que teríamos de fazer o show, e lhe disse: 'É só me dizer quando e onde que eu estarei lá'", recorda-se Dave. "Nunca existiu uma questão sobre fazer ou não fazer. Desde que a possibilidade foi levantada, estávamos tomando conta de um dos nossos, e isso era importante."

"Todos os caras da banda apoiaram cem por cento a ideia de fazer shows para Clive", sorri Rod. "As pessoas compareceram, e foi realmente inspirador. Havia fãs do mundo todo, já que foram os únicos shows de 2002. Muita gente veio da América do Norte e América do Sul, além de países como Japão e Austrália."

Os fãs que tiveram sorte de comparecer viram o Maiden irromper pelo seu mais recente *set* ao vivo, tocando todas as músicas de *Brave new world* (com um gigantesco Wicker man, inspirado no Eddie, provavelmente na menor casa em que já esteve!). Entre as surpresas, destaque para a ressurreição de "Children of the damned", um tributo adequado à contribuição de Clive para o disco *Beast*. Com apenas três ensaios em 12 meses, o Maiden ficou um pouco nervoso de reintroduzir uma canção tão clássica, mas, após o desempenho da primeira noite, parecia que 'Children...' nunca tinha sido deixada de lado.

Quando Clive aparecia em cena no final de cada show, recebia estrondosos aplausos do público, grande parte vestindo camisetas customizadas com "Tributo a Clive Burr" (que foram vendidas naquelas noites juntamente com *merchandise* do Maiden). A banda relançou a clássica "Run to the hills" como *single*, e todos os lucros foram também revertidos diretamente para Clive. O *single*, incluindo uma versão ao vivo até então inédita de "Total eclipse" e apoiado por "Children of the damned", ambas gravadas em 1982 com Clive na bateria, foi para o *Top 10*, confirmando a popularidade atemporal deles, mesmo 20 anos após o lançamento original. "Run to the hills" também rendeu uma performance da banda no *Top of the pops*, gravada na agitada tarde do primeiro show da Brixton. Provavelmente, foi a única ocasião em que o venerável programa de música da BBC mobilizou seu estúdio e a equipe para se adequar ao cronograma de uma banda. Para todos os envolvidos, foi um projeto emocionalmente intenso, porém divertido.

"Lembro-me de estar com Clive no *backstage* antes do primeiro show, contando casos e revivendo memórias, como se nós dois tivéssemos nos encontrado na semana anterior", ri Dave Murray. "Quando ele subiu ao palco no final da primeira noite, foi algo incrivelmente emocionante para ele e para o público, e também para a banda. Clive ainda é amado pelos fãs; como ele tocou bateria nos três primeiros discos, nunca será esquecido."

Para quem está de fora, pode parecer que, se havia uma pessoa no Maiden com sentimentos distintos quanto a fazer shows beneficentes, seria Nicko. Afinal, ele assumira o lugar de Clive e, antes disso, os dois já eram bons amigos. "Sempre valorizei a amizade de Clive, mesmo quando perdemos contato por um tempo", admite Nicko. "Quando surgiu a ideia de que deveríamos fazer algo por ele, senti-me obrigado àquilo. Eu teria feito dez shows seguidos se fosse possível. Sem hesitação, faria qualquer coisa para melhorar sua vida e ajudar no tratamento da esclerose múltipla. Considero um privilégio e uma graça fazer algo assim." De acordo com Nicko, o show ainda foi uma intensa mistura de emoções. "A coisa mais difícil para mim foi quando tiraram nossa foto juntos no palco, no final do primeiro show. Eu estava abraçando Clive e sabia, lá no fundo do coração, que tudo o que ele queria, de verdade, era subir e tocar algumas canções antigas. Seria isso também o que eu estaria sentindo. Não mencionei nem trouxe o assunto em pauta", disse Nicko, claramente emocionado. "Nós tocamos 'Run to the hills', 'Beast', 'Hallowed be thy name' e até tiramos o pó de 'Children of the damned' para aquela ocasião especial – músicas que Clive tinha gravado. Quando ele apareceu no final, foi muito aplaudido. O que se pode dizer? Ele ainda é parte da família Maiden, e deve ter sido terrivelmente difícil para ele."

CLIVE BURR

"Levantamos algo em torno de um quarto de milhão de libras graças a todo mundo ter cobrado bem pouco ou ter feito de graça", diz Rod com orgulho. "Todo mundo embarcou. Quando relançamos 'Run to the hills', concordamos que os *royalties* da banda iriam para Clive, porém, ficamos surpresos quando os editores da música, então a EMI Records, concordaram em fazer o mesmo. É raro que gravadoras façam coisas assim hoje em dia, porque elas são tão procuradas para projetos de caridade que acabam sequestradas por ações de publicidade pessoal. Se quiséssemos ter usado aquilo em nosso favor, teria sido óbvio; mas foi diferente, porque era para um colega. Infelizmente, *singles* não rendem muitos *royalties* atualmente, pois são bem baratos em relação ao que eram; acho que arrecadou mais 10 mil ou 20 mil libras. Mas o que importa é o princípio. Foi um grande trabalho de equipe, e todo mundo ficou muito orgulhoso com o que conseguimos alcançar."

20 Coletâneas de 2002

Ainda que 2002 tivesse sido programado para ser um ano de folga, o nome da banda continuou ativo no cenário musical. Além dos lançamentos do DVD e do álbum duplo *Rock in Rio*, mais para o final do ano começaram a circular notícias nos *sites* de fãs do Iron Maiden de que uma nova caixa de coletâneas chegaria ao mercado.

Quando *Eddie's archive* apareceu, em dezembro de 2002, nem mesmo os fãs mais exigentes ficaram desapontados com o material exclusivo que ele trazia. Apresentado em uma grande caixa metalizada, decorada com o mascote morto-vivo da banda, *Eddie's archive* consiste de três conjuntos de CDs duplos. O primeiro é uma coleção de 31 lados B da banda, gravados até "Out of the silent planet", de 2000. Há 19 faixas ao vivo no segundo álbum, chamado *Beast over Hammersmith*; tudo gravado na Hammersmith Odeon, em 1982, durante a turnê mundial *Beast on the road* para ser um vídeo (que, infelizmente, nunca viu a luz do dia, porque a banda não gostou da qualidade visual devido a problemas com a iluminação). Mas o quente mesmo para os fãs está no terceiro CD, *The BBC archives*.

Este último conjunto reúne todas as sessões ao vivo do Maiden transmitidas pela emissora de rádio e televisão do Reino Unido durante os anos 1980, incluindo até seu primeiro show de 1979, que é o único material gravado com a seguinte formação: Harris, Murray, Di'Anno, Tony Parsons (guitarra) e Doug Sampson (bateria). Até mesmo colecionadores extremos ficaram impressionados com a excelente qualidade do material. O CD também inclui uma aparição do Maiden no festival Reading de 1980, com Clive Burr e Dennis Stratton, além de inserir

COLETÂNEAS DE 2002

a apresentação posterior da banda no mesmo festival, em 1982, que merece destaque – nem que seja para escutar o público rugir no final da música "The number of the beast". *The BBC archives* ainda traz o espetacular show de 1988 do Maiden em Donington, onde eles fizeram o altamente aclamado *set* do *Seventh Son* para 107 mil metaleiros. Até que haja uma reimpressão em DVD ou CD do *Maiden England* (se é que um dia haverá), *The BBC archives* é o único material oficial da banda em que os fãs podem escutar pérolas como a subaproveitada "Moonchild" em versões selvagens ao vivo.

Para coroar tal coleção de faixas raras, *Eddie's archive* vem com uma escultura do Eddie feita de chumbo e vidro (adivinha quem olha para você quando está tomando aquela última tequila no final da noite?), além de uma altamente complexa árvore genealógica da família Maiden, cuidadosamente desenhada pelo celebrado letrista Pete Frame em belos arabescos. Para os fãs, *Eddie's Archive* foi e continua sendo um item obrigatório.

Outro lançamento de 2002 – quase simultâneo, porém bem mais controverso – foi *Edward the great*, um disco de *greatest hits*, que chegou às lojas apenas seis anos e dois álbuns de estúdio depois de uma grande coletânea anterior. *Edward the great* não foi bem recebido pelos fãs mais hardcore, embora tal coleção não os mirasse. *Edward the great* queria conquistar a juventude que, então, curtia o estilo nu metal e não podia se dar ao luxo de adquirir todos os discos da banda em separado, mas estava desesperada para descobrir quem era o Iron Maiden, depois de vê-los na tevê ou estampados em camisetas vestidas por músicos de grupos como o Sum 41.

"Recebemos críticas por causa do álbum, mas *Edward the great* não foi feito para atender nosso fã hardcore, e sim às pessoas periféricas, que só ouviram falar de nós ou viram nosso nome em camisetas, mas não sabiam qual disco comprar", raciocina Steve. "Entendo que há colecionadores que querem ter tudo, mas, na verdade, esses caras assumem essa responsabilidade por si mesmos – eles têm mais coisas do Iron Maiden do que eu. Sempre digo que você não precisa comprar tudo!"

"*Eddie's archive* foi lançado para o colecionador de verdade. Sempre tentamos manter a qualidade para essas pessoas. Ganharíamos uma puta grana se tal lançamento não fosse feito em uma caixa, mas o disponibilizamos assim porque temos orgulho do legado do Iron Maiden, e queremos tratar os fãs com respeito."

O lançamento da caixa e da coletânea de *hits* também coincidiu com uma atitude mais relaxada do Maiden em relação ao lado cafona do *merchandising*. Por anos, o Kiss e o Ozzy Osbourne lançaram incontáveis itens colecionáveis e caixas dos seus shows ou livros com a arte dos discos, mas, durante muito tempo, o Maiden resistira à tentação de comercializar seu mascote da mesma maneira. Afinal, os portões foram abertos com o lançamento da escultura do Eddie, tirada de *Killers* como parte da série *Rock legends*, as miniaturas que Todd McFarlane também fez para Alice Cooper, Kiss, AC/DC e Rob Zombie. A seguir, chegaram ao mercado uma segunda figura do mascote, o *Trooper*, uma lancheira do *Beast*, com copos de tequila, e até mesmo um enorme Eddie de 30 cm da fase *Beast*, com o demônio dançando.

"Consideramos a ideia de fazer lancheiras e coisas assim durante muitos anos", admite Steve. "O Kiss foi o primeiro a fazer, e nós tínhamos o Eddie, mas não parecia certo na época. Hoje, é uma coisa legal para um fã ter. Sei que isso levou o Maiden para um lado mais cafona, e que antes isso não teria sido aceitável. Mas os tempos mudam, e agora nos sentimos confortáveis com esse lado do Maiden."

"Hoje em dia, as pessoas querem ter essas tranqueiras. Mas, se tivéssemos feito isso 15 anos atrás, os fãs pensariam que só estávamos atrás do dinheiro. Anos atrás, também não era aceitável ter patrocinadores nas camisetas de futebol, mas, atualmente, se você não vê um patrocínio na camiseta do time, há algo errado. Os tempos mudam, assim como as posturas", afirma o baixista.

"Assim que vi a lancheira do *Beast*, eu quis uma!", proclama Bruce. "Aí, poderei voar nas empresas aéreas durante o dia levando minha lancheira do *Number of the beast* cheia de sanduíches. Coisas assim são válidas e, enquanto trilharmos o caminho certo dessa linha que é tênue, acho que tudo bem."

Como adendo, cabe notar que, embora peças de *merchandising*, legais ou cafonas, e coletâneas com grandes sucessos criam vários pontos de acesso para os roqueiros mais jovens se juntarem à causa do Maiden; esses produtos – por mais bizarro que pareça – provocam um impacto menor em comparação com o poder de algo tão aparentemente banal

COLETÂNEAS DE 2002

quanto ter seu nome citado em um disco de sucesso. Literalmente, milhares de garotos metaleiros escutaram o nome do Iron Maiden, pela primeira vez, quando os roqueiros do Wheatus, um grupo indie, mencionaram a banda em seu *single Teenage dirtbag*, lançado em 2000. Apesar de estranho, isso levou a uma redescoberta do Maiden na sua terra natal!

"Sempre mantivemos a credibilidade junto à nossa base de fãs, mas, sim, aquele negócio do Wheatus foi bem esquisito", ri Steve. "Quando bandas novas fazem coisas assim ou quando o Slipknot fala do Iron Maiden, é positivo, pois os fãs deles irão ver quem somos e, nove de dez, voltarão para casa com um sorriso no rosto."

"Na Europa e América do Sul, estamos o tempo todo renovando nossos fãs a cada álbum que lançamos, mas, na Inglaterra e nos Estados Unidos, tem sido mais difícil alcançar os mais jovens. Então, quando grupos como o Wheatus e Sum 41 falam sobre o Maiden, ajuda a trazer essa consciência. Não sei por que há essa diferença nesses países, mas ela existe."

Novamente, as mais recentes tendências musicais perdem força, e até mesmos os líderes do nu metal, que outrora ganharam seus discos de platina, estão sendo relegados à pilha de sucata musical; enquanto isso, o Iron Maiden parece continuar marchando sempre forte adiante.

"Hoje, estamos em uma posição em que posso me sentar e dizer: 'Deus, o Iron Maiden é um ícone'. E nós realmente somos", acredita Bruce. "Sem querer parecer convencido demais, é um fato. Quando o Wheatus falou de nós em uma canção, foi o momento em que pensei: 'Uau, quantas outras pessoas sentem o mesmo tipo de fenômeno quanto a isso como eu sinto?'." Ele também destaca os shows de 2003. "Em termos práticos, isso quer dizer que o Maiden pode tocar ao vivo, como fizemos neste verão, efetivamente sem nenhum disco para promover, e ainda assim fazer o melhor negócio que já fizemos em toda a nossa carreira."

"Sobrevivemos a incontáveis tendências", brinca Steve. "Sobrevivemos ao estilo disco, thrash, new wave, grunge, nu metal, e ainda estamos aqui. Não sei como funciona, se são os irmãos mais velhos ou até mesmo os pais que passam nosso som para a molecada, mas fico feliz que isso aconteça. Vejo fãs mais jovens com camisetas do Maiden que nem tinham nascido quando gravamos o primeiro álbum... ou até mesmo o *No prayer for the dying*; e isso é assustador!"

21 *Dance of death*

Dance of death, o 13º álbum de estúdio do Iron Maiden, saiu em setembro de 2003 e foi direto para as paradas de todo o mundo. Ficou na posição número 1 na Itália, Suécia, Finlândia, Grécia e República Tcheca. Foi o número 2 na Inglaterra, Alemanha, Suíça e Eslovênia. Alcançou o 3º lugar no Brasil e também na Argentina, França, Espanha, Noruega, Polônia, Hungria e Áustria. Chegou ao 4º no Japão, Chile, Bélgica, Islândia e em Portugal. Foi número 5 no Canadá e 12 na Austrália, e atingiu uma respeitável 18ª posição no concorrido mercado dos Estados Unidos. Todos esses números sublinham a ideia de que um novo disco do Iron Maiden não é apenas mais um álbum de uma banda de rock, mas, sim, um evento mundial que as pessoas aguardam com expectativa!

Somado às impressionantes vendas, está o fato de que, em apenas 28 shows, o Maiden tocou para 600 mil fãs na Europa e 200 mil nos Estados Unidos. Quando o braço europeu da turnê de *Dance of death* acabou, em dezembro de 2003, as estimativas indicaram que o público do Maiden ultrapassara 1 milhão de pessoas em apenas seis meses!

Kevin Shirley, que lidou tão habilmente com as sessões de gravação de *Brave new world*, também produziu *Dance of death*, um dos álbuns mais fáceis e diretos que o Iron Maiden já gravou. São 11 faixas que oferecem aos fãs ampla gama do formidável repertório da banda. Para os metaleiros e aspirantes a guitarristas, "Wildest dreams" (também lançada em *single*, que entrou nas paradas britânicas na 4ª posição), "Gates of tomorrow", "Face in the sand" e "New frontier" fornecem a adrenalina necessária. Os fãs do lado mais progressivo da banda ganham alguns dos melhores arranjos já feitos pelo grupo, com a climática faixa

DANCE OF DEATH

título, "Montsegur", e a impressionante "Paschendale". E, enquanto o ouvinte tenta recuperar o ar em "Age of innocence", o Maiden manda uma bela bola curva com seu primeiro número em formato semiacústico em 22 anos de existência: "Journeyman". Em concordância, fãs e críticos celebraram *Dance of death* como um dos melhores álbuns do Maiden, alçando-o à altura de clássicos como *Killers*, *Number of the beast* e *Piece of mind*.

"Tinha esperanças de que *Dance of death* surpreendesse as pessoas", ri Steve. "E também espero que faça os palhaços engolirem as próprias palavras depois do que disseram de *Brave new world*", afirma o baixista, referindo-se aos críticos que, de maneira cínica, sugeriram que o retorno de Bruce e a turnê de *Brave new world* eram um lucrativo plano do Maiden para sua aposentadoria. "*Dance of death* é um álbum forte e bastante variado. Tem o balanço certo, reunindo coisas pesadas e diretas com outras mais épicas."

O trabalho conjunto em cima do material do álbum começou em outubro de 2002, quando a banda se reuniu para compor e ensaiar as novas peças, antes de seguir para Londres, onde gravou no estúdio Sarm, de janeiro a abril de 2003. Contudo, como sempre ocorreu com todos os discos do Maiden, os integrantes se ocuparam durante meses antes de apresentar suas ideias. Os quatro que vivem na Inglaterra, Adrian, Bruce, Steve e Janick, tiraram vantagem de viver no mesmo país e, com frequência, iam um até a casa do outro para mostrar ideias novas. Quando Dave e Nicko chegaram, em outubro, todas as ideias foram jogadas no caldeirão, e começou o verdadeiro laboratório de escolher o que seria aproveitado para se transformar em canções.

Bruce explica a filosofia de composição do Maiden. "Nunca ficamos todos na mesma sala para escrever juntos. Costuma ser sempre com dois ou três de nós. Por exemplo, eu faço alguma coisa com Adrian ou Janick; depois, Steve nos telefona e começa a trampar com Janick em um tema que ele compôs", diz. "É comum alguém escrever algo e trazer para mim, perguntando se é o tipo de coisa certa para minha voz; então, eu começo a trabalhar minha melodia. É assim que funciona."

Steve complementa: "Sempre damos um prazo máximo de oito semanas de composição, e pronto. Costumamos estabelecer um ciclo ao terminar uma turnê, tirando duas ou três semanas de folga, e voltamos direto

RUN TO THE HILLS

para trabalhar no álbum seguinte. Foi assim que fizemos quatro álbuns em quatro anos, mas não dá para manter esse ciclo durante muito tempo! Quando se trata de compor, aprendemos a lição: tempo curto e trabalho intenso, sob pressão, resultam em coisas boas. Isso nos deixa espertos".

Assim como em *Brave new world*, o produtor Kevin Shirley foi parte integrante no processo de confecção do novo álbum. "Com Kevin, encontramos alguém para substituir Martin Birch", avalia Steve. "Quando Martin saiu, ficamos meio perdidos; substituir alguém com quem trabalhamos em tantos álbuns é muito, muito difícil. Mas, com Kevin, finalmente achamos o cara certo. As similaridades entre os dois são impressionantes; ambos gostam de rir e se divertir enquanto trabalham, o que é bem importante para trabalhar conosco", ele brinca. "Espero que a gente continue assim por vários álbuns."

Enquanto Kevin fez uma notável diferença sonora nos dois últimos álbuns do Maiden, especialmente na captura da dinâmica da banda, Steve, após ter produzido os álbuns *The x factor* e *Virtual XI*, enfatiza que o produtor não adotou "um estilo Mutt Lange de ser", tentando se tornar um compositor ativo da banda.

"Nem Martin nem Kevin ficavam tímidos no sentido de apresentar ideias, mas a questão é que, na maior parte do tempo, eles não precisavam fazê-lo", explica o baixista. "Mas é ótimo ter uma opinião de fora. Também é bom ter uma personalidade forte capaz de intervir se houver grandes desacordos internos. Não acontece com frequência, mas, quando ocorre, alguém precisa expor o que pensa. Trabalhar com gente assim é revigorante."

"Como somos nós que criamos os arranjos de todas as canções, quando chega o momento de produzir o Iron Maiden, não é *produção* no sentido real da palavra, pois preferimos trabalhar com o engenheiro de som do que com alguém que só se sentará lá e ficará apontando o dedo, debruçado na sua mesa. Queremos alguém que faça o trabalho, que capture nossas ideias na ocasião, quaisquer que elas sejam."

Kevin, depois de ter trabalhado com Led Zeppelin e Aerosmith, entre outros, conhece as pressões intensas de gravar grandes artistas, mas, agora, já confortável com o Iron Maiden após um segundo álbum, ele tem um *insight* singular sobre a banda, em particular de Steve.

"O Maiden imortalizou seu nome no gênero metal e não precisa se distanciar disso", observa o produtor de fala suave. "Steve não quer que a banda siga tendências para satisfazer aos programadores das rádios ou ao pessoal de divulgação dos selos. Ele quer que o Maiden faça exatamente o que faz e seja o que é. Dito isto, não acho que dê para tirar o produtor da equação como Steve sugere. Parte do meu trabalho é garantir que as coisas aconteçam da melhor maneira. Dentro de qualquer banda há um nível de tensão que cria parte da mágica que gostamos de escutar. Você tem relacionamentos no estilo Page e Plant, Jagger e Richards, Daltrey e Townsend. Todas essas grandes combinações de artistas são carregadas de antagonismo, mas geram boas músicas. O Iron Maiden tem a mesma coisa dentro da banda, por mais coesa que seja. Sempre há elementos de oposição. Uma das coisas que faço bem é pegar essas visões diferentes e colocá-las juntas, criando um ambiente de trabalho bom para todos. É uma questão de garantir que os antagonismos não interfiram no processo de gravação."

Como Steve, o empresário Rod Smallwood – tomando como base o resultado dos dois álbuns mais recentes – acredita que o papel de Kevin como produtor do Maiden esteja garantido para o futuro. E fica aliviado de ver que a responsabilidade e a pressão assumidas por Steve, que as depositou sobre os próprios ombros, como produtor dos álbuns anteriores tenham sido removidas de uma vez por todas.

"Não estava feliz com o fato de Steve ter produzido aqueles dois álbuns", diz Rod. "Minha visão sempre foi: você escreve as músicas e lidera a banda, mas, nesse quesito, pode ser bom ter mais objetividade e um pouco de ajuda. Ainda acredito que *The x factor* é um disco notável. Embora difícil de penetrar e bem sombrio, é uma pena que as pessoas não lhe tenham dado chance. Havia muita coisa acontecendo, e foi um período sinistro para Steve. É diferente dos nossos outros álbuns, mas, na verdade, é brilhante."

Uma das maiores forças de Kevin no estúdio é justamente seu processo de gravação. Auxiliado por um programa Pro Tools, produtores modernos podem estabelecer uma série de cabines de gravação independentes na mesma sala e capturar todos os momentos "ao vivo" da música feitos pela banda. Ao gravar as três guitarras juntas, deixando a bateria, baixo e vocal em cabines separadas, uns de frente para os outros, Kevin

RUN TO THE HILLS

extrai o melhor de todos os mundos do Maiden – uma banda incendiária tocando ao vivo em uma sala, sem perder um único *take*. Além de capturar a excitante atmosfera, isso também permite que o produtor selecione os melhores *takes* individuais de cada músico, para juntá-los na versão sonoramente mais excitante. Sem dúvida, é melhor que pedir que a banda toque a mesma canção pela centésima vez, em busca da mítica execução perfeita! Dessa forma, depois de ter trabalhado tão bem em *Brave new world*, o Maiden – com o material mais cru escrito pela banda para *Dance of death*, – repetiu o processo com resultados espetaculares.

O álbum abre com "Wildest dreams", confrontando o ouvinte com uma barragem de pura energia em que os vocais de Bruce batalham em meio às furiosas guitarras solo; para anunciar seu retorno, o Maiden não podia ter escolhido música melhor. "Rainmaker", a segunda faixa, também é uma obra acelerada, feita para manter as cabeças balançando e as mãos para o alto nos shows, mas, já nessa música, fica claro que não se trata de um *Brave new world* parte II – é o Maiden bem mais cru e relaxado que os fãs escutaram por anos. "No more lies", o primeiro dos grandes épicos do álbum e única composição solo de Harris, remonta à grandiosidade de "Revelations". De fato, a referência bíblica não é coincidência: "No More Lies", como Steve explica, "fala sobre a Santa Ceia como se estivesse acontecendo de novo no presente". Mas não se trata apenas de uma figura religiosa; como a maioria das canções do Maiden escritas por Steve, ele procura uma característica comum à qual todos possam se conectar. "Pensar na morte é algo que cruza a mente de todos em certos momentos da vida. A ideia do que vem depois da morte, quer você acredite ou não, conjura muitas emoções distintas. As pessoas têm medo e ficam intrigadas pelo desconhecido, e isso é algo bastante potente."

Dar sequência a uma faixa tão buliçosa quanto "No more lies" não é fácil, mas, com intrincadas texturas e a pura violência da indulgente "Montsegur", a banda seguramente conseguiu. A música, composta em sua maior parte por Janick e desenvolvida por Steve, tem um conceito lírico que, sem dúvida, prende a imaginação. Com base no culto medieval dos cátaros, que prenderam a si mesmos dentro da fortaleza Montsegur no topo de uma montanha, na França, Bruce reconta uma história altamente dramatizada de batalhas sangrentas, traição, conspiração e martírio.

A lenda diz que os cátaros protegiam os segredos da linhagem de Jesus, além do Cálice Sagrado, e que contrabandearam seus tesouros de Montsegur na calada da noite. Acusados de heresia, os cátaros padeceram nas mãos do exército real francês, sob as ordens do Papa Inocêncio III, que mandara destruí-los.

"Há narrativas incríveis no curso da história da humanidade que traçam paralelos com os dias modernos, particularmente quando a história se repete com frequência; esses episódios iluminam nossa existência", reconhece Bruce. "Da forma como vejo, se for roubar algo para ser a base lírica de uma canção, ao menos roube algum tema que realmente aconteceu, em vez de inventar algum épico de capa e espada porcaria. Sabe como é?" E quem pode discordar?

A impressionante faixa-título do álbum tem oito minutos e 26 segundos. Steve fez a letra, mas foi Janick quem criou o conceito que, no final, levou "Dance of death" a ser o título do álbum e, a seguir, para a arte da capa e a turnê.

A "dança da morte" é a cena final de um antigo filme dirigido por Ingmar Bergman nos anos 1950 chamado *O sétimo selo*. Como Janick explica: "O filme mostra um cavaleiro que retorna das cruzadas em busca de motivos para viver. O que me pegou foi sua busca, rodando todo o mundo atrás de algo que fosse digno pelo qual lutar. Quando a personagem 'Morte' finalmente vem para levá-lo, o cavaleiro ainda quer sobreviver mais um tempo, questionando o sentido da vida e fé na humanidade neste mundo de praga e guerras".

"O cavaleiro implora à Morte que o deixe viver até encontrar sua fé e esperança. Como barganha, propõe um jogo de xadrez com a Morte, apostando sua alma. No final, a Morte carrega o cavaleiro e sua tropa para longe. Em fila na linha do horizonte, todas as figuras começam a fazer uma pequena coreografia, que é a dança da morte. É uma alegoria fascinante."

"Expliquei tudo para Steve e toquei a música que tinha feito, e ele criou mais uma parte da melodia", prossegue Janick. "A seguir, ele foi embora e depois voltou com a letra pronta. Ela se distanciava do tema do filme, mas, ainda assim, incorporava todas as ideias da dança da morte. Foi ótimo, porque nos levou a uma direção completamente diferente. Quando Steve leu a letra para mim, eu senti arrepios. É um velho lobo do mar contando a história de horror dos dias em que as pessoas não tinham computadores nem televisão, quando elas se reuniam e contavam histórias para assustar umas às outras."

"O título da canção, que é bem surreal, nos deu a oportunidade de usar Eddie de uma maneira diferente", diz o guitarrista, referindo-se à caracterização do mascote como a personagem Morte, com a foice em riste e a mão estendida para quem a vê. "Por isso eu adoro a capa do álbum; ela é inquietante."

Outra pancada de Gers, "Gates of tomorrow" vem na sequência da faixa título, mas Bruce não entregou o significado por trás da estranha letra. Só comentou: "Gosto de ser misterioso com minhas letras, e prefiro não revelar as coisas com facilidade. A reflexão e o interesse duram mais se as letras se mantiverem enigmáticas".

Dance of death também foi um álbum de estreias para o Maiden, das quais se destaca "New frontier": a primeira canção que o baterista Nicko McBrain apresentou à banda em 20 anos. Em compasso acelerado, mais uma vez, a canção sustenta um inesperado, mas muito bem-vindo, refrão pegajoso e transbordante, com ganchos para fisgar o ouvinte. Embora burilada por Bruce, a letra expressa a preocupação de Nicko com a iminente possibilidade da clonagem humana. Basicamente, o baterista resume seus sentimentos quanto à questão no seguinte verso: *Create a beast made a man without a soul, is it worth the risk a war of God and man?* (Criar uma fera deixou o homem sem alma, vale a pena arriscar uma guerra entre Deus e o homem?).

"Eu acredito que Deus criou o homem. É um direito exclusivo Dele criar um ser humano, porque somente Ele pode nos dar uma alma. Quando o homem tenta criar outro, trata-se de um monstro em um tubo de ensaio. Para mim, uma criatura humana criada geneticamente é incapaz de ter alma", afirma o baterista com convicção. "O engraçado é que, ao tocá-la para Adrian, ele me perguntou sobre o que era e, em seguida, me falou que também tinha uma ideia para uma canção sobre clonagem. Então, disse-lhe que poderia esquecer tal ideia de clone, porque ele já tinha feito centenas de canções, mas eu só tinha aquela", ele conta, dando uma típica gargalhada McBrain.

Se restava quem dissesse que o Maiden era palco exclusivo para criações de Steve Harris, a dinâmica do grupo e as composições em conjunto presentes em *Dance of death* e, particularmente, o exemplo de "New Frontier", colocam um ponto final na questão. "Só foi daquele jeito no começo porque havia muito material guardado e porque os outros não queriam escrever", conta Steve. "Nos últimos álbuns, a tremenda quantidade de trabalho em conjunto e a divisão do fardo foram um grande alívio para mim, pois isso ajuda a levar o Maiden em direcionamentos distintos. Quanto a 'New frontier', o lance é que ela é uma boa música; se não fosse, não estaria no álbum."

Se *Dance of death* tem um coração, ele bate no esforço pungente de "Paschendale". Diferente do que possa parecer, a canção foi escrita pelo "compositor comercial residente" do Maiden, Adrian Smith, que decidiu fazer, como ele mesmo diz, "um épico tradicional do Maiden". Entretanto, não há nada de tradicional em "Paschendale", sem dúvida o momento mais épico e fascinante da banda desde "Rime of the ancient mariner", gravada no *Powerslave*. Ambientada nas trincheiras da França na Primeira Guerra Mundial, a obra de Adrian, com a ajuda da letra cativante e melodias de Steve, pinta um quadro bastante vívido da tragédia inexplicável que é a guerra, pontuado por momentos de coragem exemplar e brilho da camaradagem. Puramente como observador, Bruce diz: "A beleza de 'Paschendale' não está no seu caráter épico – embora você tenha de admitir que é uma música poderosíssima –, mas nos detalhes. Ela tem um pequeno *riff* de guitarra no começo; não aquele grande e pesado, mas em tom de lamento". O vocalista também fala do tempo em que foi cadete do Exército: "Fazíamos exercícios noturnos, e as tropas disparavam sinalizadores que iluminavam o céu, emitindo uma luz sinistra e fantasmagórica, antes de evanescer. Aquele som sombrio que as chamas faziam é exatamente o mesmo do pequeno *riff* no começo da canção. Assim que o escutei, fiquei inteirinho arrepiado".

"Face in the sand" foi outra inovação para Nicko – ela marca a primeira vez que lhe pediram que gravasse uma música com bumbo duplo. ("É como pedirem que escreva com a mão esquerda quando você foi destro a vida inteira, reclama Nicko, "é difícil pra cacete"). Uma melodia climática, sombria e com tema oriental que se transforma em cântico de acusação, no qual Bruce polvilha, para o mundo, seu desprezo. Liricamente, a canção permite que o vocalista ventile suas frustrações e o cinismo, criticando a cobertura da mídia e da televisão sobre os fatos da segunda Guerra do Golfo, que acontecia em meio às gravações do álbum.

"Eu me lembro de ter pensado na imagem das areias do deserto, em como se movem e mudam de lugar com o passar do tempo", ele revela. "E pensava especificamente que não importa qual império se queira construir – seja britânico, americano, iraquiano ou o que for –, todos irão ruir e se tornar alguma outra coisa. Para mim, o melhor que você pode aspirar, se tiver de deixar alguma marca, é uma impressão na areia; e a imagem de um rosto veio à minha mente. E isso é o máximo de permanência que você poderá ter."

"Age of innocence", a segunda faixa que o guitarrista Dave Murray trouxe para o álbum, é um número mais pesado, uma pegada de blues, com resquícios dos melhores momentos do UFO. Liricamente, contudo, é a vez de Steve ventilar suas impressões, tão antigas, sobre o sistema judicial britânico, comumente considerado uma piada entre os próprios ingleses. "Não costumamos escrever canções politizadas, mas eu mesmo tive um ou dois incidentes que me deixaram perplexo pela injustiça do sistema", diz Steve fumegante. "A tal ponto que, como pai, não sinto que meus filhos estejam seguros nos dias de hoje. Não se trata de uma coisa de pai protetor, mas um sentimento de que perdemos qualquer senso natural de justiça, e acredito que muitas pessoas pensam da mesma maneira que eu."

Para terminar o álbum, vem "Journeyman", talvez a mais contemplativa canção do Maiden em duas décadas. Desde "Prodigal son" (de 1981, do álbum *Killers*), a banda não gravava uma "balada" semiacústica.

Steve sustenta: "Parecia que ela se encaixava; então, fomos em frente". De acordo com sua visão, os radicais do Iron Maiden condenam o charme sutil do anelante conto de Bruce sobre o *carpe diem*. Mas, como a música diz, ou você aproveita ou perderá. "Tinha certeza de que acabaríamos usando-a como um lado B em algum momento, mas, no final, depois de toda a pancadaria a que submetemos o ouvinte em meio à última hora de música, parecia certo tocar algo completamente inesperado e tirar o time de campo."

"Quando Steve disse, 'por que não fazemos algo acústico?', você poderia ter me nocauteado com a porra de uma pena", ri Bruce, satisfeito. "Até fizemos Nicko tocar com aquelas varinhas, mais suaves, que ficam

AGORA UM FESTIVAL DE UM FINAL DE SEMANA QUE ROLAVA SOB O APELIDO "DOWNLAOD".

no meio do caminho entre baquetas e vassouras. De repente, a canção adquiriu uma vibração muito boa. Todo mundo parecia aberto àquele tipo de experimentação, o que foi fantástico. Conheço a capacidade dessa banda, pois a escuto brincando nos camarins. Todos tocam coisas incríveis, cheias de *soul* nas guitarras, que ninguém jamais escutou. Se decidíssemos tocar algo assim, as pessoas não acreditariam que é o Iron Maiden, juro. No passado, talvez rolasse uma autocensura inconsciente, do tipo, 'não podemos tocar isso no Iron Maiden', sei lá. Mas, seja lá o que fosse, ela sumiu agora, e estamos abertos a novidades, o que é uma ótima notícia."

Com base no conceito de Gers e Bergman sobre a "dança da morte", a arte do álbum retrata, com máscaras e corpos seminus, um carnaval sinistro e sombrio. As belas fotos da capa foram feitas pelo fotógrafo Simon Fowler na mansão Luton Hoo, a mesma locação em que o saudoso e genial diretor Stanley Kubrick fez sua última obra-prima, o burlesco *De olhos bem fechados*,[28] com Tom Cruise e Nicole Kidman.

"O lugar tinha uma *vibe* muito esquisita", diz Janick sobre Luton Hoo. "Havia um certo mal-estar no ambiente da casa, e queríamos capturar a atmosfera daquele espaço tão antigo. Tudo era bem gótico. O clima fez com que eu me sentisse bem desconfortável."

A banda caiu na estrada no final de maio, encabeçando a primeira noite do Donington, agora um festival de um final de semana que rolava sob o apelido "Downlaod". Os 45 mil fãs do Maiden que compareceram ao show foram brindados com a pré-estreia de uma parte do trabalho feito pela banda nos últimos seis meses, como "Wildest dreams", que se aninhou confortavelmente junto aos clássicos tradicionais da banda, além da volta muito esperada de "Die with your boots on".

Naquele mesmo dia, antes da abertura do espetáculo, membros selecionados da imprensa foram convidados a escutar as faixas do álbum *Dance of death* em um "ônibus de guerra" especialmente projetado pelo Maiden. O interior do luxuoso veículo, decorado com um enorme logo da banda de cada lado, estava adesivado com artes do Maiden de todos os anos de sua longa carreira. Com a mixagem do álbum finalizada

---

28 *Eyes wide shut*, filme lançado nos Estados Unidos em 1999, inspirado no romance *Rhapsody*, de Arthur Schnitzler. Fonte: http://en.wikipedia.org/wiki/Eyes_Wide_Shut. Acesso em: 2/4/2013. (N. E.)

RUN TO THE HILLS

no início de maio e o lançamento marcado para setembro, tanto a Sanctuary quanto a EMI foram taxativas em dizer que ninguém poderia ter uma cópia da gravação, temendo vazamentos na internet. Contudo, com a banda prestes a tocar diante de dezenas de milhares pessoas em uma turnê de verão, seria um desperdício de oportunidade não aproveitar o momento para satisfazer à imprensa britânica e às solicitações da mídia de tantos países. Com tal finalidade, o ônibus do Maiden fazia perfeito sentido, já que os jornalistas podiam escutar o novo disco e entrevistar a banda. E a ideia acabou se revelando vencedora.

Durante toda a turnê de verão, o Maiden adotou um *set* que refletia a história completa da banda, com variadas imagens do Eddie espalhadas em estádios e casas de show por toda a Europa. De fato, a nova versão do mascote veio em duas variações: como Edward, *the great*, um caminhante (de corpo inteiro, com a coroa e vestes reais) pronto para travar batalha com Janick no palco; e como Eddie *the head*, uma cabeça bem maior e prateada, saída diretamente da capa de *Visions of the beast*, o DVD duplo lançado em junho de 2003, que compilava os 28 vídeos promocionais da banda desde *Women in uniform*.

O espetáculo para a excursão internacional foi planejado para encabeçar os maiores eventos do mundo. Ainda durante o período em que as gravações de *Dance of death* estavam sendo executadas, a K2, que agencia as turnês da banda, começou a fechar datas para a sequência de concertos, aproveitando a temporada de festivais de verão no hemisfério norte. Contudo, em vez do ciclo regular álbum/promoção/turnê que o Maiden se habituara a fazer no passado, agora a banda optava por um cronograma diferente, que envolvia duas turnês em separado, com duração total de nove meses. A fase inicial, chamada *Give me Ed 'til I'm dead*, foi no estilo *greatest hits* (a segunda do gênero que a banda fez, repetindo a linha da *Ed Hunter*, de 1999). Os shows cruzaram toda a Europa, incluindo, além do Donington, na Inglaterra, os maiores festivais de rock, como Rock Am Ring, na Alemanha, e Roskilde, na Holanda, seguindo então para França, Itália, Espanha e países da Europa Oriental e Escandinávia, onde o Maiden conquistou a primeira página nos jornais diários e de várias publicações, ao lado de artistas como The Rolling Stones e bandas emergentes.

AGORA UM FESTIVAL DE UM FINAL DE SEMANA QUE ROLA VA SOB O APELIDO "DOWNLAOD".

Mas a turnê *Give me Ed* foi apenas metade de um plano ambicioso, em que o Maiden não só nocauteou seu público em festivais com um *set* de puros clássicos, como também retornou, apenas algumas semanas depois, com um show bastante diferente, inspirado no álbum *Dance of death*. Tocar nos mesmos mercados duas vezes em seis meses é arriscado para qualquer banda que excursiona com uma produção grande (e cara), mas o grupo estava disposto a encarar tal desafio.

"Queríamos fazer as coisas de forma diferente", admite Bruce. "Queríamos quebrar a rotina de gravar um álbum, promovê-lo e fazer sua turnê. Então, resolvemos mostrar nosso trabalho em um nível ainda maior. Descobrimos que toda vez que fizemos o que chamarei de uma turnê *best of* – com festivais, shows ou mesmo a turnê *Ed Hunter* – foi um negócio fantástico. Por isso, decidimos fazer uma turnê de *greatest hits* com três ou quatro novos números incluídos. Claro, isso significava que as visões entre os dois tipos de turnês poderiam ficar meio borradas. Mas, como já estávamos agendados para a turnê de verão em 2003, fechamos um *set* só com os maiores sucessos, incluindo poucas canções novas, porque as mixagens do álbum ainda não estariam prontas. Assim, enquanto cruzássemos o globo, daria para promover o novo disco ao mesmo tempo. Dessa forma, o público poderia nos escutar fazendo as músicas novas, em vez de só ouvir um *set* ao vivo com os clássicos do Maiden."

A turnê *Give me Ed* foi levada para os Estados Unidos e Canadá, onde eles se juntaram aos convidados especiais Ronnie James Dio e Motorhead para excursionar de costa a costa por seis semanas. Os ingressos para os shows se esgotaram em casas lendárias como o Madison Square Garden, em Nova York, e no retorno à arena de Long Beach. Ao voltar para a Inglaterra, a banda teve poucas semanas para aprontar um *set* e uma produção totalmente novos, incluindo todos os ensaios, tornando a fase dos preparativos bastante intensa. Depois de ter gravado o álbum *Dance of death* do jeito mais ao vivo possível, mas com arranjos tão intensos e líricos como os da faixa título, e *Paschendale*, muito trabalho precisaria ser feito para garantir que as canções funcionassem ao vivo. Na segunda semana de outubro, em segredo, no Brighton Exhibition Centre, o Maiden fez o último grande ensaio do show, com a produção completa no palco e a nova representação dramática do Eddie, encarnando a própria morte.

22 *Dançando com a morte na estrada*

No dia 19 de outubro, o Iron Maiden deu início ao braço europeu da turnê do *Dance of death*, em Debrecen, na Hungria, e, 34 shows depois, culminou com uma apresentação triunfante – e com ingressos esgotados – em Londres, para 18 mil pessoas, na Earl's Court. Nos três meses de estrada, a banda abriu caminho por 17 países, tocando para 350 mil pessoas – de longe, sua maior turnê desde o suposto "pico" comercial no final dos anos 1980. A montagem do palco reproduzia a estrutura de um castelo medieval, em referência aos muros de Montsegur, com duas estátuas no estilo "ceifador" montando guarda nos portões da fortaleza. Nos cenários de 10 metros de altura também sobraram referências a todos os períodos da história do Maiden, com a projeção de imagens das capas de álbuns no meio de cada canção, desde os velhos favoritos, como "Run to the hills", do disco *The number of the beast*, até as surpreendentes adições de "Can I play with madness" e "Lord of the flies", do subestimado clássico *The x factor*. Havia também novas e surreais versões para "Rainmaker" e "No more lies".

O divisor de águas entre a turnê do *Dance of death* e as excursões anteriores do Maiden foi o forte senso dramático, em particular durante os picos da faixa título, em que Bruce vestia uma capa extravagante e uma máscara veneziana para assumir o papel de contador de histórias, desfiando terrores noturnos e lendas de demônios dançantes. Mas a execução da épica "Paschendale", sem dúvida, era o grande destaque do show. No palco, banhado em vermelho escarlate, os flashes brancos ininterruptos cegavam a plateia, simulando o impacto da artilharia. Construída a partir do seu início em tom de lamento, "Paschendale"

DANÇANDO COM A MORTE NA ESTRADA

vai crescendo até explodir em um clímax de paixão e fúria, com os três guitarristas batalhando em seus solos sucessivos, enquanto Bruce, com a capa esvoaçante, mira seu capacete caído no meio das barreiras de arame farpado. Desde "Rime of the ancient mariner", o Maiden não exigia tanta atenção do público – e recompensou os fiéis com uma jornada ao vivo pela linha de frente da Primeira Guerra Mundial.

Como sempre, havia um grupo com uma visão diferente, e essa minoria expressou seu desconforto em ver a banda fazer o show com viés mais teatral. Bruce, em particular, atraiu críticas por seu figurino de palco, mas o vocalista tirou de letra os comentários: "Já me fantasiava antes disso. Tenho a máscara egípcia usada em 'Powerslave', na turnê mundial *Slavery*, de 1984, e a jaqueta brilhante da turnê *Somewhere in time*. Portanto, não foi a primeira vez que usei figurino no palco, como relataram erroneamente".

Para Bruce, o figurino e as fantasias representam uma pequena parte da mudança cultural mais significativa que ocorreu dentro do Iron Maiden. Quanto à abordagem e encenação do show, Steve e Bruce estão de pleno acordo: com um álbum tão intrincado como *Dance Of Death*, o Maiden se comprometeu a expandir as percepções do seu público, chegando além do que era capaz de alcançar ao vivo.

"É um *set* duro de ser penetrado, em termos das inúmeras coisas que acontecem musicalmente", admite Steve. "Temos agora um set que exige que o público realmente escute as canções, em especial 'Paschendale', 'Rainmaker' e 'Journeyman'. Sempre preferi canções nas quais você pode se atirar, como 'Dance of death', e devo admitir que estava incerto em como 'Journeyman' funcionaria ao vivo. Mas, quando os outros começaram a se sentar com seus violões, pensei: 'Foda-se! Não estou pronto ainda para ficar em uma cadeira no estilo Val Doonican[29]'", o baixista ri, com sua típica candura. "Eu adoro o fator inesperado; ninguém jamais pensou que o Iron Maiden faria uma canção acústica como *Journeyman* no disco, quanto mais tocá-la ao vivo no primeiro bis."

---

29 Cantor irlandês que emplacou cinco álbuns sucessivos no *Top 10* do Reino Unido, entre o final dos anos 1960 e o início dos 1970, e foi presença constante na programação da BBC até a década de 1980. Fonte: http://en.wikipedia.org/wiki/Val_Doonican. Acesso em: 2/4/2013. (N. E.)

RUN TO THE HILLS

"Quando planejamos essa turnê, concordamos que faríamos coisas diferentes para dar nova vida ao show do Iron Maiden. Cortaríamos a gritaria vibrante e histérica que, em geral, eu faço, por mais legal que seja, e nos concentraríamos em mostrar às pessoas que, como sabíamos, tínhamos feito um álbum de extrema qualidade. Eu queria abordar a seriedade desse disco e quanto estávamos orgulhosos dele. A única forma de fazer isso, acredito eu, é tornando a encenação tão dramática quanto possível", diz o cantor com um olhar duro como aço.

"Se alguém pensa que todos os cantores de rock devem ser magricelas vestindo sempre as mesmas roupas, ele obviamente pertence ao pretensioso clube que diz: 'Será que minha bunda fica muito grande nisso?'. Como essas pessoas nunca vão gostar do que quer que a gente faça, o problema é delas. Também vi as postagens no *site* do Maiden, e li todas as opiniões, boas e más. Sei que as fantasias impressionaram as pessoas que gostam de dramatização, mas não dá para agradar a todos o tempo inteiro. Li postagens, um dia após o show, de gente que considerou 'Journeyman' o ponto alto, dizendo que foi maravilhoso ver o Maiden começar o bis de forma tão diferente e emocionante. Imediatamente abaixo, vinha um *post* negativo que dizia: 'Que merda! Achei aquilo digno de pena e me senti tão constrangido que não sabia o que fazer'. Então, quer saber? Isso acabou abrindo a minha cabeça; e, sim, pode ser desconfortável, mas também é necessário para amadurecermos!"

"Teria sido fácil para uma banda como o Iron Maiden escorregar para o previsível e fazer grande quantidade de canções sem dizer nada nem causar reação alguma nas pessoas. Mas, por meio da provocação, prefiro obter uma reação negativa do que nenhuma. Acima de tudo, quero que as pessoas saiam de um show do Iron Maiden e digam: 'E agora? O que eles farão a seguir?'. Quero colocar um ponto de interrogação na cabeça do público sobre o que o Iron Maiden ainda é capaz de fazer!"

Com a intenção de cortar a quantidade de shows prevista antes mesmo de começar a turnê, Steve Harris, depois de cerca de 30 shows, ficou aliviado (embora exausto) de seguir a escolha certa. "Sem dúvida, sei que estamos tomando a decisão correta ao mirar menos datas com maior público", ele suspira, após ter passado uma hora na maca do quiropata, preparando-se para uma apresentação de duas horas. "Toda vez que excursionamos durante o inverno, todo mundo fica doente. Não só a banda, mas a equipe de produção também. Na última turnê, fiquei gripado, e depois o Bruce também; por isso, tivemos de cancelar alguns shows. Em seguida, foi a vez de o Nicko adoecer. Sei que é melhor focar em shows maiores, nos quais podemos fazer o tipo de coisa que queremos."

Um aspecto das turnês que costuma ser subestimado é como os sentimentos podem mudar quando a banda toca material novo para multidões que ainda não o conhecem. Conforme a turnê progride, é inevitável que haja divergência de opiniões sobre o que está funcionando ou não, e quais mudanças precisam ser feitas em alguma canção específica. Nas primeiras datas da turnê *Dance of death*, não havia "Wrathchild" no *set*, e a banda percebeu que precisava dar uma levantada no público antes de partir para o ataque com uma grande sessão de material novo e mais progressivo. Mesmo após vários meses do barulho inicial ao concluir o disco, depois de ganhar as paradas e tocá-lo na turnê em meio aos clássicos, o Maiden ainda estava regiamente cru com o álbum, um pequeno milagre para uma banda de "malditos perfeccionistas".

"Ainda acho que é o melhor disco que fizemos desde *Seventh son*", disse Bruce, em dezembro de 2003. "As canções ganharam vida e, após esse tempo todo no palco, 'Dance of death' tornou-se uma das minhas favoritas na turnê. No começo, eu sentia que algumas pessoas à nossa volta, e também na mídia, ficavam meio embaraçadas, porque tinham a impressão de que essa obra é um pouco como o som do Jethro Tull; por isso, torciam o nariz. Basicamente, elas não sabiam se era de bom-tom gostar de 'Dance of death' ou se sentir profissionalmente envergonhadas, mas só o que você precisa fazer é observar a reação do público, que a adora. Não dou a menor importância para o que esses pretensos jornalistas pensam dela. Dito isto, confesso que existe uma disputa apertada entre 'Dance of death' e 'Paschendale' quando se trata de escolher a minha favorita para tocar ao vivo. 'Paschendale' superou todas as expectativas que eu tinha para ela antes da turnê. Quando Nicko começa a tocar a introdução no chimbal, consigo escutar um silêncio de estupefação no público, do tipo: 'Uau, eles vão mesmo tocá-la!'", diz o sorridente cantor.

De fato, *Brave new world* se beneficiara do retorno de Bruce, mas foi o fenomenal concerto do Maiden, que correu a Europa na segunda metade de 2003, o responsável por sublinhar a premissa de que a banda, em pleno gozo de suas faculdades musicais, rivalizava com qualquer coisa que tivesse feito nos anos 1980. Claramente, pairava um senso de *momentum* por trás do Iron Maiden que não era sentido havia anos. No final, *Dance of death* estava cumprindo sua função de ser um álbum vital para que muitos antigos fãs redescobrissem seu amor pela banda, enquanto novos eram arrebatados aos milhares. Como Bruce sugeriu, se a intenção do Iron Maiden enquanto fazia esse álbum era forçar o público a reinterpretar suas percepções em relação ao poder da banda, a missão, sem dúvida, foi cumprida.

"Sei que existe um sentimento entre os fãs – e dentro da banda em certo grau – de que *Dance of death* não é apenas mais um álbum do Iron Maiden, mas eu gosto de me sentir assim quanto a todos os discos, porque nunca produzimos um que não fosse o melhor que podíamos fazer em determinado momento", diz Steven, de forma cândida. "E eu tenho muito orgulho disso."

É sabido que o cantor do Maiden gosta de pilotar voos entre os shows – durante o verão da turnê norte-americana *Give me Ed*, Bruce até mesmo operou um serviço informal de táxi ao longo dos Estados Unidos para os integrantes da banda e suas famílias, sempre que a ocasião exigia. Mas antes disso, no outono de 2002, ele realizara um antigo sonho ao obter uma licença para ser piloto de linhas comerciais, após completar um intenso treinamento na British Airway. Isso, por sua vez, levou Bruce a conseguir emprego como copiloto da companhia aérea grega Astraeus, que opera muitos voos desde os aeroportos de Londres. Durante o período de folga do Maiden, sem o menor problema, Bruce pôde voar, cumprindo pequenos roteiros pela Europa em um dia, e voltar no outro para apresentar seu programa *Radio* 6 na BBC. Mas como isso poderia ser feito enquanto o Maiden estivesse em excursão? No passado, Bruce foi acusado por algumas facções de se preocupar mais com atividades fora do Maiden do que com seus deveres dentro da banda. Mas, como o próprio cara admite, ele tem um limiar de tédio extremamente baixo.

"Leia a letra de 'Journeyman' se quiser explicações sobre o motivo de eu mergulhar nas coisas que faço", pontua o capitão Dickinson. "Você pode escolher se trancar em seu pequeno mundo ou optar por sair e fazer algo louco e glorioso, só depende de você. Nunca quis ser alguém que olha para trás e diz: 'Queria ter feito isso quando era mais jovem'. Se você quer fazer algo, dê um jeito e faça!"

DANÇANDO COM A MORTE NA ESTRADA

Durante o braço europeu da turnê *Dance of death*, Bruce e o Maiden levaram a prática da pilotagem a um estágio além ao programar uma experiência única para os fãs e a mídia que ficou conhecida como Bruce Air.

"Bruce Air ou Beast Airlines foi algo que Steve e eu cozinhamos ao longo do verão", revela o piloto. "Como estou pilotando aerolinhas comerciais com frequência, é bem viável vendermos ingressos que incluam o transporte de avião para os fãs que desejam viajar ao exterior para ver shows do Maiden. Juntamos uma pequena lista de lugares, como Paris, Copenhagen, Barcelona – Steve ficou louco para incluir Wroclaw, na Polônia, porque percebeu que é um lugar incomum para visitar e que muitas pessoas gostariam de ir nos ver lá –, mas, depois que os contadores de feijão começaram a se envolver, a burocracia cresceu demais; então, engavetamos tudo. No final, nossa gravadora sequestrou a ideia para um show em Paris, com fins e interesses próprios, e nós levamos um avião carregado de jornalistas e gente da tevê no dia que tocamos em Bercy. Uma semana depois, fizemos um voo especial somente para fãs até Dublin. Nicko veio junto nas duas viagens para fazer sua interpretação de anfitrião, e nós dois ficamos indo e vindo pelos corredores do avião, dando autógrafos."

A viagem a Paris acabou sendo uma ocasião particularmente exaustiva para Bruce. Ocorreu na manhã da histórica vitória da Inglaterra na Copa Mundial de Rúgbi, e a enervante prorrogação do jogo colocou o voo sob grave pressão, já que 200 ingleses se recusaram a entrar a bordo até que o jogo tivesse terminado. Ao pousar em Paris, houve uma interminável rodada de fotos e entrevistas para a televisão antes de o cantor multiuso do Maiden se desvencilhar, seguir para a casa de shows e se apresentar diante de 16 mil franceses raivosos. Isso poderia ter derrubado qualquer *frontman*, mas não o SuperBruce. Ele ainda apareceu em uma festa pós-show, depois da meia-noite, acompanhado por Nicko, e acordou cedo na manhã seguinte para dar mais uma coletiva de imprensa. Às três da tarde, Bruce voltou ao assento do piloto para um voo cabeludo, com fortes turbulências, até o aeroporto de Gatwick, em Londres.

Como sempre, a máquina do Maiden marcha em frente. No momento em que este livro é escrito, a banda parte para a América do Sul e depois vai ao Japão, para o braço asiático da turnê *Dance of death*, e a pulsante "No more lies" foi escolhida para ser o terceiro *single* do álbum. Pode ser que existam menos datas ao vivo no futuro, mas ninguém está desacelerando.

"Estou ansioso para ver o que virá a seguir em termos musicais", Bruce se entusiasma. "A banda ainda tem tanta música para dar que não me preocupo em saber se milhões de pessoas estarão interessada nela; estou interessado, e isso é o mais importante. É o que me faz continuar. Atualmente, todo mundo parece ter a mente muito aberta, discutindo as coisas e dando novas ideias, o que é ótimo."

"Por exemplo, a princípio, nenhum de nós se opõe a fazer algo com uma orquestra, mas não o tipo de coisa que já fizeram. Nada como o Kiss ou o Metallica, em que o grupo faz seu show regular com uma orquestra de fundo. Adorei o trabalho que um cara fez quando pegou alguns temas do Queen e os transformou em sinfonia. Dá para reconhecer a obra do Queen sob a roupagem de música clássica. Gostei disso. Não é heavy metal, mas comprova que música de qualidade sempre será boa de ouvir."

Agora, no pináculo de sua carreira, é revigorante e tranquilizador saber que o Iron Maiden, longe de se tornar uma banda ícone de turnês ou participante de shows de cabaré, ainda toca fogo em seus cilindros criativos. E se depender de Bruce, a banda fará novos álbuns até o dia em que morrer.

"Sim, fico entediado fácil, eu sei", admite o cantor, que também é esgrimista, escritor, piloto de aviões, apresentador de tevê, DJ da rádio BBC, etc. "Há infinitas possibilidades para o que podemos fazer no futuro. Steven e eu chegamos até mesmo a conversar sobre escrever dois álbuns do material que criamos nesse último lote de composições. Então, vamos ver o que acontecerá."